03 CFP 학습가이드

강의신청 직후	»	강의수강 중	»	교육 수료일 전

수료기준 및 교육 수료 종료일,
면제자격증 등
강의 수강 전 안내 내용 확인

개인의 진도율에 맞춘
셀프 학습 체크 및
부가 콘텐츠 제공

(단, 셀프 학습 체크는
수료 진도율과 무관합니다.)

교육 수료 종료일 전
수료조건 충족

원서접수	»	시험일 전	»	합격자발표 직후

한국FPSB 수료보고,
원서접수

최종 실전모의고사
풀고 마무리

합격 여부 및
합격자 대상 혜택 확인

04 다양한 학습 지원 서비스

금융전문 연구원
1:1 질문/답변 서비스

무료 바로 채점 및
성적 분석 서비스

30,000개 이상
합격 선배 수강후기

해커스금융
무료강의

다음 **합격의 주인공**은
바로, **여러분**입니다.

AFPK/CFP 합격자 수 1위

해커스금융
fn.Hackers.com

해커스
CFP®
최종 실전모의고사

해커스

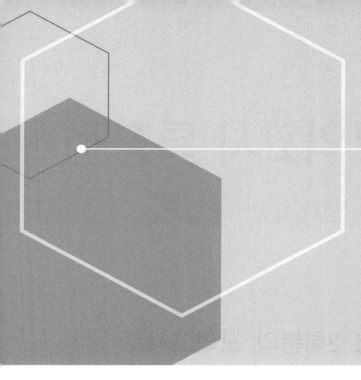

CFP 합격의 길,
합격률 1위 해커스가
알려드립니다.

평균 합격률 36%*, 3명 중 1명만 합격하는 CFP 자격시험,
어떻게 공부해야 한 번에 합격할 수 있을까요?
분명한 방법은 가장 많은 선배들이 합격한 책으로 공부하는 것입니다.

해커스는 합격률 1위 노하우로 2024년 개정된 CFP 기본서(한국FPSB 발간) 내용 및 시험의 출제 경향과
난이도를 철저히 분석하여 「해커스 CFP 최종 실전모의고사」에 모두 담았습니다.

「해커스 CFP 최종 실전모의고사」는

1 최신 출제 경향과 난이도를 반영한 총 2회분의 모의고사로 확실한 실전 마무리가 가능합니다.

2 OMR 답안지와 바로 채점 및 성적 분석 서비스 제공으로 철저하게 실전에 대비할 수 있습니다.

3 지식형 문제에 기본서 및 「해커스 CFP 핵심요약집」 페이지를 표기하여, 문제와 이론을 연계하여
학습할 수 있습니다.

4 사례형 문제는 유형에 따른 문제풀이 방법을 단계별로 제시하여, 누구나 쉽게 이해할 수 있습니다.

가장 많은 수험생이 학습하고 합격하는 곳 해커스**,
여러분의 CFP 합격, 해커스금융이 함께합니다.

*42~45회 교육기관 평균 합격률 기준(한국FPSB 공식 발표자료 기준)
**29~45회 합격자 수 1위, 응시자 수 1위(한국FPSB 공식 발표자료 기준)

해커스 CFP 최종 실전모의고사 특장점

01 최신 출제 경향과 난이도를 반영한 총 2회분의 모의고사로 확실한 실전 마무리!

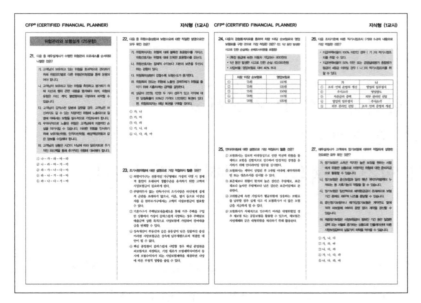

합격률 1위 노하우로 최신 출제 경향과 난이도를 철저히 분석하여 반영한 모의고사 2회분을 수록하였습니다.

이를 통해 시험 전 마무리 단계에서 자신의 실력을 정확하게 점검할 수 있어 확실한 실전 마무리가 가능합니다.

02 철저한 실전 대비를 위한 OMR 답안지와 바로 채점 및 성적 분석 서비스 제공!

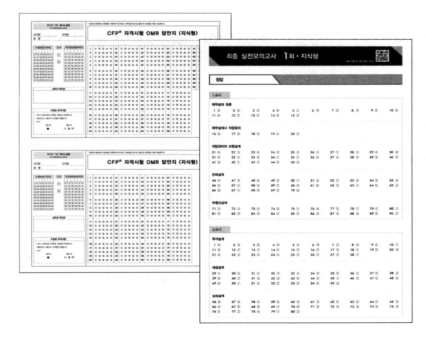

실제 시험과 동일한 환경에서 풀이할 수 있도록 OMR 답안지를 수록하였습니다.
OMR 답안지를 통해 실제 시험 시간에 맞춰서 풀어볼 수 있어 보다 철저히 실전에 대비할 수 있습니다.

또한 정답 및 해설에 있는 '바로 채점 및 성적 분석 서비스' QR 코드를 스캔하여 자신의 실력을 정확하게 파악하고 취약점을 분석할 수 있습니다.

03 지식형 문제에 기본서 및 요약집 페이지를 표기하여, 문제와 이론의 연계학습 가능!

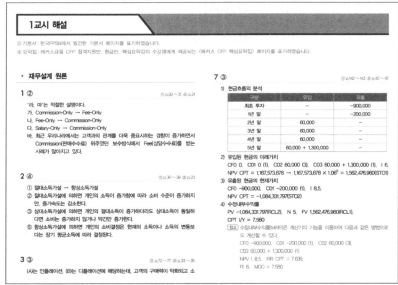

기본서 내용을 바탕으로 출제되는 시험의 특성에 따라, 문제를 풀면서 관련 기본서 내용을 쉽게 찾아볼 수 있도록 문제에 해당하는 이론이 수록된 기본서(한국FPSB 발간) 및 「해커스 CFP 핵심요약집」* 페이지를 표기하였습니다.

이를 통해 학습자는 기본서 및 요약집 중 본인이 원하는 교재를 선택하여 관련 이론을 효과적으로 학습할 수 있습니다.

* 「해커스 CFP 핵심요약집」은 해커스금융 CFP 합격지원반, 환급반, 핵심요약강의 수강생에 한하여 무료로 제공됩니다.

04 사례형 문제는 문제풀이 방법을 단계별로 제시하여, 누구나 쉽게 이해 가능!

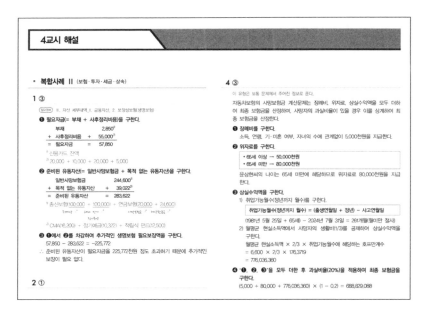

사례형 문제는 정확한 풀이과정을 도출하는 것이 중요합니다.

「해커스 CFP 최종 실전모의고사」는 유형에 따른 문제풀이 과정을 단계별로 제시하여 이해하기 쉽게 설명하였습니다.

또한, 복합·종합사례는 문제를 푸는 데 필요한 정보의 위치를 표시하여 문제 유형별 필요 정보의 위치를 찾는 방법을 자연스럽게 터득할 수 있도록 하였습니다.

목차

최종 실전모의고사 1회 ◆ 지식형

최종 실전모의고사 1회 ◆ 사례형

📑 [부록] OMR 답안지

정답 및 해설(책 속의 책)

최종 실전모의고사 1회 지식형
최종 실전모의고사 1회 사례형
최종 실전모의고사 2회 지식형
최종 실전모의고사 2회 사례형

CFP 자격인증 안내

CFP 자격인증시험이란

- CFP 자격인증시험은 재무설계지식을 실제 재무상황에 적용하는 능력을 평가할 수 있도록 만들어졌습니다.
- CFP 자격인증시험에 합격함으로써 재무설계서비스를 제공하는 데 필요한 전문능력을 갖추었다는 것을 인정받을 수 있습니다.

◉ CFP 자격인증을 받기 위해서 거쳐야 할 절차

| **01** 한국FPSB 지정 교육기관에서 CFP 교육과정 수료 | > | **02** CFP 자격인증시험 합격 | > | **03** 한국FPSB에서 정한 실무경험 요건 충족 | > | **04** CFP 자격인증 신청 한국FPSB에서 정한 결격사유에 해당하지 않음으로써 재무설계서비스를 제공하는 데 필요한 윤리성을 인정받아야 CFP 자격인증 취득 |

교육과정면제 대상자

- CFP 자격인증시험 응시 예정자는 한국FPSB에 등록된 교육기관이 제공하는 CFP 교육과정을 모두 수료하여야 합니다. 단, 전문자격증 소지자는 교육과정이 면제됩니다.
- 교육요건면제 대상자는 AFPK 자격인증 유무와 관계없이 CFP 자격인증시험에 응시할 수 있습니다.

공인회계사 등록자
Chartered Financial Analyst(CFA) 자격자
변호사 등록자
세무사 자격자(세무사 등록자 또는 세무사 자격증 + 6개월 해당 업무 실무충족자)
경영학 박사
경제학 박사
재무설계학 박사

※ 교육과정면제 대상자는 교육과정만 면제될 뿐 시험과목은 모두 응시하여야 합니다.

시험구성

제1일차(토요일)

구 분	시 간	시험과목	시험문항수
지식형	1교시 오후 3:00 ~ 오후 5:00	재무설계 원론	15
		재무설계사 직업윤리[1]	5
		위험관리와 보험설계	25
		은퇴설계	25
		부동산설계	20
	2교시 오후 5:30 ~ 오후 7:20	투자설계	28
		세금설계	27
		상속설계	25
합 계			170문항

[1] 별도의 시험과목으로 분류하지 않고 재무설계 원론에 포함합니다.

제2일차(일요일)

구 분	시 간	시험과목	시험문항수
사례형	3교시 오전 10:00 ~ 오후 12:00	단일사례	30
		복합사례(Ⅰ)	10
	4교시 오후 12:30 ~ 오후 3:00	복합사례(Ⅱ, Ⅲ)	20
		종합사례	20
합 계			80문항

* 시험 구성은 한국FPSB 자격인증위원회의 사정에 의해 변경될 수 있습니다.
** 문제 형식은 객관식 5지선다형이며, 시험 문제는 비공개입니다.

시험 합격기준 및 유효기간

○ 전체합격

① 전체합격기준
  지식형 시험에서 과목별로 40% 이상을 득점하고 사례형 시험에서 40% 이상을 동시에 득점한 자로 지식형 및 사례형 시험 전체에 대하여 평균 70% 이상을 득점해야 합니다.

② 전체합격 유효기간
  CFP 자격인증시험의 전체합격 유효기간은 5년입니다. 합격 유효기간 내에 CFP 자격인증을 신청하지 않을 경우 합격 사실이 취소되며, CFP 자격인증을 원할 경우 다시 CFP 시험에 재응시하여야 합니다.

○ 부분합격

① 부분합격기준
  제1일차 지식형 시험 : 과목별로 40% 이상을 득점하고 1교시 및 2교시의 지식형 시험 전체에 대하여 평균 70% 이상을 득점해야 합니다.
  제2일차 사례형 시험 : 3교시 및 4교시의 사례형 시험 전체에 대하여 평균 70% 이상을 득점해야 합니다.

② 부분합격 유효기간
  시험유형별 부분합격은 합격한 사실만 인정되며 점수는 이월되지 않습니다. 부분합격 후 연이은 2회 시험에서 다른 유형 시험에 합격하지 못할 경우 해당 유형의 부분합격 사실이 취소됩니다.

합격전략

1 지식형 학습전략

〈해커스 CFP 핵심요약집〉은 해커스금융 CFP 합격지원반, 환급반, 핵심요약강의 수강생에 한하여 무료로 제공됩니다.
〈해커스 CFP 지식형 핵심문제집〉은 시중 서점에서 구매 가능합니다.

| 기본서 2회 이상 정독 | 핵심요약집 학습 및 핵심문제집 풀이 |

CFP 지식형 시험은 요약집 학습만으로 합격이 어렵습니다.
최소 2회 이상 기본서(한국FPSB 발간)를 꼼꼼히 정독하는 것이 반드시 필요합니다.

〈해커스 CFP 지식형 핵심문제집〉에서 중요도가 높은 별 3개(★★★) 문제를 먼저 푼 후 나머지 문제를 풀면 자연스럽게 복습이 되어 학습효과가 두 배가 됩니다.

2 사례형 합격전략

〈해커스 CFP 사례형 핵심문제집〉은 시중 서점에서 구매 가능합니다.

| 개인재무설계 사례집 풀이 | 핵심문제집 풀이 |

개인재무설계 사례집(한국FPSB 발간)으로 사례형의 기본을 다집니다.

〈해커스 CFP 사례형 핵심문제집〉에 있는 문제를 먼저 풀고 난 후에 해설을 보며 본인의 풀이 방법을 점검합니다. 그 다음 문제집을 여러 번 반복해서 풉니다.

3 마무리 학습전략

〈해커스 CFP 최종 실전모의고사〉는 시중 서점에서 구매 가능합니다.

| 모의고사 풀이 | 모의고사 반복 학습 |

실제 시험을 보듯 시험 시간에 맞춰 〈해커스 CFP 최종 실전모의고사〉를 풉니다.

〈해커스 CFP 최종 실전모의고사〉에는 최신 출제 경향이 철저하게 반영되어 있으므로 문제를 꼼꼼하게 풀이하고 보기의 내용을 반복해서 숙지하면 확실하게 실전에 대비할 수 있습니다.

학습플랜

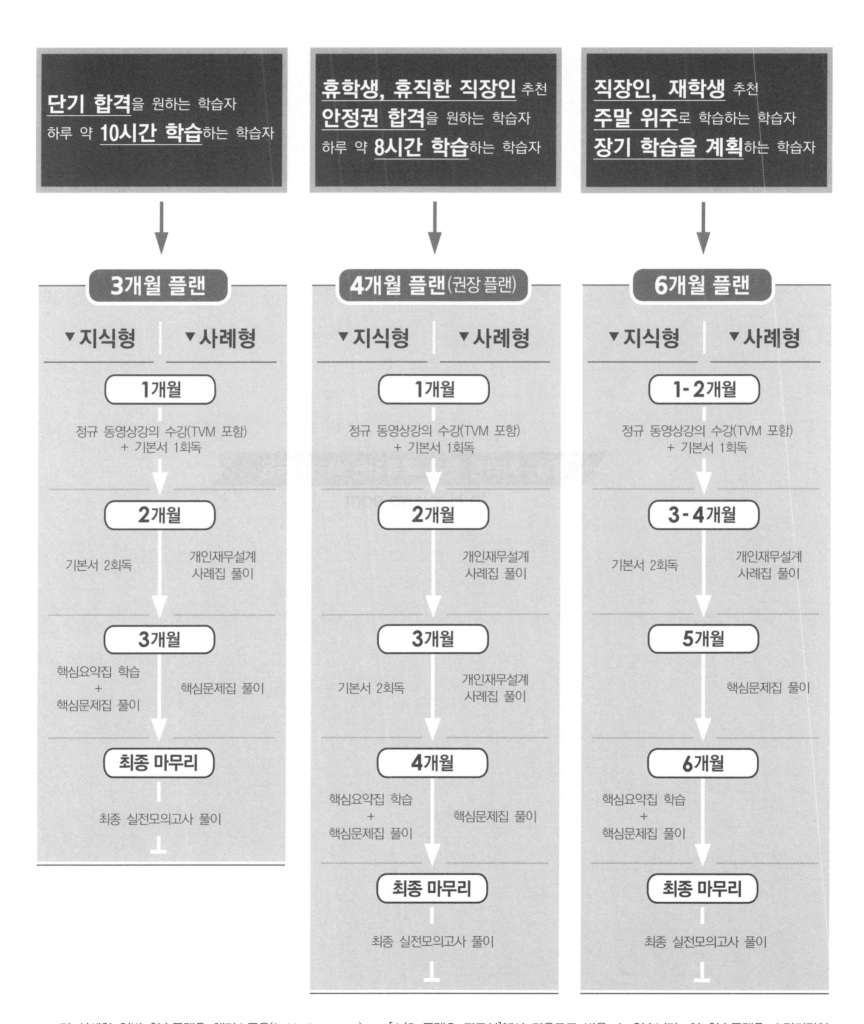

단기 합격을 원하는 학습자
하루 약 **10시간 학습**하는 학습자

휴학생, 휴직한 직장인 추천
안정권 합격을 원하는 학습자
하루 약 **8시간 학습**하는 학습자

직장인, 재학생 추천
주말 위주로 학습하는 학습자
장기 학습을 계획하는 학습자

3개월 플랜

▼지식형 | ▼사례형

1개월
정규 동영상강의 수강(TVM 포함)
+ 기본서 1회독

2개월
기본서 2회독 | 개인재무설계 사례집 풀이

3개월
핵심요약집 학습
+
핵심문제집 풀이 | 핵심문제집 풀이

최종 마무리
최종 실전모의고사 풀이

4개월 플랜(권장 플랜)

▼지식형 | ▼사례형

1개월
정규 동영상강의 수강(TVM 포함)
+ 기본서 1회독

2개월
기본서 2회독 | 개인재무설계 사례집 풀이

3개월
기본서 2회독 | 개인재무설계 사례집 풀이

4개월
핵심요약집 학습
+
핵심문제집 풀이 | 핵심문제집 풀이

최종 마무리
최종 실전모의고사 풀이

6개월 플랜

▼지식형 | ▼사례형

1-2개월
정규 동영상강의 수강(TVM 포함)
+ 기본서 1회독

3-4개월
기본서 2회독 | 개인재무설계 사례집 풀이

5개월
핵심문제집 풀이

6개월
핵심요약집 학습
+
핵심문제집 풀이 | 핵심문제집 풀이

최종 마무리
최종 실전모의고사 풀이

◆ 더 상세한 일별 학습플랜은 해커스금융(fn.Hackers.com) → [A/C 콘텐츠 자료실]에서 다운로드 받을 수 있습니다. 이 학습플랜은 수강기간이 남은 해커스 CFP 정규수강생에 한하여 제공됩니다.

해커스 **CFP**® 최종 실전모의고사

CERTIFIED FINANCIAL PLANNER™

1회

지식형

1교시
(15:00 ~ 17:00)

재무설계 원론 (15문항)
재무설계사 직업윤리 (5문항)
위험관리와 보험설계 (25문항)
은퇴설계 (25문항)
부동산설계 (20문항)

2교시
(17:30 ~ 19:20)

투자설계 (28문항)
세금설계 (27문항)
상속설계 (25문항)

수험번호	
성 명	

해커스 **CFP**® 최종 실전모의고사

지식형 (1교시) 15:00 ~ 17:00

시험 유의사항

[1] 수험표에 명시된 준비물을 꼭 지참하고, 특히 규정신분증 이외의 신분증 및 신분증을 지참하지 않을 경우 입실이 허용되지 않음.

[2] 시험 시작 후 1시간이 경과하기 전에는 퇴실할 수 없으며, 퇴실 시 반드시 문제지와 답안지를 제출해야 함.

[3] 응시자 이외의 사람은 시험장에 출입할 수 없으며 시험장 내 주차장이 협소하거나 주차장을 사용할 수 없는 고사장이 있으므로 대중교통을 이용하고, 만약 자가용 이용으로 발생되는 문제(주차 및 차량훼손 등)는 한국FPSB가 책임지지 않음.

[4] 시험장 내 휴대전화, 무선기, 컴퓨터, 태블릿 PC 등 통신 장비를 휴대할 수 없으며 휴대가 금지된 물품을 휴대하고 있음이 발견되면 부정행위 처리기준에 따라 응시제한 1년 이상으로 징계됨.

[5] 답안 작성은 컴퓨터용 사인펜을 이용하고 예비답안 작성은 반드시 붉은 사인펜만을 이용해야 하며, 붉은 사인펜 이외의 필기도구(연필, 볼펜 등)를 사용하여 예비답안을 작성한 경우 이중 마킹으로 인식되어 채점되지 않음을 유의함.

[6] 답안은 매 문항마다 하나의 답만을 골라 그 숫자에 빈틈없이 표기해야 하며, 답안지는 훼손, 오염되거나 구겨지지 않도록 주의해야 함. 특히, 답안지 상단의 타이밍 마크를 절대로 훼손해선 안 되며, 마킹을 잘못하거나(칸을 채우지 않거나 벗어나게 마킹하는 경우) 답안지 훼손에 의해서 발생되는 문제에 대한 모든 책임은 응시자에 귀속됨.

[7] 문제지와 답안지 작성을 제외한 모든 종류의 필사(본인 답안 필사 등)를 하는 행위 및 컨닝용 쪽지, 책자 또는 노트 등을 휴대하는 행위는 부정행위로 처리함.

[8] 시험종료 안내는 종료 20분, 10분, 5분 전에 방송되며 시험시간 관리의 책임은 전적으로 수험생 본인에게 있으므로 종료 후 답안 작성으로 인하여 부정행위 처리되지 않도록 유의함.

[9] 시험장 내에선 금연이며 시험장의 시설물이 훼손되지 않도록 주의함.

[10] 유의사항 위반에 따른 모든 불이익은 응시자가 부담하고 부정행위 및 규정 위반자는 부정행위 세부처리기준에 준하여 처리됨.

- 문제의 일반 계산이나 TVM 계산 시 별도의 지시사항이나 지문이 없을 경우 중간 계산의 값은 참값 또는 반올림하여 사용할 것
- 투자(대출)상품의 투자수익률(대출이율) 표시 : 별도의 언급이 없는 한 연복리를 말하며 이외의 경우 별도로 표기함
  (예) 연 6% 연복리상품 - 연 6%, 연 6% 월복리상품 - 연 6% 월복리)
- 문제의 지문이나 보기에서 별다른 제시가 없으면, 모든 개인은 세법상 거주자이고, 모든 법인은 내국법인이며 모든 자산, 부채 및 소득은 국내에 있거나 국내에서 발생한 것으로 가정하고, 주식은 국내 제조법인의 주식으로서 우리사주조합원이 보유한 주식이 아니며, 소득세법상 양도소득세 세율이 누진세율(6 ~ 45%)로 적용되는 특정주식 등 기타자산에 해당하지 않는 일반주식이라고 가정함
- 문제의 지문이나 보기에서 별다른 제시가 없으면 나이는 만 나이이며, 기준 시점은 1월 초이고 나이로 표시된 시점은 해당 나이의 기시 시점임

재무설계 원론 (15문항)

1. CFP® 자격인증자의 보수형태에 대한 적절한 설명으로 모두 묶인 것은?

> 가. Commission-Only 보수형태의 경우 재무설계사가 고객을 위해 추천하는 상품에 대해 고객과 재무설계사 사이의 이해상충이 발생할 확률이 낮다.
>
> 나. Fee-Only 재무설계사는 고객에게 재무설계를 제시할 때 보험이나 투자 관련 금융상품 등 고객의 니즈에 부합하는 상품을 판매하는 조건으로 서비스를 제공한다.
>
> 다. Salary-Only 보수형태는 상품판매에서 기인한 수수료 제도이므로 재무설계사들이 이해상충 관계에서 자유롭지 못할 수 있으며 객관성 유지와 독립성에 대해 의문이 제기될 수도 있다.
>
> 라. 고객의 재무설계안 작성이나 실행에 대한 개별적인 보수를 받지 않는 전문가들은 Salary-Only 집단에 속한다.
>
> 마. 현실적으로 가장 많은 재무설계사들이 선택하는 보수 방식은 Fee and Commission 방식이다.
>
> 바. 최근 우리나라에서는 상담수수료보다는 판매수수료를 받는 사례가 점차 늘고 있다.

① 나, 라　　　　　　② 라, 마
③ 가, 다, 마　　　　④ 가, 라, 마, 바
⑤ 나, 다, 라, 바

2. 소비지출 관련 이론에 대한 설명으로 적절한 것은?

① 절대소득가설에 의하면 일시적인 소득 증가는 소비에는 영향을 미치지 않고 저축과 대출상환으로 이어진다.

② 절대소득가설에 의하면 개인의 소득이 증가할수록 소비수준이 증가하는 속도는 점점 더 빨라진다.

③ 상대소득가설에 의하면 개인의 절대소득이 증가하는 경우 상대소득이 동일하다면 소비는 대폭 증가한다.

④ 항상소득가설에 의하면 복권당첨금이 갑자기 생긴 경우 소비는 증가하지 않는다.

⑤ 항상소득가설에 의하면 개인의 소비결정은 장기 평균소득보다는 현재의 소득이나 소득의 변동에 따라 결정된다.

3. 자격인증자가 다음과 같은 물가 관련 외부 경제현상에 대해 분석한 내용으로 가장 적절하지 **않은** 것은?

> - 가국은 최근 경제의 회복과 함께 소비자 지출이 급증하면서 ___(A)___ 현상이 발생하고 있다. 코로나19 이전 수준으로 회복된 소비가 효과를 발휘하고 있고, 밀 가격이 8개월 만에 최고치를 기록하며 밀을 주원료로 한 제품의 가격이 상승한 것이 주요 원인으로 지목되고 있다.
> - 나국은 현재 내수소비가 침체되고 부동산 시장이 붕괴됐으며 공공부채까지 늘어나는 등 경제가 불안정한 상태다. 이로 인해 물가상승률이 3개월 연속 마이너스를 기록하며 ___(B)___ 현상의 우려가 고조되고 있다.

① (A) 현상이 발생하면 화폐가치의 하락으로 인해 급여소득자의 실질임금이 하락하고, 빈익빈 부익부 현상이 일어난다.

② 화폐가치가 하락하면 부채를 보유한 고객에게 유리하지만 (A) 현상으로 인해 금리가 인상되면 부채 보유자들이 절대적으로 유리하다고 볼 수는 없다.

③ (A) 현상이 발생하면 고객의 구매력이 약화되고 소비와 투자가 감소하며 경제 성장이 둔화된다.

④ (B) 현상은 기술 진보와 금리 인상이 원인이 되어 발생할 수도 있다.

⑤ (B) 현상은 부채를 가지고 있는 고객에게 부담으로 작용하지만, 화폐가치 상승으로 인해 고객들은 이전보다 더 많은 재화를 구입할 수 있다.

4. 정수혁씨는 은행에 분기복리로 부리되는 예금계좌에 일시금을 예치해두고 10년 동안 매월 말 3,000천원씩 인출하여 생활비에 보태고자 한다. 이 예금계좌의 이자율이 연 7% 분기복리일 경우 정수혁씨가 현재 예치해야 할 일시금으로 가장 적절한 것은?

① 150,051천원   ② 200,305천원

③ 232,506천원   ④ 258,843천원

⑤ 260,808천원

5. 이영도씨가 아래와 같은 조건으로 자동차대출을 실행해오고 있을 경우 자동차대출의 최초원금으로 가장 적절한 것은?

- 자동차 할부금 잔액 : 10,000천원
- 대출 실행일 : 2022년 6월 30일로 가정함
- 대출 조건 : 만기 60개월, 연 8.5% 월복리, 매월 말 원리금균등분할상환 방식
- 오늘은 2024년 6월 30일로 가정함

① 15,386천원   ② 15,429천원

③ 20,537천원   ④ 22,156천원

⑤ 22,250천원

6. 나대국씨는 자녀의 교육자금을 준비하려고 한다. 현재 자녀의 연령은 8세이고, 16세부터 3년간 고등학교 교육비로 매년 초 6,000천원, 그 후 4년간 대학교 교육비로 매년 초 12,000천원이 필요하다고 한다. 교육비상승률은 연 4%, 세후투자수익률은 연 8%라면 현재 준비해야 할 교육자금으로 적절한 것은?

① 38,835천원   ② 40,364천원

③ 42,796천원   ④ 43,253천원

⑤ 44,442천원

7. 이성수씨가 재건축 대상 부동산을 900,000천원에 구입할 경우 첫해 말에 재건축 비용 200,000천원을 지불해야 한다. 또한 2년째 말부터 매년 60,000천원의 세후 임대료 수입이 발생하며, 5년 후 이 부동산은 1,300,000천원에 매도가 가능할 것으로 예상된다. 재건축 비용은 연 8.5%로 대출받아 지불하고, 임대료 수입은 매년 6%로 부리되는 금융상품에 투자할 경우 이 부동산 투자의 수정내부수익률로 가장 적절한 것은? (단, 매수 및 매도에 따른 비용은 없다고 가정함)

① 5.15%   ② 6.50%

③ 7.58%   ④ 7.63%

⑤ 8.70%

8. 재무상태표 검토 시 주의사항에 대한 설명으로 가장 적절한 것은?

① 상장주식은 거래가 또는 공정가치 평가액, 비상장주식은 작성일 기준 종가로 평가한다.

② 골프회원권은 고객의 보유목적과 상관없이 투자자산으로 분류한다.

③ 자산 및 부채의 항목이 같더라도 명의가 다르면 중복하여 기입한다.

④ 고객에게 부채가 없는 경우 부채항목은 재무상태표에 표시하지 않는다.

⑤ 조건부 유증, 미해결된 소송 등 미확정된 요소들은 기입하지 않는다.

9. 다음 고객의 현금흐름표를 바탕으로 부채의 적정성을 분석한 내용으로 적절하지 **않은** 것은?

월간 현금흐름표(2023년 12월)   (단위 : 천원)

구분	항목	금액
Ⅰ. 수입		16,700
Ⅱ. 변동지출	본인 용돈	(500)
	배우자 용돈	(500)
	자녀(보육비, 사교육비 등)	(2,500)
	기타 생활비(의식주, 공과금 등)	(2,660)
	변동지출 총액	(6,160)
Ⅲ. 고정지출	보장성보험료 등	(960)
	대출이자 등	(2,450)
	고정지출 총액	(3,410)
저축 여력(Ⅰ - Ⅱ - Ⅲ)		7,130
Ⅳ. 저축·투자액	대출상환원금	(4,340)
	적립식 채권형펀드	(1,250)
	연금저축펀드	(750)
	CMA	(3,100)
	저축·투자액 총액	(9,440)
추가저축 여력(Ⅰ - Ⅱ - Ⅲ - Ⅳ)		(2,310)

주) 세전 연수입 200,000천원
주) 2024년 1월 시점 주택담보대출의 원리금균등분할상환액 4,290천원 중 대출이자 950천원, 대출상환원금 3,340천원
주) 마이너스통장의 월 대출이자 1,500천원, 월 대출상환원금 1,000천원

[각 지표별 가이드라인]

지표	가이드라인
소비성부채비율	20% 이내
주거관련부채비율	28% 이내
총부채상환비율	36% 이내

① 고객의 소비성부채비율은 14.97%로 가이드라인을 하회하는 적정 수준이다.

② 주거관련부채비율은 30.86%로 부채의 적정수준을 초과하고 있어 고객의 현금흐름 관리에 제약이 될 수 있다.

③ 총부채상환비율은 40.74%로 가이드라인을 초과하기 때문에 적정수준으로 부채상환액을 감소시켜야 한다.

④ 현재의 총부채상환비율은 가이드라인을 초과하고 있지만 앞으로 고객이 승진하여 월 총수입이 증가한다면 부채부담능력이 남아 있다고 평가할 수도 있다.

⑤ 부채상환원리금 중 원금상환액은 부채를 감소시켜 순자산을 증가시키므로 현금흐름표상 단순지출로 보지 않는다.

10. 종합재무설계 프로세스 중 재무설계 제안서의 작성 및 제시 단계에 대한 내용으로 가장 적절한 것은?

① 재무설계 각 영역을 모두 담기보다는 고객의 주요관심사를 중심으로 제안서를 작성하여 제시해야 한다.

② 정량적 조건이 서로 동일한 고객이라면 목표수익률을 동일하게 제시한다.

③ 재무설계 제안서에는 고객의 재무목표 우선순위, 재무설계 업무의 보수에 관한 사항, 재무설계 각 영역별 재무설계안 등의 내용이 포함된다.

④ 고객의 수정재무상태표와 수정현금흐름표, 저축 여력의 기간 배분을 제시하는 것은 제안서의 도입 부분에 기록한다.

⑤ 최소한 고객의 재무목표 검토, 가정치, 관찰 및 결과, 대안, 제안서의 실행사항에 대해서는 반드시 고객과 커뮤니케이션해야 한다.

11. 재무설계 제안서의 실행 단계에서 재무설계사가 수행해야 할 사항으로 모두 묶인 것은?

가. 고객 정보의 비밀유지에 대한 확약
나. 재무설계 제안서의 요약
다. 계약 해지 및 종료에 대한 사항 확정
라. 안정자산, 투자자산, 운용자산별 금융상품 제안
마. 부동산 관련 실행사항 안내
바. 세무 관련 실행사항 안내

① 가, 다, 마
② 가, 라, 마, 바
③ 나, 다, 라, 바
④ 나, 라, 마, 바
⑤ 나, 다, 라, 마, 바

12. 부채조달방법의 결정에 대한 설명으로 적절하지 **않은** 것은?

① 담보대출은 통상 신용대출에 비해 대출금리가 낮고, 보증대출은 차주의 신용도나 담보가치가 부족한 경우 사용할 수 있는 대출방법이다.

② 건별방식의 대출은 한도방식의 대출보다 대출금리 수준이 높으며, 실제로 대출을 사용하지 않더라도 차주의 개인신용평점에 영향을 줄 수 있다.

③ 시장금리가 하락할 것으로 예상된다면 변동금리로, 시장금리가 상승할 것으로 예상된다면 고정금리로 대출받는 것이 유리하다.

④ 총이자상환액은 만기일시상환 방식, 원리금균등분할상환 방식, 원금균등분할상환 방식의 순으로 크게 나타난다.

⑤ 고객의 개인신용평점에 최대한 부정적 영향을 미치지 않기 위해서는 위험대출을 상환하고 신용카드를 지속해서 이용하도록 한다.

13. 버팀목전세자금대출과 보증서 담보 전세자금대출에 대한 설명으로 적절한 것은?

① 버팀목전세자금대출과 보증서 담보 전세자금대출 모두 부부합산 연소득 5천만원 이하의 기준을 충족해야 대출대상에 해당한다.

② 버팀목전세자금대출의 경우 부부합산 연소득 및 순자산가액 등 기준이 대출심사에 적용되지 않는다는 점에서 보증서 담보 전세자금대출에 비해 유리하다.

③ 보증서 담보 전세자금대출의 경우 본인과 배우자의 합산 주택보유수가 무주택이어야 보증서 발급신청이 가능하다.

④ 보증서 담보 전세자금대출 시, 개인별 보증한도는 보증과목별 보증한도, 소요자금별 보증한도 및 상환능력별 보증한도 중 가장 큰 금액으로 한다.

⑤ 보증서 담보 전세자금대출을 받으려면 보증대상목적물이 주택, 오피스텔(업무용시설), 주거용 노인복지주택 중 하나에 해당해야 한다.

14. 고객의 심리적 편향별 대응법에 대한 설명으로 적절하지 **않은** 것은?

① 자기통제 오류가 있는 고객의 경우, 이자율의 개념을 이해시켜 현재의 작은 보상보다 미래의 더 큰 보상을 선택할 수 있도록 한다.

② 자신의 능력과 지식을 과대평가하여 무리한 투자를 강행하는 고객에게는 고객이 가지고 있는 정보보다 더 질 좋은 고급정보를 겸손한 태도로 보여준다.

③ 주식이 조금만 올라도 매도하는 습관이 있는 고객에게는 총체적인 관점에서 수익률을 따져보고 이에 대한 이해를 높이는 방법이 필요하다.

④ 불균형한 자산배분 상태임에도 변화를 꺼리는 고객은 논리적이고 비판적인 사고를 통해 처음 제시된 정보에 과도하게 의존하지 않도록 유도해야 한다.

⑤ 자신에게는 불행한 위험이 닥치지 않을 것이므로 보장성 보험에 가입하지 않을 것을 주장하는 고객은 자기 과신의 경향이 높지 않은지 점검해 봐야 한다.

15. 한부모가구 재무설계에 대한 설명으로 적절하지 **않은** 것은?

① 자격인증자는 재무정보, 부동산 관련 서류, 유언장 등의 고객 관련 정보를 수집하여야 한다.

② 고객이 이혼 이전이라면 재무목표를 재정립하고, 이에 따른 종합재무설계를 수행하며, 이혼 이후라면 자녀양육권과 양육비 등에 대해 재무전략을 수립한다.

③ 양육자가 부모의 일방일 경우 양육자가 아닌 부모가 양육비를 부담하고, 양육자가 제3자일 경우 부모 쌍방이 양육비를 부담한다.

④ 위자료로 부동산을 이전받은 경우 증여세가 없지만, 이혼 위자료를 지급하는 배우자가 양도소득세를 부담해야 한다.

⑤ 재산분할로 부동산을 이전받은 경우 부동산을 이전하는 배우자는 증여세와 양도소득세 모두 납부하지 않는다.

재무설계사 직업윤리 (5문항)

16. 다음 사례에서 재무설계사가 위반한 고객에 대한 의무를 모두 묶은 것은?

> 재무설계사는 고객이 투자지식 및 투자경험이 부족함에도 불구하고 고객의 투자성향, 투자위험수용수준을 파악하지 않은 채 포트폴리오를 구성하였다. 그리고 고객에게 포트폴리오에 내재된 위험에 대한 설명을 따로 하지 않고, 재무설계사의 개인적인 이익을 위해 회사에서 제공하는 공격적인 펀드투자를 권유하였다. 또한 고객이 사망한 이후의 재산처분에 대한 걱정을 털어놓자, 변호인의 자문을 받지 않은 채 유언장 작성에 대한 구체적인 조언을 하였다.

① 충실의무, 고지의무
② 고지의무, 자문의무, 갱신유지의무
③ 충실의무, 고지의무, 진단의무, 자문의무
④ 고지의무, 진단의무, 자문의무, 갱신유지의무
⑤ 충실의무, 고지의무, 진단의무, 갱신유지의무

17. 윤리원칙과 그에 대한 설명으로 가장 적절하게 연결된 것은?

> 가. 성실성의 원칙　　　나. 객관성의 원칙
> 다. 공정성의 원칙　　　라. 능력개발의 원칙
> 마. 근면성의 원칙
>
> A. 소속 직원과 외부 전문가에 대한 적절한 관리와 감독을 하는 것을 포함한다.
> B. 자신이 받기 원하는 것과 동일하게 다른 사람을 대우하는 것이다.
> C. 모든 거짓을 배척하여 정직과 솔직성을 바탕으로 개인적인 이해득실을 초월하여야 한다.
> D. 지성적인 정직과 공평무사한 분별력이 바탕이 되어야 하며, 성실성을 기초로 전문가로서 고객에게 적절하다고 판단되는 서비스만 제공하여야 한다.
> E. 자기 자신의 한계를 인식하고 적절한 시기에 다른 전문가의 자문을 구할 수 있는 지혜와 결단력이 있어야 한다.

	가	나	다	라	마
①	A	D	B	E	C
②	C	A	E	D	B
③	C	D	B	E	A
④	D	A	E	C	B
⑤	D	C	B	E	A

18. 재무설계 업무수행과정을 순서대로 나열한 것은?

> 가. 자격인증자는 확정된 고객의 목표를 달성하기 위해 가능한 전략을 준비하고, 고객이 각 전략을 이해할 수 있도록 적절한 정보를 제공해야 한다.
> 나. 자격인증자는 제안서를 고객과 공유할 때 고객의 현 재무상태, 제안사항의 중요한 근거가 되는 요소와 가정, 제안된 전략에 내재된 위험, 고객이 언급한 목표를 달성할 수 있는 가능성에 대하여 제안서가 갖는 효과를 고객이 이해할 수 있도록 도와주어야 한다.
> 다. 자격인증자는 고객의 현재 상태와 재무목표, 니즈 및 우선순위를 명확하게 이해하기 위하여 노력하여야 한다.
> 라. 자격인증자가 다른 관련 전문가를 고객에게 소개하는 경우에는 해당 전문가의 자격 내용과 소개의 근거를 설명하여야 한다.
> 마. 자격인증자와 고객은 재무설계업무의 보수에 관한 사항을 포함하는 업무수행범위를 상호 합의하여 문서로 작성하여야 한다.
> 바. 자격인증자는 필요한 경우 업무수행계약의 범위를 변경하거나 고객으로부터 추가 정보를 입수하여야 한다.

① 나 - 다 - 바 - 마 - 가 - 라
② 다 - 나 - 가 - 바 - 라 - 마
③ 다 - 라 - 나 - 바 - 마 - 가
④ 마 - 다 - 바 - 가 - 나 - 라
⑤ 마 - 바 - 다 - 나 - 라 - 가

19. CFP® 자격표장사용기준에 대한 적절한 설명으로 모두 묶인 것은?

> 가. CERTIFIED FINANCIAL PLANNER™ 자격상표는 항상 큰 대문자로만 사용하여야 한다.
>
> 나. CERTIFIED FINANCIAL PLANNER™ 자격상표를 도메인 이름 또는 이메일 주소의 일부로 사용하여서는 아니 된다.
>
> 다. 인터넷의 개별 웹사이트에 CFP® 자격표장을 사용하는 경우에는 쉽게 판별할 수 있는 적절한 위치에 태그라인을 표시하는 것을 원칙으로 한다.
>
> 라. 회원국 CFP® 자격인증자가 CFP 업무 이외의 목적으로 대한민국 내를 여행하는 중에 교환하는 명함이나 안내책자 등에서 CFP® 자격표장을 일시적으로 사용하는 경우에는 한국FPSB의 CFP® 자격인증을 별도로 받아야 한다.
>
> 마. 회원국 CFP® 자격인증자를 포함하여 한국FPSB가 정하는 자격인증요건을 충족하는 국내의 주된 거주자는 CFP® 자격인증규정에 따라 인종, 국적, 성별, 종교, 나이, 질병, 장애 등에 의한 차별 없이 대한민국의 CFP® 자격인증을 신청할 수 있다.
>
> 바. 회원국 CFP® 자격인증자가 별도로 한국FPSB의 CFP® 자격인증을 받고자 하는 경우에는 한국FPSB가 시행하는 CFP 자격시험 중 지식형과 사례형 시험의 합격증서를 제출하여야 한다.

① 가, 나, 다
② 나, 다, 마
③ 가, 라, 마, 바
④ 나, 다, 라, 바
⑤ 나, 다, 라, 마, 바

20. 개업공인중개사의 금지행위로 모두 묶인 것은?

> 가. 중개의뢰인으로부터 중개 업무에 관한 소정의 보수를 받는 행위
>
> 나. 사례, 증여, 기타 어떠한 명목으로도 제32조에 따른 보수 또는 실비를 초과하여 금품을 받는 행위
>
> 다. 관계 법령으로 양도, 알선 등이 금지된 부동산의 분양, 임대 등과 관련 있는 증서 등의 매매, 교환 등을 중개하거나 그 매매를 업으로 하는 행위
>
> 라. 중개의뢰인과 직접 거래하거나 거래당사자 일방을 대리하는 행위
>
> 마. 탈세 등 관계 법령을 위반할 목적으로 소유권보존등기 또는 이전등기를 하지 않은 부동산을 중개하는 행위
>
> 바. 해당 중개대상물의 거래상의 중요 사항에 대하여 거짓된 언행으로 중개의뢰인의 판단을 그르치게 하는 행위

① 가, 나, 다
② 나, 다, 마
③ 나, 다, 마, 바
④ 다, 라, 마, 바
⑤ 가, 나, 다, 라, 바

위험관리와 보험설계 (25문항)

21. 다음 중 재무설계사가 수행한 위험관리 프로세스를 순서대로 나열한 것은?

　가. 고객님이 보유하고 있는 위험을 효과적으로 관리하기 위해 위험요인별로 다른 위험관리방법을 통해 운용되어야 합니다.

　나. 고객님이 보유하고 있는 위험을 측정하고 평가하기 위해 자산과 행위 관련 내용을 평가해야 하며, 위험의 유형은 자산, 계약, 불법행위로 구분하여 파악할 수 있습니다.

　다. 고객님이 갑작스런 질병에 걸렸을 경우, 고객님은 파산까지도 갈 수 있는 치명적인 위험에 노출되므로 질병에 대해서는 보험을 필수적으로 가입하셔야 합니다.

　라. 무의식적으로 노출된 위험은 고객님에게 치명적인 손실을 야기시킬 수 있습니다. 이러한 위험을 인식하기 위해 보유재산위험, 인적자산위험, 배상책임위험과 같은 정보를 수집해야 합니다.

　마. 고객님의 상황은 시간이 지남에 따라 달라지므로 주기적인 피드백을 통해 추가적인 위험에 대비해야 합니다.

① 나 – 가 – 라 – 마 – 다
② 나 – 라 – 마 – 가 – 다
③ 라 – 가 – 나 – 다 – 마
④ 라 – 나 – 가 – 다 – 마
⑤ 라 – 나 – 다 – 가 – 마

22. 다음 중 위험수용성향과 보험수요에 대한 적절한 설명으로만 모두 묶인 것은?

　가. 위험회피자는 위험에 대해 볼록한 효용함수를 가지고, 위험선호자는 위험에 대해 오목한 효용함수를 갖는다.

　나. 위험선호자는 잠재적 수익보다 자본의 보존을 우선시하는 경향이 있다.

　다. 위험회피성향이 강할수록 보험수요가 증가한다.

　라. 위험회피 정도는 위험에 노출된 경제주체가 위험을 줄이기 위해 지출하려는 금액을 결정한다.

　마. 상금이 2만원, 1만원 두 가지 경우가 있고 각각에 대한 당첨확률이 50%인 가격이 1.5만원인 복권이 있다면, 위험회피자는 해당 복권을 구매할 것이다.

① 가, 나
② 가, 마
③ 다, 라
④ 가, 나, 다
⑤ 나, 다, 라, 마

23. 조기사망위험에 대한 설명으로 가장 적절하지 **않은** 것은?

① 외벌이가구는 전통적인 가구형태로 가장의 사망 시 경제적 불안이 초래되어 생활수준을 유지하기 위한 고액의 사망보험금이 필요하게 된다.

② 부양의무가 없는 단독가구의 조기사망은 타인에게 경제적 곤란을 초래하지 않으나, 이혼, 별거 등으로 미성년자를 둔 한부모가구에서는 고액의 사망보험금이 필요할 수 있다.

③ 기혼가구가 주택담보대출제도을 통해 거주 주택을 구입한 상황에서 가장이 갑작스럽게 사망하는 경우 주택담보대출금액 상환 목적으로 사망보험에 가입하여 잔여대출금을 변제할 수 있다.

④ 상속재산이 부동산과 같은 유동성이 낮은 실물자산 중심이라면 사망보험금은 상속세 납부재원으로서 적절한 대안이 될 수 없다.

⑤ 핵심 종업원이 갑작스럽게 사망할 경우 핵심 종업원을 피보험자로 지정하고, 기업 대표가 보험계약자이면서 동시에 보험수익자가 되는 사망보험계약을 체결하면 사망에 따른 부정적 영향을 줄일 수 있다.

24. 다음의 경험통계자료를 통하여 차량 1대당 순보험료와 영업보험료를 구한 것으로 가장 적절한 것은? (단, 1년 동안 발생한 사고로 인한 손실에는 손해조사비용을 포함함)

- (특정 등급에 속한) 자동차 가입대수 : 800천대
- 1년 동안 발생한 사고로 인한 손실 : 60,000천원
- 사업비율 : 영업보험료 대비 40% 부과

	차량 1대당 순보험료	영업보험료
①	75원	110원
②	75원	125원
③	75원	150원
④	76원	110원
⑤	76원	125원

25. 언더라이팅에 대한 설명으로 가장 적절하지 **않은** 것은?

① 보험회사는 정보의 비대칭성으로 인한 역선택 위험을 통제하고 보험을 선별적으로 인수하여 안정적인 경영을 유지하기 위해 언더라이팅 업무를 실시한다.

② 보험회사는 계약이 성립된 후 3개월 이내에 계약적부확인 또는 생존조사를 실시할 수 있다.

③ 표준체보다 위험이 현저히 높은 집단은 우량체로, 표준체보다 높지만 우량체보다 낮은 집단은 표준미달체로 분류한다.

④ 고위험군에 속한 가입자가 평균위험에 상응하는 보험료를 납부할 경우 실제 사고 시 보험회사가 더 많은 보험금을 지급하게 될 수 있다.

⑤ 보험회사가 자체적으로 인수하기 어려운 대형위험일 경우 재보험 또는 공동보험을 활용할 수 있으며, 재보험은 자연재해와 같은 대형위험을 처리하기 위해 활용된다.

26. 다음 조치기준에 따른 적기시정조치 (가)와 (나)의 내용으로 가장 적절한 것은?

- 지급여력비율이 100% 미만인 경우 (가)의 적기시정조치를 취할 수 있다.
- 지급여력비율이 50% 미만 또는 경영실태평가 종합평가 등급이 4등급 이하일 경우 (나)의 적기시정조치를 취할 수 있다.

	가	나
①	조직·인력 운영의 개선	영업의 일부정지
②	주식소각	영업양도
③	자본금의 증액	외부 관리인 선임
④	영업의 일부정지	주식소각
⑤	외부 관리인 선임	조직·인력 운영의 개선

27. 재무설계사가 고객에게 정기보험에 대하여 적절하게 설명한 것으로만 모두 묶인 것은?

가. 정기보험은 소득은 적지만 높은 보장을 원하는 사람에게 유용한 상품으로 치명적인 위험에 대한 준비자금으로 활용할 수 있습니다.

나. 정기보험은 종신보험과 달리 매년 계약자적립액이 누적되는 등 저축기능의 역할을 할 수 있습니다.

다. 정기보험은 일반적으로 해약환급금이 존재하므로 보험기간 중에도 재무적 니즈를 충당할 수 있습니다.

라. 갱신정기보험이나 재가입정기보험은 계약연도 말에 적격 피보험체 여부의 증명 없이 계약을 갱신할 수 있습니다.

마. 체증정기보험은 사망보험금이 정해진 기간 동안 일정한 금액 또는 비율로 증가하는 상품으로 인플레이션에 따른 사망보장급부의 실질가치 하락을 막아줄 수 있습니다.

① 가, 나, 다
② 가, 라, 마
③ 나, 다, 라
④ 가, 나, 다, 라
⑤ 나, 다, 라, 마

28. 유니버셜종신보험에 대한 설명으로 가장 적절하지 **않은** 것은?

① 유니버셜종신보험의 보험료는 의무 납입기간이 지난 시점부터 납입금액 및 납입시기를 자유롭게 조절할 수 있다.

② 제1회 보험료가 납입된 후 매월 계약자적립액에는 납입보험료와 부리이자가 추가되며, 월위험보험료와 사업비는 공제된다.

③ 평준형 사망급부는 평준정기보험과 증가하는 계약자적립액으로 구성되며, 순보장금액은 변동이 없으나 연령증가에 따라 위험보험료가 증가된다.

④ 유니버셜종신보험의 사망보험금은 자연보험료 방식의 보험료이므로 나이가 들수록 월대체보험료가 증가한다.

⑤ 금리는 공시이율을 적용받으므로 주식시장의 상승으로 인한 이득을 기대하기는 어렵다.

29. 다음의 보험계약자 니즈를 충족할 수 있는 보험상품이 적절하게 연결된 것은?

> 가. 박희원씨는 5년 전 주택을 구입하면서 3억원의 주택담보대출(원리금분할상환방식)을 받았다. 남은 대출기간 10년 동안 보장받기를 원하며 보험기간 중 조기 사망하는 경우 보험금은 대출기관(은행)에 직접 지급되기를 희망한다.
>
> 나. 사회초년생인 송기준씨는 현재 보험료 납입여력이 없어 일단 필요보장액만큼만 가입한 후 추후 보험기간 종료시점에 경제적 상황이 좋아지면 갱신을 통해 보장기간을 연장하고자 한다. 갱신 시 연령 이외에 최초 보험가입 후 발생한 질병 등의 이유로 보험료가 인상되는 것을 원하지 않는다.

	가	나
①	전환정기보험	체증정기보험
②	전환정기보험	갱신정기보험
③	신용생명보험	체증정기보험
④	신용생명보험	갱신정기보험
⑤	신용생명보험	수정종신보험

30. 기타 생명보험에 대한 설명으로 가장 적절하지 **않은** 것은?

① 소액보험은 저소득층이 최소한의 보장을 받을 수 있도록 한 공적부조 형태의 보험이다.

② 소액보험은 빈곤층의 무담보 소액신용대출과 유사한 개념이다.

③ 장애인보험은 연간 4,000만원 한도 내에서 보험금에 대한 증여세가 비과세되는 세제혜택이 있으며, 타 보험에 비해 사업비율과 이자율을 우대 적용하여 상대적으로 보험료가 낮다.

④ 장애인보험은 보장성보험료에 대한 세액공제 외에 별도로 연간 300만원 한도 내에서 추가공제 혜택이 있다.

⑤ 장애인보험은 타 보험에 비해 사업비율과 이자율을 우대 적용하여 상대적으로 보험료가 저렴하다.

31. CFP® 자격인증자가 고객에게 생명보험약관에 대해 설명한 내용으로 가장 적절한 것은?

① 보험설계사가 모집과정에서 사용한 회사 제작 보험안내자료의 내용이 보험약관과 다를 경우에는 보험설계사에게 유리한 내용으로 계약이 성립됩니다.

② 보험계약자인 고객님이 고의 또는 중대한 과실로 중요한 사항에 대하여 사실과 다르게 알린 경우 보험회사가 그 사실을 안 날부터 1개월 이상 지났다면 보험회사는 보험계약을 해지할 수 없습니다.

③ 보험료 납입유예기간 동안에는 보험금지급사유가 발생하더라도 보험금이 지급되지 않으니 유의하시기 바랍니다.

④ 보험료 미납으로 생명보험이 해지된 경우 보험계약자인 고객님께서는 해약환급금을 받으셨더라도 해지된 날로부터 3년 이내에 보험계약의 부활을 청구할 수 있습니다.

⑤ 고객님께서 보험기간이 1년 미만인 생명보험계약을 체결한 경우 보험증권을 받은 날부터 15일 이내에 청약을 철회할 수 있습니다.

32. 생명보험특약에 대한 적절한 설명으로만 모두 묶인 것은?

> 가. 지정대리청구서비스특약은 보험계약자, 피보험자 및 보험수익자가 동일한 계약인 때에만 적용된다.
>
> 나. 선지급서비스특약에 따라 주계약 사망보험금의 일부가 지급된 경우에도 각 특약의 효력은 계속된다.
>
> 다. 양육연금지급서비스특약은 보험금을 매년 일정하게 나눠 양육연금의 형태로 지급하며, 유자녀가 성년이 되기 전이라도 중도해지가 가능하다.
>
> 라. 보험금감액법은 건강보험과 같은 생존급부가 보장되는 상품에서도 적용된다.
>
> 마. 사후정리특약에 따라 장례비용이 급하게 필요한 경우 사망진단서의 제출만으로도 사망보험금을 받을 수 있다.

① 가, 나
② 가, 라
③ 다, 라
④ 가, 나, 마
⑤ 나, 다, 라, 마

33. 상해보험에 대한 설명으로 가장 적절하지 **않은** 것은?

① 상해보험은 사람의 생명, 신체를 대상으로 하므로 보험가액을 확정할 수 없으며, 보험회사가 가해자에 대한 손해배상청구권을 대위 취득할 수 없다.
② 상해보험에서 신체의 손상은 급격하고 우연한 외래의 사고와 상당인과관계가 있어야 한다.
③ 단체상해보험은 개인보험에 비해 예측 가능성이 크기 때문에 보험회사에서 매우 유리한 조건으로 받아들여진다.
④ 생명보험은 일반적으로 보험사고의 발생 시기만이 불확정하지만 상해보험은 사고의 발생 여부와 시기 등이 모두 불확정하다.
⑤ 상해보험의 보상방식은 생명보험과 동일하게 정액급부를 원칙으로 적용한다.

34. CI보험 및 암보험에 대한 설명으로 가장 적절한 것은?

① CI보험은 다양한 특약을 부가하여 종합보험의 성격을 갖고 있다.
② 손해보험회사의 CI보험은 생명보험회사의 상품과 같은 종신 보장의 효과를 볼 수 있다.
③ 일반적으로 암보장의 책임개시일은 보험가입 첫날로부터 그날을 포함하여 90일이 지난 날에 시작된다.
④ 피보험자가 동시에 두 종류 이상의 암 수술을 받은 경우에는 두 종류의 암 수술급여를 합산하여 지급한다.
⑤ 암보험은 갱신계약에서는 면책기간을 적용하나, 부활계약에서는 면책기간을 적용하지 않는다.

35. 4세대 실손의료보험에 대한 설명으로 가장 적절하지 **않은** 것은?

① 기본형 실손의료보험은 입원 시 질병이나 상해로 발생한 급여의 80%를 보상한다.
② 입원기간 10일 중 5일간 상급병실을 사용하였고, 같은 기간의 비급여병실료가 120만원 발생했다면 비급여병실료의 50%에 해당하는 60만원을 보상한다.
③ 4세대 실손의료보험은 가입자의 의료이용량에 따라 보험료를 차등 적용함으로써 보험료 부담의 형평성 문제를 해결하고자 한다.
④ 불임 관련 질환, 선천성뇌질환 등에 대한 보장을 확대하고, 보험금 누수가 큰 일부 비급여 항목에 대해서는 보장을 제한한다.
⑤ 기존 실손의료보험을 4세대 실손보험으로 전환한 이후 6개월 이내에 보험금 수령이 없는 경우에는 계약 전환을 철회하고, 기존 상품으로 돌아갈 수 있다.

36. 장기간병보험에 대한 적절한 설명으로만 모두 묶인 것은?

> 가. 재해를 직접적인 원인으로 일상생활장해상태가 되었을 경우 계약일로부터 그날을 포함하여 90일이 지난 날의 다음날을 책임개시일로 한다.
>
> 나. 노인장기요양보험에서 1등급을 받은 경우 장기간병보험의 보험금 또한 1등급 기준으로 적용되어 보험금이 지급된다.
>
> 다. 노인장기요양보험은 1등급부터 인지지원등급까지 장기요양등급을 구분하고 있다.
>
> 라. 장기간병보험은 연금 또는 일시금의 형태로 간병비용을 지급한다.
>
> 마. 정신분열 또는 우울증과 같은 정신질환으로 인한 인지기능의 장애는 장기간병보험에서 담보하지 않는다.

① 가, 나
② 나, 마
③ 다, 라
④ 가, 나, 다
⑤ 나, 다, 라, 마

37. 다음 중 화재보험 보통약관에서 계약을 맺은 후 통지의무가 발생하는 경우로 가장 적절하지 **않은** 것은?

① 해당 계약에서 보장하는 위험과 동일한 위험을 보장하는 계약을 다른 보험회사와 체결하고자 하는 경우
② 보험의 목적을 양도하는 경우
③ 보험의 목적 또는 보험의 목적을 수용하는 건물의 구조를 변경, 개축 등을 하는 경우
④ 보험의 목적 또는 보험의 목적을 수용하는 건물의 용도를 변경(위험수준은 변경 전과 동일)한 경우
⑤ 보험의 목적 또는 보험의 목적이 들어 있는 건물을 30일 이상 비워두는 경우

38. 박종원씨(50세)가 소유 중인 주택에서 원인모를 화재가 발생하였다. 화재로 인한 손해액이 다음과 같을 때 박종원씨가 가입한 주택화재보험에 대한 설명으로 가장 적절한 것은?

> [지급보험금 관련 정보]
> • 보험가입금액 : 200,000천원
> • 보험가액 : 400,000천원
> • 재산손해액 : 120,000천원
> • 잔존물제거비용 : 20,000천원

① 주택의 부속건물로서 가재도구만을 수용하는데 쓰이는 것은 주택물건으로 보지 않는다.
② 재산손해액에 대한 보험금과 잔존물제거비용에 대한 보험금의 합계는 보험가액을 한도로 지급한다.
③ 박종원씨가 재산손해액에 대해 지급받을 수 있는 보험금은 60,000천원이다.
④ 박종원씨가 잔존물제거비용에 대해 지급받을 수 있는 보험금은 12,500천원이다.
⑤ 박종원씨가 화재로 인해 지급받을 수 있는 보험금은 총 87,000천원이다.

39. 배상책임보험에 대한 설명으로 가장 적절하지 **않은** 것은?

① 배상책임보험은 인적 또는 물적 손해로 인하여 피보험자에게 법률상의 손해배상책임이 발생하게 된 경우를 전제로 한다.
② 배상책임보험에서 인명피해라 함은 보험사고로 인한 신체의 부상, 질병 및 그로 인한 사망을 의미하며, 신체침해 외에 정신적 피해는 해당하지 않는다.
③ 배상책임보험의 대물배상 손해배상금에서 손해방지비용과 소송비용은 전액 보상한다.
④ 보험가입금액은 전액 지급 시 그 보험계약이 소멸하나, 보상한도액은 전액을 지급하더라도 계약이 유효하다.
⑤ 생산물배상책임보험에서는 피보험자의 근로자가 피보험자의 업무에 종사 중 입은 신체장해에 대하여 보상하지 않는다.

40. 자동차보험의 담보내용에 대한 설명으로 가장 적절한 것은?

① 대인배상Ⅰ의 피해자 1인에 대한 보상한도는 1.5억원이며, 1사고당 한도는 10억원이다.

② 대인배상Ⅱ은 의무보험인 대인배상Ⅰ을 체결한 경우에 한하여 가입할 수 있으며, 대인배상Ⅰ을 초과하는 금액에 대하여 보상한다.

③ 자동차사고로 인해 사망한 자의 연령이 65세 미만이라면 위자료는 5,000만원이 지급된다.

④ 사망보험금에서의 상실수익액 산정 시 생활비는 생존 할 경우 소득액의 2/3을 지출할 것으로 추정하여 공제한다.

⑤ 자기차량손해는 전손사고, 분손사고뿐만 아니라 일부 부분품이나 부속기계만의 도난에 대해서도 보상한다.

41. 일반손해보험과 장기손해보험을 비교한 내용으로 가장 적절하지 **않은** 것은?

① 우리나라 일반손해보험은 개인이 아닌 특정 기업이 기업활동을 수행하는 과정에서 발생하는 다양한 위험을 담보하는 기업성 보험이다.

② 일반손해보험의 보험기간은 3년 이내이며 매년 보험계약이 갱신되지만, 장기손해보험의 보험기간은 최소 3년 이상 최대 15년 이내이다.

③ 일반손해보험과 장기손해보험은 자동복원제도를 통해 보험기간 중 80% 미만의 보험사고가 여러 번 발생하더라도 계속 보장한다.

④ 장기손해보험은 납입보험료나 보험가입금액의 일정액을 중도에 환급받을 수 있지만 일반손해보험은 환급금 제도가 존재하지 않는다.

⑤ 장기손해보험의 보험료는 예정기초율을 이용하여 수지상등의 원칙에 입각하여 산출하는 반면, 일반손해보험의 보험료는 손해율법과 순보험료법을 통해 보험료를 산출한다.

42. 통합보험에 대한 적절한 설명으로만 모두 묶인 것은?

가. 통합보험은 담보하는 위험별로 지급보험금의 계산이나 면책사항 등이 서로 다르게 적용된다.

나. 보험기간 중 담보별 보장기간을 달리 할 수 있으며, 담보의 추가 및 삭제는 질병 관련 담보의 경우에만 가능하다.

다. 통합보험에서 재물위험의 경우 도난에 대해서도 담보하고 있다.

라. 통합보험에서 피보험자를 추가할 경우 최초 계약시점부터 피보험자가 추가된 것으로 보고 추가 가입시점의 해약환급금을 회사에 납입해야 한다.

마. 통합보험은 보험료가 미납되거나 부족할 경우 보험계약이 해지된다.

① 가, 다
② 나, 라
③ 가, 나, 다
④ 다, 라, 마
⑤ 가, 다, 라, 마

43. 다음 중 가장의 사망 시 유동자산이나 비유동자산 어느 쪽으로도 분류할 수 **없는** 자산으로만 묶인 것은?

가. 일시금으로 지급받게 될 연금

나. 자녀교육자금으로 사용하기로 되어 있는 자산

다. 상속받게 될 자산

라. 개인연금

마. 보석 등과 같은 동산

바. 부동산

사. 미술품 등의 수집품

아. 결제용 계좌

① 가, 라, 바, 사
② 나, 다, 마, 아
③ 나, 다, 바, 사
④ 나, 라, 사, 아
⑤ 다, 라, 마, 사, 아

44. 벨쓰방식을 활용하여 생명보험비용을 계산할 경우 유의사항으로 가장 적절하지 **않은** 것은?

① 사망보험금액을 결정할 때는 재해사망보장금액은 제외시켜야 한다.

② 해약환급금을 결정할 때는 보험계약대출금을 감안해야 한다.

③ 당해 보험연도가 끝나는 시점에서 해당 계약의 해약환급금을 결정한다.

④ 보험료납입이 완료된 계약은 연간보험료를 0으로 한다.

⑤ 피보험자의 현재 연령을 결정한다.

45. 다음 중 위험관리 제안서의 실행 과정에서 재무설계사가 주의해야 할 내용으로 모두 묶인 것은?

가. 보험으로 부보 가능하지 않거나 보험으로 부보 가능할 경우 코스트가 높은 위험에 대해서는 보험 이외의 위험처리방법을 고려해야 한다.

나. 의무보험을 통해 위험의 일부를 이전한 위험에 대해서는 측정된 위험금액과 기존 보험의 가입금액의 차액만큼만 보험금 구입하는 것으로 충분하다.

다. 직업 및 사업 수행 시 법으로 강제화된 보험과 손실 규모가 심각한 배상책임위험에 대해서는 필수보장에 포함시켜야 한다.

라. 보험의 보장금액은 가능하면 위험평가에서 재무적 손실로 평가한 금액보다 낮게 설정해야 한다.

마. 주택화재보험의 경우 보험가입금액이 보험가액의 80% 이상일 경우 보험가액을 한도로 손해액을 지급하고, 80% 미만인 경우에는 비례보상 한다.

① 가

② 가, 나

③ 가, 나, 다

④ 나, 다, 라

⑤ 가, 나, 다, 라, 마

은퇴설계 (25문항)

46. 소비자선택이론에 대한 적절한 설명으로 모두 묶인 것은?

가. 기대효용이론에서는 일반적으로 부가 증가할수록 기대효용과 그 증가율이 점차 증가한다고 설명한다.

나. 효용이론에서는 소비자가 동일한 효용을 가지는 여러 개의 무차별곡선이 있을 때 원점에서 멀수록 효용이 크며, 예산선을 벗어나는 무차별곡선에서는 소비자선택이 일어나지 않는다.

다. 기간 간 소비자선택이론에서는 이자율이 증가한다면 차용자의 경우 실질소득이 감소하여 현재와 미래 소비가 감소하는 소득효과가 나타난다.

라. 기대효용이론은 소비자가 완전한 정보를 가진 상황에서 어떠한 선택을 하는지 설명하는 이론이다.

마. 생애주기가설은 소비자가 효용극대화를 위해 전 생애에 발생하는 소득을 이용한다는 것으로, 소비자의 효용도 생애예산제약을 받게 된다고 말한다.

① 가, 나, 라

② 가, 다, 마

③ 나, 다, 라

④ 나, 다, 마

⑤ 다, 라, 마

47. 류선재씨는 65세부터 25년간 은퇴생활을 할 예정이며, 은퇴 전과 후의 소득에 대한 정보는 다음과 같다. 이를 바탕으로 계산한 류선재씨의 은퇴기간 소득대체율로 가장 적절한 것은? (단, 은퇴 전과 후의 소득은 매월 초 발생한다고 가정함)

[류선재씨의 은퇴 관련 정보]

• 은퇴 전 소득 : 월 4,000천원

• 은퇴 후 소득(예상)

　- 은퇴 후 소득으로는 변액연금보험과 국민연금 노령연금을 활용할 예정임

　- 변액연금보험 : 65세 은퇴시점 적립금 평가액은 300,000천원, 수익률은 3%이며, 65세부터 25년간 매월 초 연금을 수령할 예정임

[류선재씨의 국민연금 관련 정보]

• 류선재씨의 국민연금 가입기간 : 25년

• 연금수급개시연령인 62세부터 월 1,500천원의 연금액을 수령 가능하지만, 수급 개시를 3년 연기하여 65세부터 연금을 수령할 예정임

※ '소득대체율 = 개인연금 및 국민연금 월 소득액/은퇴 전 월 소득액'으로 계산함

① 74.3%

② 78.4%

③ 80.9%

④ 83.9%

⑤ 85.1%

48. 다음은 개인사업자 박재호씨(1969년생, 55세)의 은퇴 관련 정보이다. 은퇴자산 분석에 대한 설명으로 적절하지 **않은** 것은?

[박재호씨의 은퇴 관련 정보]

• 국민연금 : 지역가입자로서 15년 가입

• 연금저축펀드(세제적격) : 매월 납입 중, 5년 이상 가입

• 연금보험(세제비적격) : 납입 완료

① 박재호씨의 국민연금 일반노령연금 개시연령은 65세이고, 조기노령연금 개시연령은 60세이다.

② 박재호씨가 현재 국민연금 보험료를 선납하고자 할 경우 최대 5년까지 선납 가능하다.

③ 연금저축펀드(세제적격)는 운용에 따라 손실이 발생할 수 있다.

④ 연금보험(세제비적격)은 납입한 보험료에 대해 세액공제를 받을 수 있다.

⑤ 박재호씨는 연금저축펀드(세제적격)에서 연금수령 시 종신연금 형태로는 지급받을 수 없으며, 확정연금만 가능하다.

49. 다음 중 국민연금 가입자 유형에 대한 설명으로 가장 적절하지 **않은** 것은?

① 대학생이면서 소득이 없고, 국민연금 연금보험료를 납부한 사실이 있는 24세 박하나씨는 지역가입자에 해당한다.

② 국민기초생활 보장법에 따른 생계급여 수급자가 아닌 지역가입자의 배우자로서 별도의 소득이 없는 40세 장지아씨는 지역가입자에 해당한다.

③ 직원 5명을 두고 유통업을 운영하고 있는 50세 이두빈씨는 사업장가입자에 해당한다.

④ 8년 전 중소기업 경영을 시작하면서 당시 처음 국민연금에 가입해 가입을 연장하고자 하는 60세 박세진씨는 임의계속가입자에 해당한다.

⑤ 국민연금 수급권자의 배우자로서, 본인은 국민연금에 가입한 이력이 없고 현재 소득이 없는 54세 전업주부 나산들씨는 임의가입자에 해당한다.

50. 다음 정보를 고려할 때 국민연금 수급권자인 김태평씨의 기초연금 급여액으로 가장 적절한 것은? (단, 부양가족연금액, 물가상승 등은 고려하지 않는 것으로 가정함)

[김태평씨의 기초연금 관련 정보]
- 생년월일(나이) : 1955년 7월 18일(69세)
- 2024년 기준연금액 : 334,810원
- 2024년 부가연금액 : 167,400원
- 2024년 선정기준액(단독가구) : 2,130,000원
- 국민연금 급여액 등 : 월 600,000원
- A급여액 : 270,000원
- 김태평씨 관련 사항
  - 국민연금 급여액 등이 기준연금액의 150%를 초과하고 200% 이하인 경우에 해당함
  - 소득인정액은 1,900,000원이며, 단독 가구임

※ 'A급여액'에 따른 기초연금액 = (기준연금액 − 2/3 × A급여액) + 부가연금액

※ '국민연금 급여액 등'에 따른 기초연금액 = 기준연금액의 250% − 국민연금 급여액 등

① 230,000원
② 237,025원
③ 310,150원
④ 322,210원
⑤ 357,000원

51. 국민연금 연금보험료에 대한 설명으로 적절하지 **않은** 것은?

① 기준소득월액이 80만원인 임의가입자의 연금보험료는 72,000원이다.
② 기한 내 연금보험료를 납부하지 않을 경우 연체금이 가산되며, 납부기한 경과 후 30일까지는 1일 경과마다 1/1,500을 가산한다.
③ 지역가입자 및 임의(계속)가입자의 연금보험료를 징수할 권리는 3년이 경과하면 소멸하며, 징수권이 소멸된 미납월에 대하여는 고지 및 수납처리가 불가능하다.
④ 해당 연도에 연금보험료를 납부한 이력이 있는 가입자로서 종합소득이 있는 자는 연체금, 반납금을 포함하여 본인이 부담한 연금보험료 전액에 대해 소득공제가 가능하다.
⑤ 가입자는 연금보험료 추후납부제도를 통해 연금보험료를 납입하지 못한 기간 중 최대 10년 미만의 기간에 해당하는 보험료를 납부할 수 있다.

52. 다음 중 노령연금에 대한 설명으로 가장 적절하지 **않은** 것은?

① 소득활동에 따른 노령연금 감액 시 노령연금 수급개시연령부터 5년 동안 소득수준에 따라 감액된 금액은 노령연금액의 1/2을 초과할 수 없다.
② 분할연금은 전 배우자의 노령연금액 중 혼인기간에 해당하는 연금액과 부양가족연금액을 더한 값의 1/2이다.
③ 노령연금 연기제도를 활용하여 수급권을 취득한 이후부터 최대 5년까지의 기간 중에 연금액의 전부 또는 일부의 지급을 연기할 수 있다.
④ 조기노령연금 수급자가 연금수급개시연령 도달 이전에 소득이 있는 업무에 종사하게 되는 경우 소득이 있는 기간 동안 연금지급이 정지된다.
⑤ 분할연금은 배우자였던 자가 소득이 있는 업무에 종사하여 감액된 연금액을 지급받더라도, 분할연금액은 감액 전의 노령연금액을 기준으로 혼인기간에 해당하는 연금액을 나눈 금액으로 지급한다.

53. 다음의 정보를 고려할 때 국민연금에 대한 설명으로 가장 적절한 것은? (단, 각 보기는 별개의 상황이며, 부양가족연금액, 물가상승 등은 고려하지 않는 것으로 가정함)

[양종훈씨의 국민연금 관련 정보]
- 생년월일(나이) : 1953년 1월 15일(71세)
- 가입기간 : 20년(실업 등 추가산입기간 없음)
- 기본연금액 : 월 1,000천원
- 연금수급개시연령인 61세부터 노령연금 지급받음
- 양종훈씨 가족 관련 사항
  - 김미도(배우자, 1960년생, 64세) : 30세에 양종훈씨와 결혼하였으며, 소득활동에 종사하지 않아 국민연금에 가입한 이력 없음
  - 양지환(자녀, 40세) : 개인사업 중

※ 양종훈씨 가족 중 장애인 없음

① 김미도씨는 소득활동에 종사하지 않는 주부이지만 현재 본인이 원한다면 임의가입자로 가입할 수 있다.
② 김미도씨가 양종훈씨와 이혼 후 분할연금을 받고자 하는 경우 분할연금 지급사유발생일로부터 3년까지의 기간에 신청해야만 한다.
③ 양종훈씨가 현재 소득이 있는 업무에 종사하는 경우 노령연금은 최대 50%까지 감액하여 지급된다.
④ 양종훈씨가 현재 사망하면 김미도씨는 유족연금으로 월 600천원을 받을 수 있다.
⑤ 양종훈씨가 사망하여 김미도씨가 유족연금을 수령하던 중 다른 사람과 재혼하게 되면 유족연금 수급권은 자녀 양지환씨에게 넘어간다.

54. 국민연금(노령연금)을 수급 중이던 김찬우씨는 2024년 중 사망했다. 김찬우, 강솔희씨 부부의 국민연금 관련 정보가 다음과 같을 때, 배우자 강솔희씨가 국민연금 중복급여조정에 따라 각 급여를 선택한 경우 연금액이 적절하게 연결된 것은? (단, 부양가족연금액, 물가상승 등은 고려하지 않는 것으로 가정함)

[김찬우씨의 국민연금 관련 정보]

- 가입기간 : 20년
- 기본연금액 : 월 1,000천원
- 연금수급개시연령부터 노령연금을 지급받음

[강솔희씨의 국민연금 관련 정보]

- 가입기간 : 15년
- 기본연금액 : 월 500천원
- 연금수급개시연령부터 노령연금을 지급받음
- 김찬우씨 사망 당시 강솔희씨도 노령연금 수급 중이었으며, 강솔희씨는 국민연금법상 유족에 해당함

	노령연금 선택 시	유족연금 선택 시
①	월 500천원	월 600천원
②	월 500천원	월 750천원
③	월 680천원	월 600천원
④	월 680천원	월 750천원
⑤	월 1,100천원	월 680천원

55. 국민연금 급여에 대한 설명으로 가장 적절하지 **않은** 것은?

① 60세에 도달하여 반환일시금을 받고자 할 경우 10년이 경과하면 소멸시효가 완성되어 반환일시금을 지급받을 수 없다.

② 군복무크레딧은 6개월의 가입기간을 추가로 인정해주고, 추가로 산입되는 가입기간의 기준소득월액은 A값의 50%로 정하여 수급권 취득 시점의 소득으로 본다.

③ 10년 이상 가입하였던 자가 사망하였으나 유족연금에 해당되지 않는 경우 반환일시금을 지급받을 수 있다.

④ 반환일시금 반납은 국민연금 가입자가 아닌 상태에서도 허용되어 반환일시금 반납 후 가입자격을 취득할 수 있다.

⑤ 반환일시금 반납금은 일시금으로 납부하거나 가입기간에 따라 3～24회 범위 내에서 분할 납부할 수 있다.

56. 공적연금 연계에 대한 설명으로 가장 적절하지 **않은** 것은?

① 직역연금에서 국민연금으로 이동하여 국민연금 가입자가 된 때에는 퇴직일시금을 수령하지 않은 경우 퇴직일로부터 5년 이내 연계신청이 가능하다.

② 연계기간이 20년 이상인 경우 연계노령유족연금 연금액은 기본연금액의 60%와 부양가족연금액을 합산하여 지급된다.

③ 국민연금에서 직역연금으로 이동하여 직역연금 가입자가 된 때에는 국민연금 수급권이 소멸되기 전까지 연계신청을 할 수 있다.

④ 연계퇴직연금의 경우 연계연금법에 의한 연금수급연령보다 높을 때에는 직역연금법을 따른다.

⑤ 국민연금 임의계속가입 후 반납금을 납부하여 가입기간이 늘어나는 경우 해당기간은 연계대상기간에 포함하지 않는다.

57. 최근 민현기씨는 다니던 직장에서 퇴직하였다. 민현기씨의 관련 정보가 다음과 같을 때 퇴직연금 및 국민연금에 대한 설명으로 가장 적절한 것은? (단, 부양가족연금액, 물가상승 등은 고려하지 않는 것으로 가정함)

[민현기씨의 정보]

- 생년월일 : 1965년 1월 1일(퇴직 시 59세)
- 퇴직 시기 : 2024년 1월 31일(퇴직금제도 가입)
- 국민연금 가입기간 : 30년
- 배우자의 생년월일 : 1969년 8월 2일

① 민현기씨가 퇴직시점부터 노령연금을 받기 위해서 조기노령연금을 신청할 경우 기본연금액의 88%를 지급받는다.

② 민현기씨가 다른 일자리에 재취업하여 퇴직 시점부터 6년 후에 노령연금을 지급받으려면 지급 연기를 신청하여 65세부터 기본연금액에 28.8%를 가산한 금액을 받을 수 있다.

③ 2024년 민현기씨가 배우자와 이혼할 경우 배우자는 민현기씨가 노령연금 수급권을 취득하게 되는 시기부터 분할연금을 받을 수 있다.

④ 소득세법상 연금수령 요건을 갖추어 연금으로 수령하는 경우 연금소득세가 과세되며, 이 경우 연금수령연차가 11년차 이후라면 60%가 과세된다.

⑤ 퇴직금을 IRP에 납입하고 소득세법상 연금수령하기 위해서는 60세부터 수령해야 한다.

58. 확정급여형 및 확정기여형 퇴직연금제도에 대한 설명으로 가장 적절한 것은?

① 적립금의 운용 결과에 대해 확정급여형의 경우에는 근로자가 책임을 지고, 확정기여형의 경우에는 사용자가 책임을 진다.

② 확정기여형 퇴직연금을 설정한 사용자는 급여 지급능력을 확보하기 위해 매 사업장연도 말 기준 기준책임준비금의 100%를 최소적립금으로 적립하여야 한다.

③ 확정급여형의 경우 사용자는 매년 1회 이상 정기적으로 가입자별 연간 임금총액의 1/12 이상에 해당하는 사용자부담금을 가입자의 퇴직연금계좌에 납입하여야 한다.

④ 확정기여형 퇴직연금 가입자가 퇴직을 하게 되면 사용자는 퇴직연금 적립금을 가입자가 설정한 IRP계좌로 이전하는 방식으로 지급하며, 가입자는 일시금으로 받거나 55세부터 연금으로 지급받을 수 있다.

⑤ 확정급여형 퇴직연금에 가입한 근로자는 가입한 퇴직연금계좌에 사용자부담금 이외에 근로자가 추가적으로 납입할 수 있다.

59. 개인형 퇴직연금제도에 대한 적절한 설명으로 모두 묶인 것은?

가. IRP에 가입자 본인이 납입한 적립금만 있는 경우 연금으로 수령하기 위해서는 가입 기간이 10년 이상이어야 하며, 55세 이후 수령해야 한다.

나. 개인형 퇴직연금은 운용방법이 확정기여형(DC형) 퇴직연금과 동일하지만, DC형과 달리 사전지정운용제도를 활용하여 운용할 수 없다.

다. IRP에서 소득세법에 정한 사유 이외의 사유로 연금수령한도를 초과하여 인출하는 이연퇴직소득에 대해서는 이연퇴직소득세의 100%가 분리과세 된다.

라. IRP의 설정 대상은 자영업자를 제외한 퇴직급여를 받는 모든 근로소득자이다.

① 다
② 가, 나
③ 다, 라
④ 가, 나, 다
⑤ 나, 다, 라

60. 이영실씨(40세)가 근무하는 회사는 올해 1월부터 확정급여형(DB형) 퇴직연금과 확정기여형(DC형) 퇴직연금을 도입하였으며, 이영실씨의 퇴직 관련 정보는 다음과 같다. 이영실씨가 DB형과 DC형 퇴직연금 중 수익률 측면에서 유리한 제도를 선택하고자 할 때, 각 퇴직연금의 은퇴시점 세전금액으로 가장 적절한 것은?

[이영실씨의 퇴직연금 관련 정보]

• 올해 1월의 급여는 6,000천원이며, 급여는 매년 초에 4%만큼 상승됨

• 확정기여형 퇴직연금 및 개인형 퇴직연금(IRP) 계좌의 운용수익률은 연 5%임

[기타 정보]

• 이영실씨의 퇴직시점은 55세이며, 은퇴시점은 65세임

• 작년 말까지의 근무분에 대한 퇴직급여는 중간정산하였음

• 퇴직 시 퇴직급여 전액을 IRP로 이전하여 운용할 계획임

	확정급여형 퇴직연금	확정기여형 퇴직연금
①	181,502천원	196,537천원
②	184,412천원	196,537천원
③	184,412천원	199,236천원
④	253,865천원	271,685천원
⑤	253,865천원	286,726천원

61. 사전지정운용제도에 대해 고객과 CFP® 자격인증자가 상담한 내용으로 가장 적절하지 **않은** 것은?

① 고객 : 디폴트옵션제도는 모든 퇴직연금 유형에 적용되나요?

CFP® : 디폴트옵션제도는 DC형 퇴직연금 및 IRP 가입자에게 적용되며, DB형 퇴직연금과 중소기업퇴직연금에는 적용되지 않습니다.

② 고객 : 선택한 디폴트옵션 상품을 변경하고 싶은데 변경이 가능한가요?

CFP® : 이미 등록된 디폴트옵션 상품의 경우, 퇴직연금 사업자에게 사전지정운용방법 변경신청서를 작성하여 제출한다면 언제든지 변경하실 수 있습니다.

③ 고객 : IRP 적립금 중 일부만 디폴트옵션으로 운용할 수 있나요?

CFP® : 가입자가 디폴트옵션으로 운용할 적립금 이외의 금액을 운용지시하고, 나머지 금액에 대해 언제든지 디폴트옵션 상품으로 운용(Opt-in)하실 수 있습니다.

④ 고객 : 디폴트옵션으로 운용중인 적립금을 다른 운용방법으로 운용할 수 있나요?

CFP® : 적립금을 디폴트옵션으로 운용 중이라도 언제든지 디폴트옵션을 해지(Opt-out)하고 다른 운용방법으로 적립금을 운용하실 수 있습니다.

⑤ 고객 : 디폴트옵션으로 원리금보장형 상품을 선택하였는데, 상품이 만기가 되면 자동으로 원리금보장형 상품으로 운용되나요?

CFP® : 선택한 원리금보장형 상품이 만기가 되었을 때 자동으로 다시 원리금보장형 상품으로 운용이 됩니다.

62. 개인연금에 대한 적절한 설명으로 모두 묶인 것은?

가. 은퇴기간에 연금소득 또는 기타 목적자금을 병행하여 준비하려는 사람은 연금저축 상품에 가입하고 세액공제 한도를 초과하여 납입하는 방법을 선택할 수 있다.

나. 납입기간 중 사망 또는 장해발생 시 보장을 받고 싶다면 세제적격연금을 선택해야 한다.

다. 확정기간 연금은 가입자가 확정기간 중에 사망하면 잔여 연금적립금은 소멸된다.

라. 보증부종신연금은 보증기간 중 지급될 연금을 일시금으로도 수령 가능하다.

마. 연금저축보험(세제적격)을 종신형으로 수령하면 60세인 경우 연금소득에 대한 원천징수세율은 3.3%(지방소득세 포함)가 적용된다.

① 가, 나
② 가, 라
③ 가, 다, 라
④ 나, 다, 마
⑤ 나, 라, 마

63. 세제적격연금에 대한 설명으로 가장 적절하지 **않은** 것은?

① 연금저축보험은 장기저축성보험의 과세제외요건을 충족하는 경우 인출 시 보험차익에 대해 과세를 하지 않는다.

② 연금저축펀드는 원금이 보장되지 않고 예금자보호 대상이 아니지만 재무상황에 따라 납입을 유연하게 할 수 있다는 장점이 있다.

③ 연금저축신탁의 경우 예금자보호 대상이며, 연금지급형태는 확정기간연금형을 기본으로 하고 있다.

④ 연금저축보험은 정액정기납을 원칙으로 하기 때문에 연금보험료 납입을 연체하는 경우 보험계약의 효력이 상실될 수 있다.

⑤ 납입원금을 보존하면서 공시이율 이상의 수익을 원한다면 연금저축신탁을 선택하는 것이 바람직하다.

64. 세제비적격연금에 대한 설명으로 가장 적절한 것은?

① 연금보험의 경우 추가납입보험료는 기본보험료에 비해 사업비가 상대적으로 높게 부과되고 있어 기본보험료보다 연금적립금 축적비율이 더 낮다.

② 변액연금 최저인출보증(GMWB) 옵션을 선택하면 연금 개시 이후 특별계좌의 투자성과에 관계없이 최저보증이율을 적용한 연금액을 지급한다.

③ 금리연동형 연금보험은 일시납으로 납입된 보험료를 주식, 채권 등 금융투자상품(펀드)에 투자하는 방법으로 운용하고 운용성과에 따라 연금수준이 변동된다.

④ 연금보험의 보험료 납입 일시중지는 보험계약일로부터 3년이 지난 이후부터 가능하며, 납입일시중지 신청 시 기본보험료의 보험료 납입기간은 납입일시중지기간만큼 연장된다.

⑤ 확정연금형 즉시연금은 연금수령기간을 10년 이상으로 정하여도 부리된 이자소득을 원천으로 연금을 수령하는 시점부터는 이자소득세가 과세된다.

65. 연금계좌 활용 방안에 대한 적절한 설명으로 모두 묶인 것은?

가. 적립기간 중 중도인출 가능성이 많은 경우에는 연금저축펀드를 선택하는 것이 IRP를 선택하는 것보다 바람직하다.

나. 적립식펀드는 납입액에 대한 세액공제 혜택과 운용수익에 대한 과세이연 효과로 동일한 운용방식의 연금저축펀드보다 기대수익률이 높다.

다. 경영평가성과급을 DC형 퇴직연금계좌로 납입하고 운용하다 55세 이후에 연금으로 수령하면 근로소득세가 원천징수되지 않는다.

라. REITs는 부동산 등에 투자를 하고 임대수익과 투자부동산의 매매차액 등을 배당하는 펀드이므로 안정적인 배당소득과 인플레이션에 대응할 수 있는 대체투자 수단이 될 수 있다.

마. 과세이연 효과는 납입기간과 거치기간이 길수록, 연금수령기간이 짧을수록 더 커지게 된다.

① 가, 나
② 가, 라
③ 가, 다, 라
④ 나, 다, 라
⑤ 나, 라, 마

66. 근로소득자 정소영씨(40세)는 은퇴자금 마련을 위해 연금계좌에 저축하고 있다. 다음 정보를 통해 2024년 귀속 연말정산 시 최대로 받을 수 있는 연금저축 세액공제액을 계산한 것으로 가장 적절한 것은? (단, 지방소득세는 포함하며, 근로소득 이외에 다른 소득은 없는 것으로 가정함)

[정소영씨 관련 정보]

• 2024년 귀속 총급여 : 130,000천원

• 2024년 연금저축계좌 납입액
　- 연금저축펀드 : 월 375천원
　- 연금저축보험 : 월 500천원

※ 단, 연금저축펀드의 납입기간은 2024.01. ~ 2024.12.이며, 연금저축보험의 납입기간은 2024.07. ~ 2024.12.임

① 620천원
② 647천원
③ 792천원
④ 900천원
⑤ 1,050천원

67. 포트폴리오 성과평가 척도에 대한 설명으로 가장 적절하지 **않은** 것은?

① 포트폴리오의 젠센알파가 0보다 작게 나타난다면 시장균형 상태에서 포트폴리오의 기대수익률보다 해당 포트폴리오의 실현수익률이 더 높았다는 것을 의미한다.

② 정보비율(Information ratio)은 포트폴리오 실현수익률과 벤치마크수익률 간의 수익률 추적오차를 이용하여 성과를 평가하는 척도이다.

③ 포트폴리오의 샤프비율이 높을수록 포트폴리오 운용성과가 상대적으로 양호한 것으로 평가한다.

④ 소티노비율은 포트폴리오의 실현수익률이 투자자의 목표수익률 이하로 하락하는 위험을 강조한 성과평가 척도이다.

⑤ 트레이너비율은 분산투자를 통해 비체계적 위험을 최소화할 수 있는 연기금이나 대형 펀드의 성과평가에 많이 활용되고 있다.

68. 2015년 연금저축신탁에 가입한 박나은씨는 지속적인 수익률 저조로 인해 다른 금융기관으로 연금계좌를 이체하는 것에 대해서 CFP® 자격인증자와 상담하고 있다. 적절한 상담 내용으로만 모두 묶인 것은?

> 가. 연금저축펀드를 선택하실 경우 운용에 따라 원금손실이 발생할 수도 있습니다.
>
> 나. 연금저축보험을 선택하실 경우 보험상품의 성격상 사업비가 부과되어 있어 납입액 대비 실질수익률이 평균 공시이율보다 적을 수 있으며 다른 연금저축상품에 비해 상대적으로 수익성이 낮을 수 있습니다.
>
> 다. 현재의 연금저축신탁을 유지하면 확정연금으로만 수령이 가능하고, 종신연금으로는 수령이 불가능하다는 점을 고려해야 합니다.
>
> 라. 2013년 3월 1일 이전에 가입한 연금저축에 있는 금액을 현재의 연금저축신탁으로 이체하는 경우에 적립금의 일부이체는 불가능하며 전액이체만 가능합니다.
>
> 마. 계좌이체 후의 연금저축 가입기간은 이체 전 가입기간을 포함하여 산정됩니다.

① 가
② 가, 나
③ 가, 나, 다
④ 가, 나, 다, 라
⑤ 가, 나, 다, 라, 마

69. 은퇴소득 인출전략 모델에 대한 설명으로 적절하지 **않은** 것은?

① 지속가능한 인출률은 은퇴기간 동안 은퇴자산의 조기 소진 없이 지속될 수 있는 초기인출률이며, 포트폴리오 구성에 따라 여러 개의 값이 나올 수 있다.

② 몬테카를로 시뮬레이션 모델은 인출모델을 설정하는 과정에서 인출 후 남은 은퇴자산에 적용되는 수익률을 하나의 값으로 적용하는 모델이다.

③ 인출금액은 은퇴생활을 위해 필요한 생활비로, 사망할 때까지 수령하는 공적연금이 있는 경우 희망하는 은퇴생활비에서 공적연금액을 제외한 금액이다.

④ 몬테카를로 시뮬레이션 모델은 향후 발생하게 될 수익률과 물가상승률의 분포 패턴이 과거와는 다르게 나타날 수 있다는 한계가 있다.

⑤ 인출전략의 대상이 되는 은퇴자산은 상속 목적이나 부채상환, 주택자금, 여행자금 등 특별한 재무목표가 있는 자산은 제외하여야 한다.

70. 은퇴 후 주거와 관련한 용어와 설명이 적절하게 연결된 것은?

> 가. 실버타운
>
> 나. 시니어 코하우징(Senior Co-housing)
>
> 다. 컬렉티브 하우스(Collective house)
>
> 라. 에이징인플레이스(Aging in Place)
>
> A. 노인의 건강상태나 경제적 여건의 변화에 따라 거주지를 옮기는 것이 아니라 자신이 살아왔던 거주지와 지역공동체 내에서 지속적으로 거주하는 생활방식이다.
>
> B. 아이들은 노인들과의 교류를 통해 공동체 의식을 배우고, 노인들은 아이들로 인해 삶의 활력을 얻을 수 있다는 측면에서 세대교류의 효과를 얻을 수 있다는 장점이 있다.
>
> C. 거주목적이 자녀양육이나 가사분담 또는 공동체적 삶을 살기 위한 것이 아니라 건강한 시니어들이 은퇴 후 노후주거의 대안으로 공동 활동에 자발적으로 참여하며 자치적으로 생활하는 노인주택이다.
>
> D. 노인복지법상 노인주거복지시설의 양로시설과 노인복지주택 중 유료로 제공되는 시니어전용 주거시설로, 최근에는 주거 및 생활에 필요한 편의서비스는 물론 의료서비스시설까지 갖춘 형태로 발전하고 있다.

① 가 - A, 나 - B, 다 - C, 라 - D
② 가 - A, 나 - B, 다 - D, 라 - C
③ 가 - A, 나 - C, 다 - B, 라 - D
④ 가 - D, 나 - B, 다 - C, 라 - A
⑤ 가 - D, 나 - C, 다 - B, 라 - A

부동산설계 (20문항)

71. 부동산시장에 대한 설명으로 가장 적절하지 **않은** 것은?

① 단기적으로 부동산의 공급은 고정되어 있다고 보며, 부동산 수요의 급격한 증가는 부동산 폭등을 야기할 수 있다.

② 토지의 영속성으로 인해 부동산의 가격 및 수익은 개별화되고, 사용과 판매에 있어 대체가능성이 없게 만드는 원인이 된다.

③ 토지의 부증성과 희소성은 토지이용을 집약화 시키는 계기가 된다.

④ 부동산 거래는 세금, 중개보수 등 다른 재화에 비해 높은 거래비용이 발생하기 때문에 수요의 변화가 있더라도 즉시 부동산 소비로 이어지지 않는다.

⑤ 수요자의 선호에 따라 부동산 수요는 분화되며, 이로 인해 나뉜 시장은 각 공급자들의 분리를 유도하고 각 시장의 전문화된 서비스를 공급하게 되는 유인이 된다.

72. 주택시장에 영향을 미치는 요인에 대한 적절한 설명으로만 모두 묶인 것은?

> 가. 금리 상승으로 인한 수요의 위축은 부동산가격의 하락을 야기할 수 있다.
>
> 나. 시장은 기본적으로 수요와 공급에 의해 가격이 결정되며, 정부의 개입을 통해서는 주택의 수요와 공급을 조절할 수 없다.
>
> 다. 매매가격 대비 전세가격이 하락할 경우 갭(Gap)투자가 활성화되어 투자수요를 자극할 수 있다.
>
> 라. 급격한 인플레이션은 다양한 부작용이 있을 수 있으므로 정부는 재할인율 인상, 대출규제 강화와 같은 고금리 정책을 펼쳐 시장의 자금을 회수하여 인플레이션에 대응한다.
>
> 마. 주택시장에서 사용하는 PIR, HAI와 같은 구매력지수는 주택가격과 소득수준 및 금리에 따라 변동한다.

① 가, 다
② 가, 라
③ 다, 마
④ 가, 라, 마
⑤ 가, 다, 라, 마

73. 부동산 조세정책에 대한 설명으로 가장 적절한 것은?

① 주택보유세 부과 시 임대주택시장에서의 주택가격은 상승하고 임대료는 하락한다.

② 임대주택시장에서 주택보유세를 부과할 경우 조세비용의 증가로 인해 임대인의 소득은 감소하게 되며, 이는 공급량의 증가로 이어질 수 있다.

③ 주택보유세 부과 시 자가주택시장에서는 부동산의 가격 하락을 통해 임차인이 세금을 부담하지만 임대주택시장에서는 임대료 상승을 통해 소유자에게 조세를 전가하게 된다.

④ 정부가 취득세를 부과하더라도 주택공급곡선은 이동하지 않는다.

⑤ 공급이 탄력적이고 수요가 비탄력적인 시장에서는 공급자가 수요자에 비해 상대적으로 많은 세금을 부담하게 된다.

74. 도시 및 토지이용정책에 대한 설명으로 가장 적절하지 **않은** 것은?

① 수도권에 속하지 않고 광역시와 경계를 같이하지 않은 인구 5만명의 시는 도시·군기본계획을 예외적으로 수립하지 않을 수 있다.

② 토지적성평가의 목적은 전 국토의 환경친화적이고 지속가능한 개발을 보장하고, 개발과 보전이 조화되는 선계획·후개발의 국토관리체계를 구축하기 위함이다.

③ 방화지구는 용도지역의 제한을 강화하거나 완화하여 미관, 안전 등을 도모하기 위한 용도지구로서 재해 예방을 위해 필요한 지역에 지정할 수 있다.

④ 혁신도시 시즌1은 Top-Down 방식으로 추진주체는 중앙정부이며, 공공기관의 지방이전을 추진목표로 한다.

⑤ 기업도시는 산업입지와 경제활동을 위해 민간기업이 투자 이전계획을 가지고 직접 개발하는 도시이다.

75. 국토계획에 대한 적절한 설명으로만 모두 묶인 것은?

가. 국토종합계획은 국가정책의 기본방향이 포함된 국토에 관한 최상위 국가계획이며, 부문별계획과 지역계획은 국토종합계획과 조화를 이루어야 한다.

나. 국토종합계획은 20년을 단위로 수립하며, 군사에 관한 계획에 우선한다.

다. 국토계획의 계획기간이 만료되었음에도 차기 계획이 수립되지 않은 경우 해당 계획의 기본이 되는 계획과 저촉되지 않는 범위에서 종전의 계획을 따를 수 있다.

라. 2020년부터는 제4차 국토계획 수정계획이 진행 중이며, 경쟁력 있는 통합 국토, 지속가능한 친환경 국토 등을 기본목표로 한다.

마. 수도권정비계획에 따라 수도권은 과밀억제권역, 성장관리권역의 2개 권역체제로 나누어 관리하고 있다.

① 가, 다

② 가, 라

③ 나, 마

④ 가, 나, 마

⑤ 나, 다, 라, 마

76. 부동산 매매 및 임대차 관련 법에 관하여 CFP® 자격인증자가 고객들과 상담한 내용으로 가장 적절하지 **않은** 것은? (단, 각 선지는 별개의 사례임)

① 고객 : 아파트를 매수하여 이사할 때는 누수 여부에 대해 파악하지 못했는데 비가 오게 되어 누수가 있다는 것을 발견하였습니다. 매도인으로부터 배상을 받을 수 있을까요?

　　 CFP® : 매매계약 당시 고객님께서 거래대상부동산에 하자가 있다는 것을 알지 못했다 하더라도 그 사실을 안 날로부터 6개월 이내에 손해배상청구권, 계약해제권 등을 행사하여 매도인으로부터 배상을 받을 수 있습니다.

② 고객 : 매매계약 시 매도인의 회사 출장으로 인해 매도인의 대리인과 거래를 하였는데 계약이 유효하게 성립된 것일까요?

　　 CFP® : 매매당사자가 대리인과 거래를 하는 경우 대리권이 있는지 반드시 확인하여야 하며, 대리권이 없이 법률행위를 하는 경우 그 계약은 원칙적으로 무효가 됩니다.

③ 고객 : 매매계약 시 매수인에게 계약금을 지불한 후에도 매매계약을 해제할 수 있을까요?

　　 CFP® : 별도의 특약이 없는 한 계약금은 해약금으로 추정됩니다. 따라서 중도금을 지불하기 전까지 고객님께서 매매계약금의 배액을 상환한다면 매매계약을 해제할 수 있습니다.

④ 고객 : 경제상황이 어려워져 임차인에게 보증금의 증액을 청구하고자 하는데 얼마나 증액이 가능할까요?

　　 CFP® : 증액 청구는 약정한 차임 또는 보증금의 10%를 초과하지 못하므로 이에 해당하는 금액에 한하여 증액을 청구해야 합니다.

⑤ 고객 : 임대차계약기간이 만료되어 이사를 가고자 하는데 임대인은 새로운 임차인이 들어오면 그때 보증금을 돌려준다고 합니다. 임대인의 말을 듣고 지금 이사를 가는 것이 맞을까요?

　　 CFP® : 고객님께서 보증금을 돌려받기 전까지는 임대차가 종료되더라도 임대차관계가 유지되나, 이사를 가면 대항력과 우선변제권이 없어지기 때문에 보증금을 반환받을 때까지는 이사를 가지 않는 것이 좋습니다.

77. 김재원씨는 임대목적의 상가를 운영하고 있어 상가건물임대차보호법을 반드시 알아두어야 한다. 다음 중 상가건물임대차보호법에 대한 설명으로 가장 적절하지 **않은** 것은?

① 임대차는 그 등기가 없는 경우에도 임차인이 건물의 인도와 사업자등록을 신청하면 그 다음날부터 제3자에 대하여 효력이 생긴다.

② 임대인이 임대차기간이 만료되기 6개월 전부터 1개월 전까지 임차인에게 갱신 거절의 통지를 하지 않은 경우에는 그 기간이 만료된 때에 전 임대차와 동일한 조건으로 다시 임대차한 것으로 본다.

③ 임대인은 임대차기간이 끝나기 6개월 전부터 2개월 전까지 임차인이 주선한 신규임차인이 되려는 자로부터 임차인이 권리금을 지급받는 것을 방해해서는 안 된다.

④ 묵시적 갱신 후 임차인이 계약해지를 원하는 경우 언제든지 계약을 해지할 수 있으며, 임대인이 해지를 통고받은 날부터 3개월이 지나면 효력이 발생한다.

⑤ 상가건물임대차보호법의 최우선변제비율은 상가건물가액의 50% 이내로 한다.

78. 부동산가격공시제도에 대한 적절한 설명으로만 모두 묶인 것은?

가. 적정가격이란 토지, 주택 및 비주거용 부동산에 대하여 일반적인 시장에서 정상적인 거래가 이루어질 때 성립될 가능성이 가장 높다고 인정되는 가격을 의미한다.

나. 표준지는 과세대상 필지를 대상으로 선정해야 하며, 국유지의 토지가 일반재산일 경우에는 국유지에서도 표준지를 선정해야 한다.

다. 개별공시지가는 토지 관련 국세 및 지방세의 부과기준이 되며, 개발부담금 등 각종 부담금의 부과기준으로도 활용된다.

라. 공동주택가격 공시제도는 토지와 건물을 각각 구별하여 산정한 적정가격을 말한다.

마. 공시된 표준공시지가에 이의가 있는 자는 공시일로부터 90일 이내에 서면으로 국토교통부 장관에게 이의신청을 할 수 있다.

① 가, 나, 다
② 가, 다, 라
③ 나, 라, 마
④ 가, 나, 다, 마
⑤ 나, 다, 라, 마

79. 유재희씨는 매입을 고려 중인 상가 A의 가치를 평가하고자 한다. 다음 정보를 통해 원가법으로 산정한 상가 A의 가치로 가장 적절한 것은? (단, 감가수정은 정액법에 의함)

[상가 A 관련 정보]

- 상가 A의 연면적 : 500m²
- 경과연수 : 5년(완공된 지 5년 지남)
- 내용연수 : 30년
- 잔존가치 : 20%
- 재조달원가 : 5년 전 m²당 1,000천원, 평가시점 현재 m²당 1,200천원

① 400,000천원
② 460,000천원
③ 500,000천원
④ 520,000천원
⑤ 550,000천원

80. 부동산 유형별 감정평가에 대한 적절한 설명으로만 모두 묶인 것은?

가. 토지 감정평가를 위한 비교표준지 선정 시 인근지역에 적절한 표준지가 없는 경우 인근지역과 유사한 지역적 특성을 갖는 동일수급권 안의 유사지역에 있는 표준지를 선정할 수 있다.

나. 비교표준지의 개별요인은 기준시점을 기준으로 하고, 대상토지의 개별요인은 공시기준일을 기준으로 한다.

다. 한 필지의 토지가 둘 이상의 용도로 이용되고 있을 경우에는 둘 이상의 거래사례를 선정할 수 있다.

라. 원가법으로 건물을 감정평가할 경우 건물의 재조달원가는 직접법 또는 간접법으로 산정하며, 간접법은 대상건물의 건축비를 기준으로 구한다.

마. 임대료 산정기준은 1개월 또는 1년 단위를 원칙으로 하며, 임대료는 산정기간의 명목임대료를 구하는 것을 원칙으로 한다.

① 가, 다
② 라, 마
③ 가, 나, 다
④ 나, 라, 마
⑤ 가, 나, 다, 라

81. 다음 정보를 통해 직접환원법으로 산정한 대상부동산의 순영업소득으로 가장 적절한 것은?

[대상부동산 관련 정보]

- 가능총수익 : 연 240,000천원
- 공실 및 대손충당금 : 가능총수익의 3%
- 영업경비 : 유효총수익의 30%
- 시장추출법에 의한 환원율(자본환원율) : 8%

① 96,000천원
② 120,130천원
③ 140,000천원
④ 150,460천원
⑤ 162,960천원

82. 수익률에 대한 설명으로 가장 적절하지 **않은** 것은?

① 요구수익률이란 대상부동산에 투자하기 위해 투자자가 요구하는 최소한의 수익률이다.

② 투자수익률이란 투자금액에 대한 순수익의 비율로서 순수익에는 부동산으로부터 발생한 소득과 자본이득이 있다.

③ 부동산투자 시 투자하고자 하는 부동산의 투자수익률과 요구수익률을 비교하여 투자해야 하며, 요구수익률이 투자수익률보다 더 클 때 투자를 결정한다.

④ 실현수익률은 투자 후 실제 투입된 비용대비 실제 발생한 수익을 가지고 계산한다.

⑤ 내부수익률이란 투자로부터 기대되는 현금유입의 현재가치와 현금유출의 현재가치를 같게 하는 할인율이며, 이때 순현재가치는 0이 된다.

83. 다음 사례를 통해 알 수 있는 사실로 적절하지 **않은** 것은? (단, 각 선지는 별개의 사례이며, 대출금리는 고정금리로 가정함)

> 차은호씨는 임대소득이 4억원으로 기대되는 총 40억원짜리 상가건물을 매입하기 위해 LTV 60%의 조건으로 은행에서 대출을 받고자 한다.

① 차은호씨가 대출 없이 상가건물을 매입한다면, 연 10%의 자기자본수익률을 기대할 수 있다.

② 은행의 대출금리가 연 3%라면, 차은호씨는 은행에 연 7,200만원의 이자를 지불해야 한다.

③ 은행의 대출금리가 연 5%라면, 차은호씨는 은행에 연 1.2억원의 이자를 지불해야 한다.

④ 차은호씨가 대출금리가 연 3%인 대출을 받아 상가건물을 매입할 경우 자기자본수익률은 20.5%가 되어 긍정적 레버리지 효과가 발생한다.

⑤ 차은호씨가 대출금리가 연 5%인 대출을 받아 상가건물을 매입할 경우 자기자본수익률은 19%가 되어 긍정적 레버리지 효과가 발생한다.

84. 대출금상환방식에 대한 설명으로 가장 적절한 것은?

① 초기 비용부담은 원리금균등분할상환 방식이 원금균등분할상환 방식보다 크다.

② 원금균등분할상환 방식은 매기간 상환액이 균등하기 때문에 일정한 수입이 있을 경우 자금계획을 세우기가 용이하다.

③ 만기일시상환 방식은 대출자의 초기 원금상환 불입액의 자금부담을 줄여주기 위한 방식이다.

④ 원리금균등분할상환 방식은 원금균등분할상환 방식보다 약정기간 동안의 전체 상환액이 크다.

⑤ 원리금균등분할상환 방식은 대출기간 동안 대출금을 균등하게 상환하는 방식으로, 원금을 상환하는 데는 가장 효과적이나 매기간 상환해야 할 원금을 따로 준비해야 하는 단점이 있다.

85. 할인현금흐름분석법에 대한 설명으로 가장 적절하지 **않은** 것은?

① 할인현금흐름분석법은 매기의 현금흐름을 적절한 할인율로 할인하여 대상부동산의 투자가치를 구하는 방법이다.

② 외부산정법은 원칙적으로 기간 말 다음 해의 순영업소득을 적절한 환원율을 사용하거나 시장에서의 유효총수익승수를 이용하여 기간 말 양도가액을 산출한다.

③ 수익형 부동산에서 장래 발생하는 수익은 부동산 운영을 통해 발생하는 영업소득과 기간 말 수익형 부동산 처분을 통해 발생하는 자본이득으로 구분할 수 있다.

④ 대손충당금은 부동산 수익 산정 시 유효총수익을 산정하기 위한 가능총수익에 차감항목에 해당한다.

⑤ 할인현금흐름분석법의 세후현금흐름모형은 세금효과를 고려하기 때문에 정밀도가 높다.

86. 주택임대사업자에 대한 설명으로 가장 적절하지 **않은** 것은?

① 임대사업자 등록신청 시 면세사업자로 동시에 신청이 가능하다.

② 주택 임대목적으로 매입하여 취득일로부터 60일 이내에 주택임대사업자로 등록할 경우 일정 조건을 만족한다면 취·등록세를 면제 또는 감면받을 수 있다.

③ 임대차계약 또는 약정한 임대료 증액이 있은 후 2년 이내에는 임대료를 증액할 수 없다.

④ 임대의무기간 중에 등록임대주택을 임대하지 않거나 무단으로 양도할 경우 임대주택당 3,000만원 이하의 과태료가 부과된다.

⑤ 임대사업자는 임차인에게 임대의무기간, 임대료 증액 제한, 임대주택 권리관계 등에 대해 설명해야 한다.

87. 부동산 경매와 공매에 대한 설명으로 가장 적절한 것은?

① 말소기준권리 이후에 설정된 권리들은 매각 후 소멸되지만 말소기준권리는 소멸되지 않는다.

② 관습법상 법정지상권이 성립하기 위해서는 동일인 소유의 토지와 건물 모두 경매가 되어야 한다.

③ 첫 경매개시결정기입등기 전에 가압류한 채권자는 배당요구종기까지 반드시 배당요구를 해야 한다.

④ 법원이 매각에 대한 특별한 이의가 없고 매각불허가 사유에 해당하지 않는다면, 통상 매각기일 후 14일 이내 매각결정기일이 지정된다.

⑤ 압류재산의 명도책임은 매수인이 지며, 점유자와 합의가 되지 않을 경우 명도소송을 진행해야 한다.

88. 상가와 오피스텔에 대한 적절한 설명으로만 모두 묶인 것은?

> 가. 중심지 상가는 주로 생활밀착형 업종 위주로 구성되어 있으며 중심상업지나 테마상가 등에 비해 상대적으로 변수가 없는 것이 장점이다.
>
> 나. 아파트단지 단지 내 상가는 주로 편의업종이 입점하며, 주택법을 적용 받아 상대적으로 법적 재제가 엄격하다.
>
> 다. 오피스텔은 분양 시 일반임대사업자로 등록하면 주택수에서 제외된다.
>
> 라. 오피스텔은 주로 업무지역이나 상업지역에 있는 경우가 많아 상대적으로 공실 우려가 적지만, 거주 공간 대비 관리비가 높다는 단점이 있다.
>
> 마. 업무용 오피스텔로 운용하다가 매각을 하더라도 임차인이 실제로는 해당 오피스텔을 주거용으로 사용하고 있었다면 해당 오피스텔은 주택으로 산입된다.

① 가, 나

② 가, 라

③ 다, 마

④ 가, 다, 라

⑤ 나, 다, 라, 마

89. 부동산 금융에 대한 설명으로 가장 적절하지 **않은** 것은?

① 프로젝트 파이낸싱은 사업주의 신용이나 담보가 아닌 해당 사업의 사업성에 따라 채무의 상환 여부가 결정된다.

② 프로젝트 파이낸싱은 사업주가 파산할 경우에도 사업을 안정적으로 추진할 수 있으며, 법적으로 독립된 회사로서 사업주 모회사 재무상태표에 차입금이 표시되지 않는다.

③ 토지신탁은 신탁재산인 토지의 처분 유형에 따라 임대형과 분양형 토지신탁으로, 사업비용 자금조달주체에 따라 차입형과 관리형 토지신탁으로 분류할 수 있다.

④ 을종관리신탁은 부동산 소유자로부터 신탁계약을 통해 부동산을 신탁받아 부동산 소유권만을 관리하며, 갑종관리신탁은 소유권관리는 물론 임대차관리, 시설관리 등 부동산에 대한 종합관리업무를 수행한다.

⑤ 관리형 토지신탁은 수탁자인 신탁회사가 직접 토지 개발에 소요되는 사업비 등을 조달한다.

90. 재개발사업과 재건축사업에 대한 설명으로 가장 적절하지 **않은** 것은?

① 재건축사업은 정비기반시설이 양호하나 노후된 공동주택 주거환경의 개선을 목적으로 한다.

② 재개발사업 투자는 매입 후 입주까지 불확실성에 따른 리스크와 장기간의 시간이 소요되므로 사업성 분석을 위해 화폐의 시간가치를 필수적으로 고려해야 한다.

③ 재개발사업은 안전진단을 실시하지 않으나, 재건축사업은 안전진단을 실시한다.

④ 재개발사업과 재건축사업 모두 세입자 대책이 존재한다.

⑤ 재건축사업의 개발부담금은 초과이익환수법에 따라 부과된다.

해커스 **CFP®** 최종 실전모의고사

지식형 (2교시) 17:30 ~ 19:20

시험 유의사항

[1] 수험표에 명시된 준비물을 꼭 지참하고, 특히 규정신분증 이외의 신분증 및 신분증을 지참하지 않을 경우 입실이 허용되지 않음.

[2] 시험 시작 후 1시간이 경과하기 전에는 퇴실할 수 없으며, 퇴실 시 반드시 문제지와 답안지를 제출해야 함.

[3] 응시자 이외의 사람은 시험장에 출입할 수 없으며 시험장 내 주차장이 협소하거나 주차장을 사용할 수 없는 고사장이 있으므로 대중교통을 이용하고, 만약 자가용 이용으로 발생되는 문제(주차 및 차량훼손 등)는 한국FPSB가 책임지지 않음.

[4] 시험장 내 휴대전화, 무선기, 컴퓨터, 태블릿 PC 등 통신 장비를 휴대할 수 없으며 휴대가 금지된 물품을 휴대하고 있음이 발견되면 부정행위 처리기준에 따라 응시제한 1년 이상으로 징계됨.

[5] 답안 작성은 컴퓨터용 사인펜을 이용하고 예비답안 작성은 반드시 붉은 사인펜만을 이용해야 하며, 붉은 사인펜 이외의 필기도구(연필, 볼펜 등)를 사용하여 예비답안을 작성한 경우 이중 마킹으로 인식되어 채점되지 않음을 유의함.

[6] 답안은 매 문항마다 하나의 답만을 골라 그 숫자에 빈틈없이 표기해야 하며, 답안지는 훼손, 오염되거나 구겨지지 않도록 주의해야 함. 특히, 답안지 상단의 타이밍 마크를 절대로 훼손해선 안 되며, 마킹을 잘못하거나(칸을 채우지 않거나 벗어나게 마킹하는 경우) 답안지 훼손에 의해서 발생되는 문제에 대한 모든 책임은 응시자에 귀속됨.

[7] 문제지와 답안지 작성을 제외한 모든 종류의 필사(본인 답안 필사 등)를 하는 행위 및 컨닝용 쪽지, 책자 또는 노트 등을 휴대하는 행위는 부정행위로 처리함.

[8] 시험종료 안내는 종료 20분, 10분, 5분 전에 방송되며 시험시간 관리의 책임은 전적으로 수험생 본인에게 있으므로 종료 후 답안 작성으로 인하여 부정행위 처리되지 않도록 유의함.

[9] 시험장 내에선 금연이며 시험장의 시설물이 훼손되지 않도록 주의함.

[10] 유의사항 위반에 따른 모든 불이익은 응시자가 부담하고 부정행위 및 규정 위반자는 부정행위 세부처리기준에 준하여 처리됨.

- 문제의 일반 계산이나 TVM 계산 시 별도의 지시사항이나 지문이 없을 경우 중간 계산의 값은 참값 또는 반올림하여 사용할 것
- 투자(대출)상품의 투자수익률(대출이율) 표시 : 별도의 언급이 없는 한 연복리를 말하며 이외의 경우 별도로 표기함
  (예 연 6% 연복리상품 – 연 6%, 연 6% 월복리상품 – 연 6% 월복리)
- 문제의 지문이나 보기에서 별다른 제시가 없으면, 모든 개인은 세법상 거주자이고, 모든 법인은 내국법인이며 모든 자산, 부채 및 소득은 국내에 있거나 국내에서 발생한 것으로 가정하고, 주식은 국내 제조법인의 주식으로서 우리사주조합원이 보유한 주식이 아니며, 소득세법상 양도소득세 세율이 누진세율(6 ～ 45%)로 적용되는 특정주식 등 기타자산에 해당하지 않는 일반주식이라고 가정함
- 문제의 지문이나 보기에서 별다른 제시가 없으면 나이는 만 나이이며, 기준시점은 1월 초이고 나이로 표시된 시점은 해당 나이의 기시 시점임

투자설계 (28문항)

1. 환율결정이론에 대한 적절한 설명으로 모두 묶인 것은?

> 가. 구매력평가설은 일물일가의 법칙을 전제로 환율이 각국의 물가수준의 비율에 의해서 결정된다는 이론이다.
>
> 나. 이자율평가설은 경상수지를 중요시하는 관점에서 균형환율을 설명하는 이론으로 두 나라 간의 이자율 차이에 의해 환율이 결정된다고 본다.
>
> 다. 구매력평가설에 의하면 향후 1년 동안 국내 물가가 3% 상승하고 미국 물가가 1% 상승할 것으로 예상되는 경우 원달러환율은 향후 1년 동안 2% 상승할 것으로 본다.
>
> 라. 이자율평형조건에 의하면 국가 간 자본이동이 자유로울 경우 환율의 예상변동률은 두 국가 간 이자율 차이와 같다.
>
> 마. 이자율평가설은 국내이자율이 해외이자율보다 높다면 향후 원달러환율이 상승하는 원화절하를 예상한다.

① 가, 나, 라
② 가, 다, 라
③ 가, 라, 마
④ 나, 다, 마
⑤ 다, 라, 마

2. 다음은 이자율의 변화에 대한 설명이다. 괄호 안에 들어갈 내용이 순서대로 나열된 것은?

> - 중앙은행이 화폐를 새롭게 발행하면 유동성선호이론으로 인해 이자율이 (　　)한다.
> - 정부가 이자수익에 대한 세금을 감면시키면 대부자금이론으로 인해 이자율은 (　　)한다.
> - 대부자금이론과 유동성선호이론에서 공통적으로 결정되는 이자율은 (　　)이다.

① 상승, 상승, 실질이자율
② 상승, 하락, 명목이자율
③ 하락, 하락, 실질이자율
④ 하락, 상승, 명목이자율
⑤ 하락, 상승, 실질이자율

3. 총수요와 총공급에 대한 설명으로 가장 적절하지 **않은** 것은?

① 물가수준이 하락하면 화폐의 실질가치가 상승하여 사람들은 자산이 증가한 것으로 판단해 소비를 증가시킨다.
② 물가수준이 상승하면 가계의 화폐보유량이 증가하고 저축이 감소하여 금리 상승과 기업의 투자 감소를 유발한다.
③ 물가수준이 하락하면 국내금리가 하락하여 원화가치가 상승함으로써 순수출이 감소하게 된다.
④ 물가수준의 상승 또는 하락은 장기적으로 명목 GDP에만 영향을 미치는 화폐적 현상이기 때문에 장기총공급곡선은 수직의 형태로 나타난다.
⑤ 임금경직성이론에 의하면 물가수준이 예상보다 더 하락할 때 물가는 임금보다 더 큰 폭으로 하락하므로 기업은 단기적으로 산출량을 감소시킨다.

4. 경기동향 판단 및 예측에 대한 설명으로 적절하지 **않은** 것은?

① 동행종합지수의 증가 속도가 추세치 증가 속도보다 빠르면 동행지수 순환변동치는 기준치를 상회한다.

② 선행지수 순환변동치는 선행종합지수에서 추세선을 제거한 순환요인만을 표시한다.

③ 기업경기실사지수(BSI)는 동 지수가 100을 초과한 경우 경기를 긍정적으로 보는 업체 수가 부정적으로 보는 업체 수보다 많다는 것을 의미한다.

④ 통상 지표가 현재까지와 반대 방향으로 1분기 이상 연속하여 움직이면 이를 경기전환 신호로 본다.

⑤ 경기종합지수는 장기적인 경제성장 추세와 경기의 회복 및 수축 움직임을 동시에 포함하고 있다.

5. 포트폴리오의 기대수익률이 14%이고, 표준편차가 7%일 경우 실제수익률이 0% 미만일 확률로 가장 적절한 것은? (단, 수익률의 확률분포는 왜도가 0이고, 첨도가 3인 특수한 형태라고 가정함)

① 약 0.14%

② 약 0.27%

③ 약 2.28%

④ 약 4.55%

⑤ 약 15.87%

6. 다음 투자자의 무차별곡선과 효율적 투자기회선을 바탕으로 한 위험선호에 대한 설명으로 적절하지 **않은** 것은?

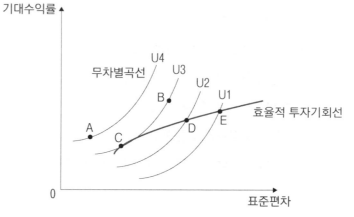

① 일정한 기대수익률 하에서 가장 낮은 위험을 지닌 포트폴리오를 선택했을 때, 선택된 모든 포트폴리오는 효율적 투자기회선에 해당한다.

② 투자자는 무차별곡선상에 있는 투자대안에 대하여 똑같이 선호하기에 포트폴리오 B와 C는 동일한 효용을 지닌다.

③ 무차별곡선이 낮아질수록 투자자의 효용이 증가하기에 투자자는 U1에 위치한 포트폴리오인 E를 가장 선호한다.

④ 효율적 투자기회선과 투자자의 무차별곡선 중 가장 효용이 높은 곡선이 만나는 점에 해당하는 포트폴리오를 최적 포트폴리오라고 한다.

⑤ 포트폴리오 C와 D, 그리고 E는 모두 효율적인 투자기회선상에 있기 때문에 효율적인 포트폴리오지만, 그 중 C가 가장 높은 효용을 주는 포트폴리오이다.

7. 다음의 정보를 토대로 A주식의 고평가 또는 저평가 여부를 증권시장선(SML)을 이용하여 판단한 내용으로 적절한 것은?

- 무위험이자율 : 3%
- 주식시장의 위험프리미엄 : 10%
- 시장포트폴리오 수익률의 표준편차 : 20%
- A주식의 기대수익률 : 17%
- A주식 수익률의 표준편차 : 30%
- A주식과 시장포트폴리오 수익률의 상관계수 : 0.8

① A주식은 현재 주가가 고평가되어 있으며 증권시장선보다 위쪽에 위치한다.
② A주식은 현재 주가가 고평가되어 있으며 증권시장선보다 아래쪽에 위치한다.
③ A주식은 현재 주가가 저평가되어 있으며 증권시장선보다 위쪽에 위치한다.
④ A주식은 현재 주가가 저평가되어 있으며 증권시장선보다 아래쪽에 위치한다.
⑤ A주식은 현재 주가가 적정수준이며 증권시장선상에 위치한다.

8. 다음 주어진 자료를 토대로 한 A펀드의 위험조정성과평가 결과로 적절한 것은?

- 무위험이자율 : 3%
- A펀드의 실현수익률 : 18%
- A펀드의 표준편차 : 20%
- A펀드의 베타 : 1.2
- 벤치마크 수익률 : 12%
- 추적오차(Tracking error) : 8%

	젠센척도	트레이너척도	정보비율
①	−4.2%	0.75	1.875
②	4.2%	0.75	1.875
③	4.2%	0.125	0.75
④	−6.0%	0.125	1.875
⑤	6.0%	0.125	0.75

9. 다음의 자본시장선(CML)을 바탕으로 판단한 내용으로 적절하지 **않은** 것은?

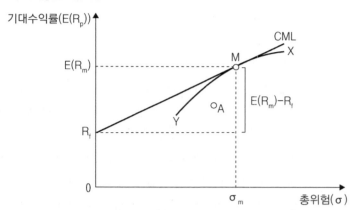

① 자본시장선(CML)은 지배원리를 적용하여 위험자산으로만 구성하는 포트폴리오의 효율적 투자기회선보다 우월한 투자성과를 얻는다.
② 자본시장선(CML)의 아래에 위치한 점 A는 대출포트폴리오에 해당한다.
③ 점 M의 변동성 보상비율은 $\{E(R_m) - R_f\}/\sigma_m$으로 계산한다.
④ 위험선호성향을 가진 투자자는 자본시장선(CML)상의 점 M에 투자하지 않는다.
⑤ 점 A와 R_f를 잇는 선상의 자산들은 무위험자산과 위험자산 포트폴리오의 조합이 어떻게 변경되더라도 기울기가 일정하다.

10. 다음 (가) ~ (다)에 들어갈 자본시장선(CML)과 증권시장선(SML)을 비교한 내용을 적절하게 연결한 것은?

구분	자본시장선	증권시장선
위험	(가)	–
기울기	–	(나)
비효율적인 포트폴리오의 존재	–	(다)

	가	나	다
①	총위험	$E(R_m) - R_f$	있음
②	총위험	$E(R_m) - R_f$	없음
③	총위험	$\{E(R_m) - R_f\}/\sigma_m$	있음
④	체계적 위험	$\{E(R_m) - R_f\}/\sigma_m$	있음
⑤	체계적 위험	$\{E(R_m) - R_f\}/\sigma_m$	없음

11. 자산 A의 경제적 변수에 따른 민감도와 예상 및 실제수치는 다음과 같다. 자산 A의 1년간 기대수익률이 8%일 때, 자산 A의 기대수익률로 가장 적절한 것은? (단, 개별기업의 추가적인 영향은 없음)

경제적 변수	민감도	실제수치	예상수치
금리	0.5	3.0%	3.5%
GDP	0.2	4.0%	3.0%
물가	1.0	2.5%	2.0%

① 7.55%

② 8.00%

③ 8.45%

④ 9.00%

⑤ 9.45%

12. 한 투자자가 보유하고 있는 투자자산의 국내신용등급과 해외신용등급이 상이하게 평가되었다. 해당 투자자산의 국내신용등급과 해외신용등급이 다음과 같이 평가되었을 때, 해당 투자자산의 신용위험등급으로 가장 적절한 것은?

국내신용등급	해외신용등급
2등급	3등급

① 1등급

② 2등급

③ 3등급

④ 4등급

⑤ 5등급

13. 고객의 투자성향 분석에 대한 적절한 설명으로 모두 묶인 것은?

가. 고객의 위험인지성향은 그 고객이 가지고 있는 다양한 편향(biases)으로부터 영향을 받으며, 감정편향과 인지편향이 이에 속한다.

나. 손실이 발생할 경우 해당 손실이 고객의 위험수용성향을 벗어나지 않도록 재무설계를 하는 것이 중요하다.

다. 결과편향은 투자의사결정에 필요한 정보 일부만 고려하거나 의사결정단계를 너무 단순화시켜 판단하는 제한된 합리성과 연관이 있다.

라. 위험감수능력은 일반적으로 투자기간 종료 시점까지 마련하고자 하는 목표금액을 기준으로 산정한다.

마. 최근에는 위험수용성향을 손실률이 아닌 변동성을 기준으로 파악하는 경우가 더 많아졌다.

① 가, 나, 다

② 가, 나, 라

③ 가, 다, 라

④ 나, 다, 라

⑤ 나, 다, 라, 마

14. 주식의 가치평가방법에 대한 설명으로 적절한 것은?

① 특허권이나 영업권은 현금흐름할인방법을 이용하여 평가하는 것이 유용하다.

② 현금흐름할인방법에서 현금흐름이 안정적인 경우 높은 할인율이 적용되고, 위험이 높은 경우 낮은 할인율이 적용된다.

③ 상대가치평가방법은 산업이나 시장 전체가 고평가되거나 저평가되어 있어도 크게 영향을 받지 않는다는 장점이 있다.

④ 상대가치평가방법은 단순하고 쉬워서 상대가치를 빨리 비교할 수 있다는 장점이 있지만 쉬운 만큼 잘못 사용되거나 조작의 여지가 많다는 단점이 있다.

⑤ 조건부청구권방법에서 영업의 불확실성은 일종의 옵션 변동성과 같으며 옵션가격결정모형이 일정한 변동성을 가정하고 있다는 단점이 있지만, 현금흐름에서 배당금의 예측오류가 적게 발생한다는 장점이 있다.

15. 상대가치평가방법에 대한 설명으로 적절하지 **않은** 것은?

① 성장률과 배당성향이 전년도에 비해 높아진다면 올해의 적정 PER이 전년도의 적정 PER보다 높게 나타난다.

② PBR은 기업의 수익가치와 대비한 상대적인 주가수준을 나타내는 지표이다.

③ PSR은 배당이나 이익이 발생하지 않는 기업의 가치평가를 위해서 활용이 가능하다.

④ 기업의 기대성장률이 클수록 PEG가 낮아지며 해당 기업이 과소평가되었다고 판단한다.

⑤ 기업의 EPS가 동일하더라도 그 기업의 요구수익율이 높을수록 적정 PER이 낮아야 한다.

16. A기업의 자기자본이익률은 15%, 금년도 주당순이익은 5,000원, 금년도 주당배당금은 3,000원이다. 현재 A기업의 베타는 1.5, 무위험이자율은 6%, 시장 기대수익률은 11%라고 할 때, 정률성장배당할인모형을 이용하여 A기업 보통주의 내재가치를 산출한 것으로 가장 적절한 것은?

① 40,000원

② 42,400원

③ 54,200원

④ 66,000원

⑤ 72,600원

17. 채권가격정리에 대한 적절한 설명으로 모두 묶인 것은?

가. 채권가격과 채권수익률은 역(−)의 관계이므로 채권수익률이 하락하면 채권가격은 상승한다.

나. 수익률 하락이 예상될 경우 할인채보다 이표채를 매입하는 것이 투자수익을 높이는 방법이다.

다. 만기가 일정할 때 이자율 하락에 따른 수익증대보다 이자율 상승에 의한 손실폭이 더 크게 나타난다.

라. 표면이자율이 높은 채권이 표면이자율이 낮은 채권보다 일정한 수익률 변동에 따른 가격변동폭이 크다.

마. 채권수익률 변동에 따른 채권가격의 변동폭은 만기가 길어질수록 증가하지만 그 증가율은 체감한다.

① 가, 나   ② 가, 라

③ 가, 마   ④ 가, 다, 마

⑤ 나, 다, 라

18. A회사채 유통수익률이 5%에서 7%로 상승할 경우 듀레이션과 볼록성을 통해 추정한 A회사채의 시장가격으로 가장 적절한 것은? (단, 원 미만은 절사함)

• 현재 채권가격 : 9,200원

• 표면이자율 : 3.5%(연 단위 후급 이표채)

• 만기 : 3년

• 듀레이션(년) : 2.25

• 볼록성(년) : 8.29

① 약 8,821원

② 약 8,982원

③ 약 9,578원

④ 약 9,609원

⑤ 약 9,734원

19. 채권의 듀레이션과 볼록성에 대한 설명으로 가장 적절한 것은?

① 표면이자율 또는 채권수익률은 듀레이션과 정(+)의 관계를 갖는다.

② 할인채의 듀레이션은 만기와 관계없이 채권수익률에 의해 결정된다.

③ 듀레이션이 2배가 되면 채권의 볼록성은 2배 이상 증가한다.

④ 듀레이션으로 예측한 채권가격은 항상 실제가격보다 높게 평가하게 된다.

⑤ 채권가격 그래프의 볼록한 정도를 나타내는 것을 채권의 볼록성이라고 하며, 볼록성은 채권가격-수익률곡선의 기울기를 의미한다.

20. 재무비율분석에 대한 설명으로 적절하지 **않은** 것은?

① 재무제표가 신빙성을 잃었다면 재무비율분석의 결과 역시 신빙성을 잃을 수밖에 없다.

② 이자보상비율과 순이익증가율은 포괄손익계산서만을 이용하여 분석할 수 있다.

③ 재고자산회전율은 장기채무에 대한 지급능력을 측정할 수 있는 비율 중 하나이다.

④ 이자보상비율이 1배 미만인 기업은 영업활동을 통해 얻은 수익이 이자지급에 미치지 못한다.

⑤ 동일한 매출액에 대해서 매출채권이 적을수록 매출채권 회전율이 높게 나온다.

21. 기술적 분석에 대한 설명으로 적절하지 **않은** 것은?

① 저항선의 돌파시도가 여러 번에 걸쳐 성공하지 못한다면 추세전환의 신호로 볼 수 있다.

② 강세국면에서 주가가 이동평균선을 상회한다면 추세는 상승 지속할 가능성이 높다.

③ 이중바닥형에서 양 봉우리를 형성하는 데 걸리는 시간이 1개월 이상이 될수록 신뢰가 높은 편임을 알 수 있다.

④ MACD가 시그널 아래에서 위로 상향 돌파할 때를 매도 신호로 인식할 수 있다.

⑤ 스토캐스틱이 30% 이하로 내려갔다가 다시 재상승하는 경우 매수 신호로 인식할 수 있다.

22. 채권투자전략에 대한 설명으로 가장 적절하지 **않은** 것은?

① 만기보유전략은 미래에 대한 금리 예측이 필요 없어 간편하고 채권 만기 보유 시에 시장의 금리변동위험에 노출되어 있지 않다는 장점이 있으나, 중도해지 시 시장 금리변동에 따른 평가손익이 발생할 수 있다.

② 사다리형전략은 채권별 보유비중을 잔존기간마다 동일하게 유지하여 시세변동의 위험을 평준화시키고, 수익성도 적정수준 확보하려는 전략이다.

③ 수익률곡선의 변화 방향이 불확실하거나 평행이동하는 경우, 바벨전략은 불릿전략보다 우수한 성과를 달성할 수 있다.

④ 채권면역전략은 미래 특정 시점에 지급되는 부채의 현금흐름과 만기가 동일한 채권에 투자함으로써 이자율변동위험을 제거시키는 투자기법이다.

⑤ 액티브전략은 금리변동이나 크레딧 스프레드 변동을 예측하여 비교지수 대비 초과수익을 창출하고자 하는 전략이다.

23. 옵션을 활용한 헤지전략으로 가장 적절한 것은?

① 커버드콜전략은 강세시장에서 현물자산가격 상승에 따른 이익을 제한하지 않고 가격 하락에 대한 손실의 일정 부분을 헤지한다.

② 커버드콜전략은 현물자산가격이 현물매입가격에서 콜옵션 매도 프리미엄을 차감한 금액 이하로 하락하면 이익이 발생한다.

③ 보호적 풋전략은 풋옵션을 매수하기 위해 프리미엄을 지급하며, 현물자산가격이 상승할 때 이익을 제한한다.

④ 델타중립포지션을 구성하기 위한 헤지비율은 옵션델타와 같다.

⑤ 현물포트폴리오를 보유하고 있는 자가 현물자산가격이 상승할 때 현물자산을 추가로 매입하고, 현물자산가격이 하락할 때 현물자산을 매도하는 형태를 취함으로써 포트폴리오 보험을 실행할 수 있다.

24. 다음 선물가격과 기대현물가격 간의 관계에 대한 설명 중 (가)와 (나)에 들어갈 내용으로 적절하게 연결된 것은?

(가) 가설은 헤저들의 대부분은 현물자산을 보유하고 있고 현물자산의 위험을 헤지할 목적으로 선물매도계약을 거래한다는 논리에서 출발한다. 이 거래의 상대편에 있는 투기적 투자자들은 헤저들에게 위험회피 대가를 요구하게 되고 결국 선물가격은 기대현물가격보다 (나) 관계가 성립하게 된다.

	가	나
①	콘탱고	낮은
②	콘탱고	높은
③	정상적 백워데이션	낮은
④	정상적 백워데이션	높은
⑤	현대포트폴리오	낮은

25. 10억원의 주식 포트폴리오를 보유한 투자자가 선물을 이용해 주식 포트폴리오의 위험을 80%만 헤지하고자 한다. 현재의 KOSPI200지수가 140.00이고 포트폴리오 베타가 1.4일 때, 헤지 방법으로 가장 적절한 것은? (단, KOSPI200지수선물 거래승수 250,000원임)

① 선물 32계약 매수

② 선물 32계약 매도

③ 선물 40계약 매수

④ 선물 40계약 매도

⑤ 선물 48계약 매수

26. 외환스왑과 통화스왑에 대한 적절한 설명으로 모두 묶인 것은?

가. 원화자금이 풍부하지만 외화자금이 부족한 특정 금융회사는 외환스왑거래를 통해 환율변동위험에 노출되지 않으면서 자금과부족을 해결할 수 있다.

나. 외환스왑거래를 표시할 때에는 현물환 거래내역을 뒤에 표시하고 선물환 거래내역을 앞에 표시한다.

다. 통화스왑은 이종통화를 교환한 후 만기에 다시 원금을 교환함으로써 환리스크 헤지뿐만 아니라 차입비용 절감과 자금관리의 효율성을 높여주는 수단으로 이용되기도 한다.

라. 통화스왑은 이자와 원금 모두 만기 시에 계약 당시 약정된 환율로 반대거래를 한다.

마. 통화스왑은 거래당사자가 보유하고 있는 이종통화를 서로 바꾸어 사용하고 만기일에 다시 교환하는 거래로, 주로 1년 이내의 단기 거래에 이용된다.

① 가, 다　　　　　　② 나, 라

③ 가, 다, 마　　　　④ 나, 라, 마

⑤ 가, 나, 다, 라

27. 부채연계투자(LDI)에 대한 설명으로 가장 적절하지 **않은** 것은?

① 부채의 현금흐름과 비슷한 현금흐름을 발생하도록 구성하는 채권포트폴리오는 장기채권을 매수하기 어려울 경우 장외파생상품인 이자율스왑을 일부 활용하기도 한다.

② 성과추구 포트폴리오는 부채구조를 고려하지 않고 위험 조정성과지표인 트레이너척도를 최대화하도록 자산배분 전략을 수립하여 실행한다.

③ 선진국에서 확정급여(DB)형 퇴직연금의 적립금을 운용할 때 부채연계투자방법을 주로 활용함으로서 수익률을 제고하고자 하는 경향이 있다.

④ 부채연계투자를 현대포트폴리오 이론 관점에서 보았을 때, 부채연계투자의 효율적 투자기회선은 부채헤징 포트폴리오에 해당하는 점을 통과하는 직선으로 표시될 수 있다.

⑤ 부채헤징 포트폴리오와 성과추구 포트폴리오의 최적 배분 비중을 나타내는 부채연계투자의 최적 전략은 이를 실행하는 연금제도 운영기관의 위험에 대한 선호를 반영하여 효율적 투자기회선상에서 결정된다.

28. 대체투자상품에 대한 설명으로 가장 적절하지 **않은** 것은?

① 헤지펀드의 방향성 전략은 시장위험이 낮은 익스포져를 취하고, 비방향성 전략은 시장위험에 대해서 다양한 익스포져를 취하는 특징이 있다.

② 우리나라에서 프라이빗 에쿼티는 자본시장법상 사모투자전문회사로 규정되며, 무한책임사원과 유한책임사원으로 구성된 합자회사 형태로 설립된다.

③ 부동산시장의 상승기에는 고수익 창출이 가능한 자본(Equity) 투자에 집중되며, 하락기에는 안정적인 부채(Debt) 투자에 집중되는 경향이 있다.

④ 우리나라에서 원자재에 주로 투자하는 재간접펀드는 해외에 상장되어 있는 원자재 관련 주식형 펀드에 투자하는 방식을 활용한다.

⑤ 비트코인, 이더리움 등과 같은 가상자산이 거래되는 거래소로 인정받기 위해서는 은행 실명확인, 정보보호관리체계(ISMS) 인증 등의 절차를 따르고 적법하게 가상자산사업자 신고를 마쳐야 한다.

세금설계 (27문항)

29. 세금의 신고와 납부에 대한 설명으로 적절하지 **않은** 것은?

① 소멸시효의 진행 중에 과세관청의 납부고지, 독촉, 교부청구, 압류 등의 사유로 과세관청이 권리를 행사하는 경우에는 조세징수권의 소멸시효가 정지된다.

② 후발적 사유로 인한 경정청구는 법정신고기한 이내에 과세표준신고서를 제출한 자가 후발적 사유가 발생한 것을 안 날부터 3개월 이내에 가능하다.

③ 소득세의 국세부과제척기간의 기산일은 과세표준신고기한의 다음 날이다.

④ 상속·증여세를 제외한 일반적인 국세(역외거래 제외)의 경우 법정신고기한까지 과세표준신고서를 제출하지 않으면 국세의 부과제척기간은 7년이다.

⑤ 법정신고기한까지 과세표준신고서를 제출한 자가 법정신고기한이 지난 후 일정한 기간 이내에 수정신고한 경우에는 과소신고가산세액 또는 초과환급신고가산세액에서 일정한 감면율을 적용한 금액을 감면한다.

30. 불복절차에 대한 설명으로 적절하지 **않은** 것은?

① 이의신청을 한 경우에는 감사원 심사청구를 제기할 수 없으나 국세청에 심사청구나 조세심판원에 심판청구를 할 수 있다.

② 국세청 심사청구나 조세심판원 심판청구는 처분을 안 날 또는 결정통지를 받은 날로부터 90일 이내에 제기해야 한다.

③ 불복청구에 대한 결정에 대하여 당사자가 일정한 청구기간 내에 다음 심급에 불복청구를 하지 않거나 일정한 제소기간 내에 행정소송을 제기하지 않는 경우에는 그 결정이 확정된다.

④ 부당한 처분으로 인해 권리를 침해당한 자는 변호사, 세무사 또는 세무사법에 따른 세무사등록부에 등록한 공인회계사를 대리인으로 선임하여 불복청구를 할 수 있다.

⑤ 국세기본법에 따른 과태료 부과처분이 있을 경우 그 처분이 있음을 알게 된 날부터 90일 이내에 조세불복청구를 제기해야 한다.

31. 추계에 의한 사업소득 신고방법에 대한 설명으로 적절하지 **않은** 것은?

① 기준경비율에 의하여 신고하는 경우, 증명서류로 입증되는 매입비용과 사업용 고정자산의 임차료 및 종업원의 인건비는 사업소득금액 계산 시 수입금액에서 차감한다.

② 단순경비율에 의한 신고방법으로 신고해야 할 사업자가 기준경비율에 의한 신고방법에 의하여 소득세를 신고하면 적정한 신고로 보지 아니하며 과소신고분에 대해서 가산세가 부과된다.

③ 거주자가 추계에 의한 방법에 의하여 소득세를 신고하면 소규모사업자(신규사업자와 직전 과세기간의 수입금액이 4,800만원에 미달하는 사업자 및 일정한 연말정산대상 사업소득자)를 제외하고 무기장가산세를 적용받게 된다.

④ 전문직사업자는 신규개업 여부와 직전 연도 수입금액의 규모에 상관없이 기준경비율에 의한 신고방법에 따라 신고해야 한다.

⑤ 거주자가 추계에 의한 방법으로 소득세를 신고하는 경우에는 해당 과세기간의 소득금액 계산 시 이월결손금공제를 적용받을 수 없다.

32. 사업소득금액 계산 시 필요경비 불산입 항목으로 모두 묶인 것은?

> 가. 가사 관련 비용
> 나. 사용자가 부담하는 각종 보험료
> 다. 사업과 관련한 차입금에 대한 지급이자
> 라. 채권자가 불분명한 차입금에 대한 이자
> 마. 사업용 자산의 손해보험료
> 바. 부가가치세 매입세액

① 가, 나, 마
② 가, 다, 라
③ 가, 라, 바
④ 나, 다, 마
⑤ 나, 라, 바

33. 결손금 및 이월결손금 공제에 대한 설명으로 적절하지 **않은** 것은?

① 중소기업을 경영하는 사업자가 사업소득금액을 계산할 때 당기 사업소득에서 발생한 결손금을 다른 소득금액에서 공제하고 남은 금액에 대하여 차기로 이월하지 않고 직전 과세기간의 사업소득에 대한 소득세액을 한도로 환급받을 수 있다.

② 일반적인 사업(주거용건물 임대업 포함)의 경우 사업소득을 계산할 때 발생한 결손금은 먼저 동일 소득 간에 통산을 한 이후 다른 소득 간 통산을 한다.

③ 부동산임대업(주거용건물 임대업 제외)에서 발생한 결손금은 먼저 부동산임대업의 소득금액 내에서 통산을 한 이후 다른 소득 간 통산하지 않고 바로 이월결손금이 된다.

④ 이월결손금은 해당 이월결손금이 발생한 과세기간의 종료일부터 5년 이내에 종료하는 과세기간의 소득금액에서 먼저 발생한 과세기간의 이월결손금부터 순차로 공제한다.

⑤ 추계과세 시 이월결손금공제는 적용이 배제되지만 천재지변, 기타 불가항력으로 장부나 기타 증명서류가 멸실된 경우에는 그러하지 아니한다.

34. 성실신고확인제도에 대한 설명으로 적절하지 **않은** 것은?

① 세무조사 등을 통해 세무대리인이 성실신고확인을 제대로 하지 못한 사실이 밝혀지는 경우 성실신고확인 세무대리인도 징계받을 수 있다.

② 성실신고확인대상자가 성실신고확인서를 제출하는 경우 종합소득 과세표준 확정신고기간은 그 과세기간의 다음 연도 5월 1일부터 5월 31일까지이다.

③ 농업·임업 및 어업, 광업, 도소매업(상품중개업 제외), 부동산매매업의 성실신고확인대상 기준수입금액은 15억원 이상이다.

④ 성실신고확인대상 사업자가 성실신고확인서를 제출하지 않은 경우 세무조사 대상으로 선정될 수 있다.

⑤ 성실신고확인의무 불이행 시에는 산출세액의 5%를 가산세로 납부하여야 한다.

35. 다음은 거주자 김혜자씨가 소유하고 있는 상가건물임대에 관한 자료이다. 거주자 김혜자씨가 2024년도 귀속 사업소득을 기장하여 적법하게 신고한 경우에 사업소득 총수입금액으로 적절한 것은? (단, 1년은 365일로 가정함)

- 임대기간 : 2023년 1월 1일 ~ 2025년 12월 31일
- 월 임대료 : 5,000천원
- 월 관리비 : 1,000천원
- 임대보증금 : 750,000천원
- 임대부동산의 취득가액 : 500,000천원(토지의 취득가액 300,000천원 포함)
- 건물에 대한 자본적 지출액(2024년 1월 1일에 지출) : 100,000천원
- 임대보증금 운용수익 : 배당수익 1,500천원, 정기예금이자 3,000천원, 주식매매차익 500천원
- 기획재정부령이 정하는 정기예금이자율 : 연 3.5%

① 76,250천원   ② 82,750천원
③ 83,250천원   ④ 86,250천원
⑤ 86,750천원

36. 소득세법상 비과세되는 근로소득으로 모두 묶인 것은?

가. 종업원이 받은 일직료, 숙직료 또는 여비로서 실비변상적 정도의 금액
나. 국민건강보험법에 따라 사용자가 부담하여야 할 부담금을 회사가 부담한 금액
다. 국외 또는 북한지역에서 근로를 제공하고 받는 일정한 급여
라. 일정 요건을 갖춘 생산직 및 그 관련직에 종사하는 근로자가 받은 야간근로수당
마. 근로자의 자녀가 사용자로부터 받는 학자금
바. 근로자 또는 그 배우자의 출산이나 6세 이하 자녀의 보육과 관련하여 사용자로부터 받는 월 30만원 이내의 급여

① 가, 나, 마   ② 가, 다, 라
③ 가, 라, 바   ④ 나, 다, 라
⑤ 라, 마, 바

37. 기타소득금액의 계산에 대한 설명으로 가장 적절한 것은?

① 종업원이 퇴직한 후에 직무발명보상금 700만원을 지급받았다면 필요경비를 차감하지 않고 기타소득세를 과세한다.
② 기타소득금액으로 과세되는 항목이 배임수재에 따라 받은 금품 250만원뿐이라면 과세자에게 유리한 방향에 따라 분리과세를 선택할 수 있다.
③ 연금계좌로부터 연금외수령한 기타소득금액이 200만원이라면 원천징수세액은 40만원이다.
④ 슬롯머신 이용 시 1천원을 투입하고 500만원 상당의 당첨금품을 받았다면 필요경비를 차감하지 않고 500만원 전체에 대하여 기타소득금액을 과세한다.
⑤ 원작자로서 창작한 소설을 통해 발생한 10만원의 총수입금액에 대해서는 기타소득세를 과세하지 않는다.

38. 특수한 경우의 종합소득세에 대한 설명으로 적절하지 **않은** 것은?

① 거주자와 특수관계인과의 거래로 조세부담을 부당하게 감소시킨 것으로 인정되는 경우에는 해당 거래에 대한 계산을 부인하고 과세대상 금액을 재계산한다.
② 부당행위계산의 부인은 특수관계인에게 자산을 시가보다 고가로 매입하거나 저가로 매도하는 경우, 시가와 거래가액의 차액이 시가의 5% 이상 또는 3억원 이상인 경우에 해당한다.
③ 사업을 공동으로 경영하고 그 손익을 분배하는 공동사업의 경우 공동사업장을 하나의 거주자처럼 보아 해당 사업에서 발생한 사업소득금액을 계산한다.
④ 경영에 참여한 공동사업자가 분배받은 소득금액은 사업소득으로, 출자만 한 공동사업자가 받은 소득금액은 이자소득으로 과세된다.
⑤ 공동사업자에게 소득분배비율에 따라 분배되는 소득금액은 자신의 다른 종합소득과 합산하여 종합소득세를 신고 납부하여야 한다.

39. 종합소득공제 중 인적공제에 대한 설명으로 적절한 것은?

① 기본공제대상자 판정 시 연간 소득금액에 대해서는 종합과세되는 종합소득금액, 퇴직소득금액, 양도소득금액을 각각 구분하여 연 100만원 이하인지를 판정한다.

② 맞벌이부부 중 부인의 총급여액이 500만원이고 그 외에 다른 소득이 없는 경우, 남편은 배우자공제를 받을 수 없다.

③ 거주자 본인이 배우자가 있는 여성으로서 해당 과세기간의 종합소득금액이 5천만원 이하인 경우에는 부녀자공제로 연 50만원을 공제한다.

④ 거주자가 배우자가 없는 사람으로서 기본공제대상자인 직계비속 또는 입양자가 있는 경우에는 한부모공제로 연 100만원을 공제하지만, 해당 거주자가 부녀자공제를 받을 수 있는 경우에는 한부모공제를 적용받을 수 없다.

⑤ 생계를 같이하는 부양가족 중 직계비속과 입양자에 대해서는 주민등록상 동거가족이 아니더라도 생계를 같이하는 사람으로 본다.

40. 특별소득공제에 대한 설명으로 가장 적절하지 **않은** 것은?

① 근로소득이 있는 거주자(일용근로자 제외)가 해당 과세기간에 국민건강보험법에 따라 부담하는 보험료는 전액 근로소득금액에서 공제한다.

② 근로소득이 있는 거주자가 국민주택규모의 주택을 임차하기 위하여 대출기관으로부터 주택임차자금을 차입한 경우로서 일정한 공제요건을 모두 갖춘 경우에는 주택임차차입금에 대한 원리금상환액의 60% 상당액을 공제한다.

③ 주택청약종합저축 소득공제와 주택임차차입금 원리금상환액 소득공제금액의 합계액이 연 400만원을 초과하는 경우, 그 한도초과금액은 없는 것으로 한다.

④ 과세기간 종료일 현재 2주택 이상을 보유한 경우에는 장기주택저당차입금 이자상환액 소득공제를 적용하지 않는다.

⑤ 장기주택저당차입금 이자상환액 소득공제의 경우 상환기간 및 이자지급방식 등에 따라 그 한도는 600만원에서 2,000만원까지 다양하다.

41. 세액공제와 세액감면에 대한 설명으로 적절하지 **않은** 것은?

① 일반적인 의료비세액공제율은 15%이며, 난임시술비세액공제율은 30%, 미숙아·선천성이상아의 의료비세액공제율은 20%이다.

② 부양가족 중 직계존속을 위해 지출한 교육비는 공제가 되지 않으나, 장애인 특수교육비에 대한 교육비세액공제는 직계존속을 포함하며 소득금액의 제한을 받지 않는다.

③ 해당 과세기간에 출산·입양한 공제대상 자녀가 있는 경우 출산·입양한 자녀 1명당 30만원을 종합소득 산출세액에서 공제한다.

④ 종합소득이 있는 거주자의 부양가족 중 기본공제대상자에 해당하는 8세 이상의 자녀(입양자, 위탁아동 포함)가 있는 경우 그 자녀 수에 따라 일정한 금액을 종합소득 산출세액에서 공제할 수 있다.

⑤ 일반보장성보험료는 기본공제대상자를 대상으로 공제가 가능하므로 나이요건과 소득요건의 제한을 받으나, 의료비세액공제의 경우 나이요건과 소득요건의 제한을 받지 아니한다.

42. 종합소득세의 신고와 납부에 대한 설명으로 적절한 것은?

① 기타소득만 있는 거주자는 1월 1일부터 6월 30일까지의 기간을 중간예납기간으로 하여 직전 과세기간의 종합소득에 대한 소득세로서 납부한 금액의 1/2 상당액을 납부해야 할 의무가 있다.

② 종합소득 과세표준이 없거나 결손금이 있는 거주자는 다음 연도 5월 1일부터 5월 31일까지 주소지 관할세무서장에게 과세표준 확정신고를 하지 않아도 된다.

③ 복식부기의무자가 사업소득금액을 장부와 증명서류에 의하여 계산하였으나 재무상태표, 손익계산서와 그 부속서류, 합계잔액시산표 및 세무조정계산서를 미제출한 경우에는 종합소득세 확정신고를 하지 않은 것으로 본다.

④ 종합소득세 납부를 기간 내에 하지 않은 경우 미납부일 하루당 미납부세액의 2.5/10,000을 가산세로 납부하여야 한다.

⑤ 거주자로서 종합소득세 납부세액이 3천만원인 경우, 납세의무자의 신청에 의하여 납부기한 경과 후 2개월 이내에 2천만원 이하의 금액을 분할납부할 수 있다.

43. 일본에서 비영리사업을 하고 있는 A법인(중소기업)은 국내 영등포구에서 실질적으로 사업을 관리하고 있다. A법인과 관련된 법인세에 대한 설명으로 가장 적절한 것은?

① A법인이 정관으로 사업연도를 4월 1일부터 다음 연도 3월 31일로 규정하여도, 법령에 의해 법인세 사업연도는 1월 1일부터 12월 31일까지로 본다.

② A법인의 등기부상 본점 또는 주사무소가 국내에 있지 않고, A법인 대표자의 거주지가 성북구에 있다면 A법인의 납세지는 성북구이다.

③ A법인은 일본에 소재한 외국비영리법인이므로 국내에서 수익사업을 목적으로 양도한 토지에 대해서는 법인세를 과세할 수 없다.

④ A법인은 감가상각비, 대손충당금, 퇴직급여충당금이 결산서상의 금액과 세법상의 금액이 다를 경우 반드시 세무조정해야 한다.

⑤ A법인 대주주에게 지급한 차량유지비를 A법인 비용으로 지급하였다면 해당 금액을 손금불산입하고 배당으로 소득처분해야 한다.

44. 부가가치세의 계산에 대한 설명으로 적절한 것은?

① 영세율제도는 대표적으로 수출하는 재화, 국외제공용역, 기초생활 필수품 및 용역, 국민후생용역에 적용하고 있다.

② 사업자가 사업자등록을 하기 전에 구입한 재화에 대한 매입세액은 과세사업에 대한 것이어도 매입세액으로 공제를 받을 수 없다.

③ 면세제도는 부가가치세법상 사업자에 해당하는 자를 대상으로 적용하기 때문에 매입세액공제가 가능하여 완전면세제도라는 특징이 있다.

④ 재화 또는 용역의 대가가 금전인 경우에는 그 대가가 과세표준이 되며, 대가가 금전 외의 경우에는 공급받은 재화 또는 용역의 시가를 과세표준으로 한다.

⑤ 특수관계인 간의 거래로서 조세의 부담을 부당하게 감소시킬 목적으로, 무상으로 과세되는 사업용부동산 임대용역을 공급한 경우에는 부가가치세가 과세되지 않는다.

45. 다음은 거주자 박태환씨의 금융소득 현황이다. 다음 자료를 토대로 2024년에 귀속되는 종합과세대상 이자소득과 배당소득의 원천징수세액으로 적절한 것은?

- 2024년 1월 5일에 지급받기로 약정한 예금의 이자 3,000천원을 2024년 1월 11일에 실제 지급받았다.
- 친구 이태범씨에게 빌려주었던 3,000천원의 이자 1,000천원을 원래 지급받기로 했던 2024년 5월 12일에 받게 되었다.
- ㈜지언상사로부터 인정배당 4,000천원을 2024년 12월 15일에 실제 지급받았으며, ㈜지언상사의 결산확정일은 2025년 1월 5일이다.
- 비실명배당 1,000천원을 2024년 11월 14일에 실제 지급받았다.

① 670천원 ② 810천원
③ 1,120천원 ④ 1,230천원
⑤ 1,680천원

46. 거주자 손연재씨가 지급받은 소득이 다음과 같을 때, 2024년도 귀속 배당소득금액 계산 시 가산할 귀속법인세(Gross-up 금액)로 적절한 것은?

- 채권의 매매차익 : 8,000천원(보유기간 이자상당액 5,000천원 포함)
- 주식발행초과금에 의한 무상주배당 : 10,000천원
- 상장내국법인 A의 주주로서 처분된 인정배당 : 2,000천원 (A법인의 결산확정일은 2024년 3월 10일임)
- 비상장내국법인으로부터 다음을 재원으로 하여 받은 무상주배당
  - 자기주식소각이익 중 2년 이내 자본전입분 : 8,000천원
  - 자기주식처분이익 : 25,000천원
- 집합투자기구로부터의 이익 : 14,000천원(상장주식의 매매차익 2,000천원 포함)

① 2,500천원 ② 2,700천원
③ 3,200천원 ④ 3,500천원
⑤ 3,900천원

47. 다음의 정보를 바탕으로 개인사업자 고미경씨(45세)의 2024년 귀속 종합소득세 결정세액을 계산한 것으로 가장 적절한 것은?

[2024년 귀속 고미경씨의 소득세 관련 정보]

- 개인사업에서 발생한 사업소득금액 : 130,000천원
- 종합소득공제액 : 13,000천원
- 다음의 세액공제만 적용한다고 가정함
  - 연금계좌세액공제(2024년 연금저축펀드 납입액 7,000천원)
  - 표준세액공제
- 고미경씨는 성실사업자에 해당하지 않음

① 24,540천원　　　② 24,720천원

③ 24,790천원　　　④ 25,440천원

⑤ 25,510천원

48. 비교과세 및 배당세액공제에 대한 설명으로 적절하지 **않은** 것은?

① 금융소득 중 비과세 금융소득과 무조건 분리과세대상 금융소득을 제외한 금융소득의 합계액이 2천만원을 초과하는 경우에는 금융소득 전체금액을 종합과세한다.

② 금융소득 종합과세 시 2천만원까지는 14%의 원천징수세율을 적용하고 2천만원을 초과하는 금액에 대하여는 다른 종합소득금액과 합산하여 기본세율을 적용한다.

③ 종합소득금액에 Gross-up 대상 배당소득이 포함되어 있는 경우 배당세액공제액은 Gross-up 금액과 종합과세방식 산출세액에서 분리과세방식 산출세액을 차감한 금액 중 작은 금액으로 한다.

④ 무조건 종합과세대상 금융소득과 조건부 종합과세대상 금융소득을 합한 금액이 2천만원 이하일 경우에는 조건부 종합과세대상 금융소득은 분리과세 한다.

⑤ 종합소득금액의 산출세액 계산 시 금융소득금액이 포함되어 있는 경우 종합과세방식 산출세액과 분리과세방식 산출세액 중 작은 금액을 종합소득 산출세액으로 한다.

49. 취득세에 대한 설명으로 적절하지 **않은** 것은?

① 직계존속으로부터 증여를 통해 부동산을 취득하는 경우 4%의 취득세율이 적용된다.

② 조정대상지역에서 1주택을 취득할 경우 주택의 취득 당시 가액에 따른 표준세율을 적용하여 취득세를 계산한다.

③ 주택 취득에 따른 농어촌특별세는 부동산 취득세율 과세표준 2%로 적용되며, 이 과세표준의 10%가 부과된다.

④ 조정대상지역에서 시가표준액 3억원 이상인 주택을 증여를 원인으로 취득하는 경우 9%의 취득세율을 적용한다.

⑤ 취득 당시의 시가표준액이 9억원을 초과하는 고급주택을 취득할 경우 표준세율에 8%를 중과하여 취득세를 부과한다.

50. 부동산 보유세제인 재산세와 종합부동산세에 대한 설명으로 가장 적절한 것은?

① 재산세에 대하여 종합합산과세대상 토지와 별도합산과세대상 토지는 과세대상 유형별로 시·군·구 관할구역 내의 토지를 합산하여 각각 3단계 초과누진세율구조의 세율을 적용한다.

② 종합부동산세는 주택(별장 제외), 종합합산과세대상 토지, 별도합산과세대상 토지에 대하여 구분별로 과세하며 각 구분별로 개인별 전국의 부동산을 합산하여 모두 3단계 초과누진세율을 적용한다.

③ 재산세 과세대상 건축물에 대해서는 3단계 초과누진세율을 적용하기 때문에 다른 시·군·구의 상가를 취득하여 건물분 재산세를 절감할 수 있다.

④ 주택에 대한 종합부동산세는 유형별로 개인별 전국합산하여 기준금액 6억원을 초과하는 경우에 과세하고 있으므로, 기준금액을 초과하지 않도록 하는 것이 바람직하다.

⑤ 주택과 건축물 및 분리과세대상 토지에 대한 재산세는 개별 과세하기 때문에 공동소유로 하는 경우에는 재산세를 절감할 수 있다.

51. 양도소득세의 과세체계에 대한 설명으로 적절하지 **않은** 것은?

① 취득 당시의 실지거래가액을 확인할 수 없는 경우에는 매매사례가액, 감정가액, 환산취득가액을 순차로 적용하여 산정한 가액을 취득가액으로 보며, 이 경우 기타필요경비는 개산공제방식을 적용하여 산정한다.

② 장기보유특별공제는 일반적으로 국내에 소재하는 토지·건물이며 자산의 보유기간이 3년 이상이고 등기된 자산일 것을 요건으로 한다.

③ 주택, 조합원입주권 및 분양권을 제외한 부동산과 부동산에 관한 권리(미등기자산 아님)를 1년 이상 2년 미만 보유한 경우에 양도소득세 세율은 40%이다.

④ 주택(미등기자산 아님)을 1년 미만 보유한 경우에 양도소득세 세율은 70%를 적용한다.

⑤ 1세대 1주택 비과세 요건을 모두 충족하였으나 양도가액이 9억원을 초과하는 주택에 대해서는 9억원을 초과하는 부분에 대해서만 양도소득세를 부과한다.

52. 특수관계인에게 양도소득세 과세대상 자산을 양도하는 경우에 고려해야 할 사항으로 적절하지 **않은** 것은?

① 소득세법상 부당행위계산부인 규정은 특수관계인과의 거래를 통하여 조세의 부담을 부당하게 감소시킨 경우로서 시가와 거래가액의 차액이 3억원 이상이거나 시가의 5%에 상당하는 금액 이상인 경우에 적용한다.

② 특수관계인에게 시가보다 낮은 가격으로 자산을 양도하여 양수자에게 증여세가 과세된 경우 증여재산가액을 양수자의 취득가액에서 차감한다.

③ 배우자 또는 직계존비속에게 양도한 재산은 양도자가 당해 재산을 양도한 때에 그 재산가액을 배우자 등이 증여받은 것으로 추정하고, 당초 양도자에 대해서는 재산 양도에 따른 소득세를 부과하지 아니한다.

④ 당초 양도자와 양수자가 부담한 소득세 결정세액의 합계액이 당해 배우자 등이 증여받은 것으로 추정할 경우의 증여세액보다 큰 경우에는 증여추정규정을 적용하지 않는다.

⑤ 부담부증여에서 증여자의 채무를 수증자가 인수한 경우에는 증여가액 중 그 채무액에 상당하는 부분을 그 자산이 사실상 이전되는 것으로 보아 양도소득세를 부과하되, 배우자 간 또는 직계존비속 간의 부담부증여에 대하여는 수증자에게 채무가 인수되지 않는 것으로 추정한다.

53. 부동산 관련 부가가치세에 대한 설명으로 적절하지 **않은** 것은?

① 부가가치세 일반과세자가 건물을 분양하거나 매도할 때에는 매입자로부터 토지를 제외한 건물에 해당하는 공급가액에 10%의 부가가치세를 징수한다.

② 주택을 일반과세사업자로부터 분양받거나 구입하는 경우에는 부동산 가격 이외에 건물가액에 대하여 10%의 부가가치세가 부과된다.

③ 부가가치세법상 사업을 포괄적으로 양도하면 세금징수 효과가 없으므로 재화의 공급으로 보지 않고 부가가치세를 과세하지 않는다.

④ 면세사업자 또는 비사업자로부터 부동산을 매수하는 경우에는 부가가치세에 대한 부담이 전혀 없다.

⑤ 일반과세자가 사업용 건물을 임대하거나 사업장으로 사용하다가 양도하는 경우에는 부가가치세를 매수자로부터 거래징수하여야 한다.

54. 퇴직소득세 계산에 대한 설명 중 가장 적절하지 **않은** 것은?

> **[퇴직소득세 계산 구조]**
>
> • 환산 전 산출세액 = 퇴직소득 과세표준 × 세율
>
> • 퇴직소득 산출세액 = 환산 전 산출세액 × (가)/(나)

① 퇴직소득세 계산 시 근로소득에 해당하는 분은 퇴직소득금액에서 제외하고, 명예퇴직수당과 단체퇴직보험금은 퇴직금액에 포함한다.

② 과세표준은 퇴직소득금액에서 2단계 퇴직소득공제액을 차감하여 계산한다.

③ 세율은 6 ~ 45% 8단계 초과누진세율을 적용한다.

④ 위 계산 구조에서 (가)에는 '12', (나)에는 '근속연수'가 들어가는 것이 적절하다.

⑤ 근속연수에서 1년 미만의 기간이 있는 경우에는 이를 1년으로 본다.

55. 연금소득의 과세체계 및 사후관리에 대한 설명으로 가장 적절한 것은?

① 공적연금을 제외한 연금소득금액이 연 1,500만원을 초과하는 경우에는 납세자의 선택에 따라 종합과세가 아닌 분리과세를 선택할 수 있다.

② 연금계좌세액공제를 받은 연금계좌 납입액과 연금계좌의 운용실적에 따라 증가된 금액을 의료목적의 사유로 일정한 요건을 갖추어 인출하는 연금소득은 종합과세한다.

③ 60세인 거주자가 연금계좌에서 연금수령하는 금액 중 종신계약에 따라 수령하는 연금소득(이연퇴직소득 제외)은 5%의 원천징수세율을 적용한다.

④ 공적연금소득은 매월 연금소득간이세액표에 따라 원천징수한 후 다음 연도 1월분 공적연금소득 지급 시 연말정산이 이루어진다.

⑤ 공적연금 및 연금계좌 관련 연금소득의 수입시기는 연금을 수령한 날로 한다.

상속설계 (25문항)

56. 상속설계 시 주의사항에 대한 설명으로 가장 적절한 것은?

① 고객이 원하는 상속설계 방안과 자격인증자에게 이익이 되는 상속설계 방안은 충돌될 일이 없다.

② 자격인증자가 상속세 및 증여세법에 대해 전문지식이 있다면, 본인이 직접 유상으로 법률서비스를 고객에게 적극 제공할 수 있다.

③ 상속설계 시 자격인증자와 다양한 전문가들이 관련되어 있는 경우가 많으므로 고객과의 관계에서 역할에 따른 책임부담관계를 명확히 해야 한다.

④ 자격인증자 선에서 이해상충을 회피하기 힘들어도 주위 다른 전문가에게 상속설계를 이전하지 않는다.

⑤ 상속설계와 관련하여 자격인증자와 협력하는 전문가에는 법률, 세무, 후견인 등이 있으며 신탁전문가는 해당하지 않는다.

57. 신탁에 관한 설명으로 적절하지 **않은** 것은?

① 배우자 생존 중에는 배우자만을 수익자로 하고 배우자 사망 후에는 자녀를 수익자로 하는 연속적인 재산처분은 가능하다.

② 신탁 전의 원인으로 발생한 권리에 대해서는 위탁자의 채권자가 강제집행할 수 있다.

③ 위탁자는 신탁재산을 보관·관리하는 부담에서 벗어남과 동시에 신탁재산에 기한 수익을 취득할 권리를 누릴 수 있다.

④ 수탁자는 신탁재산의 소유권을 이전받아 보유하고 관리·처분하며, 수익자는 수탁자를 감시·감독한다.

⑤ 신탁재산은 민법상 상속재산에 포함되지만 상속세 계산 시에는 실질내용에 따라 상속재산에서 제외될 수 있다.

58. 다음 중 유언대용신탁을 활용한 상속설계에 대한 적절한 설명으로 모두 묶인 것은?

> 가. 상사신탁의 적용을 받는 경우 신탁재산은 범위에 제한이 없으며, 가족 등이 수탁자가 될 수도 있다.
>
> 나. 유언대용신탁은 다양한 상속재산의 분배를 더욱 간편하게 하거나 복잡한 유언집행절차를 생략하고자 하는 경우에 활용될 수 있다.
>
> 다. 상속인이 미성년자인 경우 유언대용신탁을 활용하면 신탁회사가 재산관리인의 역할을 대신 수행할 수 있다.
>
> 라. 법정후견신탁을 설정하는 경우 후견이 개시되면 미리 계약으로 정하여 놓은 후견인이 신탁회사로부터 신탁재산을 교부받아 피후견인을 부양한다.
>
> 마. 임의후견신탁을 설정하기 위해서는 후견인이 될 자와 후견계약, 신탁회사와 신탁계약을 각각 체결해야 한다.

① 가, 나, 다　　　　② 가, 나, 라
③ 가, 다, 마　　　　④ 나, 다, 마
⑤ 다, 라, 마

59. 유언장 작성에 대한 내용으로 적절하지 **않은** 것은?

① 만 17세 이상의 미성년자의 유언행위는 법정대리인의 동의가 필요하지 않다.

② 유언으로 이익을 받을 사람, 그의 배우자와 직계혈족은 유언증인의 결격자들에 해당한다.

③ 비밀증서에 의한 유언의 증인은 2인 이상이 필요하다.

④ 자필증서에 의한 유언은 증인이 전혀 필요하지 않다.

⑤ 자필증서에 의한 유언은 위조, 변조의 위험성이 다른 유언방식보다 적다.

60. 홍길동씨가 자필로 작성한 다음 자필증서 유언장에 대한 설명으로 적절하지 **않은** 것은?

> 유언장
>
> 　　　　　　　　　　　　　　유언자 : 홍길동
>
> 　주소 : 서울시 서초구 양재동 ○○로 ○
>
> 유언사항
>
> 1. 본인 소유의 서울 서초동 A상가는 장남에게 상속한다.
>
> 2. 본인 소유의 B주식은 차남에게 상속한다.
>
> 3. 장남과 차남은 막내가 대학을 졸업할 때까지 대학등록금과 실비용을 부담하여 학업에 지장이 없도록 한다.
>
> 4. 본인 명의의 예금 전부를 C대학에 기부한다.
>
> 　　　　　　　　　　작성일자 : 2024년 3월 5일
>
> 　　　　　　　　　　작성자 : 홍길동 (날인)

① 홍길동씨가 2024년 5월 10일에 A상가를 제3자에게 양도하였다면 장남에 대한 A상가 상속 유언은 철회한 것으로 본다.

② 유언장에 날인이 없었다면, 상속인들은 홍길동씨 명의의 예금을 C대학에 기부하지 않아도 된다.

③ 홍길동씨가 B주식을 막내에게 상속하는 것으로 유언장을 변경하고 싶다면 문장을 변경 후 자서하고 날인하면 된다.

④ 홍길동씨가 사망한 후 유언장을 발견한 장남이 그것을 검인받지 않았다면 유언의 효력은 없다.

⑤ 차남에게 상속결격 사유가 있다면 홍길동씨가 유언으로 차남에게 B주식을 유증하겠다고 했더라도 차남은 B주식을 유증받을 수 없다.

61. 상속인에 대한 설명으로 가장 적절하지 **않은** 것은?

① 부부 중 일방이 사망하고 생존한 배우자가 재혼한 때에는 인척관계가 종료된다.

② 상속인이 되어야 할 직계비속 또는 형제자매가 상속개시 전 사망하거나 상속포기로 인하여 상속인이 되지 못하는 경우 그 자의 직계비속이나 배우자가 대습상속을 한다.

③ 계모자 관계에서는 법정상속이 이루어지지 않으나 양자 관계를 맺어 상속이 가능하게 할 수 있다.

④ 친양자는 친생부모와의 친족관계가 완전히 법률적으로 단절되므로 친생부모의 상속인이 되지 못한다.

⑤ 상속인이 외국 국적자라 하더라도 상속인이 될 수 있고, 피상속인의 국적에 따라 상속설계가 진행되어야 한다.

62. 다음 중 김유민씨의 사망에 따른 민법상 실종선고에 대한 설명으로 적절하지 **않은** 것은?

크루즈를 타고 해외여행을 떠난 김유민씨는 2022년 12월 크루즈가 전복되는 사고로 인해 실종되었다. 김유민씨의 생사를 알 수 없던 상속인들은 법원에 김유민씨에 대한 실종신고를 하고자 한다.

① 실종선고는 김유민씨의 이해관계인이나 검사의 청구에 의하여 가정법원이 선고한다.

② 김유민씨는 특별실종에 해당하며, 실종기간은 크루즈가 침몰한 시점을 기산점으로 1년이다.

③ 민법상 김유민씨가 실종선고를 받았다면 실종기간이 만료된 때인 2023년 12월에 사망한 것으로 간주한다.

④ 만약 실종선고 후 김유민씨가 살아서 돌아온다면, 법원에 실종선고취소청구를 해야 한다.

⑤ 실종선고 만료 후 김유민씨가 2024년 2월에 사망한 사실이 입증되더라도 김유민씨의 실종선고를 취소할 수 없다.

63. 상속재산에 대한 설명으로 적절하지 **않은** 것은?

① 상속인은 상속이 개시된 때 피상속인의 재산에 관한 포괄적 권리의무를 승계한다.

② 피상속인의 일신에 전속한 것은 상속되지 않는다.

③ 각 공동상속인은 상속개시와 동시에 상속재산에 속하는 개개의 물건을 단독으로 사용·수익할 수 있다.

④ 상속재산 중 담보물권은 피담보채권과 분리해서 단독으로 상속되지 않는다.

⑤ 피상속인의 과징금은 소극재산으로 상속의 대상이 된다.

64. 채권·채무의 상속에 대한 설명으로 가장 적절한 것은?

① 공동상속인 중 초과특별수익자가 있다면 예금채권은 상속재산분할의 대상이 되지 않고 법정상속분에 따라 상속인에게 당연귀속된다.

② 금전채무가 공동상속된 경우, 금전채무는 상속재산분할의 대상이 되지 않는다.

③ 공동상속인 간의 협의에 따라 공동상속인 중 1인이 상속채무를 모두 부담하기로 약정했다면, 채권자의 승낙은 그 협의에 영향을 미치지 않는다.

④ 상속채무에 관해서는 소급효가 있는 상속재산의 협의분할이 될 수는 있지만 공동상속인 간 별도의 채무인수계약은 될 수 없다.

⑤ 상속인이 상속포기를 하지 않고 상속을 단순·한정승인 했다면 상속채무에 대해 무한책임을 진다.

65. 특별수익자의 상속분에 대한 설명으로 가장 적절한 것은?

① 특별수익자의 구체적 상속분은 미리 받은 특별수익을 포함한다.

② 특별수익이 유류분을 침해하지 않는다면 상속분을 초과하더라도 초과분을 반환할 필요는 없다.

③ 상속포기자가 받은 특별수익은 항상 유류분반환청구 대상에서 제외된다.

④ 공동상속인의 특별한 기여에 대한 대가로 증여나 유증을 받은 경우는 특별수익에 해당한다.

⑤ 특별수익을 받은 상속인이 피상속인보다 먼저 사망했다면 특별수익은 해당 상속인의 직계존속이 상속한다.

66. 상속재산의 이해관계자에 대한 설명으로 적절하지 **않은** 것은?

① 상속인의 존부를 알 수 없는 경우에도 상속채권자와 유증받은 자는 상속재산관리인에 의해 변제받을 수 있다.

② 상속재산을 은닉하여 상속채권자를 사해할 의사가 상속인에게 있었음이 입증된다면 해당 상속재산은 단순승인한 것이 된다.

③ 상속재산의 분리란 상속이 개시된 이후에 상속채권자, 유증을 받을 사람 또는 상속인의 채권자의 청구에 의해 상속재산과 상속인의 고유재산을 분리하는 것을 말한다.

④ 상속채무가 있는 경우 상속인의 상속재산에 대한 권리와 의무는 혼동으로 인하여 소멸한다.

⑤ 피상속인의 특별연고자는 상속인 부존재 시 상속재산 청산 후 남은 재산의 전부 또는 일부를 분여받을 수 있다.

67. 유류분에 대한 설명으로 가장 적절한 것은?

① 유류분이 발생한 때 이를 주장할 수 있는 유류분 권리자는 피상속인의 직계비속, 배우자, 직계존속, 형제자매, 4촌 이내의 방계혈족이다.

② 유류분액을 산정함에 있어 반환의무자가 증여받은 재산의 가액은 증여 당시를 기준으로 산정하여야 한다.

③ 공동상속인 중 특별수익자가 피상속인으로부터 사전에 받은 증여는 유류분 산정을 위한 기초재산에 포함되지 않는다.

④ 유류분반환청구권의 행사는 재판상의 방법으로만 가능하다.

⑤ 유류분반환청구의 목적인 증여나 유증이 병존하고 있는 경우 유류분권리자는 먼저 유증을 받은 자를 상대로 유류분침해액의 반환을 청구하여야 한다.

68. 상속재산의 처리방법에 대한 설명으로 가장 적절한 것은?

① 공동상속인들은 분할 전부터 본인의 상속분에 대해서는 단독소유로 본다.

② 상속재산의 분할방법에 대해서는 협의에 의한 분할이 1순위, 유언에 의한 분할이 2순위, 법원에 분할을 신청하는 것이 3순위이다.

③ 5년 내 기간의 분할금지약정은 법원의 허가없이 공동상속인 간 분할협의로 지정할 수 없다.

④ 유언자는 유언집행을 제3자에게 위탁할 수 없다.

⑤ 별도로 유언집행자가 지정되지 않은 경우 상속인이 유언집행자가 된다.

69. 상속재산의 분할에 대한 설명으로 가장 적절하지 **않은** 것은?

① 공동상속인인 친권자와 미성년자 사이에 상속재산분할협의를 하는 경우에 법정대리인이 각 미성년자를 대리하여 상속재산분할협의를 한다.

② 상속포기자가 상속재산분할협의에 참가하더라도 다른 공동상속인 간 상속재산분할협의에 영향이 없다면 그 협의는 유효하다.

③ 상속개시 후 포괄적 수유자는 공동상속인과 함께 상속재산분할협의의 당사자가 된다.

④ 유언에 의한 분할방법의 지정이나 분할금지가 없는 한 공동상속인은 언제든지 협의로 상속재산을 분할할 수 있다.

⑤ 상속개시 당시 상속재산에 해당하던 재산이 멸실되어 이에 상응하는 보험금을 취득한 경우 보험금은 분할대상 재산이 될 수 있다.

70. 다음 중 상속세와 증여세의 동일 규정으로 모두 묶인 것은?

가. 사전증여재산 합산

나. 국세징수권 소멸시효

다. 세율(10 ~ 50%의 5단계 초과누진세율)

라. 신고세액공제율

마. 과세방식

① 가, 나, 다

② 가, 라, 마

③ 나, 다, 라

④ 나, 라, 마

⑤ 다, 라, 마

71. 다음 중 상속세 과세가액을 계산하는 데 사용되는 정보로 적절하지 **않은** 것은?

① 피상속인이 피보험자로 납부한 생명보험의 사망보험금은 5억원이다.

② 피상속인의 재산 중 골동품을 감정평가하는 데 300만원을 사용하였다.

③ 상속개시일 2년 이내에 피상속인이 10억원의 예금을 인출하였고 사용 용도가 입증되는 금액은 2억원이다.

④ 피상속인의 장례비용은 1,000만원이고, 이 중 700만원은 입증할 수 있다.

⑤ 피상속인이 사망하기 3년 전에 아들에게 1억원 상당의 토지를 증여하였다.

72. 거주자 A는 2024년 9월 20일에 사망하였다. A의 사망 당시 가족으로는 배우자와 아들 1명이 있었으며, 아들은 결혼하여 자녀가 1명 있다. 다음 A의 사망 전 증여 자료를 토대로 계산한 상속세 및 증여세법상 상속재산에 가산할 증여재산가액으로 적절한 것은?

수증자	증여일	증여재산	증여 당시 재산평가가액	상속 당시 재산평가가액
배우자	2015년 4월 8일	상가	3억원	5억원
손자	2016년 9월 12일	토지	2억원	3억원
아들	2020년 1월 19일	임야	4억원	7억원
형	2023년 3월 9일	주택	5억원	4억원

① 7억원

② 9억원

③ 11억원

④ 12억원

⑤ 14억원

73. 상속공제에 대한 설명으로 가장 적절한 것은?

① 순금융재산의 가액이 20억원이면 4억원의 금융재산상속공제를 받을 수 있다.

② 피상속인의 배우자가 실제로 상속받은 금액이 3억원이면 3억원의 배우자상속공제를 적용받을 수 있다.

③ 일괄공제를 받더라도 가업상속공제 요건을 갖추면 추가로 가업상속공제를 받을 수 있다.

④ 피상속인이 비거주자인 경우 공제받을 수 있는 최대 금액은 5억원이다.

⑤ 상속개시 전에 화재·붕괴·폭발·환경오염사고 및 자연재해 등의 재난으로 상속재산이 멸실되거나 훼손된 경우에는 그 손실가액을 상속세 과세가액에서 공제한다.

74. 상속세 산출세액 및 납부할 세액에 대한 다음의 설명 중 (가)~(라)에 들어갈 내용이 적절하게 연결된 것은?

- 상속인이 피상속인의 자녀를 제외한 직계비속(미성년자 아님)인 경우 상속세 산출세액에 상속재산 중 그 상속인이 받을 재산이 차지하는 비율을 곱하여 계산한 금액의 (가)에 상당하는 금액을 가산한다.

- 상속개시 후 (나) 이내에 상속인 또는 수유자의 사망으로 상속이 개시된 경우, 전의 상속세가 부과된 상속재산 중 재상속분에 대하여 전의 상속세 상당액을 상속세 산출세액에서 공제한다.

- 부정행위에 따른 과소신고 시 해당 산출세액 계에 (다)를 곱한 금액을 과소신고불성실가산세로 과세한다.

- 상속세 세율은 초과누진세율의 구조로 과세표준 금액에 따라 최하 10%에서 최고 (라)까지의 5단계 초과누진세율로 구성되어 있다.

	가	나	다	라
①	30%	5년	20%	38%
②	30%	10년	20%	50%
③	30%	10년	40%	50%
④	40%	5년	40%	50%
⑤	40%	10년	40%	38%

75. 증여세에 대한 설명으로 가장 적절하지 **않은** 것은?

① 수증자가 거주자인 경우에는 증여받은 국내외에 있는 모든 재산에 대해 증여세를 납부할 의무가 있다.

② 연대납세의무로 증여자가 증여세를 납부하는 것은 수증자에 대한 증여에 해당하지 않는다.

③ 국내에 거주하고 있는 부모가 미국에서 거주 중인 자녀에게 달러를 증여하는 경우 부모는 국내에서 증여세를 납부한다.

④ 소유권 이전 등기·등록을 요하는 재산은 소유권 이전 계약일을 증여재산의 취득시기로 본다.

⑤ 증여세 신고기한 이내에 증여재산을 반환하였다면 당초 증여분과 재증여분 모두에 대해서 증여세를 과세하지 않는다.

76. 거주자 A(34세)는 2024년 10월 24일에 어머니로부터 3억원으로 평가되는 토지를 증여받았다. A가 지금까지 증여받은 내역을 토대로 계산한 금번 증여로 공제받을 수 있는 증여재산공제액으로 적절한 것은? (단, A는 혼인 및 출산공제 해당 없음)

증여자	증여일	증여재산	증여재산 평가가액
아버지	2011년 4월 28일	예금	2,000만원
배우자	2014년 10월 12일	상가	3억원
할아버지	2014년 12월 11일	아파트	2억원

① 0원

② 2,000만원

③ 3,000만원

④ 4,000만원

⑤ 5,000만원

77. 다음 중 증여세 과세대상에 해당하지 **않는** 것은?

① A는 채권자로부터 채무를 면제받았다.

② B는 특수관계인에게 시가 5억원인 토지를 6억원에 양도하였다.

③ C는 10억원을 친구에게 정당한 사유 없이 연 0.5%의 이자로 대출받았다. (대출받은 날 현재 적정이자율 : 연 4.6%)

④ D는 아버지의 회사로부터 시가 5천만원에 상당하는 용역을 무상으로 제공받았다.

⑤ E는 어머니의 신탁계약으로 인해 신탁의 원본 및 수익의 이익을 받을 수익자가 되어 원본과 수익을 증여받았다.

78. 2024년 12월 5일에 상가를 증여하려고 한다. 해당 상가의 경우 상증법상 임대상가의 시가를 산정하기 어려워 보충적 방법으로 평가한다고 가정했을 때 다음 자료를 토대로 계산한 상가의 증여재산가액으로 가장 적절한 것은?

- 국세청장이 지정한 지역에 소재한 상업용 건물이 아니다.
- 2024년 2월 5일 상가 취득 당시 취득가액은 8억원이다.
- 토지 개별공시지가 : 4억원
- 건물 기준시가 : 2억원
- 상가의 임대 현황
  - 임대보증금 : 3억원
  - 1년간 임대료 : 4,800만원
- 해당 재산은 평가심의위원회의 심의를 거치지 않았다.

① 2억원

② 4억원

③ 6억원

④ 7억원

⑤ 8억원

79. 창업자금 증여세 과세특례의 설명으로 가장 적절한 것은?

① 창업자금을 2회 이상 증여받거나 부모로부터 각각 증여받는 경우에는 각각의 증여세 과세가액을 합산하여 과세특례를 적용한다.

② 증여재산은 토지·건물 등 양도소득세 과세대상에 해당하는 재산으로 증여세 과세가액 50억원 또는 100억원을 한도로 한다.

③ 창업자금의 증여자는 60세 이상의 직계존속 또는 형제자매이어야 한다.

④ 가업승계에 대한 과세특례를 적용하는 경우라 하더라도 창업자금에 대한 증여세 과세특례를 중복 적용을 할 수 있다.

⑤ 창업자금에 대한 증여세를 부과하는 경우에는 동일인으로부터 증여받은 창업자금 외의 다른 증여재산의 가액을 창업자금에 대한 증여세 과세가액에 가산한다.

80. 특정법인을 활용한 상속증여세 대응전략에 대한 설명으로 가장 적절하지 **않은** 것은?

① 상증법상 특정법인이란 지배주주등이 직·간접적으로 보유하는 주식보유비율이 30% 이상인 법인이다.

② 지배주주등이 보유한 주식이 50%인 특정법인에 증여한 이익이 10억원이라면 지배주주등이 증여받은 것으로 보는 금액은 2억 5천만원이다.

③ 주주별 증여의제이익이 1억원 미만인 경우에는 증여로 보지 않는다.

④ 특정법인을 활용하면 개인에게 증여하는 경우보다 세금 납부 기한에 여유가 생긴다.

⑤ 특정법인에게 증여한 부동산 등에 대해서는 이월과세규정이 적용되지 않는다.

해커스 **CFP®** 최종 실전모의고사

CERTIFIED FINANCIAL PLANNER™

1회

━━━━━━━ **사례형** ━━━━━━━

3교시 (10:00 ~ 12:00)	단일사례 (30문항) 복합사례 (10문항)
4교시 (12:30 ~ 15:00)	복합사례 (20문항) 종합사례 (20문항)

해커스 **CFP**® 최종 실전모의고사

사례형 (3교시) 10:00 ~ 12:00

시험 유의사항

[1] 수험표에 명시된 준비물을 꼭 지참하고, 특히 규정신분증 이외의 신분증 및 신분증을 지참하지 않을 경우 입실이 허용되지 않음.

[2] 시험 시작 후 1시간이 경과하기 전에는 퇴실할 수 없으며, 퇴실 시 반드시 문제지와 답안지를 제출해야 함.

[3] 응시자 이외의 사람은 시험장에 출입할 수 없으며 시험장 내 주차장이 협소하거나 주차장을 사용할 수 없는 고사장이 있으므로 대중교통을 이용하고, 만약 자가용 이용으로 발생되는 문제(주차 및 차량훼손 등)는 한국FPSB가 책임지지 않음.

[4] 시험장 내 휴대전화, 무선기, 컴퓨터, 태블릿 PC 등 통신 장비를 휴대할 수 없으며 휴대가 금지된 물품을 휴대하고 있음이 발견되면 부정행위 처리기준에 따라 응시제한 1년 이상으로 징계됨.

[5] 답안 작성은 컴퓨터용 사인펜을 이용하고 예비답안 작성은 반드시 붉은 사인펜만을 이용해야 하며, 붉은 사인펜 이외의 필기도구(연필, 볼펜 등)를 사용하여 예비답안을 작성한 경우 이중 마킹으로 인식되어 채점되지 않음을 유의함.

[6] 답안은 매 문항마다 하나의 답만을 골라 그 숫자에 빈틈없이 표기해야 하며, 답안지는 훼손, 오염되거나 구겨지지 않도록 주의해야 함. 특히, 답안지 상단의 타이밍 마크를 절대로 훼손해선 안 되며, 마킹을 잘못하거나(칸을 채우지 않거나 벗어나게 마킹하는 경우) 답안지 훼손에 의해서 발생되는 문제에 대한 모든 책임은 응시자에 귀속됨.

[7] 문제지와 답안지 작성을 제외한 모든 종류의 필사(본인 답안 필사 등)를 하는 행위 및 컨닝용 쪽지, 책자 또는 노트 등을 휴대하는 행위는 부정행위로 처리함.

[8] 시험종료 안내는 종료 20분, 10분, 5분 전에 방송되며 시험시간 관리의 책임은 전적으로 수험생 본인에게 있으므로 종료 후 답안 작성으로 인하여 부정행위 처리되지 않도록 유의함.

[9] 시험장 내에선 금연이며 시험장의 시설물이 훼손되지 않도록 주의함.

[10] 유의사항 위반에 따른 모든 불이익은 응시자가 부담하고 부정행위 및 규정 위반자는 부정행위 세부처리기준에 준하여 처리됨.

- 문제의 일반 계산이나 TVM 계산 시 별도의 지시사항이나 지문이 없을 경우 중간 계산의 값은 참값 또는 반올림하여 사용할 것
- 투자(대출)상품의 투자수익률(대출이율) 표시 : 별도의 언급이 없는 한 연복리를 말하며 이외의 경우 별도로 표기함
  (예) 연 6% 연복리상품 – 연 6%, 연 6% 월복리상품 – 연 6% 월복리)
- 문제의 지문이나 보기에서 별다른 제시가 없으면, 모든 개인은 세법상 거주자이고, 모든 법인은 내국법인이며 모든 자산, 부채 및 소득은 국내에 있거나 국내에서 발생한 것으로 가정하고, 주식은 국내 제조법인의 주식으로서 우리사주조합원이 보유한 주식이 아니며, 소득세법상 양도소득세 세율이 누진세율(6 ~ 45%)로 적용되는 특정주식 등 기타자산에 해당하지 않는 일반주식이라고 가정함
- 문제의 지문이나 보기에서 별다른 제시가 없으면 나이는 만 나이이며, 기준시점은 1월 초이고 나이로 표시된 시점은 해당 나이의 기시 시점임

I 2024년도 종합소득세 및 양도소득세 기본세율

과세표준	세율
14,000천원 이하	6%
14,000천원 초과 50,000천원 이하	840천원 + 14,000천원 초과액의 15%
50,000천원 초과 88,000천원 이하	6,240천원 + 50,000천원 초과액의 24%
88,000천원 초과 150,000천원 이하	15,360천원 + 88,000천원 초과액의 35%
150,000천원 초과 300,000천원 이하	37,060천원 + 150,000천원 초과액의 38%
300,000천원 초과 500,000천원 이하	94,060천원 + 300,000천원 초과액의 40%
500,000천원 초과 1,000,000천원 이하	174,060천원 + 500,000천원 초과액의 42%
1,000,000천원 초과	384,060천원 + 1,000,000천원 초과액의 45%

II 2024년도 상속세 및 증여세 기본세율

과세표준	세율
100,000천원 이하	10%
100,000천원 초과 500,000천원 이하	10,000천원 + 100,000천원 초과액의 20%
500,000천원 초과 1,000,000천원 이하	90,000천원 + 500,000천원 초과액의 30%
1,000,000천원 초과 3,000,000천원 이하	240,000천원 + 1,000,000천원 초과액의 40%
3,000,000천원 초과	1,040,000천원 + 3,000,000천원 초과액의 50%

단일사례 (30문항)

1. 다음 재무상태표 및 관련 정보와 각 지표별 가이드라인을 참고하여 박헌석씨(38세) 가계의 부채적정성을 평가한 내용으로 가장 적절하지 **않은** 것을 고르시오.

재무상태표(2023년 12월 31일 현재)　　(단위 : 천원)

자산		부채 및 순자산	
항목	금액	항목	금액
금융자산	27,430	유동부채	0
현금성 자산	17,230	신용대출	
저축성자산	10,200	비유동부채	( )
투자자산	85,520	직장인가계대출잔액	( )
사용자산	610,000	주택담보대출잔액	( )
아파트	582,000	총부채	( )
자동차	28,000		
총자산	722,950	순자산	( )

- 박헌석씨는 대기업 기획부 과장이며 세전 연수입은 85,000천원이고, 월 실수령액은 7,500천원임
- 배우자는 전업주부로 소득이 없음
- 주택 구입 시 은행에서 150,000천원을 대출기간 20년, 대출금리 연 8.5% 월복리, 매월 말 원리금균등분할상환으로 대출하였으며 2023년 12월 31일 현재 32회 상환함
- 은행으로부터 직장인 가계대출 30,000천원을 대출기간 5년, 대출금리 연 7% 월복리, 매월 말 원리금균등분할상환으로 대출하였으며 2023년 12월 31일 현재 22회 상환함

[각 지표별 가이드라인]

지표	가이드라인
주거관련부채부담율	30% 이하
주거관련부채상환비율	28% 이하
소비성부채비율	20% 이하
총부채상환비율	36% 이하
총부채부담율	40% 이하

① 주거관련부채부담율은 19.56%로 재무구조가 건전한 것으로 평가할 수 있다.

② 주거관련부채상환비율은 18.38%로 가이드라인인 28% 이하이기 때문에 위험한 수준은 아닌 것으로 평가할 수 있다.

③ 소비성부채비율은 7.92%로 가이드라인을 초과하지 않고 있다.

④ 총부채상환비율은 가이드라인보다 9.24%p 높게 나타나고 있어 재무건전성에 부정적인 영향을 미치고 있다.

⑤ 총부채부담율은 22.36%로 건전한 재무구조를 나타내고 있다.

2. 정종철씨(40세)가 은퇴자금 마련을 위한 투자를 시작한 후 10년이 지난 현재시점에서 원하는 재무목표를 달성하기 위해 올해부터 59세 말까지 매년 말 정액으로 30,000천원씩 추가적으로 저축할 예정이다. 다음 정보를 고려할 때 새롭게 저축할 연복리 금융상품이 달성해야 할 최소한의 세후투자수익률로 가장 적절한 것을 고르시오.

[현재까지의 투자내역]
• 정종철씨는 30세부터 10년간 세후투자수익률 6%인 상품에 매년 초 4,000천원을 시작으로 연봉상승률만큼 증액하여 저축해옴
• 해당 상품에는 더 이상 추가 저축을 하지 않고, 은퇴시점까지 거치할 예정임
• 연봉상승률 : 연 10%

[재무목표]
• 정종철씨는 60세부터 30년간 매년 초 세후투자수익률 4% 금융상품에서 현재물가기준으로 30,000천원의 연금을 매년 물가상승률만큼 증액하여 지급받고자 함
• 물가상승률 : 연 3.5%

① 연 7.62%
② 연 8.17%
③ 연 9.76%
④ 연 11.32%
⑤ 연 12.53%

3. 다음은 조재환씨의 재무상태표 관련 정보이다. 2024년 1월부터 적립식펀드에 투자를 시작할 경우, 2024년 12월 31일 기준 조재환씨의 순자산 금액으로 적절한 것을 고르시오. (단, 주어진 정보 이외의 자산 및 부채는 없다고 가정하며, 세금 및 기타 비용은 고려하지 않음)

[2023년 12월 31일 재무상태표 관련 정보]

• 금융자산
  - 정기예금 : 20,000천원
  - CMA : 5,000천원
• 부동산자산
  - 주택 A : 평가금액 800,000천원
  - 주택담보대출 : 5년 전 300,000천원을 대출(대출기간 20년, 매월 말 원리금균등분할상환, 연 4% 월복리)하였으며 2023년 12월 31일 기준 60회차 상환함

[2024년 추가 저축(투자) 계획]

• 2024년 1월부터 3년간 적립식펀드에 매월 말 500천원씩 정액으로 투자함

[자산별 세후투자수익률]

• 금융자산
  - 정기예금 수익률 : 연 2.5% 월복리
  - CMA 수익률 : 연 2.0%
  - 적립식펀드 : 연 5.0% 월복리
• 부동산자산
  - 주택 A 가격상승률 : 연 3.0%

① 598,174천원 ② 609,974천원
③ 622,180천원 ④ 634,459천원
⑤ 651,997천원

4. 김범호씨는 아들 김우석씨(20세)의 결혼자금을 마련하기 위해 올해부터 10년간 매년 말 4%씩 증액하여 주식형펀드에 투자하고 아들의 결혼시점까지 남은 기간에는 거치하려고 한다. 김범호씨가 올해 말 투자해야 하는 금액으로 적절한 것을 고르시오.

[결혼 관련 정보]

• 예상 결혼 비용은 현재물가기준 250,000천원이며, 매년 물가상승률만큼 상승한다.
• 김우석씨의 예상 결혼 연령은 36세이다.

[투자 관련 정보]

• 김범호씨가 투자할 주식형펀드의 세후투자수익률은 투자기간 동안 6%이며, 거치기간 동안은 3.5%이다.
• 물가상승률은 연 3%로 가정한다.

① 18,236천원 ② 19,358천원
③ 20,206천원 ④ 21,014천원
⑤ 24,760천원

5. 박주식씨는 노년의 장기개호상태에 대비하여 필요성을 인식하고 준비하고자 한다. CFP® 자격인증자로부터 제안받은 상품은 100세가 될 때까지 개호상태 발병 즉시 정액으로 50,000천원씩 매년 초 3년간 지급하는 조건이다. 박주식씨가 해당 보험에 가입할 경우 부족분을 해결하기 위해 현재 시점에서 추가로 준비해야 할 일시금으로 가장 적절한 것을 고르시오.

[개호비용 관련 정보]

- 박주식씨는 현재 40세로 60세에 은퇴할 예정이며, 87세 말까지 생존할 것으로 예상하고 있음
- 개호상태 예상기간 : 본인이 사망하기 3년 전(85세 시점)부터 사망 시까지
- 개호상태 발생 시 필요비용 : 현재물가기준 연 36,000천원
- 세후투자수익률 : 연 6.0%
- 개호비용상승률 : 연 3.0%
- 개호비용은 매년 초 필요하며, 매년 개호비용상승률만큼 상승함

① 17,420천원　　　　② 18,547천원

③ 33,498천원　　　　④ 41,112천원

⑤ 59,483천원

6. 이학민씨(40세)는 중소기업 부장으로 근무하고 있고, 부인은 40세로 전업주부이며, 10살 된 아들과 4살이 된 딸이 있다. 다음 정보를 고려할 때 이학민씨가 2024년 1월 초 현재 사망 시 니즈분석방법에 따른 추가적인 생명보험 필요보장액으로 가장 적절한 것을 고르시오.

[유가족의 필요자금]

- 이학민씨 사망에 따른 사후정리자금 : 15,000천원
- 주택담보대출(이학민씨 사망 시 전액 상환) : 200,000천원(대출기간 20년, 연 4.0% 월복리, 매월 말 원리금균등분할상환, 현재 42회차 상환함)
- 이학민씨 배우자 사망 시까지의 유족생활비 : 막내 자녀 독립(24세) 전까지는 50,000천원, 막내 자녀 독립 후에는 30,000천원임
- 이학민씨의 배우자는 89세 말까지 생존한다고 가정함

[준비자금]

- 정기예금 : 10,000천원
- CMA : 20,000천원
- 이학민씨의 종신보험(피보험자 이학민씨) 사망보험금 : 200,000천원
- 이학민씨 사망 시 국민연금 유족연금 : 이학민씨 사망시점부터 현재물가기준으로 연 8,000천원이 지급됨(유족연금의 지급정지는 없다고 가정함)

[경제지표 가정]

- 물가상승률은 연 3.0%, 세후투자수익률은 연 6.0%임
- 국민연금의 부양가족연금액은 고려하지 않음
- 유족생활비는 매년 초 필요하고, 국민연금 유족연금은 매년 초 수령하며, 유족생활비와 국민연금 수령액은 매년 물가상승률만큼 증액됨

① 671,846천원　　　　② 702,110천원

③ 748,658천원　　　　④ 781,920천원

⑤ 861,497천원

7. 박창석씨는 공장 건물에 대하여 보험가입금액 300,000천원의 화재보험에 가입하였다. 6개월 후 알 수 없는 원인으로 공장 건물에 화재가 발생하여 건물에 대한 재산손해액 240,000천원, 잔존물제거비용 16,000천원, 손해방지비용 4,000천원, 기타협력비용 5,000천원이 발생하였을 때 일반 화재보험 약관상 지급받을 수 있는 보험금으로 가장 적절한 것을 고르시오. (단, 보험가액은 480,000천원임)

① 142,000천원

② 150,000천원

③ 167,500천원

④ 170,000천원

⑤ 175,500천원

8. 배수빈씨는 자가용을 운전하고 자동차 전용도로를 주행하던 중 차선을 변경하던 차량과 충돌하여 사망하였다. 가해차량은 개인용자동차보험의 모든 담보에 가입되어 있을 때, 다음 정보를 참고로 가해차량이 가입된 자동차보험 약관상 지급될 수 있는 배수빈씨의 사망보험금으로 가장 적절한 것을 고르시오

[지급보험금 관련 정보]

배수빈씨의 월평균 현실소득액은 8,400천원이며, 정년은 65세이다.

- 사망자 : 배수빈(1980년 4월 13일생)

- 사망일(사고일) : 2024년 6월 20일

- 사고 후 배수빈씨 과실비율 : 10%

- 배수빈씨의 정년까지의 취업가능월수(249개월)에 해당하는 호프만계수 : 170.5593

- 배수빈씨의 정년까지의 취업가능월수(249개월)에 해당하는 라이프니쯔계수 : 154.7750

① 545,724천원

② 606,360천원

③ 722,224천원

④ 856,566천원

⑤ 936,119천원

9. 김정식씨는 추가적인 생명보험 보장액의 필요성을 깨닫고 생명보험을 가입하고자 한다. 다음 평화생명 종신보험과 누리생명 종신보험의 벨쓰방식에 의한 단위 보험금액 100천원당 코스트가 가장 적절하게 연결된 것을 고르시오. (단, 김정식씨가 정한 이자율은 연 6.0%이며, 누리생명은 유배당, 평화생명은 무배당 상품임)

구분	평화생명 종신보험	누리생명 종신보험
주계약 사망보험금	100,000천원	100,000천원
당해 보험연도 말의 해약환급금	5,800천원	6,000천원
직전 보험연도 말의 해약환급금	4,550천원	4,890천원
연간 납입보험료	1,500천원	1,800천원
연간 배당금	–	100천원

	평화생명 종신보험	누리생명 종신보험
①	651원	1,055원
②	750원	1,230원
③	826원	1,435원
④	871원	1,648원
⑤	932원	1,780원

10. 자산 A, B, C의 기대수익률, 표준편차와 각 자산 사이의 상관계수가 다음과 같다. 세 자산으로 구성된 포트폴리오의 기대수익률이 8.0%이고, 자산 C의 투자비중이 10%일 경우 자산 B의 투자비중과 포트폴리오의 표준편차로 적절한 것을 고르시오.

구분	기대수익률	표준편차	상관계수		
			자산 A	자산 B	자산 C
자산 A	10.0%	12.0%	1.0	–	–
자산 B	6.0%	5.0%	0.7	1.0	–
자산 C	4.0%	0.0%	0.1	0.4	1.0

① 자산 B의 투자비중 : 35%, 포트폴리오의 표준편차 : 5.36%
② 자산 B의 투자비중 : 35%, 포트폴리오의 표준편차 : 7.92%
③ 자산 B의 투자비중 : 45%, 포트폴리오의 표준편차 : 6.45%
④ 자산 B의 투자비중 : 45%, 포트폴리오의 표준편차 : 8.44%
⑤ 자산 B의 투자비중 : 55%, 포트폴리오의 표준편차 : 9.25%

11. 다음 정보를 참고로 ㈜신수산업의 가중평균자본비용(WACC)을 계산한 수치에 가장 가까운 것을 고르시오.

[㈜신수산업 관련 정보]
- 평균부채비용(세전) : 7%
- 실효법인세율 : 21%
- 보통주비중 : 40%
- ㈜신수산업 주식수익률의 표준편차 : 18%
- ㈜신수산업 주식수익률과 시장수익률의 상관계수 : 0.6
- 주식시장 수익률의 표준편차 : 15%
- 주식시장 위험프리미엄 : 8%
- 무위험이자율 : 3%
- 우선주비중 : 20%
- 우선주주가 : 12,000원
- 우선주 주당 배당금액 : 960원

① 5.13% ② 5.89%
③ 6.34% ④ 6.93%
⑤ 7.32%

12. 다음의 산업금융채권을 2024년 6월 10일에 유통수익률 6.5%로 매입하여 투자할 경우 채권의 매매단가로 적절한 것을 고르시오. (단, 원 미만은 절사하며, 1년은 365일로 가정함)

[산업금융채권 관련 정보]
- 발행일 : 2022년 9월 1일
- 만기일 : 2025년 9월 1일
- 표면금리 : 5.2%(3개월 단위 복리계산)
- 만기까지 잔존기간 : 1년 83일

① 약 9,892원 ② 약 9,998원
③ 약 10,016원 ④ 약 10,349원
⑤ 약 10,804원

13. 현재가치 기준으로 20억원 상당의 주식 포트폴리오(베타계수 1.4)를 보유하고 있는 김영훈씨는 향후 선물만기일까지 여러 가지 경제상황으로 보아 10% 정도의 주가지수 하락을 예상하고 있다. 이에 따라 김영훈씨는 주가하락에 따른 손실을 보전하기 위하여 KOSPI200지수선물을 이용하기로 하였다. 현재 KOSPI200지수는 200.00이고, KOSPI200지수선물가격은 203.40이다. 김영훈씨의 지수선물을 이용한 헤지전략에 대한 설명으로 가장 적절한 것을 고르시오. (단, KOSPI200지수선물 거래승수 250,000원, 보유포트폴리오의 100% 헤지를 가정함)

① 베타를 감안할 경우 주가하락 위험을 없애기 위해 주가지수선물 56계약을 매수해야 한다.

② 베타를 감안하여 선물거래를 할 경우 선물시장에서는 약 282,425천원의 이익을 보게 된다.

③ 김영훈씨의 예상대로 주가가 10% 하락할 경우 현물시장에서 200,000천원의 손실을 보게 된다.

④ 김영훈씨가 주가지수선물을 통해 헤지거래를 할 경우 최종적으로 47,600천원의 이익을 보게 된다.

⑤ 만약 예상과 반대로 주가지수가 10% 상승할 경우 헤지된 포지션에서 최종적으로 47,600천원의 손실이 발생한다.

14. 정선우씨는 투자자금 100,000천원으로 이자율이 4%인 미국 국채에 투자하였다. 투자와 관련된 환율은 아래의 표와 같고, 선물환 거래에 따른 제반비용은 발생하지 않았다고 가정한다. 이 때 선물환 거래를 이용하여 환헤지를 하였을 경우와 그렇지 않을 경우의 1년 후 원화표시 투자수익 차이로 적절한 것을 고르시오.

투자 당시 환율	1년 만기 선물환율	1년 후 실제 환율
1,250원/$	1,200원/$	1,130원/$

① 4,000천원　　　　② 4,160천원

③ 5,600천원　　　　④ 5,824천원

⑤ 9,984천원

15. 김성호씨가 매수를 검토하고 있는 임대부동산의 운영현황이 다음과 같을 때, 직접환원법에 의한 임대부동산의 가치로 가장 적절한 것을 고르시오. (단, 종합환원율은 금융적 투자결합법에 의해 산정함)

[임대부동산 운영현황]

• 보증금 : 100,000천원

• 연간 임대료 : 180,000천원

• 공실 및 대손충당금 : 가능총수익의 7%

• 영업경비 : 유효총수익의 30%

• 보증금운용수익률 : 연 3%

• 김성호씨가 기대하는 지분환원율 : 15%

• 대출조건 : LTV 60%, 대출기간 15년, 이자율 연 6% 월 복리, 매월 말 원리금균등분할상환 조건임

① 약 837,000천원　　　　② 약 925,000천원

③ 약 987,000천원　　　　④ 약 1,124,000천원

⑤ 약 1,235,000천원

16. 이상면씨는 지금 현재 매수한 상가 A의 매도 시점에 대해 고민 중이다. 다음 정보를 참고할 때 보유기간에 따른 상가 A 분석에 대한 설명으로 가장 적절하지 **않은** 것을 고르시오.

[상가 A 관련 정보]

• 취득가격 : 600,000천원

• 임대료 수익 : 월 2,000천원(지금부터 매월 말 발생되며, 매월 동일함)

• 상가 A 보유기간에 따른 예상 매도가격

보유기간	예상 매도가격
5년(5년 차 말 매도)	700,000천원
10년(10년 차 말 매도)	750,000천원

• 이상면씨의 요구수익률 : 5%

• 임대료 수익 외 기타 수익은 없으며, 임대보증금 대출, 세금 및 기타 비용은 고려하지 않음

① 5년간 보유 후 매도할 경우 NPV는 52,376천원이다.

② 10년간 보유 후 매도할 경우 PI는 약 1.08이다.

③ IRR로 판단 시 5년간 보유 후 매도할 경우 이상면씨의 요구수익률을 충족시킬 수 있다.

④ IRR로 판단 시 10년간 보유 후 매도할 경우 이상면씨의 요구수익률을 충족시킬 수 있다.

⑤ IRR로 판단 시 10년간 보유 후 매도할 경우가 5년간 보유 후 매도할 경우보다 유리하다.

17. 박동수씨는 소유한 주택이 재개발지역으로 고시된 후 재개발 조합원의 자격을 취득하였다. 박동수씨가 자신의 주택을 평가하고자 할 때, 다음의 정보를 토대로 산정한 비례율과 박동수씨의 추가부담금으로 가장 적절한 것을 고르시오.

[재개발지역 내 주택 관련 정보]

• 종전 자산 총액 : 24,000,000천원

• 총 분양수입금 : 40,000,000천원

• 총 사업비 : 10,000,000천원

• 박동수씨의 종전 토지 평가액 : 80,000천원

• 박동수씨의 종전 건물 평가액 : 30,000천원

• 조합원(박동수씨)의 분양가 : 200,000천원

	비례율	추가부담금
①	125%	62,500천원
②	125%	137,500천원
③	140%	62,500천원
④	160%	105,000천원
⑤	160%	137,500천원

18. 김형구씨는 종로구에 위치한 임대상가의 신축을 고려하고 있으며, 임대상가 신축에 따른 비용 및 예상 수익은 다음과 같다. 김형구씨가 임대상가를 신축할 경우 Cash on Cash rate로 적절한 것을 고르시오. (단, 보증금 운용이익은 고려하지 않음)

[신축을 고려 중인 임대상가 관련 정보]

• 토지면적 : 200㎡(토지구입비는 ㎡당 7,000천원)

• 신축 후 임대상가의 건물 연면적 : 400㎡(건축비는 ㎡당 3,000천원)

• 신축 시 세금 등 부대비용 : 건축비의 6.0%

• 대출금액 : 1,200,000천원(대출기간 10년, 연 6.0% 만기 일시상환 조건)

• 임대보증금 : 500,000천원, 월임대료 ㎡당 60천원

• 보증금 운용이익 : 연 3.0%

• 공실률 : 6.0%

• 운영경비 : 유효총수익의 20%

① 9.28%

② 10.82%

③ 12.85%

④ 14.43%

⑤ 16.58%

19. 다음 자료를 참고로 정성진씨(40세)가 부족한 은퇴일시금 마련을 위해 추가로 은퇴저축을 하려고 한다. 현재 저축 중인 적립식펀드 A 이외에 올해 매월 말 추가로 저축해야 하는 금액으로 가장 적절한 것을 고르시오.

[정성진씨의 은퇴 관련 정보]

• 은퇴기간 : 60세부터 84세 말까지 25년간

• 은퇴생활을 위해 필요한 연간 은퇴생활비
  : 현재물가기준 36,000천원

• 국민연금은 조기노령연금을 신청할 계획으로 60세부터 현재물가기준으로 매년 초 세후 10,000천원 수령 예상됨

• 현재 은퇴자산으로 저축 중인 자산 : 적립식펀드 A
  - 현재 적립금 평가액 : 100,000천원(납입원금 82,000천원)
  - 은퇴시점까지 남은 20년간 매월 말에 500천원을 정액으로 투자할 예정
  - (세전)투자수익률 : 연 6.0%
  - 펀드환매차익은 전액 배당소득세가 과세되는 것으로 가정함

• 부족한 은퇴일시금 마련을 위해 추가 은퇴저축
  - 추가저축은 지금부터 20년간 매년 초 연봉상승률만큼 증액하여 매월 말일에 납입
  - 추가저축의 세후투자수익률 : 연 5.0%
  - 연봉상승률 : 연 4.0%

• 국민연금과 은퇴생활비는 매년 물가상승률(연 2.0%)만큼 인상됨

• 총은퇴일시금은 은퇴 첫해 부족한 소득액을 4.5%(초기 인출률)로 나누어 산출함

① 532천원
② 642천원
③ 674천원
④ 751천원
⑤ 788천원

20. 최지훈씨(35세)의 은퇴 관련 정보가 다음과 같을 때 은퇴기간 동안의 연간 은퇴소득에 대한 설명으로 가장 적절한 것을 고르시오. (단, 국민연금을 고려할 것)

[은퇴 관련 정보]

• 최지훈씨의 은퇴예상 연령은 60세이며, 79세 말까지 생존할 것으로 예상함

• 국민연금은 65세부터 매년 초에 현재물가기준으로 세후 8,000천원 수령 예상

• 물가상승률 : 연 2%, 세후투자수익률 : 연 3%

• 예상 은퇴자산 1 : 현재 저축 중인 연금보험
  - 5년 전에 가입했으며 60세가 될 때까지 계속해서 납입할 예정
  - 납입보험료 : 매월 말 500천원 납입
  - 연금수령기간 : 60세부터 20년간 매년 초에 정액으로 연금수령
  - 공시이율 : 연 3.0%

• 예상 은퇴자산 2 : 퇴직금
  - 60세 은퇴시점 세후평가액 300,000천원으로 예상됨

• 국민연금과 은퇴소득은 매년 물가상승률만큼 증액하여 은퇴기간 동안 기시에 수령함

① 은퇴시점에서 평가한 연금보험의 적립금은 222,294천원이다.

② 연금보험 보험회사에서 지급하는 첫해 연금액은 14,506천원이다.

③ 연금보험만으로 은퇴생활을 하는 경우 현재물가기준으로 확보되는 연간 은퇴소득은 15,848천원이다.

④ 퇴직금만으로 은퇴생활을 하는 경우 현재물가기준으로 확보되는 연간 은퇴소득은 16,431천원이다.

⑤ 국민연금과 예상 은퇴자산만으로 은퇴생활을 하는 경우 현재물가기준으로 확보되는 연간 은퇴소득은 25,526천원이다.

21. 최슬기씨는 은퇴소득을 확보하기 위해 추가저축을 계획하고 있다. 투자대상 금융상품으로는 적립식펀드와 연금저축펀드 중 더 유리한 방안을 선택하려고 한다. 다음 정보를 참고하여 가정조건에 따라 평가했을 때 각 금융상품의 세후투자수익률로 가장 적절한 것을 고르시오.

[은퇴 관련 정보]

- 최슬기 : 35세, 총급여 60,000천원

- 은퇴까지 남은 기간 : 25년

- 은퇴소득 확보를 위해 다음의 상품 중 하나를 선택하여 올해부터 20년간 매월 말 300천원씩 저축(투자)하고, 60세부터 25년간 매년 초에 정액으로 연금(분할금) 수령(인출)할 계획임
  - 은퇴저축(투자) 상품 : 적립식펀드 또는 연금저축펀드
  - 운용수익률

구분	운용수익률
적립식펀드	연 5.0%
연금저축펀드	연 5.0%

- 기타 가정
  - 은퇴저축(투자) 상품의 은퇴기간 중 분할금은 매년 초에 수령하며, 전액 연금소득세 또는 배당소득세가 과세되는 것으로 가정함
  - 적립식펀드에서 60세부터 수령하는 분할금은 '납입원금 ⇨ 운용수익'의 순서로 인출되는 것으로 가정함
  - 연금저축펀드에 납입하는 금액은 전액 연금계좌세액공제를 받고, 환급세액은 매년 말에 수령하며 전액 연금저축펀드에 재투자하는 것으로 가정함

	적립식펀드 세후투자수익률	연금저축펀드 세후투자수익률
①	4.39%	5.47%
②	4.39%	8.92%
③	6.33%	5.47%
④	6.33%	8.92%
⑤	5.20%	5.47%

22. 송은선씨는 은퇴기간 동안 매년 초 남아있는 은퇴자산의 10%를 생활비로 사용하고자 한다. 다음을 참고하여 송은선씨의 4년차 초 생활비로 가장 적절한 것을 고르시오.

[송은선씨의 은퇴생활비 관련 정보]

1년 초	300,000천원
1년차 지출되는 생활비	(　　　　　)
1년차 투자수익률	−10%
2년차 지출되는 생활비	(　　　　　)
2년차 투자수익률	3%
3년차 지출되는 생활비	(　　　　　)
3년차 투자수익률	6%

① 18,246천원　　② 19,341천원
③ 21,490천원　　④ 23,878천원
⑤ 26,531천원

23. 다음은 거주자 이현수씨 및 그와 생계를 같이하는 동거가족의 2024년 12월 31일 현재 소득금액 현황이다. 이를 토대로 계산할 경우에 이현수씨가 2024년 귀속 연말정산 시 최대한 공제받을 수 있는 인적공제액으로 적절한 것을 고르시오.

[이현수씨 및 생계를 같이하는 동거가족의 현황]

구분	나이	소득	비고
본인	50세	총급여액 80,000천원	–
처	45세	–	–
자녀 A	23세	–	대학생
자녀 B	21세	–	장애인
자녀 C	18세	–	고등학생
부친	78세	국내은행 이자소득 20,000천원	2024년 9월에 사망
모친	75세	사업소득금액 6,000천원	–

※ 이자소득의 원천징수세율은 15.4%(지방소득세 포함)임

① 10,500천원　　② 11,000천원
③ 11,500천원　　④ 12,000천원
⑤ 12,500천원

24. 다음은 제조업을 운영하는 개인사업자인 거주자 이방식씨의 2024년도 귀속 사업소득에 관한 신고 자료이다. 이방식씨의 2024년 귀속 사업소득금액으로 적절한 것을 고르시오. (단, 이방식씨는 간편장부대상자로 가정함)

[제조업 관련 사업소득 정보]

- 매출액 : 330,000천원(매출 부가가치세 30,000천원 포함)
- 영업외수익 : 10,000천원(업무용 차량운반구 처분이익)
- 매출원가 : 120,000천원
- 판매비와 일반관리비 : 70,000천원
- 영업외비용 : 3,000천원(가사 관련 비용)

※ 상기 비용 중에는 광고선전비 5,000천원, 매입 관련 부가가치세 15,000천원이 포함되어 있음
※ 지금까지 이방식씨가 운영하는 제조업에서 결손금이 발생한 적은 없음

① 108,000천원　　　② 125,000천원
③ 143,000천원　　　④ 145,000천원
⑤ 148,000천원

25. 다음은 거주자 김성균씨의 2024년도 종합소득세 신고 자료이다. 이를 토대로 계산할 경우 김성균씨의 2024년 귀속 종합소득 결정세액으로 적절한 것을 고르시오. (단, 세액공제 및 감면은 배당세액공제만 있다고 가정함)

[종합소득세 신고 자료]

- 사업소득금액 : 80,000천원
- 은행 정기예금의 이자 : 10,000천원
- 투자신탁이익(배당소득 과세분) : 10,000천원
- 국내상장법인으로부터 받은 현금배당 : 20,000천원
- 종합소득공제액 : 7,000천원

※ 상기 금융소득의 원천징수세율은 15.4%(지방소득세 포함)임

① 17,360천원　　　② 18,610천원
③ 19,040천원　　　④ 20,610천원
⑤ 23,130천원

26. 거주자 민정연씨가 보유하고 있는 주택을 다음과 같은 조건으로 2024년 11월 13일에 양도하였을 경우 양도소득 과세표준으로 적절한 것을 고르시오.

[주택 관련 정보]

- 양도가액 : 3,000,000천원(양도비용 공제 후 금액)
- 취득가액(취득 당시 부대비용 포함) : 1,200,000천원
- 취득일시 : 2019년 6월 25일
- 고가주택으로 예정신고기한까지 실거래가액으로 신고납부함
- 민정연씨 세대는 취득일부터 해당 주택에 계속 거주하였으며, 1세대 1주택 비과세 요건을 충족함
- 민정연씨 세대는 2024년도 중에 주택 외의 양도소득세 과세대상 자산을 처분한 사실이 없음

① 645,500천원　　　② 648,000천원
③ 753,500천원　　　④ 756,000천원
⑤ 1,080,000천원

27. 한승호씨는 배우자 박미란과 재혼한 사이이다. 한승호씨에게는 모친 허순자와 자녀 한영훈, 한영희, 한영찬이 있다. 한영훈은 두 아들 한민수와 한민호가 있으며, 한영희는 딸 박소라가 있고, 한영찬은 미혼이다. 배우자 박미란은 전 배우자와의 사이에 아들 이서준이 있다. 한승호씨와 박미란은 서로의 자녀를 입양하지 않았다. 한승호씨가 13억 5천만원을 남기고 사망한 경우 상속 관계에 대한 설명으로 가장 적절한 것을 고르시오.

① 한승호가 사망하기 전에 한영훈, 한영희가 먼저 사망하면 박미란, 한영찬, 이서준이 상속인이 되며 박미란은 5억 5,000만원, 한영찬은 3억원, 이서준은 5억원을 상속한다.

② 배우자 박미란과 한영훈, 한영찬이 상속을 포기하였을 경우 한영희가 6억 7,500만원, 한민수, 한민호가 각각 3억 3,750만원씩을 대습상속하며 할증과세를 적용하지 않는다.

③ 한영훈이 한승호보다 먼저 사망하였을 경우 한민수와 한민호가 각각 1억 5,000만원씩을 대습상속하며 할증과세하지 않는다.

④ 배우자 박미란이 피상속인 한승호보다 먼저 사망하였을 경우 박미란을 피대습자로 하여 이서준이 대습상속할 수 있다.

⑤ 배우자 박미란이 한승호보다 먼저 사망하고 한승호 사망 후 허순자가 사망하였을 경우 그 재산을 각각 한승호와 박미란을 피대습자로 하여 이서준이 재대습상속할 수 있다.

28. 김수용씨는 2024년 10월 3일에 평소 앓고 있던 지병으로 사망하였고, 사망 당시 유족으로는 모친 박영미, 처 이정숙, 장남 김성진, 차남 김영민이 있었으며, 사망 당시 상속재산 800,000천원을 남겼다. 김수용씨는 사망하기 5년 전에 장남 김성진에게 유학자금 100,000천원을 증여하였으며, 1년 전에는 모친 박영미에게 20,000천원을 증여하였다. 공동상속인들이 처 이정숙의 기여분을 200,000천원으로 인정하였을 경우 각 유족들의 구체적 상속분으로 적절한 것을 고르시오.

	모친 박영미	처 이정숙	장남 김성진	차남 김영민
①	0원	400,000천원	200,000천원	200,000천원
②	0원	500,000천원	100,000천원	200,000천원
③	140,000천원	340,000천원	160,000천원	160,000천원
④	140,000천원	440,000천원	60,000천원	160,000천원
⑤	160,000천원	420,000천원	60,000천원	160,000천원

29. 부친 정웅인씨가 2024년 7월 20일에 1년 뒤에 결혼이 예정되어 있는 딸 정수진씨(25세)에게 신혼집으로 삼을 아파트를 증여하였고, 정수진씨는 금번 증여로 인한 증여세를 법정신고기한 이내에 신고할 예정이다. 현재까지 증여받은 내역을 고려할 때, 정수진씨가 자진납부할 증여세로 적절한 것을 고르시오.

[정수진씨 수증내역]

증여자	증여일	증여재산	상증법상 증여재산 평가가액
모친	2009.10.11	현금	50,000천원
조부	2017.3.28	주식	90,000천원
부친	2024.7.20.	아파트	700,000천원

① 101,850천원
② 107,670천원
③ 111,000천원
④ 123,560천원
⑤ 136,770천원

30. 거주자 박창준씨의 상속에 관한 다음 자료를 참고할 때 상속세 과세가액으로 적절한 것을 고르시오.

[상속 관련 정보]

• 상속개시일 : 2024년 9월 1일

• 상속개시 당시 상가를 소유하고 있었음(상증세법상 보충적 평가방법에 의해 평가함)
  - 국세청장이 지정한 지역의 상업용 건물(부수토지 포함)
  - 기준시가 : 1,000,000천원
  - 연 임대료 : 60,000천원
  - 임대보증금 : 800,000천원

• 종신보험 사망보험금 : 300,000천원(박창준씨가 보험료 전액 납부함)

• 2023년 11월 8일 금융기관에서 300,000천원을 차입한 사실이 있음(사용용도 입증금액은 200,000천원임)

• 2018년 10월 1일에 처 김순희씨에게 주식 600,000천원을 증여한 사실이 있음(상속개시 당시 주식의 평가액은 800,000천원임)

• 기타 다른 상속재산과 상속부채는 없으며, 장례비용에 대한 증빙도 없음

① 2,035,000천원
② 2,150,000천원
③ 2,235,000천원
④ 2,450,000천원
⑤ 2,599,000천원

복합사례 I (원론·보험·투자·부동산) (10문항)

아래 주어진 내용을 참고하여 31번부터 40번까지 질문에 답하시오. (질문하지 아니한 상황은 일반적인 것으로 판단하며, 개별 문제의 가정은 다른 문제와 관련 없음. 질문에 등장하는 개인은 모두 세법상 거주자에 해당함)

박형식씨는 자녀가 초등학교에 입학을 1년 앞둔 상황에서 가족의 전반적인 재무상황 분석을 원하고 있다. 이에 박형식씨는 2024년 1월 초 CFP® 자격인증자와 재무 상담을 진행하였다.

I 고객정보 (나이는 2024년 1월 초 만 나이임)

1. 동거가족(배우자 및 직계비속)
   - 박형식(40세) : 중소기업 차장, 세후 연소득 100,000천원
   - 김연지(37세) : 배우자, 개인사업자, 세후 연소득 40,000천원
   - 박민우(6세) : 아들, 미취학 아동으로 유치원에 다니고 있음

2. 주거상황
   - 서울시 서초구 소재 아파트로 2021년 2월 초에 500,000천원에 박형식씨 명의로 구입하였음

II 고객 재무목표

1. 재무관리 관련
   - 박형식씨는 아들 박민우씨의 교육 및 결혼자금 마련을 위해 현재 재무상태를 점검하고 싶어 하며, 보유 중인 부채가 과다한 것 같아 1년 이내에 마이너스통장을 없애고자 한다. 박형식씨가 현재 보유 중인 부채 관련 정보는 다음과 같다.
   - 2021년 2월 초 아파트를 구입하면서 한국주택금융공사의 주택담보대출 250,000천원을 대출기간 30년, 이자율 연 4.5% 월복리(고정금리), 매월 말 원리금균등분할상환 조건으로 대출받아 원리금을 상환하고 있다. (2023년 12월 말 현재 35회차 상환함)
   - 급여통장을 마이너스통장으로 사용하고 있으며, 현재 잔액은 (−)20,000천원, 대출금리는 연 6%(1년 고정)이다.

2. 위험관리(보험설계) 관련
   - 박형식씨는 자신이 사망할 경우 가족들이 경제적 어려움을 겪지 않기를 희망하고 있다. 현재의 저축 여력으로 조기사망에 대비하여 충분한 보장이 되는지 궁금해 한다.
   - 박형식씨는 근무하는 회사의 단체실손의료보험에 가입되어 있다. 박형식씨가 상해를 입을 경우 통원의료비로 보상받을 수 있는 금액에 대해 궁금해 한다.

3. 투자설계 관련
   - 박형식씨는 자녀 박민우씨의 교육 및 결혼자금을 마련하기 위해 금융상품에 추가적으로 투자하고자 한다. 박형식씨는 여러 금융상품들의 수익률과 성과지표를 비교하여 더 우수한 성과를 내는 금융상품에 투자할 계획이다.

4. 부동산설계 관련
   - 박형식씨는 본인 명의로 상가 A를 추가적으로 매수할 계획을 가지고 있으며, 상가 A 매수 시 담보대출을 받을 경우 최대로 대출 가능한 금액에 대해 궁금해 한다.

III 경제지표 가정
   - 물가상승률 : 연 3.5%
   - 교육비상승률 : 연 5.0%
   - 세후투자수익률 : 연 6.0%

Ⅳ 박형식씨 가계의 월간 현금흐름표

(2023년 12월 기준, 단위 : 천원)

구분	항목	금액
Ⅰ. 수입		11,600
Ⅱ. 변동지출	본인 용돈	(800)
	배우자 용돈	(800)
	부모님 용돈	(1,500)
	자녀(보육비, 사교육비 등)	(860)
	기타 생활비(의식주, 공과금 등)	(2,920)
	변동지출 총액	(6,880)
Ⅲ. 고정지출	보장성보험료 등	(650)
	대출이자 등	(1,010)
	고정지출 총액	(1,660)
저축 여력(Ⅰ - Ⅱ - Ⅲ)		3,060
Ⅳ. 저축·투자액	대출상환원금	(2,024)
	장기주택마련저축	(800)
	연금보험	(500)
	저축·투자액 총액	(3,324)
추가저축 여력(Ⅰ - Ⅱ - Ⅲ - Ⅳ)		(264)

주) 세전 연수입 박형식씨 136,000천원, 김연지씨 47,000천원
주) 2024년 1월 시점 주택담보대출의 원리금균등분할상환액 1,267천원 중 대출이자
　는 910천원, 대출상환원금은 357천원
주) 마이너스통장의 월 대출이자는 100천원, 대출상환원금은 1,667천원

Ⅴ 투자 관련 정보 (2023년 12월 31일 현재)

(단위 : 천원)

구분	가입일	가입금액	평가금액[1]	투자목적	명의
CMA	23. 8. 1.	–	25,500	–	김연지
정기예금	22. 9. 1.	30,000	32,000	–	박형식
상장주식	22. 5. 1.	10,000	11,600	자녀 독립자금	박형식
장기주택마련저축	20. 7. 1.	월 800	42,500	자녀 교육자금	박형식
연금보험[2]	19. 8. 1.	월 500	32,780	은퇴자금	박형식

[1] 평가금액은 즉시 인출 가능하며 인출 관련 수수료 및 세금은 없는 것으로 가정함
[2] 세제비적격으로 박형식씨 65세부터 매년 초 12,000천원씩 20회 연금이 지급됨
　(연금지급 개시 전에 피보험자 사망 시 사망보험금 50,000천원이 지급됨)

Ⅵ 박형식씨의 부동산 관련 자산현황 (2023년 12월 31일 현재)

(단위 : 천원)

구분	취득일	취득 당시 기준시가/ 취득원가	현재 기준시가/ 적정시세	비고
아파트	2021. 2. 3.	450,000 /500,000	550,000 /700,000	전용면적 93.5㎡, 박형식씨 세대 거주

※ 기준시가의 의미는 다음과 같으며, 2024년 기준시가는 2023년도 말과 변동 없음
　- 양도소득세 계산 시 적용되는 양도 및 취득 당시 기준시가를 의미
　- 상속세 및 증여세법상 보충적 평가방법 적용 시 아파트는 공동주택가격, 상가
　는 국세청장이 산정·고시한 상가 건물의 기준시가(부수토지 포함)를 의미
　- 지방세법상 시가표준액 및 종합부동산세법상 공시가격을 의미

Ⅶ 박형식씨가 매수를 고려하고 있는 상가 A 관련 정보

(2023년 12월 31일 현재)

1. 경매 관련 정보

(단위 : 천원)

경매방식	감정평가가격	최저매각가격
기일입찰	900,000	900,000

2. 등기현황

(단위 : 천원)

일자	권리종류	권리자	권리금액
2011. 9. 28.	소유권 이전(매매)	김상태	–
2018. 12. 4.	근저당권	하상호	800,000
2024. 1. 3.	근저당권(2018. 12. 4.)에 기한 경매기입등기	하상호	–

※ 상가 A 관련 임차인 및 임대보증금 등은 없으며, 아직 경매가 실시되지 않음

Ⅷ 자녀의 교육 및 독립 관련 정보

1. 교육 관련 정보
   • 자녀 박민우씨는 16세에 고등학교, 19세에 대학교에 입학한다고 가정함
   • 교육비용은 현재물가기준으로 고등학교는 연간 8,000천원씩 3년간, 대학교 및 대학원은 연간 20,000천원씩 6년간 필요하고, 재학기간 중 별도의 휴학기간은 없는 것으로 가정함
   • 고등학교 교육비는 매년 물가상승률만큼 상승하고, 대학교 및 대학원 교육비는 매년 교육비상승률만큼 상승하며, 교육비는 매년 초에 필요함

2. 독립 관련 정보
   • 자녀 박민우씨는 29세에 독립하는 것으로 가정함
   • 독립비용은 주택구입비로 현재물가기준 100,000천원, 결혼비용으로 현재물가기준 30,000천원을 지원할 예정임
   • 주택가격은 매년 2%씩 상승하고, 결혼비용은 매년 물가상승률만큼 상승하며, 비용은 연초에 필요함

31. 박형식씨가 2023년도에 상환한 주택담보대출의 원금상환액과 이자상환액으로 적절한 것을 고르시오.

	원금상환액	이자상환액
①	약 4,396천원	약 10,805천원
②	약 4,753천원	약 11,714천원
③	약 10,805천원	약 4,396천원
④	약 11,714천원	약 4,753천원
⑤	약 12,625천원	약 5,109천원

32. 다음 부채의 적정성 평가지표 가이드라인을 참고하여 박형식, 김연지씨 부부의 부채관리 전략에 대한 설명으로 가장 적절한 것을 고르시오.

[부채의 적정성 평가지표 가이드라인]

- 소비성부채비율 : 20% 이하
- 주거관련부채상환비율 : 28% 이하
- 총부채상환비율 : 36% 이하

① 소비성부채비율이 가이드라인보다 높은 수준이므로 박형식씨 가계는 소비성부채가 과다한 상태이다.

② 주거관련부채상환비율은 28%를 초과하여 주거관련부채상환비율이 현금흐름 측면에서 부담되는 정도가 크다고 분석할 수 있다.

③ 총부채상환비율은 35% 정도로 적정 수준에 약간 미치지 못하고 있다.

④ 현금흐름을 개선하기 위해 CFP® 자격인증자는 주택담보대출보다 이자가 높은 마이너스통장을 먼저 상환하도록 유도할 수 있다.

⑤ CFP® 자격인증자는 마이너스통장대출을 조기상환하기 위해 보유한 금융상품 중 연금보험을 해지하도록 조언하는 것이 바람직하다.

33. 박형식씨는 자녀 박민우씨가 고등학교에 입학하기 전까지 부족한 교육자금을 마련하기로 하였다. 박민우씨의 교육자금 설계와 관련한 설명으로 적절하지 **않은** 것을 고르시오. (단, 교육자금 마련을 위한 저축은 해지하여 세후투자수익률 연 6.0% 상품에 재투자하고 추가적인 불입액은 없다고 가정함)

① 고등학교 교육을 위한 필요자금의 현재가치는 18,462천원이다.

② 고등학교와 대학교 및 대학원 교육 부족자금의 현재가치는 58,923천원이다.

③ 세후투자수익률 6% 상품에 매월 말 877천원을 저축하면 부족한 교육자금을 마련할 수 있다.

④ 세후투자수익률 6% 상품에 매년 말 교육비상승률만큼 증액하여 저축할 경우 첫해 저축할 금액은 8,800천원이다.

⑤ 박민우씨의 교육자금은 10년의 장기투자를 요하므로 CMA와 같은 현금성자산보다는 어느 정도 기대수익을 낼 수 있는 투자상품을 선택하는 것이 바람직하다.

34. 박형식씨는 자녀 박민우씨의 교육자금 마련을 위하여 펀드상품에 가입하고자 한다. 다음 A펀드와 B펀드의 정보를 바탕으로 펀드의 성과를 적절히 분석한 것을 고르시오. (단, 무위험이자율은 3%, 시장 평균수익률은 8%로 가정함)

구분	실현수익률	베타	표준편차	추적오차 (Tracking error)
A펀드	8%	0.8	4%	3%
B펀드	11%	1.5	6%	4%

① 젠센척도에 따르면 A펀드가 B펀드보다 우수하다.

② B펀드의 요구수익률은 8%이다.

③ 샤프척도에 따르면 A펀드가 B펀드보다 우수하다.

④ 체계적 위험 한 단위당 실현된 초과수익률은 B펀드가 더 높다.

⑤ 샤프척도와 정보비율 모두 A펀드가 우수한 성과를 보인다.

35. 박형식씨는 자녀 박민우씨의 독립자금을 마련하기 위해 박민우씨가 결혼하기 전까지 매 분기마다 일정 금액을 저축하고자 한다. 박민우씨의 독립자금 마련에 대한 다음 설명 중 가장 적절하지 **않은** 것을 고르시오. (단, 독립자금 마련을 위해 보유하고 있는 상장주식은 세후투자수익률이 연 6.0%인 상품에 재투자한다고 가정함)

① 박민우씨가 독립하는 시점에서 필요한 주택구입자금은 157,690천원이다.

② 현재시점에서 결혼비용 마련을 위해 필요한 자금은 17,327천원이다.

③ 현재시점에서 독립 부족자금은 163,417천원이다.

④ 지금부터 매 분기 초 921천원씩 저축하면 부족한 독립자금을 마련할 수 있다.

⑤ 박민우씨에게 독립자금을 지원할 때에는 교육자금과 달리 증여세 과세대상이 되므로 절세방안을 마련해야 한다.

36. 박형식씨는 자녀 박민우씨의 결혼자금을 마련하기 위해 저축액 중 일부를 A기업 주식에 투자하고자 한다. 다음 정보를 참고하여 A기업을 분석한 내용으로 적절하지 **않은** 것을 고르시오.

[A기업 관련 정보]

- A기업의 금년도 주당순이익(EPS_0)은 2,500원이며, 현재 주가는 30,000원임
- A기업의 동종산업 평균 PER은 12, 과거평균 PER은 8임
- A기업의 요구수익률은 12%, 자기자본이익률(ROE)은 10%, 내부유보율은 30%임

① A기업의 적정 PER은 약 7.778이다.

② A기업의 현재 PER은 산업평균 PER과 동일한 수준이다.

③ A기업의 과거평균 PER을 기준으로 볼 때, 현재주가는 고평가되어 있다.

④ A기업의 적정 PBR은 약 0.778이다.

⑤ 적정 PER모형에 의해 산출한 A기업의 적정주가는 약 30,000원이다.

37. 다음 정보를 참고할 때 박형식씨가 2024년 1월 초 현재 사망 시 니즈분석방법에 따른 추가적인 생명보험 필요보장액으로 가장 적절한 것을 고르시오. (단, 각 니즈단계에서 남는 금액이 있을 경우 그 단계의 필요보장액은 '0'으로 함)

[필요자금] (다음의 항목만 필요자금으로 고려함)
- 2024년 1월 초 현재 아파트 주택담보대출 잔액(박형식씨 사망 시 전액 상환)
- 박형식씨의 배우자 사망 시까지의 유족생활비
  - 자녀 독립 전 : 60,000천원
  - 자녀 독립 후 : 40,000천원
  - 배우자 김연지씨의 은퇴시기는 64세이며, 79세 말까지 생존한다고 가정함

[준비자금] (다음의 항목만 준비자금으로 고려함)
- 박형식씨의 사망에 따른 국민연금 유족연금은 사망시점부터 현재물가기준으로 연 5,000천원이 지급됨
- 배우자 김연지씨의 국민연금 노령연금은 김연지씨 본인 나이 60세부터 현재물가기준으로 연 5,000천원씩 지급됨
- 투자목적이 없는 금융자산과 사망보험금

[기타 가정]
- 물가상승률과 세후투자수익률은 시나리오 'Ⅲ. 경제지표 가정'을 참고함
- 국민연금을 포함한 모든 소득은 기시에 발생하며, 매년 물가상승률로 인상됨
- 국민연금의 지급정지는 없다고 가정함

① 약 326,579천원
② 약 357,387천원
③ 약 423,107천원
④ 약 564,079천원
⑤ 약 595,099천원

38. 박형식씨가 가입되어 있는 4세대 단체실손의료보험의 정보가 다음과 같을 경우 통원의료비로 보상받을 수 있는 금액으로 가장 적절한 것을 고르시오. (단, 통원의료비는 단체실손의료보험에서 보상하는 손해에 해당함)

[단체실손의료보험 관련 정보]
- 2023년 1월 기본형(자기부담금 20%)에 특별약관(자기부담금 30%)이 포함된 단체실손의료보험이 가입됨(보험기간 1년, 계약회사는 회사, 피보험자·수익자는 박형식씨 본인임)
- 질병 및 상해 입원 시 통원합산 50,000천원 한도 보상
- 급여 보장대상 의료비 : 질병 및 상해 통원 시 회(건)당 200천원
- 비급여 보장대상 의료비 : 질병 및 상해 통원 시 회(건)당 200천원(연간 100회 한도)
- 박형식씨의 진단내역

통원일	진단명	진료기관	급여 진료비 (본인부담)	비급여 진료비
2024. 3. 4.	위염	A의원	30,000원	150,000원
2024. 5. 2.	위궤양	B상급 종합병원	100,000원	250,000원

※ 비급여 진료비에는 3대 비급여 항목에 대한 치료비는 없으며 증명서 발급비용이 5,000원씩 포함됨

① 270,000원
② 300,000원
③ 330,000원
④ 350,000원
⑤ 370,000원

39. 박형식씨는 상가 A를 매수하기 위해 경매에 참여하려고 한다. 시나리오상의 박형식씨가 매수를 고려하고 있는 상가 A에 대한 설명으로 적절하지 **않은** 것을 고르시오.

① 부동산 경매는 매수인이 대금을 지급하면 부동산소유권이 매수인에게 귀속되므로 박형식씨가 상가 A를 매수할 경우 하상호씨의 근저당권은 소멸된다.

② 박형식씨가 참여하는 경매는 기일입찰방식이므로 입찰이 개시되면 기일입찰표를 작성한 후 매각물건의 최저매각가격의 10%인 90,000천원을 보증으로 제공하는 매수신청보증과 함께 입찰함에 제출해야 한다.

③ 입찰표에는 사건번호, 입찰자의 성명, 주소, 응찰가액, 보증금액 등을 기재하여야 하고, 금액을 잘못 기재한 경우에는 수정할 수 없다.

④ 매각대금을 납부하여 박형식씨에게 소유권이 이전되었음에도 종전의 상가 A 소유자가 상가 A를 인도하지 않는 경우에는 인도명령 제도가 없으므로 명도소송을 진행해야 한다.

⑤ 배우자 김연지씨가 대리로 입찰하는 때에는 입찰자란에 박형식씨와 김연지씨의 인적사항을 모두 기재하고 박형식씨의 위임장과 인감증명을 함께 제출해야 한다.

40. 박형식씨가 상가 A를 낙찰받아 매각대금을 지급하기 위해 담보대출을 받을 경우 다음의 추가 정보를 참고하여 최대 대출가능금액을 구한 것으로 가장 적절한 것을 고르시오. (단, 임대보증금 등은 고려하지 않음)

[추가 정보]

- 상가 A의 낙찰가 : 1,100,000천원
- 상가의 연간 순영업소득(NOI) : 70,000천원
- 다음의 기준 중 보수적으로 낮게 산출된 대출금액을 적용함
  - 상가 A 낙찰가의 70% 이하
  - DCR : 1.5 이상
- 대출조건 : 연 5% 월복리, 대출기간 15년, 매월 말 원리금 균등분할상환 방식

① 약 491,770천원
② 약 541,825천원
③ 약 624,591천원
④ 약 689,173천원
⑤ 약 770,000천원

해커스 **CFP**® 최종 실전모의고사

사례형 (4교시) 12:30 ~ 15:00

시험 유의사항

[1] 수험표에 명시된 준비물을 꼭 지참하고, 특히 규정신분증 이외의 신분증 및 신분증을 지참하지 않을 경우 입실이 허용되지 않음.

[2] 시험 시작 후 1시간이 경과하기 전에는 퇴실할 수 없으며, 퇴실 시 반드시 문제지와 답안지를 제출해야 함.

[3] 응시자 이외의 사람은 시험장에 출입할 수 없으며 시험장 내 주차장이 협소하거나 주차장을 사용할 수 없는 고사장이 있으므로 대중교통을 이용하고, 만약 자가용 이용으로 발생되는 문제(주차 및 차량훼손 등)는 한국FPSB가 책임지지 않음.

[4] 시험장 내 휴대전화, 무선기, 컴퓨터, 태블릿 PC 등 통신 장비를 휴대할 수 없으며 휴대가 금지된 물품을 휴대하고 있음이 발견되면 부정행위 처리기준에 따라 응시제한 1년 이상으로 징계됨.

[5] 답안 작성은 컴퓨터용 사인펜을 이용하고 예비답안 작성은 반드시 붉은 사인펜만을 이용해야 하며, 붉은 사인펜 이외의 필기도구(연필, 볼펜 등)를 사용하여 예비답안을 작성한 경우 이중 마킹으로 인식되어 채점되지 않음을 유의함.

[6] 답안은 매 문항마다 하나의 답만을 골라 그 숫자에 빈틈없이 표기해야 하며, 답안지는 훼손, 오염되거나 구겨지지 않도록 주의해야 함. 특히, 답안지 상단의 타이밍 마크를 절대로 훼손해선 안 되며, 마킹을 잘못하거나(칸을 채우지 않거나 벗어나게 마킹하는 경우) 답안지 훼손에 의해서 발생되는 문제에 대한 모든 책임은 응시자에 귀속됨.

[7] 문제지와 답안지 작성을 제외한 모든 종류의 필사(본인 답안 필사 등)를 하는 행위 및 컨닝용 쪽지, 책자 또는 노트 등을 휴대하는 행위는 부정행위로 처리함.

[8] 시험종료 안내는 종료 20분, 10분, 5분 전에 방송되며 시험시간 관리의 책임은 전적으로 수험생 본인에게 있으므로 종료 후 답안 작성으로 인하여 부정행위 처리되지 않도록 유의함.

[9] 시험장 내에선 금연이며 시험장의 시설물이 훼손되지 않도록 주의함.

[10] 유의사항 위반에 따른 모든 불이익은 응시자가 부담하고 부정행위 및 규정 위반자는 부정행위 세부처리기준에 준하여 처리됨.

- 문제의 일반 계산이나 TVM 계산 시 별도의 지시사항이나 지문이 없을 경우 중간 계산의 값은 참값 또는 반올림하여 사용할 것
- 투자(대출)상품의 투자수익률(대출이율) 표시: 별도의 언급이 없는 한 연복리를 말하며 이외의 경우 별도로 표기함
  (예 연 6% 연복리상품 – 연 6%, 연 6% 월복리상품 – 연 6% 월복리)
- 문제의 지문이나 보기에서 별다른 제시가 없으면, 모든 개인은 세법상 거주자이고, 모든 법인은 내국법인이며 모든 자산, 부채 및 소득은 국내에 있거나 국내에서 발생한 것으로 가정하고, 주식은 국내 제조법인의 주식으로서 우리사주조합원이 보유한 주식이 아니며, 소득세법상 양도소득세 세율이 누진세율(6~45%)로 적용되는 특정주식 등 기타자산에 해당하지 않는 일반주식이라고 가정함
- 문제의 지문이나 보기에서 별다른 제시가 없으면 나이는 만 나이이며, 기준시점은 1월 초이고 나이로 표시된 시점은 해당 나이의 기시 시점임

I 2024년도 종합소득세 및 양도소득세 기본세율

과세표준	세율
14,000천원 이하	6%
14,000천원 초과 50,000천원 이하	840천원 + 14,000천원 초과액의 15%
50,000천원 초과 88,000천원 이하	6,240천원 + 50,000천원 초과액의 24%
88,000천원 초과 150,000천원 이하	15,360천원 + 88,000천원 초과액의 35%
150,000천원 초과 300,000천원 이하	37,060천원 + 150,000천원 초과액의 38%
300,000천원 초과 500,000천원 이하	94,060천원 + 300,000천원 초과액의 40%
500,000천원 초과 1,000,000천원 이하	174,060천원 + 500,000천원 초과액의 42%
1,000,000천원 초과	384,060천원 + 1,000,000천원 초과액의 45%

II 2024년도 상속세 및 증여세 기본세율

과세표준	세율
100,000천원 이하	10%
100,000천원 초과 500,000천원 이하	10,000천원 + 100,000천원 초과액의 20%
500,000천원 초과 1,000,000천원 이하	90,000천원 + 500,000천원 초과액의 30%
1,000,000천원 초과 3,000,000천원 이하	240,000천원 + 1,000,000천원 초과액의 40%
3,000,000천원 초과	1,040,000천원 + 3,000,000천원 초과액의 50%

복합사례 II (보험·은퇴·세금·상속) (10문항)

아래 주어진 정보를 참고하여 문제 1번부터 10번까지 질문에 답하시오. (질문하지 아니한 상황은 일반적인 것으로 판단하며, 개별 문제의 가정은 다른 문제와 관련 없음. 사례에 등장하는 개인은 모두 세법상 거주자에 해당함)

진영훈씨는 아직 어린 두 자녀를 두고 있는데 자신이 갑작스럽게 조기 사망할 경우에 자녀들의 생활대책에 대해서 평소 많은 걱정을 해오던 중 2024년 1월 초 CFP® 자격인증자에게 재무설계를 요청하였다. CFP® 자격인증자가 파악한 진영훈씨의 정보는 아래와 같다.

I 고객정보 (나이는 2024년 1월 초 만 나이임)

1. 동거가족
   - 진영훈(48세) : 남편, 자동차회사 부장, 연소득 92,000천원
   - 이정애(46세) : 부인, 의류소매점 운영, 연소득 30,000천원
   - 진은혜(13세) : 딸, 올해 중학교 1학년이 됨
   - 진은중(11세) : 아들, 장애인, 올해 초등학교 5학년이 됨

2. 부모 및 형제자매
   - 진승규(78세) : 부친, 상가임대업을 하고 있으며 진영훈씨와 별도 주택에 거주함
   - 최미순(72세) : 모친, 2024년도 중 이자소득 12,000천원 이외 다른 소득은 없음
   - 진영수(44세) : 남동생(미혼), 프리랜서 학원강사, 출생 이후 계속 부모와 함께 살고 있으며 본인 소유의 주택은 없음
   - 진영미(40세) : 여동생, 남편 박정민씨(39세), 자녀 박지성씨(7세)와 함께 남편 소유의 주택에서 거주하고 있음

3. 주거상황
   - 서울시 강서구 소재 아파트로 2020년 7월 초에 300,000천원에 구입함
   - 주택을 구입하면서 주택담보대출 100,000천원을 대출기간 15년, 이자율 연 4.8% 월복리, 매월 말 원리금균등분할상환 조건으로 대출받아 원리금을 상환해 오고 있음(2023년 12월 말 현재 42회차 상환함)

II 자산 세부내역 (2023년 12월 31일 현재)

1. 금융자산

(단위 : 천원)

구분	명의	가입일	월납입액	투자원금	평가금액[1]	자금용도
MMF	진영훈	23. 2. 1.	–	–	15,200	–
정기예금	이정애	23. 6. 1.	–	20,000	23,400	교육자금
국내 주식형펀드	이정애	21. 3. 1.	500	–	19,200	결혼자금

[1] 즉시 인출가능하며 인출 관련 수수료 및 세금은 없음

2. 부동산자산

(단위 : 천원)

구분	소유자	취득일	취득 당시 기준시가/취득원가	현재 기준시가/적정시세	비고
아파트	진영훈	20. 7. 1.	250,000/300,000	300,000/400,000	• 전용면적 85m² • 진영훈씨 세대 거주
상가	진영훈	18. 5. 1.	300,000/450,000	450,000/600,000	• 임대보증금 : 100,000 • 월임대료 : 2,500

※ 기준시가의 의미는 다음과 같음
- 양도소득세 계산 시 적용되는 양도 및 취득 당시 기준시가를 의미
- 상속세 및 증여세법상 보충적 평가방법 적용 시 아파트는 공동주택가격, 상가는 국세청장이 산정·고시한 상가 건물의 기준시가(부수토지 포함)를 의미
- 지방세법상 시가표준액 및 종합부동산세법상 공시가격을 의미

※ 상가의 임대계약은 2023년 5월 경에 이루어져 2024년도 말까지 변동이 없다고 가정함

※ 2024년도 기준시가는 현재와 변동이 없다고 가정함

3. 보장성보험
(1) 생명보험

(단위 : 천원)

구분	종신보험[1]	암보험[2]
보험계약자	이정애	이정애
피보험자	진영훈	이정애
수익자	이정애	이정애
보험가입금액	100,000	30,000
계약일	2017. 3. 1.	2023. 4. 1.
월납보험료	123	43
보험료 납입기간	20년납	전기납

[1] 종신보험은 사망 시 100,000천원이 지급되며, 60세 전에 사망하는 경우에는 60세 만기 정기특약에서 50,000천원의 사망보험금이 추가로 지급됨

[2] 암보험은 5년 단위 갱신형으로 보험금은 암진단 시 30,000천원이 지급되며, 순수보장형으로 만기 시 환급금과 사망 시 지급되는 환급금은 없음

(2) 주택화재보험

보험계약자/피보험자	진영훈
계약일/만기일	2023. 12. 10./2024. 12. 10.
보험가입금액	120,000천원
보험료	연간 180천원

4. 국민연금 예상액(현재물가기준)
- 진영훈 : 진영훈씨 나이 65세부터 연간 12,000천원 수령
- 이정애 : 이정애씨 나이 65세부터 연간 6,000천원 수령

III 부친 진승규씨의 자산현황 (2023년 12월 31일 현재)

1. 금융자산
- 진승규씨 명의의 정기예금 : 500,000천원
  - 이자율 연 3%, 원천징수세율 15.4%(부가세 포함)

2. 부동산자산
(단위 : 천원)

구분	소유자	취득시기	현재 기준시가 /적정시세	비고
주택	진승규	2013. 5.	900,000 /1,000,000	• 진승규씨 부부와 차남 　진영수씨가 거주 • 지방세법상 고급주택이 　아님
상가	진승규	2012. 2.	400,000 /550,000	• 임대보증금 : 150,000 • 월임대료 : 3,000

※ 상가의 임대계약은 2023년 2월 경에 이루어져 2024년도 말까지 변동이 없다고
가정함
※ 기준시가의 의미는 시나리오 'II. 자산 세부내역_2. 부동산자산'의 내용을 참고함
※ 2024년도 기준시가는 현재와 변동이 없다고 가정함

3. 보장성보험(생명보험)
- 진승규씨는 사망 시 200,000천원의 사망보험금이 지급되는 종신
보험에 가입함
  - 계약자 및 피보험자는 진승규씨, 수익자는 부인 최미순씨임

IV 은퇴 관련 정보

- 은퇴기간 및 필요한 은퇴소득(현재물가기준)
  - 진영훈, 이정씨 부부는 진영훈씨 나이로 65세부터 본격적인
  은퇴생활을 계획하고 있으며, 은퇴기간(20년) 중 목표은퇴소득
  은 현재물가기준으로 매년 50,000천원임
  - 추가로 은퇴 초기 10년간 여가활동비로 현재물가기준 매년
  10,000천원을 사용할 계획임
- 퇴직연금 관련 정보
  - 진영훈씨는 60세 퇴직 시 퇴직급여를 IRP로 이전 받아 은퇴기
  간에 연금으로 수령할 예정임
  - 현재 확정기여형(DC형) 퇴직연금에 가입되어 있으며 적립금을
  원리금보장형 상품으로 운용하고 있음
- 현재 보유 중인 상가는 은퇴자산 마련을 위해 사용할 계획임
- 은퇴자산에 대한 세후투자수익률은 연 5.5%임
- 국민연금은 매년 초에 지급되고 은퇴소득은 매년 초에 필요하며
매년 물가상승률만큼 증가함

V 고객 재무목표

1. 위험관리(보험설계) 관련
- 진영훈씨는 생명보험 가입현황을 분석한 후 노후를 위해 추가적인
생명보험의 가입을 고려하고 있으며, 종신보험과 정기보험의 보
험료를 비교하여 둘 중 보험료가 더 저렴한 보험을 가입하고자
한다.
- 진영훈씨는 현재 거주하는 아파트에 보험가액보다 낮은 금액의
주택화재보험을 가입하고 있는데 아파트에 화재가 발생할 경우
보장금액이 충분한지 궁금해 하고 있다.

2. 은퇴설계 관련
- 상가 매각 후 매각대금을 은퇴자산으로 활용하면 추가적인 은퇴
저축(투자)을 하지 않고도 목표로 하는 은퇴소득을 확보할 수 있
을지 궁금해 한다.
- 진영훈씨는 퇴직연금 적립금 운용을 원리금보장형 상품으로 운
용하고 있으며, 가입일 이후 수익률이 상당히 낮은 수준이어서
퇴직연금 운용방법을 변경하는 것에 대해 고려 중이다.

3. 세금설계 관련
- 진영훈씨는 아들 진은중씨에게 있는 장애를 치료하기 위해 교육
비와 보험료를 많이 지출하고 있어, 이와 관련된 세제혜택이 있
는지 궁금해 한다.
- 진영훈씨는 부친 진승규씨가 사망하게 될 경우 상속받게 될 부
동산 자산과 관련된 세금문제를 파악하고, 이에 적절한 대비를
하고자 한다.

4. 상속설계 관련
- 진영훈씨는 고령의 부친 진승규씨가 사망하고 난 후 공동상속인
간 협의분할을 계획하고 있어 이에 따른 상속설계 방안을 고려 중
이다.

VI 경제지표 가정
- 물가상승률 : 연 3.0%
- 세후투자수익률 : 연 5.5%

1. 진영훈씨가 오늘 일반사망 시 아래 정보를 참고하여 유동성을 제공하기 위한 생명보험 필요보장액에 대한 설명으로 가장 적절한 것을 고르시오.

[생명보험 필요보장액 관련 정보]
- 예상 사후정리비용
  - 장례비 : 15,000천원
  - 최후의료비 : 10,000천원
  - 사후조정자금 : 30,000천원
  - 상속처리비용 : 10,000천원
  - 상속세 : 50,000천원
- 대출현황 : 2024년 1월 초 현재 주택담보대출 잔액 (진영훈씨 사망 시점에 전액 상환)
- 유동자산 분류 시 유의사항
  - 진영훈씨 사망으로 인한 퇴직금은 고려하지 않음
  - 진영훈씨 사망 시 예상되는 국민연금의 급부는 고려하지 않음

① 유동자산이 21,710천원 초과하므로, 추가적인 보장이 필요 없다.
② 유동자산이 47,000천원 초과하므로, 추가적인 보장이 필요 없다.
③ 유동자산이 164,360천원 초과하므로, 추가적인 보장이 필요 없다.
④ 유동자산이 24,320천원 부족하므로, 동 금액만큼 추가적인 보장이 필요하다.
⑤ 유동자산이 32,440천원 부족하므로, 동 금액만큼 추가적인 보장이 필요하다.

2. 진영훈, 이정애씨 부부의 생명보험 가입현황을 분석한 내용 중 가장 적절하지 **않은** 것을 고르시오.

① 진영훈씨가 오늘 교통사고로 사망할 경우 종신보험에서 지급받을 수 있는 보험금은 총 150,000천원이다.
② 이정애씨가 오늘 암으로 진단받고 사망할 경우 가입한 생명보험에서 지급받을 수 있는 보험금은 총 30,000천원이다.
③ 이정애씨가 가입한 암보험의 책임개시일은 보험가입 첫 날로부터 그 날을 포함하여 90일이 지난 날의 다음날에 시작된다.
④ 이정애씨가 오늘 암으로 진단받고 사망할 경우 진영훈씨 기대여명까지의 가사대체비용을 현재물가기준으로 연간 15,000천원이라고 가정할 경우 생명보험만을 고려하여 이정애씨의 추가적인 생명보험 필요보장액을 계산하면 287,205천원이다.
⑤ 진영훈씨가 사망하면 종신보험의 사망보험금은 이정애씨가 수령하게 되며, 진영훈씨의 급여에서 보험료가 납부되었을 경우 사망보험금은 상속세 과세대상이다.

3. 진영훈씨의 아파트에서 원인을 알 수 없는 화재가 발생하여 재산손해액 50,000천원, 잔존물제거비용 7,000천원, 기타협력비용 2,000천원이 각각 발생하였다. 화재 발생 후 건물의 보험가액을 추정한 결과 200,000천원으로 결정되었을 때, 진영훈씨가 주택화재보험으로부터 지급받을 수 있는 보험금에 대한 설명으로 가장 적절하지 **않은** 것을 고르시오.

① 화재 시 도난 또는 분실로 인한 손해는 주택화재보험에서 보상하지 않는다.
② 건물의 재산손해액에 대한 보험금은 37,500천원이 지급된다.
③ 잔존물제거비용에 대한 보험금은 5,250천원이 지급된다.
④ 기타협력비용은 비례보상하지 않고 실제 지출한 비용을 전액 보상한다.
⑤ 진영훈씨가 주택화재보험으로부터 지급받을 수 있는 보험금은 총 44,500천원이다.

4. 진영수씨는 노후를 위해 20년 동안 사망보험금 100,000천원을 보장받는 보험이 필요하다. 상품 조사 결과 A종신보험과 B정기보험 중 하나를 선택하고자 할 때 다음 정보를 통해 알 수 있는 사실로 가장 적절한 것을 고르시오.

[보험 관련 정보]

• A종신보험 상품 관련 정보
  - 사망보장 100,000천원의 종신보험 보험료(20년납)는 연간 2,000천원이며, 20년 경과시점의 해약환급금은 35,000천원으로 예상됨
• B정기보험 상품 관련 정보
  - 사망보장 100,000천원의 정기보험 보험료(20년 만기, 전기납)는 연간 800천원이며, 해약환급금은 없음
  - 저축금액 산출을 위해 지금부터 20년간 매년 말 정액으로 세후투자수익률 연 7.0% 상품에 저축함

[기본 가정조건]

• 종신보험의 해약환급금과 동일한 금액을 수령할 수 있는 저축금액을 산출한 후 정기보험의 보험료와 더한 금액을 종신보험의 보험료와 비교하고자 함

① 연간 종신보험의 보험료가 연간 정기보험 보험료와 연간 저축금액의 합계액보다 320천원 더 적다.
② 연간 종신보험의 보험료가 연간 정기보험 보험료와 연간 저축금액의 합계액보다 521천원 더 적다.
③ 연간 종신보험의 보험료가 연간 정기보험 보험료와 연간 저축금액의 합계액보다 346천원 더 많다.
④ 연간 종신보험의 보험료가 연간 정기보험 보험료와 연간 저축금액의 합계액보다 590천원 더 많다.
⑤ 연간 종신보험의 보험료가 연간 정기보험 보험료와 연간 저축금액의 합계액보다 766천원 더 많다.

5. 진영훈, 이정애씨 부부가 목표로 하는 은퇴생활 수준을 유지하기 위해 은퇴시점에서 필요한 총은퇴일시금으로 가장 적절한 것을 고르시오.

① 409,975천원
② 616,334천원
③ 677,626천원
④ 1,018,707천원
⑤ 1,531,469천원

6. CFP® 자격인증자는 진영훈, 이정애씨 부부에게 현재 보유하고 있는 상가를 매각하고 매각대금 중 320,000천원을 다음의 투자안 중에서 선택하여 은퇴시점까지 투자하는 방안에 대해 설명하고 있다. 설명 내용으로 가장 적절하지 **않은** 것을 고르시오. (단, 은퇴시점에서 필요한 총은퇴일시금은 1,000,000천원으로 가정함)

[토지 매각대금의 투자방안]

구분	투자 포트폴리오	기대수익률	표준편차
A안	채권형펀드(40%)	연 4%	2%
	주식형펀드(60%)	연 9%	15%
B안	대형우량주 10개 종목 (종목별 시가총액 비례 구성)	연 10%	12%

※ 채권형펀드와 주식형펀드의 상관계수는 -0.2임

① 위험허용범위를 포트폴리오 표준편차 10% 이내로 설정했다면 A안은 허용범위를 벗어난다.

② A안을 선택하여 은퇴 전까지 투자하고, 은퇴기간 동안에는 기대수익률이 연 4%인 채권형펀드 등 안전자산으로 운용하면 목표로 하는 은퇴소득을 확보할 수 있다.

③ B안을 선택하여 은퇴 전까지 투자하고, 은퇴기간 동안에는 기대수익률이 연 4%인 채권형펀드 등 안전자산으로 운용하면 목표로 하는 은퇴소득을 확보할 수 있다.

④ B안은 A안보다 상대적으로 기대수익률은 높지만 투자위험이 높고, 장기간 동안 직접 투자관리를 해야 하는 어려움이 있다.

⑤ 은퇴저축이라는 점을 고려해 장기간 동안 적정수익률을 목표로 시장변동성 등에 대응하는 분산투자를 할 수 있다는 점에서 B안보다 A안이 바람직하다.

7. 진영훈씨는 퇴직연금 가입일 이후 수익률이 매우 낮아 퇴직연금 운용방법을 'TDF주식혼합형-재간접형'으로 변경하는 것을 고려 중이다. 다음의 퇴직연금 관련 정보를 참고하여 진영훈씨의 퇴직연금에 관한 검토내용으로 가장 적절한 것을 고르시오.

[퇴직연금 관련 정보]

• 고려 중인 퇴직연금 운용방법 변경안

기간	은퇴 전까지	은퇴 이후
운용상품	TDF 주식혼합형-재간접형	원리금보장형 상품 + 채권형펀드
기대수익률	연 5.5%	연 3.0%

• 운용방법 변경 시 퇴직시점에 예상되는 퇴직급여 수준

퇴직시기	퇴직급여액	실효퇴직소득세율
60세	350,000천원	4.5%

※ 실효퇴직소득세율은 퇴직소득산출세액을 세전퇴직소득금액으로 나눈 비율(%)이며 제시한 실효퇴직소득세율은 지방소득세를 포함하여 산출한 값임

• 진영훈씨 은퇴시점부터 IRP에서 10년간 매년 초 연금으로 수령할 계획임

① 진영훈씨의 투자성향이 보수적이라면 투자목표시점이 은퇴시기보다 연장된 'TDF2045주식혼합형-재간접형'을 선택하는 것이 적절하다.

② DC형 퇴직연금의 적립금 운용방법을 'TDF주식혼합형-재간접형'으로 변경하여 운용하다 퇴직 시 동일한 퇴직연금사업자에게 IRP를 설정하는 경우 운용 중인 TDF를 그대로 이전 받을 수는 없다.

③ 퇴직급여가 IRP로 이전된 이후 어떠한 사유로든 자금이 필요한 경우 IRP계좌의 일부를 해지하여 인출할 수 있다.

④ 진영훈씨가 퇴직 시 퇴직급여를 IRP로 이전 받아 연금으로 수령할 경우 절세할 수 있는 퇴직소득세는 약 4,725천원이다. (단, 화폐의 시간가치 고려하지 않음)

⑤ 진영훈씨가 퇴직 시 퇴직급여를 IRP로 이전 받아 연금으로 수령할 경우 은퇴시점에서 평가한 IRP의 세후 평가금액은 334,250천원이다.

8. 장애인인 진은중씨와 관련된 세금에 대한 설명 중 가장 적절하지 **않은** 것을 고르시오.

① 진영훈씨가 진은중씨로 인해 공제받을 수 있는 종합소득공제 중 인적공제액은 3,500천원이다.

② 진영훈씨가 진은중씨를 피보험자 또는 수익자로 하는 장애인전용 보장성보험에 연간 1,200천원의 보험료를 납입할 경우 공제 가능한 보험료세액공제액은 180천원이다.

③ 진영훈씨가 진은중씨의 특수교육을 위하여 연간 6,000천원을 지출했을 경우 한도 없이 전액 교육비세액공제 대상이다.

④ 미래에 진은중씨가 여전히 진영훈씨의 기본공제대상자에 해당하고, 진은중씨의 배우자 역시 장애인이라면 진은중씨와 진은중씨의 배우자 모두 진영훈씨의 기본공제대상자가 될 수 있다.

⑤ 진승규씨가 진은중씨의 사망 시까지 신탁이익에 대한 수익자를 진은중씨로 하는 신탁을 통해 증여할 경우 증여재산가액 5억원 한도로 증여세 과세가액에 산입하지 않는다.

9. 부친 진승규씨가 2024년 7월 10일에 사망할 경우 상속 관련 세금에 대한 다음 설명 중 가장 적절한 것을 고르시오. (단, 각 선지의 내용은 별개의 사항이며, 진승규씨가 사망할 당시 소유한 주택의 개별주택가격은 950,000천원으로 가정함)

① 진영훈씨가 상가를 상속받기로 한 경우 진승규씨의 2024년 귀속 상가임대업에서 발생한 사업소득금액은 진영훈씨의 종합소득에 합산되어 2025년 5월 31일까지 확정신고해야 한다.

② 진승규씨가 재산세 납부기한 이전에 사망하였으므로 상속주택 및 상가에 대한 2024년도 재산세를 상속세 과세가액 계산 시 공과금으로 차감할 수 없다.

③ 진영훈씨가 주택을 상속받을 경우 취득세(부가세 포함)는 31,350천원이다.

④ 진승규씨의 주택을 상속인 중 차남 진영수씨가 상속받을 경우에만 동거주택상속공제가 가능하다.

⑤ 부인 최미순씨가 상가를 상속받은 후 1년 6개월이 경과한 시점에 양도할 경우 장기보유특별공제를 적용받을 수 없으며, 양도소득세 세율은 40%를 적용한다.

10. 부친 진승규씨가 2024년 8월 5일에 지병으로 사망하고, 상속 관련 정보가 다음과 같을 경우 진승규씨의 상속에 대한 설명 중 가장 적절하지 **않은** 것을 고르시오. (단, 각 선지의 내용은 별개의 사항임)

[상속 관련 정보]
• 진승규씨의 상속인들은 상속재산을 협의분할할 계획이다.
• 진승규씨는 사망 당시 박사채씨에 대한 대여금채권 100,000천원을 보유하고 있었으며, 이를 딸 진영미씨가 상속받기로 하였다.
• 진승규씨는 비밀증서유언으로 A사회복지재단에 주택을 유증하였다.

① 공동상속인 간 협의분할로 인해 진영훈씨에게 유류분 부족액이 발생하더라도 진영미씨에게 유류분 반환을 청구할 수 없다.

② 진승규씨의 상속인들은 유류분이 침해된 경우 상속개시와 A사회복지재단에 유증한 사실을 안 때로부터 1년 이내에 유류분반환청구권을 행사해야 한다.

③ 비밀증서유언의 내용과 달리 진승규씨가 생전에 주택을 진영수씨에게 증여했다면 해당 유언은 철회한 것으로 본다.

④ 진승규씨가 비밀증서유언에 전문, 연월일, 주소, 성명을 자필로 쓰고 날인까지 했으나 1명의 증인만 참석했다면 A사회복지재단에 대한 유증은 무효이다.

⑤ 협의분할을 통해 최미순씨가 자신의 상속지분보다 많은 재산을 가져가게 되더라도 상속세 및 증여세법상 공동상속인 간 증여로 보지 않는다.

복합사례 III (투자·부동산·세금·상속) (10문항)

아래 주어진 내용을 참고하여 문제 11번부터 20번까지 질문에 답하시오. (질문하지 아니한 상황은 일반적인 것으로 판단하며, 개별 문제의 가정은 다른 문제와 관련 없음. 사례에 등장하는 개인은 모두 세법상 거주자에 해당함)

개인사업을 영위하는 김석준씨는 각종 세금에 대한 절세전략 및 재무목표 달성을 위한 투자방안에 대한 자문을 받고자 2024년 1월 초 CFP® 자격인증자의 사무실을 방문하여 상담을 요청하였다. CFP® 자격인증자가 파악한 김석준씨의 정보는 아래와 같다.

I 고객정보 (나이는 2024년 1월 초 만 나이임)

1. 동거가족
   - 김석준(60세) : 남편, 개인사업체 운영(제조업), 2023년도 예상 매출액 200,000천원
   - 안수미(58세) : 부인, 전업주부, 2024년도 예상 소득은 이자소득 3,000천원이며 이외 다른 소득은 없음
   - 김영호(27세) : 장남, 대학원생, 소득 없음
   - 김영은(23세) : 차녀, 대학생, 장애인으로 소득 없음
   - 김창규(85세) : 부친, 2024년 예상 소득은 이자소득 20,000천원이며 이외 다른 소득은 없음
   - 정영자(79세) : 모친(계모), 2024년 예상 소득은 없음. 김창규, 정영자씨 부부는 김석준씨와 함께 거주함

2. 부모, 형제자매 및 직계비속
   - 박현옥(82세) : 김석준과 김용준씨의 친모, 김창규씨와 이혼한 후 재혼하지 않고 혼자 거주함. 별도의 소득이 없으며, 김석준씨가 생활비를 지원하고 있음
   - 김용준(58세) : 남동생, 본인 소유 주택에서 부인 오연희씨, 아들 김정수씨와 함께 거주함
   - 김영주(30세) : 장녀, 남편 이정훈씨(공무원), 자녀 이성준씨(3세)와 함께 남편 소유 주택에 거주함

3. 주거상황
   - 경기도 소재 아파트 A에서 거주 중이며, 2024년 5월 중 양도할 예정

II 자산 세부내역 (2023년 12월 31일 현재)

1. 금융자산
   - 정기예금 : 원금 500,000천원, 이자율 연 3.0%, 2024년 예상 이자수입 15,000천원
   - 집합투자증권 : 주식형펀드로 평가액 100,000천원, 2024년 예상되는 과세대상 배당소득 3,000천원
   - 비상장주식 : 국내 중소법인(부동산과다보유법인)으로 2024년 예상되는 현금배당 12,000천원
   - 상장주식 : 국내 대법인으로 최종시세가액은 200,000천원이며, 2024년 예상되는 배당소득 20,000천원
   ※ 상기 금융소득은 모두 원천징수세율 15.4%(지방소득세 포함)가 적용되는 금융소득임

2. 부동산자산

(단위 : 천원)

구분	소유자	취득시기	취득 당시 기준시가 /취득원가	현재 기준시가 /적정시세	비고
아파트 A	김석준	2016. 3.	350,000 /500,000	1,000,000 /1,200,000	• 전용면적 : 102.46㎡ • 취득 후 김석준씨 세대 계속 거주
상가 A	김석준	2016. 5.	200,000 /400,000	400,000 /500,000	• 임대보증금 : 100,000 • 월임대료 : 2,500 • 은행대출금 : 100,000
상가 B	김석준	2018. 2.	450,000 /600,000	700,000 /900,000	• 임대보증금 : 150,000 • 월임대료 : 6,000

※ 기준시가의 의미는 다음과 같음
  - 양도소득세 계산 시 적용되는 양도 및 취득 당시 기준시가를 의미
  - 상속세 및 증여세법상 보충적 평가방법 적용 시 아파트는 공동주택가격을, 상가는 국세청장이 산정·고시한 상가 건물의 기준시가(부수토지 포함)를 의미
  - 지방세법상 시가표준액 및 종합부동산세법상 공시가격을 의미
※ 2024년도 기준시가는 현재와 변동이 없다고 가정함
※ 상가 A와 B의 임대계약은 2023년 5월 경에 이루어져 2024년 말까지 변동이 없다고 가정함
※ 상가 A 취득 당시 100,000천원을 대출기간 10년, 이자율 연 5.4%, 만기일시상환 조건으로 대출받음

3. 보장성보험(생명보험)
   - 김석준씨는 자신을 피보험자로 사망보험금 200,000천원을 지급하는 생명보험에 가입하여 보험료를 납부하고 있음
     - 보험금의 수익자는 차녀 김영은씨로 함

4. 기타자산
   - 골프회원권 : 평가액 250,000천원
   - 콘도미니엄회원권 : 평가액 100,000천원

III 동거가족의 금융자산 현황 (2023년 12월 31일 현재)

(단위 : 천원)

구분	금융자산	금년도 예상 소득
안수미	100,000	이자소득 : 3,000
김창규	600,000	이자소득 : 20,000

11. 상기 자료를 토대로 김석준씨의 2024년 귀속 종합소득세 계산 시 적용되는 종합소득공제 및 세액공제에 대한 다음 설명 중 가장 적절한 것을 고르시오. (단, 김석준씨는 성실사업자에 해당하지 않음)

① 김석준씨가 추가공제로 최대한 공제받을 수 있는 금액은 5,000천원이다.

② 김석준씨는 기본공제대상 자녀가 없어 자녀세액공제를 적용받을 수 없다.

③ 김석준씨가 지출한 김영은씨의 대학교 등록금에 대해 연간 9,000천원을 한도로 교육비세액공제를 받을 수 있다.

④ 김석준씨가 납부한 국민건강보험료 및 노인장기요양보험료는 전액 특별소득공제를 받을 수 있다.

⑤ 정영자씨는 김석준씨의 친모가 아니므로 기본공제 및 추가공제를 받을 수 없다.

12. 김석준씨의 제조업 및 상가임대업에서 2024년도에 발생할 사업소득금액을 100,000천원으로 가정할 경우 2024년 귀속 종합소득세 계산과 관련된 다음 설명 중 가장 적절한 것을 고르시오. (단, 종합소득공제는 15,000천원으로 가정함)

① 배당소득금액에 합산될 귀속법인세(Gross-up)는 3,200천원이다.

② 종합과세되는 배당소득금액은 35,000천원이다.

③ 종합과세되는 금융소득금액 중에 종합소득세율이 적용되는 금액은 30,000천원이다.

④ 종합소득세 산출세액은 21,640천원이다.

⑤ 종합소득세 산출세액에서 공제 가능한 배당세액공제액은 3,000천원이다.

13. 김석준씨 및 가족들 간에 증여와 관련된 세금에 대한 설명으로 가장 적절하지 **않은** 것을 고르시오. (단, 각 재산은 상증법상 시가가 없어 보충적 평가방법으로 평가한다고 가정하고, 각 선지의 내용은 별개의 사항임)

① 김석준씨가 정기예금을 배우자 안수미씨에게 증여할 경우 증여재산가액은 예입총액에 기경과 미수이자 상당액을 합산한 후 원천징수세액을 차감한 금액이다.

② 김석준씨가 본인이 보유한 비상장주식의 최대주주라면 20%를 가산하여 할증평가한다.

③ 김석준씨가 비상장주식을 장녀 김영주씨에게 증여할 경우 증여재산가액은 1주당 순손익가치에 2/5, 1주당 순자산가치에 3/5의 가중치를 두어 평가한다.

④ 김석준씨가 아파트 A를 850,000천원에 배우자 안수미씨에게 양도하면 50,000천원을 증여재산가액으로 본다.

⑤ 김석준씨가 상장주식을 차녀 김영은씨에게 증여할 경우 평가기준일 전 2개월부터 평가기준일 후 2개월 동안의 최종시세가액 평균액으로 평가한다.

14. 김석준씨 명의로 가입한 주식형펀드의 과거 3년간의 투자내역이 다음과 같다고 할 때 시간가중 수익률의 연간 산술평균수익률과 기하평균수익률이 적절하게 연결된 것을 고르시오.

(단위 : 원, 좌)

투자일	납입금액	펀드 기준가	구입 좌수	잔고 좌수	평가금액
2022. 1. 2.	30,000,000	1,020	29,412	29,412	30,000,000
2023. 1. 2.	30,000,000	950	31,579	60,991	57,941,400
2024. 1. 2.	20,000,000	880	22,727	83,718	73,672,080
2024. 12. 31.	–	1,194	–	83,718	100,000,000

① 산술평균수익률 : 5.39%, 기하평균수익률 : 5.69%

② 산술평균수익률 : 5.69%, 기하평균수익률 : 5.39%

③ 산술평균수익률 : 8.24%, 기하평균수익률 : 8.63%

④ 산술평균수익률 : 8.63%, 기하평균수익률 : 8.24%

⑤ 산술평균수익률 : 9.54%, 기하평균수익률 : 8.92%

15. 김석준씨가 주식 매입을 고려하고 있는 ㈜가나전자에 대한 다음 정보를 참고하여 가중평균자본비용(WACC)을 계산한 값으로 가장 적절한 것을 고르시오.

[㈜가나전자 관련 정보]

- 총자본 내 부채비중 : 50%, 보통주비중 : 30%, 우선주비중 : 20%
- 세전부채비용 : 8%
- 법인세율 : 19%
- ㈜가나전자 주식의 베타계수 : 1.2
- ㈜가나전자 주식의 리스크 프리미엄 : 8%
- 무위험수익률 : 3%
- 우선주 1주당 배당금 : 996원
- 우선주 1주당 주가 : 12,450원

① 8.14%

② 8.58%

③ 9.45%

④ 10.92%

⑤ 12.06%

16. 김석준씨가 보유하고 있는 상장주식의 기대수익률은 8%이며, 자산의 고유한 특성으로 인한 예상 못한 수익률의 변화는 1.0%이다. CFP® 자격인증자가 다요인모형에 의한 수익률을 구하고자 조사한 시장의 세 가지 경제적 변수에 의한 영향을 참고하여 다음 설명 중 적절하지 **않은** 것을 고르시오.

경제적 변수	민감도	예상수치	실제수치
1	0.4	5.0%	4.0%
2	1.5	6.0%	7.0%
3	−1.0	4.0%	2.0%

① 변수 1의 예상하지 못한 변화로 인한 주식수익률에 대한 영향은 −0.4%이다.

② 변수 3의 예상하지 못한 변화로 인한 주식수익률에 대한 영향은 2.0%이다.

③ 변수 1, 2, 3의 예상하지 못한 변화로 인한 영향은 3.1%이다.

④ 다요인모형에 의한 이 주식의 수익률은 12.1%이다.

⑤ 시장의 경제적 변수에 의한 예상하지 못한 수익률의 변화는 분산투자를 통해 제거할 수 있다.

17. 김석준씨는 비상장주식을 매각한 후 A자동차의 회사채를 매입하고자 한다. 향후 시중금리 하락에 따라 채권의 매매수익률이 1.5% 하락할 경우 A자동차 회사채의 시장가격은 얼마로 변동하는지 수정듀레이션과 볼록성을 이용해 추정한 금액으로 적절한 것을 고르시오. (단, 원 미만은 절사함)

[A자동차 회사채 관련 정보]

- 현재 채권가격 : 10,230원
- 표면이자율(3개월마다 이자지급) : 6.4%
- 발행일 : 2024년 8월 20일
- 만기일 : 2027년 8월 20일
- 유통수익률 : 7.8%
- 듀레이션(년) : 2.7862
- 볼록성(년) : 7.3407

① 9,864원 ② 9,943원

③ 10,130원 ④ 10,657원

⑤ 10,823원

18. 김석준씨가 거주 중인 아파트 A를 2024년 5월 중에 1,500,000 천원에 양도할 경우 양도소득세와 관련된 다음 설명 중 가장 적절한 것을 고르시오. (단, 기타필요경비는 없고, 1세대 1주택 비과세 요건을 충족하는 것으로 가정하며, 김석준씨는 2024년도 중 양도소득세 과세대상 자산을 양도한 사실이 없음)

① 과세대상 양도차익은 400,000천원이다.

② 공제 가능한 장기보유특별공제액은 160,000천원이다.

③ 양도소득금액은 72,000천원이다.

④ 양도소득 과세표준은 87,500천원이다.

⑤ 양도소득 산출세액은 34,625천원이다.

19. 김석준, 안수미씨 부부는 경기도 소재 아파트 매입을 알아보던 중 개업공인중개사를 통해 아파트 B 매물을 소개받았다. 다음 아파트 B 정보를 고려할 때 거래사례비교법에 의한 아파트 B의 가치로 가장 적절한 것을 고르시오.

[아파트 B 관련 정보]

- 아파트 B 면적 : 138㎡
- 거래사례 가격 : 8,130천원/㎡
- 사정보정 : 0.8(거래사례는 거래당사자 간의 사정이 개입되지 않은 정상적인 거래로 판단)
- 시점수정치 : 0.97(아파트매매가격지수 활용)
- 지역요인 격차율 : 1.00(본 건은 거래사례와 인근지역에 위치하는 바, 지역요인 동일함)
- 개별요인 격차율
  - 외부요인 : 아파트 B가 사례부동산보다 10% 우세
  - 건물요인 : 아파트 B가 사례부동산보다 5% 우세
  - 기타요인 : 아파트 B가 사례부동산보다 5% 열세

① 약 625,340천원
② 약 767,116천원
③ 약 805,777천원
④ 약 955,294천원
⑤ 약 986,453천원

20. 다음 정보를 참고하여 김석준씨가 상가 A를 취득한 첫해의 Cash on Cash rate로 가장 적절한 것을 고르시오.

[상가 A의 취득 당시 정보]

- 월임대료 : 2,000천원
- 공실 및 대손충당금 : 3%
- 취득 당시 취득세 등 부대비용으로 취득금액의 5%를 부담하였음
- 보증금과 대출금은 취득 이후 변함이 없음
- 기타 상가운영에 따른 제경비는 발생하지 않음

① 7.93%
② 8.02%
③ 8.13%
④ 10.44%
⑤ 10.58%

종합사례 (20문항)

아래 주어진 정보를 참고하여 21번부터 40번까지 질문에 답하시오. (질문하지 아니한 상황은 일반적인 것으로 판단하며, 개별 문제의 가정은 다른 문제와 상관 없음. 질문에 등장하는 개인은 모두 세법상 거주자에 해당함)

중소기업에 다니는 최병철씨는 올해 초 부친이 사망하였으며, 부친은 사망 전 상속재산과 장례식에 관한 내용의 구수증서유언을 남겼다. 공동상속인 간의 상속재산 분배에 관한 내용과 함께 제반 재무목표 달성을 위한 종합적인 재무설계를 위해 CFP® 자격인증자를 찾아 상담을 의뢰하였다.

I 고객정보 (나이는 2024년 1월 초 만 나이임)

1. 동거가족(배우자 및 직계비속)
   - 최병철(45세) : 본인, 중소기업 부장
   - 김화정(45세) : 배우자, 개인사업을 운영하다 몇 년 전 사업 중단 후 현재까지 가사에 전념 중이며 2025년 경 사업 재개를 고려 중임
   - 최은지(16세) : 딸, 올해 고등학교 1학년이 됨
   - 최은호(10세) : 아들, 장애인

2. 부모 및 형제자매
   - 최성곤(72세, 사망 당시) : 부친, 2024년 1월 11일 사망
   - 박혜정(70세) : 모친, 현재 아파트 B(최성곤씨의 상속재산)에서 홀로 거주
   - 최희연(48세) : 누나, 전업주부, 배우자 김인철씨(55세, 개업의사)와 아들 김은기씨(19세), 딸 김현서씨(17세)와 김인철씨 소유 주택에서 함께 거주함

3. 건강상황
   - 가족 모두 건강하며, 특별한 질병이나 병력이 없어 보험가입에 어려움이 없음

4. 주거상황
   - 서울시 소재 빌라 A에 거주하고 있음
   - 빌라 A는 2017년 8월 2일 구입하면서 150,000천원을 대출기간 3년 거치(매월 말 이자만 납부) 후 17년간 매월 말 원리금균등분할상환, 대출이율은 연 5.5% 월복리 조건으로 대출함(거치기간 종료 후 2023년 12월 말 현재 41회차 상환하였음)

II 고객 재무목표

1. 재무관리 관련
   - 최병철씨 부부는 딸 최은지씨의 유학자금을 마련하기 위한 투자가 적정하게 이루어지고 있는지 점검해보고자 하며, 이에 따라 현재의 현금흐름 관리에 대한 전문적인 조언을 구하고 있다.

2. 위험관리(보험설계) 관련
   - 최병철씨는 자신이 조기사망할 경우 남은 가족들이 유동자산만으로 실질적인 가계지출을 유지하며 생활이 가능한 기간에 대해 궁금해 한다.
   - 주택화재보험에 가입한 최병철씨는 거주하는 주택에 갑작스러운 화재로 손해가 발생할 경우 가입한 주택화재보험에서 지급되는 보험금이 적절한지 궁금해 한다.

3. 투자설계 관련
   - 최병철씨는 현재 보유하고 있는 투자자산의 구성이 불리하다는 조언에 따라 투자자산을 재구성하여 새로운 포트폴리오를 만들고자 한다.
   - 최병철씨는 부친으로부터 상속받을 예정인 주식의 가치가 얼마인지 궁금해 한다.

4. 부동산설계 관련
   - 최병철씨는 부친 최성곤씨로부터 상속받은 상가 C를 5년 후 매도하는 것에 대해 고려하고 있어 5년 후 상가 C의 수익가치를 알고자 한다.

5. 은퇴설계 관련
   - 최병철씨 부부는 은퇴 이후의 삶에 대해 구체적인 계획이 없으며, 현재 보유하고 있는 변액연금보험이 은퇴 이후에 도움이 될 것이라고 막연하게 생각하고 있다.
   - 최근 국민연금 조기노령연금 제도에 대해 알게 되어 은퇴기간 중 조기노령연금을 활용하는 것에 대해 궁금해 한다.

6. 세금설계 관련
   - 최병철씨는 다른 가족들에게 부동산을 증여할 것을 고려하고 있으며, 부친 최성곤씨로부터 상가를 상속받을 것으로 예상하고 있다. 최병철씨는 이 때 발생할 수 있는 세금을 최대한 절세할 방법을 궁금해 한다.
   - 최병철씨는 현재 가입하고 있는 보험상품과 적립식 채권형펀드로부터 발생하게 될 세금을 파악한 후, 보유하고 있는 자산에 대한 계획을 수립하고자 한다.

7. 상속설계 관련
   - 최병철씨는 올해 초 사망한 부친의 유언장의 효력에 관해 확인하고, 유언장을 기반으로 하여 상속재산을 분할하고 나면 납부하게 될 상속세의 절세방안에 대해 알고 싶어 한다.

III 경제지표 가정

- 물가상승률 : 연 2.0%
- 교육비상승률 : 연 4.0%
- 세후투자수익률 : 연 5.0%

IV 재무제표

1. 재무상태표(2023년 12월 31일 현재)

(단위 : 천원)

자산			부채 및 순자산		
항목		금액	항목		금액
금융자산	현금성자산		유동부채	신용카드	1,670
	현금			신용대출	
	MMF	8,305	비유동부채	주택담보대출	( )
	보통예금	3,500		임대보증금	
	저축성자산		총부채		( )
	정기예금	6,582			
	투자자산				
	적립식 채권형펀드	24,335			
	적립식 주식형펀드	12,813			
	변액연금보험	32,370			
	금융자산 총액	87,905			
부동산자산	토지 등				
	부동산자산 총액	0			
사용자산	빌라 A	420,000			
	자동차	28,000			
	기타 사용자산	15,000			
	사용자산 총액	463,000			
기타자산	보장성보험 해약환급금[1]	6,320			
	기타자산 총액	6,320			
총자산		557,225	순자산		( )

[1] 종신보험과 암보험의 해약환급금

2. 월간 현금흐름표(2023년 12월)

(단위 : 천원)

구분	항목	금액
I. 수입		4,840
II. 변동지출	본인 용돈	(300)
	배우자 용돈	(300)
	자녀(보육비, 사교육비 등)	(800)
	기타 생활비(의식주, 공과금 등)	(1,800)
	변동지출 총액	(3,200)
III. 고정지출	보장성보험료 등	(586)
	대출이자 등	(598)
	고정지출 총액	(1,184)
저축 여력(I - II - III)		456
IV. 저축·투자액	대출상환원금	(535)
	적립식채권형펀드	(600)
	변액연금보험	(500)
	저축·투자액 총액	(1,635)
추가저축 여력(I - II - III - IV)		(1,179)

주) 최병철씨 세전 연수입 70,000천원

주) 2024년 1월 시점 주택담보대출의 원리금균등분할상환액 1,133천원 중 대출이자는 598천원, 대출상환원금은 535천원

Ⅴ 투자 관련 정보 (2023년 12월 31일 현재)

(단위 : 천원)

구분	명의	가입일	월 납입액	투자 원금	평가 금액[1]	자금 용도
보통예금	최병철	22. 12. 2.	–	3,500	3,500	부모 생활비
MMF	최병철	23. 8. 6.	–	17,130	8,305	–
정기예금	최병철	21. 4. 2.	–	6,100	6,582	–
적립식 채권형펀드	최병철	21. 2. 16.	600	–	24,335	자녀 교육
적립식 주식형펀드	최병철	22. 1. 31.	–	10,000	12,813	–
변액 연금보험	김화정	19. 1. 2.	500	–	32,370	은퇴 자금

[1] 평가금액은 상시 인출 가능하며 인출 관련 수수료 및 세금은 없음

Ⅵ 부동산 관련 정보 (2023년 12월 31일 현재)

(단위 : 천원)

구분	소유자	취득일	취득 당시 기준시가/ 취득원가	현재 기준시가/ 적정시세	비고
빌라 A	최병철	17. 8. 2.	300,000/ 350,000	360,000/ 420,000	• 서울 소재 • 전용면적 85㎡ • 최병철 세대가 함께 거주함

※ 기준시가의 의미는 다음과 같으며, 2024년 기준시가는 2023년도 말과 변동 없음
 - 양도소득세 계산 시 적용되는 양도 및 취득 당시 기준시가를 의미
 - 상속세 및 증여세법상 보충적 평가방법 적용 시 아파트는 공동주택가격, 상가는 국세청장이 산정·고시한 상가 건물의 기준시가(부수토지 포함)를 의미
 - 지방세법상 시가표준액 및 종합부동산세법상 공시가격을 의미

Ⅶ 보험 관련 정보 (2023년 12월 31일 현재)

1. 생명보험

(단위 : 천원)

구분	종신보험[1]	암보험[2]	변액연금보험[3]
보험계약자	김화정	김화정	김화정
피보험자	최병철	김화정	김화정
수익자	김화정	김화정	김화정
보험가입금액	200,000	30,000	20,000
계약일	19. 8. 6.	16. 2. 16.	21. 2. 16.
납입기간	20년납	20년납	10년납

[1] 종신보험의 사망보험금은 사망 시 주계약에서 200,000천원, 재해 사망 시 100,000천원이 추가로 지급됨
[2] 만기환급형이며 암진단 시 30,000천원, 암수술 1회당 3,000천원, 암사망 시 사망보험금 10,000천원이 지급됨
[3] 김화정씨 65세부터 20년간 수령할 예정. 연금개시 전에 사망 시 10,000천원의 사망보험금과 사망시점의 해약환급금이 지급됨

2. 실손의료보험

(단위 : 천원)

구분	실손의료보험	실손의료보험[1]
계약자	최병철	최병철
피보험자	최은지	최은호
수익자	최병철	최병철
보험가입금액	40,000	60,000
계약일	19. 5. 1.	20. 4. 1.
월납보험료	58	68
보험료 납입기간	100세납	100세납

[1] 장애인전용 보장성보험에 해당함

3. 자동차보험

용도		자가용
피보험자(소유자)		최병철
계약일/만기일		2023. 12. 1./2024. 12. 1.
보험 가입 금액	대인Ⅰ	자배법 시행령에서 정한 금액
	대인Ⅱ	100,000천원
	대물	무한
	자기신체사고	가입 안 함
	무보험자동차상해	가입 안 함
	자기차량손해	자기부담금 : 자기차량 손해액의 20% (최저 200천원, 최고 500천원)
	특약	부부한정운전특약
보험료		연간 480천원

4. 주택화재보험

보험계약자/피보험자	최병철
계약일/만기일	2023. 12. 1./2024. 12. 1.
보험가입금액	180,000천원
보험료	연간 120천원

VIII 은퇴자금 관련 정보

- 은퇴기간
  - 최병철씨 : 65세 시점부터 15년간
  - 김화정씨 : 60세 시점부터 25년간
- 은퇴기간 동안 필요한 생활비(현재물가기준)
  - 김화정씨 은퇴시점부터 5년간 : 매년 25,000천원
  - 부부 은퇴기간 : 매년 50,000천원
  - 최병철씨 사후 김화정씨 독거기간 : 매년 20,000천원
- 국민연금
  - 최병철씨 : 65세 시점부터 매년 현재물가기준으로 10,000천원 수령
  - 김화정씨 : 65세 시점부터 (일반)노령연금을 지급받을지, 60세 시점부터 조기노령연금을 지급받을지 고민 중임. (일반)노령연금을 받을 경우 매년 현재물가기준으로 12,000천원이 지급되고, 60세부터 조기노령연금을 받을 경우 매년 현재물가기준으로 8,400천원이 지급됨
  - 최병철씨 사망 후 김화정씨에게 유족연금 수급권이 발생할 경우 '김화정씨 노령연금((일반)노령연금 또는 조기노령연금) + 1,800천원(유족연금의 30%)'을 지급받을 예정임
- 현재 준비하고 있는 은퇴자산으로는 변액연금보험 이외에 다른 자산은 없음
- 국민연금은 매년 초 수령하고 은퇴기간 내 필요 생활비는 매년 초에 지출되며, 국민연금과 필요 생활비 모두 매년 물가상승률만큼 증가함

IX 자녀 유학자금 관련 정보

- 최은지씨는 19세에 외국 대학교에 입학하며 재학기간은 4년임
- 대학교의 연간 교육비는 현재물가기준으로 12,000유로임
- 교육비는 매년 교육비상승률만큼 상승하고 매년 초에 필요함
- 현재시점의 환율은 1,300원/1유로임

X 부친의 상속 관련 정보 (2023년 12월 31일 현재)

1. 부친의 상속재산

(1) 부동산자산　　　　　　　　　　　　　　　　　　　(단위 : 천원)

구분	소유자	취득일	취득 당시 기준시가/취득원가	현재 기준시가/적정시세	비고
아파트 B	최성곤	06. 5. 1.	80,000/150,000	450,000/700,000	–
상가 C	최성곤	10. 3. 2.	100,000/200,000	400,000/550,000	• 임대보증금 : 200,000 • 월임대료 : 3,500 • 국세청장이 지정한 지역의 상업용 건물 아님
토지 D	최성곤	17. 7. 1.	300,000/400,000	500,000/800,000	• 소득법상 비사업용 토지해당

※ 2024년 기준시가는 현재와 변동 없음
※ 기준시가의 의미는 시나리오 'VI. 부동산 관련 정보'의 내용을 참고함

(2) 기타자산

구분	명의	현재금액	비고
현금	최성곤	100,000천원	상속개시 6개월 전 예금에서 순인출함
주식 E	최성곤	100,000천원 (현재 적정시세)	㈜챔프통신 10,000주 (최대주주 아님) 상증법상에 의한 주당 10,000원

2. 부친의 생전증여 현황　　　　　　　　　　　　　(단위 : 천원)

수증자	증여일	증여재산	증여재산평가가액 (현재 적정시세)
박혜정	2011. 5. 15.	현금	400,000
최희연	2016. 5. 15.	토지	500,000

3. 부친의 유언장

> ## 유 언 장
>
> 유언자(서울시 종로구 수송동 11번지)는 2024. 1. 1. 종로병원 103호에서 다음과 같이 유언을 구술했습니다.
>
> 1. 부동산 상가 C는 장남 최병철에게 상속한다.
> 2. 유언집행자는 윤성민으로 한다.
> 3. 장례식은 간소하게 하며, 시신은 화장해서 분당 납골당에 안치하기 바란다.
>
> 위 취지의 유언자 구수를 증인 김훈민이 필기한 후 유언자 및 이정음에게 낭독해준바 모두 필기가 정확함을 승인하였습니다.
>
> 2024. 1. 1.
>
> 유　언　자 : 최성곤 (인)
> 필기자(증인) : 김훈민 (인)
> 증　　　인 : 이정음 (인)

21. 최병철, 김화정씨 부부의 재무상태표 및 현금흐름표를 적절하게 분석한 내용으로 모두 묶인 것을 고르시오.

> 가. 재무상태표상의 순자산은 425,618천원이다.
>
> 나. 총부채부담율은 23.62%로 가이드라인인 40%를 넘지 않아 양호한 수준으로 평가할 수 있다.
>
> 다. 최병철씨 가계는 주거관련부채가 소득의 약 32.53%를 차지하고 있어 주거관련부채상환비율이 가이드라인인 28%를 초과한다.
>
> 라. 주거관련부채부담율은 47.96%로 가이드라인인 30%를 초과하고 있어 합리적인 지출관리가 필요하다.
>
> 마. 빌라 A는 부동산자산이지만 최병철씨 세대가 함께 거주하고 있으므로 사용자산으로 분류되어 있다.

① 가, 다
② 가, 나, 마
③ 나, 다, 라
④ 나, 라, 마
⑤ 가, 다, 라, 마

22. 최병철, 김화정씨 부부가 2024년 1월 초 현재까지 납입한 주택담보대출 원금상환액과 이자상환액의 총액으로 가장 적절한 것을 고르시오.

	원금상환액	이자상환액
①	20,063천원	26,407천원
②	20,063천원	51,157천원
③	51,157천원	20,063천원
④	51,157천원	26,407천원
⑤	129,937천원	26,407천원

23. 최병철, 김화정씨 부부는 첫째 자녀 최은지씨의 유학자금 마련을 위하여 현재시점에서 얼마나 준비해야 하는지 계산하고, 부족한 금액은 추가적으로 저축하고자 한다. 다음의 정보를 참고했을 때, 유학자금 마련을 위한 분석으로 가장 적절한 것을 고르시오.

> **[추가 정보]**
>
> • 현재까지 교육자금 용도로 투자한 적립식 채권형펀드에 대한 추가저축은 없으며, 현재까지의 적립액은 세후 연 6%로 재투자됨
>
> • 부족한 교육자금 마련을 위한 추가저축은 지금부터 3년간 세후 연 6% 상품으로 할 예정임
>
> • 자녀 대학입학시점에 준비된 자금은 자녀 대학 재학기간 동안 세후투자수익률 연 6% 상품에 예치하고 매년 초 인출하여 사용함

① 현재시점에서 부족한 유학자금 일시금은 57,287천원이다.

② 원/유로 환율이 1,400원으로 상승한다면 입학시점에서 필요한 유학자금 일시금은 72,173천원이다.

③ 원/유로 환율이 1,200원으로 하락한다면 현재시점에서 필요한 유학자금 일시금은 61,694천원이다.

④ 지금부터 매월 초 정액으로 897천원을 저축하면 유학자금을 마련할 수 있다.

⑤ 지금부터 매년 말 물가상승률만큼 증액하여 저축한다면 첫해 말에는 12,094천원을 저축해야 유학자금을 마련할 수 있다.

24. 최병철, 김화정씨의 부부가 CFP® 자격인증자의 조언에 따라 투자자산 포트폴리오를 다음과 같이 재조정하였을 경우, 포트폴리오의 기대수익률과 위험(표준편차), 그리고 포트폴리오 수익률이 14.2% 이상을 달성할 확률을 계산한 것으로 가장 적절한 것을 고르시오. (단, 수익률은 정규분포곡선 형태를 나타낸다고 가정함)

자산	투자 비중	세후기대 수익률	수익률의 표준편차	수익률 간 상관계수
주식	30%	12.0%	10.0%	• 주식과 채권 : 0.2
채권	20%	7.5%	3.0%	• 주식과 부동산 : 0.35
부동산	50%	8.2%	6.0%	• 채권과 부동산 : −0.1

	기대수익률	표준편차	수익률 14.2% 이상 달성 확률
①	9.20%	5.00%	약 15.9%
②	9.20%	5.00%	약 2.3%
③	9.20%	5.69%	약 15.9%
④	12.60%	12.11%	약 4.55%
⑤	13.42%	12.55%	약 15.9%

25. 다음 정보를 바탕으로 최병철씨가 오늘 질병으로 사망할 경우 유가족이 유동자산만으로 실질적인 가계지출(부양비)을 유지하며 생활 가능한 기간으로 가장 적절한 것을 고르시오.

[최병철씨 가계 관련 정보]
- 연간 가계지출 : 60,000천원(최병철씨 본인을 위해 지출하는 비용 연간 20,000천원 포함)
- 총부채잔액은 100,000천원으로 가정함(주택담보대출, 신용카드 잔액 등)
- 최병철씨 사망에 따른 국민연금의 유족연금 및 기타 사후 정리비용은 고려하지 않음
- 세후투자수익률과 물가상승률은 시나리오 'Ⅲ. 경제지표 가정'을 참고함
- 부양비는 매년 초 필요하며, 매년 물가상승률만큼 상승함

① 약 2.5년
② 약 3년
③ 약 3.7년
④ 약 4.5년
⑤ 약 5년

26. 얼마 전 주택화재보험에 가입한 최병철씨는 거주하는 주택에 갑작스러운 화재가 발생하였다. 다음의 정보를 참고하여 최병철씨가 지급받을 수 있는 화재보험의 지급보험금에 대한 설명으로 가장 적절한 것을 고르시오.

> **[지급보험금 관련 정보]**
>
> • 화재로 인한 손해액 및 비용
> - 재산손해액 : 30,000천원
> - 잔존물제거비용 : 4,000천원
> - 손해방지비용 : 2,000천원
> - 기타협력비용 : 2,000천원
> • 화재 발생 후 평가한 보험가액 : 240,000천원
> • 관리사무소에서 별도로 가입한 화재보험은 없으며, 화재와 관련하여 최병철씨 및 가족의 과실은 없음

① 화재로 인한 재산손해액에 대한 지급보험금은 22,500천원이다.
② 화재로 인한 잔존물제거비용에 대한 지급보험금은 3,750천원이다.
③ 화재로 인한 손해방지비용에 대한 지급보험금은 1,875천원이다.
④ 화재로 인한 기타협력비용에 대한 지급보험금은 1,500천원이다.
⑤ 최병철씨가 주택화재보험으로부터 지급받을 수 있는 총 지급보험금은 33,000천원이다.

27. 부친 최성곤씨가 2024년 1월 1일 종로병원에서 구수증서에 의한 유언을 하였을 경우 구수증서유언(시나리오상)에 대한 설명으로 가장 적절한 것을 고르시오.

① 특별한 사정이 없는 한 2024년 1월 8일 이내에 검인을 받아야 하며, 해당 기간 내에 검인을 받았다면 유언자 사후에 별도의 검인을 특별히 요하지 않는다.
② 만 15세의 이정음씨가 부모의 동의를 얻어 증인이 되었다면 해당 증인으로서 유언은 유효하다.
③ 최성곤씨의 간병인이 미리 서면으로 작성해둔 최성곤씨의 유언취지를 이정음씨가 질문하여 최성곤씨가 고개를 끄덕이는 방식으로 답변했다면 유언은 유효하다.
④ 유언은 유언서를 작성한 날부터 그 효력이 발생한다.
⑤ 구수증서 작성 당시 최성곤씨가 객관적으로 자필증서에 의한 유언을 작성할 수 있었다고 하더라도 구수증서에 의한 유언이 요건을 모두 갖추었다면 유효하다.

28. 구수증서에 의한 유언에 따를 경우 각 상속인의 법정상속분(구체적 상속분)으로 가장 적절한 것을 고르시오. (단, 상속재산과 생전증여재산 금액은 시나리오상 적정시세로 평가함)

	박혜정	최병철	최희연
①	1,050,000천원	700,000천원	400,000천원
②	1,050,000천원	350,000천원	400,000천원
③	950,000천원	1,250,000천원	400,000천원
④	950,000천원	700,000천원	700,000천원
⑤	950,000천원	350,000천원	400,000천원

29. 다음 추가 정보를 고려할 때 부친 최성곤씨 상속재산에 대한 상속세 및 증여세법상 상속세 산출세액으로 적절한 것을 고르시오.

> **[추가 정보]**
> • 요건을 충족할 경우 일괄공제와 금융재산 상속공제를 적용하며, 그 외의 공제는 고려하지 않는다.
> • 장례비는 일반 장례비 3,000천원, 봉안시설 사용비 5,000천원이며 모두 증빙자료가 존재한다.

① 330,000천원
② 572,000천원
③ 648,000천원
④ 772,000천원
⑤ 832,000천원

30. 상속세 및 증여세법상 부친 최성곤씨의 상속재산에 대한 설명으로 가장 적절한 것을 고르시오.

① 현금은 상속개시 전 1년 이내 순인출하였으므로 추정상속재산에 해당한다.
② 상가 C를 보충적 평가방법에 의해 평가한 경우 400,000천원이다.
③ 주식 E가 비상장법인의 주식이고 ㈜챔프통신이 사업개시 후 2년이 경과한 법인이라면, 순자산가치로만 평가한다.
④ 주식 E가 상장법인의 주식일 경우 시가는 상속개시일 현재 최종시세가액으로 한다.
⑤ 박혜정씨와 최희연씨에게 생전증여한 재산은 모두 상속재산에 가산하여 상속세 과세가액을 구한다.

31. 부친 최성곤씨의 상속재산을 다음과 같이 협의분할하였을 경우에 대한 설명으로 적절한 것을 고르시오. (단, 상속인들은 각자 협의분할한 재산을 이전 등기하였으며, 상속재산 금액은 시나리오상 적정시세로 평가함)

상속재산	아파트 B	상가 C	토지 D	현금	주식 E
상속인	최희연	최병철	최희연	최희연	최병철

※ 박혜정씨는 상속을 포기함

① 일괄공제 선택 시, 기초공제 2억원과 일괄공제 5억원을 합산하여 7억원이 공제된다.
② 피상속인의 배우자 박혜정씨는 만 70세로 연로자공제 대상자이다.
③ 피상속인의 배우자 박혜정씨가 상속포기 상태로 상속재산분할협의에 참여했다면 그 협의는 즉시 무효가 된다.
④ 박혜정씨가 채무초과 상태로 본인의 상속분을 포기했다면, 박혜정씨의 채권자는 취소권을 행사할 수 있다.
⑤ 직계비속인 최희연씨가 아파트 B를 상속받았으므로 동거주택상속공제 500,000천원을 적용받을 수 있다.

32. 최병철씨는 부친으로부터 상속받은 상가 C를 수익환원법으로 가치평가를 해보기로 하였다. 향후 5년간 더 임대하면서 지급 받는 임대료와 일반관리비는 변동이 없다고 가정하고, 5년 후에는 현 적정시세에 매년 부동산가치상승률을 적용하여 매도가 가능할 것으로 예상된다. 세후투자수익률을 할인율로 적용한 수익가치로 가장 적절한 것을 고르시오.

[상가 C 관련 추가 정보]
- 상가 C의 공실률 : 5%
- 상가 C의 일반관리비 : 월 800천원
- 부동산가치상승률 : 4%
- 임대보증금, 각종 세금 및 중개보수는 없다고 가정함

① 462,780천원
② 496,330천원
③ 521,524천원
④ 580,692천원
⑤ 655,487천원

33. 최병철씨는 부친으로부터 상속받은 상가 C의 임대수입의 정상화를 위해 시설을 개보수하는 리모델링을 검토하고 있다. 다음 정보를 고려할 때 리모델링의 타당성 여부를 설명한 내용으로 가장 적절한 것을 고르시오.

[리모델링 관련 정보]
- 현재 상가 C는 노후화되어 시장임대료 수준보다 약 30% 낮은 임대료를 매월 말에 받고 있음
- 리모델링 비용으로 100,000천원이 소요될 것으로 예상됨
- 리모델링 후 5년간 보유할 예정이고, 리모델링 비용의 잔존가치는 없고 가치상승분은 고려하지 않음
- 보유기간 동안 매월 임대료는 동일하고, 시장할인율은 연 6% 월복리로 가정함

① 약 12,412천원만큼 손실이 발생하므로 리모델링을 실시하지 않는다.
② 약 17,588천원만큼 손실이 발생하므로 리모델링을 실시하지 않는다.
③ 약 22,412천원만큼 손실이 발생하므로 리모델링을 실시하지 않는다.
④ 약 15,110천원만큼 수익이 증가하므로 리모델링을 실시한다.
⑤ 약 28,588천원만큼 수익이 증가하므로 리모델링을 실시한다.

34. CFP® 자격인증자는 최병철씨로부터 부친에게 상속받은 주식 E의 적정가치를 추정해달라는 요청을 받았다. CFP® 자격인증자가 최근 조사한 자본시장의 상황과 ㈜챔프통신에 대한 정보가 다음과 같을 때, ㈜챔프통신 보통주의 적정가치를 정률성장배당할인모형을 이용하여 산출한 가격으로 적절한 것을 고르시오.

[자본시장과 ㈜챔프통신에 대한 정보]

• 무위험수익률 : 4%, 주식시장 위험프리미엄 : 5%

• ㈜챔프통신의 현재주가 : 15,000원

• ㈜챔프통신의 베타계수 : 1.3, 자기자본이익률(ROE) : 10%

• 금년도 주당순이익 : 4,000원, 주당 배당금액 : 1,000원

① 약 26,353원

② 약 29,452원

③ 약 30,452원

④ 약 31,353원

⑤ 약 35,833원

35. 김화정씨가 조기노령연금을 받는 경우와 (일반)노령연금을 받는 경우의 총은퇴일시금(김화정씨 나이 60세 시점) 차이액으로 가장 적절한 것을 고르시오. (단, 은퇴기간은 김화정씨 은퇴시점부터 5년/부부 은퇴기간/최병철씨 사후 김화정씨 독거기간을 모두 포함하여 계산함)

① 5,366천원

② 7,221천원

③ 8,288천원

④ 11,155천원

⑤ 17,230천원

36. 최병철씨 부부는 김화정씨가 60세 시점부터 조기노령연금을 지급 받는 것으로 가정했을 때, 은퇴시점에서 부족한 은퇴일시금 마련을 위해 필요한 추가저축을 계획하고 있다. 부족한 은퇴일시금 마련을 위한 분석으로 가장 적절한 것을 고르시오.

[추가 정보]

• 부부의 은퇴시점은 김화정씨가 은퇴하는 60세 시점으로 보며, 은퇴시점의 총은퇴일시금은 김화정씨의 은퇴시점에서 계산함

• 현재 준비하고 있는 은퇴자산 : 변액연금보험
  - 5년 전 가입하여 매월 말일에 500천원씩 납입하고 있으며, 60세까지 15년간 추가로 납입할 예정
  - 납입보험료 대비 수익률은 연 3%로 가정함
  - 연금은 60세부터 25년간 수령할 계획임

• 부족한 은퇴일시금은 추가저축을 통해 충당할 계획이며, 추가저축은 지금부터 10년간 새로 가입하는 적립식 주식혼합형펀드(세후투자수익률 연 7.0%)로 할 예정임

① 지금부터 매년 초 정액으로 저축한다면 매년 29,155천원을 저축해야 한다.

② 지금부터 매월 말 정액으로 저축한다면 매월 2,520천원을 저축해야 한다.

③ 지금부터 매년 초 물가상승률만큼 증액하여 저축한다면 첫해 저축액은 20,135천원이다.

④ 지금부터 매년 말 물가상승률만큼 증액하여 저축한다면 첫해 저축액은 20,538천원이다.

⑤ 시나리오상 현재 별도로 용도가 없이 가입되어 있는 적립식 주식형펀드를 해지하여 추가저축 상품에 포함하면, 10년간 매년 초 정액 저축 시 연간 저축액이 28,288천원으로 줄어든다.

37. 최병철, 김화정씨 부부는 빌라 A를 부부 사망 후 자녀에게 상속할 예정이나, 은퇴 이후 발생할 수 있는 갑작스러운 상황에 대비해 주택연금과 관련하여 상담을 받고 있다. 상담 내용으로 가장 적절한 것을 고르시오.

① 주택의 공시가격 등이 12억원 이상이어야 신청할 수 있습니다.

② 최병철씨와 김화정씨 두 분 모두 근저당설정일 기준으로 만 55세 이상이 되어야 신청할 수 있습니다.

③ 주택연금은 종신형으로만 연금수령이 가능하고, 확정형으로는 불가능하다는 점을 고려해야 합니다.

④ 최병철씨와 김화정씨 사후에 주택을 처분하고 난 금액이 수령한 연금액에 미달하더라도 자녀들에게 부족 금액이 청구되지 않습니다.

⑤ 신탁등기를 하더라도 최병철씨가 사망 후에 김화정씨가 승계를 받기 위해서는 소유자 이전 절차가 반드시 필요합니다.

38. 최병철씨 가족의 부동산과 관련된 절세에 대한 조언으로 가장 적절한 것을 고르시오. (단, 각 선지는 별개의 사항임)

① 최병철씨가 부친으로부터 상속받은 상가지분의 1/2을 김화정씨에게 2024년 5월 18일에 증여하더라도 최병철씨의 세대는 상가의 건물분에 대한 종합부동산세를 절세할 수 없다.

② 최병철씨가 빌라 A의 1/2을 2024년 5월 중에 김화정씨에게 증여할 경우 빌라 A에 대한 재산세를 가족단위로 볼 때 절세할 수 있다.

③ 최병철씨가 단독으로 상가를 취득하는 것보다 부부 공동명의로 취득하는 것이 취득세를 가족단위로 볼 때 절세할 수 있다.

④ 최병철씨가 상가의 1/2을 2024년 5월 중에 최은지씨에게 증여할 경우에 상가의 부속토지에 대한 재산세를 가족단위로 볼 때 절세할 수 없다.

⑤ 최병철씨가 빌라 A의 1/2을 2024년 5월 중에 김화정씨에게 증여할 경우에 빌라 A에 대한 종합부동산세를 가족단위로 볼 때 절세할 수 있다.

39. 최병철, 김화정씨 부부의 보험관련 세금에 대한 설명으로 적절하지 **않은** 것을 고르시오.

① 최병철씨가 장애인인 둘째 자녀를 위하여 가입한 장애인 전용 보장성보험에 대해 122.4천원의 특별세액공제를 받을 수 있다.

② 계약자와 수익자가 김화정씨이고 피보험자가 최병철씨인 종신보험의 보험료를 최병철씨가 실질적으로 납입하고 있다면 보험료를 납입하는 시점에 보험료를 증여한 것으로 본다.

③ 최병철씨가 종신보험의 보험료총액 중 70%를 납입하고 김화정씨가 30%를 납부한 상태에서 최병철씨가 사망한 경우 200,000천원의 보험금 중 김화정씨에 대한 상속 재산가액은 140,000천원이다.

④ 김화정씨가 가입한 암보험의 경우 최병철씨가 보험료를 대신 납입하고 김화정씨가 암으로 사망하여 보험금을 최병철씨가 수령한다면 그 수령액은 상속세 과세대상이 아니다.

⑤ 김화정씨가 암에 걸려 받은 진단비와 주택화재로 인하여 지급받은 화재보험금, 자동차 사고로 인하여 자동차보험에서 지급받은 보상금 등 질병이나 사고로 인하여 지급받은 보험금은 소득세 과세대상이 아니다.

40. 최병철씨가 가입한 적립식 채권형펀드의 이익 내역이 다음과 같을 때 배당소득으로 적절한 것을 고르시오.

(단위 : 천원)

구분	금액
수입이자	1,000
채권매매손실	−500
채권평가손실	−300
상장주식 매매이익	2,000
합계	2,200

① 200천원

② 800천원

③ 1,200천원

④ 2,000천원

⑤ 2,200천원

해커스 CFP® 최종 실전모의고사

CERTIFIED FINANCIAL PLANNER™

2회

═══════ 지식형 ═══════

1교시
(15:00 ~ 17:00)

재무설계 원론 (15문항)
재무설계사 직업윤리 (5문항)
위험관리와 보험설계 (25문항)
은퇴설계 (25문항)
부동산설계 (20문항)

2교시
(17:30 ~ 19:20)

투자설계 (28문항)
세금설계 (27문항)
상속설계 (25문항)

해커스 **CFP®** 최종 실전모의고사

지식형 (1교시) 15:00 ~ 17:00

시험 유의사항

[1] 수험표에 명시된 준비물을 꼭 지참하고, 특히 규정신분증 이외의 신분증 및 신분증을 지참하지 않을 경우 입실이 허용되지 않음.

[2] 시험 시작 후 1시간이 경과하기 전에는 퇴실할 수 없으며, 퇴실 시 반드시 문제지와 답안지를 제출해야 함.

[3] 응시자 이외의 사람은 시험장에 출입할 수 없으며 시험장 내 주차장이 협소하거나 주차장을 사용할 수 없는 고사장이 있으므로 대중교통을 이용하고, 만약 자가용 이용으로 발생되는 문제(주차 및 차량훼손 등)는 한국FPSB가 책임지지 않음.

[4] 시험장 내 휴대전화, 무선기, 컴퓨터, 태블릿 PC 등 통신 장비를 휴대할 수 없으며 휴대가 금지된 물품을 휴대하고 있음이 발견되면 부정행위 처리기준에 따라 응시제한 1년 이상으로 징계됨.

[5] 답안 작성은 컴퓨터용 사인펜을 이용하고 예비답안 작성은 반드시 붉은 사인펜만을 이용해야 하며, 붉은 사인펜 이외의 필기도구(연필, 볼펜 등)를 사용하여 예비답안을 작성한 경우 이중 마킹으로 인식되어 채점되지 않음을 유의함.

[6] 답안은 매 문항마다 하나의 답만을 골라 그 숫자에 빈틈없이 표기해야 하며, 답안지는 훼손, 오염되거나 구겨지지 않도록 주의해야 함. 특히, 답안지 상단의 타이밍 마크를 절대로 훼손해선 안 되며, 마킹을 잘못하거나(칸을 채우지 않거나 벗어나게 마킹하는 경우) 답안지 훼손에 의해서 발생되는 문제에 대한 모든 책임은 응시자에 귀속됨.

[7] 문제지와 답안지 작성을 제외한 모든 종류의 필사(본인 답안 필사 등)를 하는 행위 및 컨닝용 쪽지, 책자 또는 노트 등을 휴대하는 행위는 부정행위로 처리함.

[8] 시험종료 안내는 종료 20분, 10분, 5분 전에 방송되며 시험시간 관리의 책임은 전적으로 수험생 본인에게 있으므로 종료 후 답안 작성으로 인하여 부정행위 처리되지 않도록 유의함.

[9] 시험장 내에선 금연이며 시험장의 시설물이 훼손되지 않도록 주의함.

[10] 유의사항 위반에 따른 모든 불이익은 응시자가 부담하고 부정행위 및 규정 위반자는 부정행위 세부처리기준에 준하여 처리됨.

- 문제의 일반 계산이나 TVM 계산 시 별도의 지시사항이나 지문이 없을 경우 중간 계산의 값은 참값 또는 반올림하여 사용할 것
- 투자(대출)상품의 투자수익률(대출이율) 표시 : 별도의 언급이 없는 한 연복리를 말하며 이외의 경우 별도로 표기함
  (예 연 6% 연복리상품 - 연 6%, 연 6% 월복리상품 - 연 6% 월복리)
- 문제의 지문이나 보기에서 별다른 제시가 없으면, 모든 개인은 세법상 거주자이고, 모든 법인은 내국법인이며 모든 자산, 부채 및 소득은 국내에 있거나 국내에서 발생한 것으로 가정하고, 주식은 국내 제조법인의 주식으로서 우리사주조합원이 보유한 주식이 아니며, 소득세법상 양도소득세 세율이 누진세율(6~45%)로 적용되는 특정주식 등 기타자산에 해당하지 않는 일반주식이라고 가정함
- 문제의 지문이나 보기에서 별다른 제시가 없으면 나이는 만 나이이며, 기준시점은 1월 초이고 나이로 표시된 시점은 해당 나이의 기시 시점임

재무설계 원론 (15문항)

1. 개인의 의사결정을 설명하는 이론과 그 내용을 가장 적절하게 연결한 것은?

> 가. 소비자선택이론
>
> 나. 규제초점이론
>
> 다. 계획된 행동이론
>
> 라. 교환이론
>
> A. 개인은 목표를 달성하는 것 혹은 부정적인 결과를 회피하는 것을 동기부여로 삼는다.
>
> B. 금연이 실제로 가능한지 보다는 금연이 가능하다고 믿는지 여부가 금연 성공 여부에 더 중요하다.
>
> C. 개인의 태도, 주관적 규범, 인지된 행동 통제가 개인의 의도와 후속 행동에 영향을 미친다.
>
> D. 세대 간 자원이전이나 개인간 선물을 주고받는 행동을 하는 이유를 설명하는 데 사용된다.
>
> E. 제한된 자원을 고려하여 재화를 어떻게 구매할지, 얼마나 소비할지 선택하기 위해 소비자들이 어떻게 행동하는지를 설명한다.

	가	나	다	라
①	A, E	A, B	B, C	D
②	B, E	A	B	A, D
③	C	A, E	A, D	B, D
④	E	A, B, C	A, B, D	A
⑤	E	A	B, C	D

2. 자격인증자의 보수형태에 대한 설명으로 적절하지 **않은** 것은?

① Fee-Only 재무설계사는 고객을 위해 추천하는 상품에 대해 고객과의 이해상충이 발생할 확률이 낮다.

② Fee-Only 방식을 고수하는 재무설계사들은 Commission-Only 방식이 판매수수료가 높은 상품을 추천하는 유인이 될 수 있어 고객의 이익을 침해할 가능성이 있다고 주장한다.

③ Salary-Only 형태의 보수체계에서 고객은 재무설계 서비스에 대한 수수료 이외에 상품구매에 따른 수수료를 추가 지불할 수 있다.

④ Commission-Only는 고객의 측면에서 비용적으로 유리하나 컨설팅품질을 기대할 수 없다.

⑤ Fee and Commission 형태의 보수체계는 고객으로부터 상담수수료와 상품 판매수수료를 복합적으로 받는 형태를 말하며, 가장 많은 재무설계사들이 선택하는 보수방식이다.

3. CFP® 자격인증자는 금리가 인상됨에 따라 고객의 재무목표를 조정하려고 한다. 자격인증자가 외부 경제환경을 분석한 내용으로 가장 적절하지 **않은** 것은?

① 경기가 과열되어 기준금리 상승이 예상된다면 고객의 대출 계획을 재고해야 한다.

② 금리 인상으로 부동산 가격이 하락한다면 고객의 가계소비의 감소 요인이 될 수 있다.

③ 금리가 상승하면 고객의 저축을 늘려서 예금이자 수입을 증가시킬 수 있다.

④ 고객이 수출업자라면 금리 인상으로 인해 수입이 증가할 가능성이 있다.

⑤ 고객이 대출을 고려하고 있다면 고정금리로 대출받도록 하는 것이 유리하다.

4. 조재희씨는 5년 후 결혼을 계획하고 있다. 결혼비용은 현재 물가기준으로 70,000천원이 연초에 필요하고 매년 4%의 물가상승률만큼 증가할 것으로 예상한다. 조재희씨가 결혼자금 마련을 위해 5년간 매월 말 일정금액을 세후투자수익률 연 6% 연복리 상품에 적립할 경우 매월 적립해야 할 금액으로 가장 적절한 것은?

① 1,220 ~ 1,230천원

② 1,250 ~ 1,260천원

③ 1,300 ~ 1,310천원

④ 1,320 ~ 1,330천원

⑤ 1,340 ~ 1,350천원

6. 정윤미씨는 지금부터 10년 뒤 은퇴 후 필요한 사업자금을 마련하기 위해 지금부터 매년 말 30,000천원씩 7년간 투자한 후 은퇴시점까지 동일한 투자상품에 예치하여 사업자금을 준비하려고 한다. 정윤미씨가 현재물가기준으로 필요한 사업자금 300,000천원을 마련하기 위해 투자할 금융상품의 세후투자수익률로 적절한 것은? (단, 사업자금은 매년 2%씩 증가한다고 가정함)

① 8.06%

② 8.25%

③ 8.58%

④ 9.39%

⑤ 9.80%

5. 홍다영씨는 200,000천원을 10년 만기로 대출받으려고 한다. 현재 대출이율이 연 6% 월복리일 때, 매월 말 원리금균등분할상환 방식(A안)과 만기일시상환 방식(B안)의 총 이자납입액을 비교한 내용으로 가장 적절한 것은?

① A안이 B안보다 53,551천원 적다.

② A안이 B안보다 53,551천원 많다.

③ A안이 B안보다 105,323천원 적다.

④ A안이 B안보다 105,323천원 많다.

⑤ 차이가 없다.

7. 김지선씨는 1,000,000천원을 투자해서 상가건물을 매입하였다. 이 상가건물을 5년간 운영할 경우 1~2차년도 말에는 20,000천원, 3차년도 말에는 25,000천원, 4~5차년도 말에는 30,000천원의 임대수익이 예상된다. 5년 후 매도가가 세후 1,400,000천원으로 예상될 경우 상가건물 투자에 대한 내부수익률 및 5년간 운영하고 매각하는 투자안에 대한 현명한 선택으로 적절한 것은? (단, 요구수익률은 연 8.5% 연복리이며 모든 거래비용은 없다고 가정함)

① 7.62%, 투자안 기각

② 8.11%, 투자안 채택

③ 8.11%, 투자안 기각

④ 9.12%, 투자안 채택

⑤ 9.12%, 투자안 기각

8. 종합재무설계 프로세스의 단계별 내용으로 가장 적절한 것은?

① 1단계 : 정형화된 정보수집 프로세스를 만들고 고객의 목표 간 우선순위를 파악한다.

② 2단계 : 재무설계 서비스에 대한 보수형태와 그 형태를 취하는 이유를 포함하여 업무수행계약서를 작성한다.

③ 3단계 : 부동산자금이나 교육자금 등의 재무목표에 대한 조정이 필요한지, 현금흐름의 재무목표 달성이 가능한지 등을 고려해야 한다.

④ 4단계 : 다른 전문가가 선별한 금융상품과 서비스가 자격인증자 자신의 것과 다를 수 있음을 고객에게 분명히 밝혀야 한다.

⑤ 5단계 : 부동산투자와 관련하여 투자·처분·개발시기 등 주요한 점검사항을 고객과 공유하며, 방향성에 대해 조언한다.

9. 종합재무설계 프로세스 각 단계에 해당하는 내용을 순서대로 나열한 것은?

가. 고객의 재무목표 검토, 가정치들, 관찰 및 결과, 대안, 제안서의 실행사항에 관해 반드시 커뮤니케이션 한다.

나. 고객의 재무목표를 정량화하여 기간별로 구분하여 파악한다.

다. 고객의 이해를 돕기 위해 개인프로파일을 문서로 작성하여 자격인증자가 제공하는 서비스와 역량에 대한 정보를 제공한다.

라. 고객의 재무관리 습관, 재무적 성장정도 등을 파악하기 위해 순자산 증감 여부를 확인한다.

마. 고객의 상황변화로 인한 재무목표의 변화 여부를 파악한다.

바. 고객의 재무적 목표를 충족할 수 있는 금융상품과 서비스를 조사하고 선별한다.

① 나 – 다 – 가 – 마 – 바 – 라
② 나 – 다 – 가 – 바 – 라 – 마
③ 다 – 나 – 가 – 바 – 마 – 라
④ 다 – 나 – 라 – 가 – 바 – 마
⑤ 다 – 나 – 바 – 가 – 마 – 라

10. 재무설계 제안서에 포함되는 사항으로 모두 묶인 것은?

가. 고객의 재무목표와 우선순위에 대한 사항

나. 수정재무상태표와 수정현금흐름표에 대한 사항

다. 계약의 해지 및 종료에 대한 사항

라. 투자지침서에 대한 사항

마. 고객의 불만 해결에 대한 사항

① 가, 나
② 다, 라
③ 가, 나, 라
④ 가, 나, 마
⑤ 다, 라, 마

11. 정부가 부동산 규제를 강화함에 따라 LTV가 70%에서 60%, DTI가 60%에서 50%로 하향되었다. 정인규씨는 다음의 조건에 따라 주택 A 구매를 위한 대출을 받으려고 하는데, 규제 강화 전·후에 따른 최대 대출금액의 차이로 가장 적절한 것은?

• 주택 A의 평가금액 : 1,200,000천원

• 정인규씨의 연평균소득 : 100,000천원

• 대출조건 : 연 5% 월복리, 20년 만기 매월 말 원리금균등분할상환

• 기타 가정
  - LTV와 DTI로 계산된 금액 중 낮은 금액을 적용하며, 규제의 시점 차이에 따른 차액은 없음
  - 정인규씨는 해당 대출 이외에 기타 대출내역이 없음
  - 주택 A에 대한 선순위 채권 등은 없음

① 117,796천원
② 120,000천원
③ 126,271천원
④ 208,645천원
⑤ 376,266천원

12. 재무상태표와 다음 내용을 바탕으로 이해강씨 가계의 자산 건전성 및 주택담보대출을 분석한 내용으로 가장 적절하지 **않은** 것은?

재무상태표(2023년 12월 31일 현재)   (단위 : 천원)

자산			부채 및 순자산		
항목		금액	항목		금액
금융자산	현금성자산		유동부채	신용카드	5,000
	현금	2,000			
	CMA	8,000	비유동부채	주택담보대출1)	( )
	보통예금(결제용)	5,000		자동차 할부	6,550
	저축성자산		총부채		( )
	자유적금	8,000			
	정기예금	30,000			
	주택청약종합저축	17,000			
	투자자산				
	채권	20,000			
	뮤추얼펀드	10,000			
	상장주식	100,000			
	투자용 부동산	200,000			
	금융자산 총액	400,000			
부동산자산	토지 등				
	부동산자산 총액	0			
사용자산	자동차	20,000			
	주거용 주택	600,000			
	사용자산 총액	620,000			
기타자산	퇴직연금 등				
	기타자산 총액	0			
총자산		1,020,000	순자산		( )

1) 현재 거주 중인 주택을 구입하면서 A은행으로부터 2억원을 대출기간 10년 이자율 연 6% 월복리, 매월 말 원리금균등분할상환 조건으로 대출받음 (2023년 12월 말 현재 68회차 상환)

[각 지표별 가이드라인]

지표	가이드라인
주거관련부채부담율	30% 이하
주거관련부채상환비율	28% 이하
소비성부채비율	20% 이하
총부채상환비율	36% 이하
총부채부담율	40% 이하

① 이해강씨의 주택담보대출 잔액은 101,450천원이다.

② 주택담보대출의 상환방식이 원금균등분할상환이었다면 총 이자부담액은 현재보다 감소할 것이다.

③ 주택의 담보가치가 5억원이라면, 대출을 받을 당시 LTV 한도는 최소 40% 이상이었음을 짐작할 수 있다.

④ 재무상태 측면에서 주거관련부채는 위험한 수준이라고 평가할 수 있다.

⑤ 총부채부담율은 11% 수준으로 가이드라인보다 낮아 양호한 편이다.

13. 전세자금대출 및 주택담보대출에 대한 적절한 설명으로 모두 묶인 것은?

가. 전세사기로 인한 피해를 방지하기 위해서는 전세보증금 상환보증에 가입해야 한다.

나. 한국주택금융공사의 보증서 담보 전세자금대출은 대출한도가 전세보증 한도와 비례하며, 보증료는 대출이자와 별도로 납부해야 한다.

다. DTI는 주택담보대출 시 해당 주택 가격에 대한 대출의 크기를 나타낸다.

라. DSR은 모든 대출의 연간 원리금상환액을 연간소득으로 나누어 구할 수 있다.

마. 내집마련디딤돌대출은 전 세대원이 무주택자이고 연소득과 순자산가액이 일정조건을 충족하는 신혼가구의 경우 4억원까지 대출을 해준다.

① 가, 다

② 가, 다, 라

③ 나, 라, 마

④ 다, 라, 마

⑤ 가, 나, 다, 라

14. 심리적 편향에 대한 적절한 설명으로 모두 묶인 것은?

　가. 이기면 100만원을 받지만, 지면 100만원을 잃는 게임은 잠재적 이득이 크지 않아서 참가하지 않는 사람은 손실회피 편향이 있다고 볼 수 있다.

　나. 준거점이 투자수익률 30%에 꽂혀있는 사람이 수익률이 10%인 인덱스펀드는 고려하지 않는 것은 자기과신 편향이 원인이다.

　다. CFP® 자격인증자는 고객의 소비행동에 대한 상담 시 고객으로 하여금 미래의 큰 보상보다 현재의 작은 보상을 추구하여 자기통제 오류를 방지하도록 한다.

　라. 3개월의 무료 서비스 기간만 이용하고 취소하려는 생각으로 가입했던 구독서비스를 탈퇴하는 것이 귀찮아서 계속해서 이용하는 것은 현상유지 편향에 해당한다.

　마. 기저율을 무시하고 3일 연속 부동산 관련 주식이 상승했다는 소식만으로 부동산 관련 주를 사려고 하는 사람은 심적회계 오류를 범하고 있다고 볼 수 있다.

　바. 본인 소유의 아파트 매도 시에는 시장가격보다 높은 금액을 받고자 하지만, 동일한 조건의 아파트를 매수할 때에는 시장가격보다 더 저렴한 값으로 매수하려는 현상은 소유효과가 원인이다.

① 가, 나, 라
② 가, 라, 바
③ 나, 다, 마
④ 다, 라, 바
⑤ 가, 나, 라, 마

15. 이상윤씨는 장애인인 손녀 이서연씨에 관한 장애인가구 재무설계를 상담 받고자 한다. 다음 중 장애인가구 재무설계에 대한 설명으로 가장 적절하지 **않은** 것은?

① 장애인 특별부양신탁의 경우 금융자산의 신탁은 가능하지만, 부동산은 불가능하다.

② 장애인 특별부양신탁의 기간은 손녀 이서연씨의 종신까지 가능하다.

③ 장애인 특별부양신탁 가입 시 증여세는 최대 5억원까지 면제된다.

④ 장애인 전용보험의 경우 일반 보장성상품의 세액공제보다 높은 수준인 16.5%의 세액공제를 받을 수 있다.

⑤ 장애인 연금보험은 일반상품보다 생존기간 중 지급되는 연금액이 더 많다.

재무설계사 직업윤리 (5문항)

16. 고객에 대한 재무설계사의 의무와 그에 관한 설명으로 적절하게 연결된 것은?

　가. 충실의무
　나. 고지의무
　다. 진단의무
　라. 자문의무
　마. 갱신유지의무

A. 재무설계사는 '투자자 적합성'을 판단하기 위하여 투자에 대한 고객의 지식수준과 재무목표에 관한 정보를 비롯하여 고객에 관한 기본적인 정보를 모두 파악하고 있어야 한다.

B. 재무설계사는 언제나 자신의 이익보다는 고객의 합법적 이익을 최우선순위에 두고 고객에게 사심 없는 공명정대한 조언을 하여야 한다.

C. 재무설계사의 입장에서는 고객과의 이해상충을 완벽하게 제거한다는 것이 불가능하기 때문에 이해상충을 회피할 수 있는 가장 확실한 방안은 관련되는 모든 정보를 고객에게 미리 알려주는 것이다.

D. 자격인증자는 2년마다 정해진 계속교육을 이수하여 지속적으로 변화되는 금융환경과 제도의 내용과 함께 새로 개발된 금융 및 실물투자상품에 대한 정보 등 고객의 재무계획에 영향을 미칠 수 있는 제반사항에 대한 전문지식을 파악하고 보강하여야 한다.

E. 고객이 재무설계사의 비전문분야에 대한 서비스를 요청하는 경우에 대비하여 분야별로 다른 전문가 그룹과 네트워크를 구성하고 상호 간에 긴밀한 협조관계를 유지하여야 한다.

	가	나	다	라	마
①	B	A	E	C	D
②	B	C	A	E	D
③	B	E	D	C	A
④	D	B	A	E	C
⑤	D	C	A	E	B

17. 윤리원칙과 그에 대한 설명으로 가장 적절하게 연결된 것은?

> 가. 성실성의 원칙
>
> 나. 객관성의 원칙
>
> 다. 공정성의 원칙
>
> 라. 능력개발의 원칙
>
> 마. 근면성의 원칙
>
> A. 자만심은 금물이며 항상 겸허한 자세로 전문능력의 향상을 위하여 지속적으로 노력하여야 한다.
>
> B. 전문가로서 약속한 사항을 합리적인 범위 안에서 신속하고 철저하게 이행하는 것을 뜻한다.
>
> C. 자격인증자는 성실성을 기초로 전문가로서 고객에게 적절하다고 판단되는 서비스만 제공하여야 한다.
>
> D. 윤리규정상에 서술된 규정의 내용뿐 아니라 내재된 기본적인 정신에도 충실하여야 한다.
>
> E. 고객이 당연하게 기대하는 것을 고객에게 합리적으로 제공하는 것을 뜻한다.

① 가 – B, 나 – C, 다 – E, 라 – A, 마 – D
② 가 – C, 나 – D, 다 – E, 라 – A, 마 – B
③ 가 – C, 나 – E, 다 – A, 라 – B, 마 – D
④ 가 – D, 나 – C, 다 – E, 라 – A, 마 – B
⑤ 가 – D, 나 – E, 다 – C, 라 – B, 마 – A

18. 재무설계 업무수행과정 5단계에 대한 설명으로 가장 적절한 것은?

① 자격인증자는 고객의 재무상태에 적합하고 고객의 목표, 니즈 및 우선순위를 합리적으로 충족하는 금융상품, 서비스, 자산운용방식을 추천해야 한다.

② 자격인증자는 자신의 의견이 증명된 사실인 것처럼 제시하여서는 안 된다.

③ 자격인증자는 필요한 경우 업무수행계약의 범위를 변경하거나 고객으로부터 추가 정보를 입수하여야 한다.

④ 자격인증자는 고객의 목표, 니즈 및 우선순위를 합리적으로 충족할 수 있도록 고객의 현행 자산운용방식에 대해 적절한 여러 가지 전략을 고려해야 한다.

⑤ 고객의 상황과 니즈가 변경되는 경우 자격인증자는 이미 수행한 재무설계 업무수행과정의 단계를 다시 시작할 수도 있다.

19. CFP® 자격표장사용지침에 대한 적절한 설명으로 모두 묶인 것은?

> 가. CFP® 자격상표는 항상 대문자로 사용하여야 한다.
>
> 나. CFP® 자격상표는 항상 적절한 명사를 수식하는 형용사형으로 사용하여야 한다.
>
> 다. CFP® 자격상표를 자격인증자의 이름 바로 다음에 표시하는 경우에도 독자적으로 사용할 수 없다.
>
> 라. 로고는 항상 아트워크 원본으로부터 복제하여야 하며, 변형하거나 수정하여서는 아니 된다.
>
> 마. CFP® 자격상표를 도메인 이름과 이메일 주소의 일부로 사용하는 경우에는 쉽게 판별할 수 있는 적절한 위치에 태그라인을 표시하는 것을 원칙으로 한다.

① 가, 라
② 나, 마
③ 가, 나, 라
④ 나, 다, 라
⑤ 다, 라, 마

20. 전문직업인들의 재무설계 업무수행 시 유의사항으로 적절하지 **않은** 것은?

① 변호사 또는 그 사무직원은 법률사건 또는 법률사무를 유상으로 유치할 목적으로 법원, 수사기관, 교정기관 및 병원에 출입하여서는 아니 된다.

② 변호사법 제109조에 의하면 변호사가 아니면서 법률사무를 취급하거나 이러한 행위를 알선한 경우에는 비록 무보수라고 할지라도 변호사법에 위반되는 행위로 간주되어 처벌대상이 된다.

③ 재무설계사가 고객에게 증권의 가치분석, 투자판단에 도움이 되는 경기동향, 기업실적분석 등의 기초자료가 될 수 있는 데이터, 과거와 현재 유가증권의 가격이나 등락률을 알려주는 정도는 별 문제가 없다.

④ 개업공인중개사는 신의와 성실로써 공정하게 중개 관련 업무를 수행해야 하며, 중개가 완성된 때에는 규정된 사항을 사실대로 기재한 거래계약서를 작성하여 거래당사자에게 교부하여야 하며, 그 원본, 사본 또는 전자문서를 5년간 보존하여야 한다.

⑤ 개업공인중개사는 손해배상책임을 보장하기 위하여 비법인인 경우 1억원 이상, 법인인 경우에는 2억원 이상의 보증보험 또는 공인중개사협회의 공제에 가입하거나 공탁하여야 한다.

위험관리와 보험설계 (25문항)

21. 다음 중 (가)~(라)에 대한 위험관리방법이 가장 적절하게 연결된 것은?

> 가. 진중해씨는 특정 주식의 주가가 하락할 것을 우려하여 해당 주식에 대한 풋옵션을 매수하였다.
>
> 나. 학원을 운영하고 있는 신나라씨는 학원 건물 내 화재 감지기와 스프링클러 시스템을 설치하고, 정기적인 화재 점검을 진행하였다.
>
> 다. 이아현씨는 국외여행을 계획했으나, 최근 비행기 추락 사고 뉴스가 계속적으로 보도되어 여행을 포기하였다.
>
> 라. 민가은씨가 운영하는 회사에서 사이버 해킹으로 인한 데이터 유출이 발생하였으나, 백업 시스템을 가동하여 피해를 최소화 하였다.

	가	나	다	라
①	위험회피	손실예방	손실감소	위험전가
②	위험전가	손실감소	위험회피	손실예방
③	위험전가	손실예방	위험회피	손실감소
④	손실예방	손실감소	위험전가	위험회피
⑤	손실감소	손실예방	위험회피	위험전가

22. 다음의 사례를 통해 재산 관련 위험을 평가한 내용으로 가장 적절한 것은?

> 최우제씨의 주택 지붕의 내용연수는 30년이고, 10년이 경과된 시점에 태풍으로 인해 지붕이 파손되었다. 지붕을 시장에서 다시 구입하기 위해서는 3,000만원의 비용이 소요된다.

① 태풍으로 인해 지붕이 소실되었을 경우 지붕을 구입하는 비용은 간접손해가 되며, 간접손해의 발생 규모는 시간에 비례하여 증가할 수 있다.

② 파손된 지붕에 대한 감가상각액은 1,000만원이다.

③ 태풍으로 인해 파손된 지붕을 재조달가액방식으로 평가한다면 지급보험금은 2,000만원이 된다.

④ 태풍으로 인해 파손된 지붕을 현재가액방식으로 평가한다면 지급보험금은 1,000만원이 된다.

⑤ 재조달가액방식으로 보상할 경우 이득금지원칙에 위배되므로 현실에서는 현재가액방식으로 보상하는 것이 합리적이다.

23. 조기사망위험을 평가하는 방법에 대한 적절한 설명으로만 모두 묶인 것은?

> 가. 자본보유법은 투자자금에 대한 예상 투자수익률이 낮을 경우 사망보험가입금액이 큰 규모로 증가할 수 있다.
>
> 나. 생애가치법은 가장의 소득을 기준으로 가계 순소득을 계산하여 이를 현재가치로 환산하며, 다른 조건이 동일할 경우 할인율이 높을수록 필요 금액은 높게 산출된다.
>
> 다. 가장의 조기사망 시 충족되어야 할 가족의 다양한 니즈에 합당한 현재 시점의 총필요자금에서 생명보험과 보유 중인 유동자산을 공제한 차액은 니즈분석법에 의한 생명보험 필요보장액이 된다.
>
> 라. 니즈분석법은 가장의 사망 후 필요금액을 추정할 때 현재 및 장래 경제적 니즈, 공적연금, 보유 중인 유동자산 등을 모두 고려한다.
>
> 마. 생애가치법은 다른 수입원은 고려하지 않으나, 국민연금의 유족연금은 생명보험 필요보장액 산출 시 차감해야 한다.

① 가, 다, 라

② 나, 라, 마

③ 다, 라, 마

④ 가, 나, 다, 라

⑤ 나, 다, 라, 마

24. 건설현장에서 A는 B의 소유인 타워크레인을 빌려서 운행하였다. 그러던 중 A가 운행하던 타워크레인으로 인해 제3자 C에게 사고가 발생하였다. 다음 중 배상책임에 관한 적절한 설명으로만 모두 묶인 것은?

　가. 민법상 규정하고 있는 '사용자 책임'에 해당한다.

　나. A는 일반불법행위책임을, B는 특수불법행위에 의한 배상책임을 지게 된다.

　다. C가 해당 사고로 인해 입원하는 경우 적극적 손해에 해당하는 치료비는 완치에 이르기까지 필요한 각종 비용을 의미한다.

　라. 해당 사고로 인해 C에게 후유장해가 발생한 경우 배상책임보험에서는 그로 인한 소득의 상실, 위자료 및 기타 손해를 보상한다.

　마. 후유장해 손해의 상실수익액을 평가하는 방식 중 A.M.A. 방식은 직업과 개인적 특성을 고려하며, 우리나라 법원에서 근로자재해사고 및 배상책임사고에 사용한다.

① 가, 나
② 다, 라
③ 가, 나, 마
④ 가, 다, 라
⑤ 나, 다, 라, 마

25. 김미현씨가 운영하는 음식점에서 제공한 음식물로 인해 손님들에게 식중독이 발생하였다. 음식점에 가입한 배상책임보험의 정보가 다음과 같을 때 경험요율을 적용한 다음해 보험료로 가장 적절한 것은?

[보험 관련 정보]
• 연간 보험료 : 45,000원
• 예상손해율 : 35%
• 실제손해율 : 40%
• 신뢰도 계수 : 0.32

① 27,000원
② 32,096원
③ 42,944원
④ 47,057원
⑤ 50,272원

26. 지급여력제도에 대한 적절한 설명으로만 모두 묶인 것은?

　가. RBC 비율은 가용자본에 해당하는 지급여력금액을 요구자본인 지급여력기준금액으로 나누어 산출한다.

　나. RBC 비율에서 최대손실 예상액은 일정 기간 동안 일정 신뢰수준 하에서 발생할 수 있는 최대손실액인 VaR로 측정한다.

　다. RBC 제도는 시가평가방식인 반면, K-ICS 제도는 원가평가방식을 채택하고 있다.

　라. 보험회사의 지급여력비율이 0% 미만일 경우에는 주식 소각, 영업의 일부정지 등의 적기시정조치를 취해야 한다.

　마. 자본금의 증액, 신규업무 진출 제한은 적기시정조치 중 경영개선요구의 조치내용에 해당한다.

① 가, 나
② 다, 라
③ 가, 나, 마
④ 가, 다, 라
⑤ 나, 다, 라, 마

27. 보험계약자의 권리와 의무에 대한 설명으로 가장 적절하지 **않은** 것은?

① 청약일로부터 30일이 초과된 보험계약 또는 보험기간이 90일 이내인 보험계약은 계약 철회권이 인정되지 않는다.

② 타인의 사망을 보험사고로 하는 보험계약의 경우 보험계약자가 보험수익자를 변경하기 위해서는 피보험자의 서면에 의한 동의를 얻어야 한다.

③ 보험계약자가 주소변경의 통지를 하지 않은 경우 보험계약자가 회사에 알린 최종 주소로 알린 사항은 보험계약자에게 도달된 것으로 본다.

④ 보험기간 중 보험계약자의 고의 또는 중과실에 의해 사고 발생의 위험이 현저하게 증가한 경우 보험회사는 그 사실을 안 날로부터 3개월 내에 보험료의 증액을 청구하거나 계약을 해약할 수 있다.

⑤ 보험계약자가 계약체결에 대한 보험회사의 법 위반사항을 발견한 경우 계약체결일부터 5년 이내 또는 계약자가 위반사항을 안 날부터 1년 이내 계약의 해약을 요구할 수 있다.

28. 다음 중 정기보험의 가입이 가장 적절하지 **않은** 것은?

① 소득이 적은 사회초년생으로서, 노부부를 부양하여 높은 보장을 원하는 A씨

② 퇴직 후 본인의 재산을 전부 새로운 사업에 투자하여 이제 막 사업을 시작한 B씨

③ 소규모사업체를 소유하고 있어 본인 사망 시 지분이 공정한 가격으로 판매되어 가족에게 충분한 유산을 물려주기를 희망하지만 현재 높은 보험료를 부담하기 어려운 C씨

④ 자녀 양육 기간 동안 조기사망 시 남은 보험기간에 대해 유족에게 생활비가 지급되기를 희망하는 D씨

⑤ 다소 많은 보험료를 납부하더라도 본인의 전 생애에 걸쳐 보장받기를 희망하는 E씨

29. 김유주씨는 생명보험의 가입을 고려하고 있다. 다음 중 생명보험에 대해 CFP® 자격인증자가 안내한 내용으로 가장 적절하지 **않은** 것은?

① 정기보험은 최초 보험가입 시 가장 낮은 보험료로 사망보장을 받을 수 있습니다. 이는 보장기간 내내 가장 낮은 보험료를 의미합니다.

② 보험료 납입 여력이 없을 경우 정기보험을 통해 필요보장액만큼 가입한 후, 경제적 상황이 좋아질 경우 전환특약을 통해 보장기간을 연장할 수 있습니다.

③ 연생주택담보대출상환보험은 두 사람의 피보험자 중 한 사람이 사망할 경우 보험금이 지급되므로 대출금 상환을 위해 두 사람의 수입이 필요한 경우에 적합합니다.

④ 단기납 종신보험의 사망보장은 사망 시까지 지속되지만 보험료 납입은 그에 앞서 종료됩니다. 따라서 전기납 종신보험에 비해 보험료가 높습니다.

⑤ 수정종신보험의 보험료의 경우 가입 초기에는 평준보험료보다 낮은 보험료를 부담하지만 그 이후에는 평준보험료보다 높은 수준으로 보험료를 부담하게 됩니다.

30. 연생보험에 대한 설명으로 가장 적절하지 **않은** 것은?

① 선사망자보험은 개인적 필요와 사업적 필요에 모두 활용할 수 있으며, 피보험자 둘 또는 복수 중 한 사람이 사망하면 사망급부를 제공한다.

② 선사망자보험의 보험료는 동일한 보험금액으로 각각 개별계약을 체결하는 경우보다 보험료가 저렴하다.

③ 부부가 모두 사망하여 장애를 가진 자녀가 경제적 어려움에 빠질 것을 걱정하는 부부에게는 보험료가 개별적인 복수 보험의 보험료보다 낮은 후사망자보험이 적합하다.

④ 후사망자보험의 보험료는 피보험자 가운데 한 명이 사망하거나 피보험자 두 명이 모두 사망할 때까지 납입되어야 한다.

⑤ 선사망자보험의 보험회사는 보험금을 지급하게 되는 마지막 생존자의 사망에 대해서만 집중적으로 계약심사를 한다.

31. 유니버셜종신보험에 대한 적절한 설명으로 모두 묶인 것은?

> 가. 보험료 구성요소가 개별화되어 있기 때문에 상품 또는 계약자 연차보고서에 각각의 구성요소가 개별적으로 가격이 산정된다.
>
> 나. 제회 보험료가 납입되면 보험회사는 사업비와 첫 번째 달의 위험보험료를 공제하고 잔액은 계약자적립액으로 이전된다.
>
> 다. 유니버셜종신보험은 피보험자의 변화하는 보장니즈를 충족시킬 수 있어 고객이 여러 개의 보험상품을 구입하면서 부담하게 되는 사업비 부담을 절약할 수 있다.
>
> 라. 유니버셜종신보험은 고객이 해약환급금을 보고 이를 다른 용도로 활용할 가능성을 최소화하기 위해 연차보고서에 현재의 해약환급금을 표시하지 않는다.
>
> 마. 증가형 사망급부는 순보장금액이 감소하고, 연령증가에 따라 위험보험료가 증가된다.

① 가, 나, 다

② 가, 나, 마

③ 가, 다, 라

④ 나, 다, 마

⑤ 가, 나, 라, 마

32. 변액종신보험에 대한 설명으로 가장 적절하지 **않은** 것은?

① 보험계약자는 보험료와 계약자적립액의 투자에 대한 선택권을 가지고 있다.

② 보험계약자는 모든 투자위험을 스스로 감수해야 하나, 사망보험금의 인플레이션 헤지가 가능하다는 장점이 있다.

③ 펀드 선택에 따른 계약자적립액의 이동 시 세금이 부과되지 않으며, 보험계약대출이 가능하다.

④ 보험회사 파산 시 특별계정에 별도로 적립된 변액종신보험의 계약자적립액은 타 상품의 계약자적립액에 비해 불안정하다.

⑤ 일반종신보험이나 변액유니버셜종신보험보다 보험료가 저렴한 편이므로 상대적으로 낮은 보험료로 조기사망 시 안정적인 상속자산을 확보하고자 하는 고객에게 적합하다.

33. 연금보험에 대한 설명으로 가장 적절하지 **않은** 것은?

① 금리연동형 연금보험은 적용금리에 따라 연금액이 변동하지만 투자형 연금보험에 비하면 변동성이 크지 않은 편이다.

② 연금보험은 계약자가 보험료를 납입하는 제1보험기간부터 연금지급개시 전까지는 상해사망 또는 재해나 질병사고에 대하여 보장받을 수 없다.

③ 계약 당시에 가입자는 연금수령방식을 선택할 수 있고, 연금지급개시일이 도래하면 연금으로 지급받을지 아니면 일시금으로 지급받을지를 선택할 수 있다.

④ 즉시연금보험의 납입방식은 일시납 형태이며, 납입하고 가입 후 익월 계약일부터 연금을 지급받을 수 있다.

⑤ 변액연금보험은 최저사망보험금보증(GMDB)과 최저연금적립액보증(GMAB) 기능을 통해 연금보험의 안정성을 부여한다.

34. 황지연씨는 A보험회사의 보험상품을 가입했으나, 제2회 이후의 보험료를 납입기일인 2024년 4월 5일까지 납부하지 않았다. 다음 중 보험료 납입유예기간에 대한 설명으로 가장 적절하지 **않은** 것은? (단, 각 선지는 별개의 사례임)

① 황지연씨 보험상품의 보험기간이 5년이라면 A보험회사는 14일 이상의 기간을 보험료 납입최고기간으로 정해야 한다.

② 황지연씨 보험상품의 보험기간이 1년 미만이라면 A보험회사는 7일 이상의 기간을 보험료 납입최고기간으로 정해야 한다.

③ 황지연씨가 납입최고기간이 끝나는 날까지 보험료를 납입하지 않을 경우 A보험회사는 납입최고기간이 끝나는 날에 계약이 해지된다는 내용을 보험계약자에게 서면으로 통보해야 한다.

④ 보험료 납입유예기간에는 연체가산료가 발생하지 않으며, 보험계약도 보험료가 정상적으로 납입된 것과 동일한 효력을 가진다.

⑤ 납입유예기간 중 보험금지급사유가 발생한다면 보험금이 지급되어야 하며, 보험회사는 지급보험금에서 납입되지 않은 보험료는 공제한다.

35. 다음 중 제3보험에 대한 설명으로 가장 적절한 것은?

① 상해보험에서는 보험사고의 원인이 신체의 외부로부터 작용하는 것뿐만 아니라 신체의 내부적 원인에 기인한 것도 포함된다.

② 사람의 생명 및 신체를 대상으로 하는 상해보험은 보험가액을 확정할 수 없으며, 보험회사가 가해자에 대한 손해배상청구권을 대위 취득할 수 없다.

③ 암보험에서 보험나이 15세 미만 피보험자의 암에 대한 보장개시일은 보험가입 첫 날로부터 그 날을 포함하여 90일이 지난 날의 다음날이 된다.

④ 국내여행자보험은 국외 거주자가 여행을 목적으로 공항이나 부두에서 출발하여 여행을 마치고 국외 거주지로 도착할 때까지 발생한 사고에 대하여 보상한다.

⑤ 단체상해보험은 개인보험에 비해 보험료 수준이 낮으나, 가입 시 건강진단을 받거나 불확실성을 보완하기 위한 기타 보증서류를 제출해야 한다.

36. 다음 중 CFP® 자격인증자가 실손의료보험에 대해 적절하게 설명한 내용으로 모두 묶인 것은?

> 가. 3세대 실손의료보험은 비급여 의료이용량과 연계하여 보험료 차등이 적용되지 않습니다.
>
> 나. 4세대 실손의료보험으로 전환 후 3개월 이내 보험금을 수령하지 않았다면 계약 전환을 철회하고 기존의 상품으로 돌아갈 수 있습니다.
>
> 다. 4세대 실손의료보험에 가입한 자가 종합병원에서 통원치료를 받은 경우 급여에서의 최소자기부담금으로 3만원을 부담해야 합니다.
>
> 라. 개인 실손의료보험에 가입한 자가 단체 실손의료보험에 가입하고자 할 경우 개인 실손의료보험에 가입한 후 1년 이상 유지되어야만 단체 실손의료보험으로 전환이 가능합니다.
>
> 마. 다수의 실손의료보험에 가입한 경우에는 각 계약의 지급액 합이 실제 부담한 금액을 초과하지 않도록 비례보상 하게 됩니다.

① 가, 나

② 가, 다, 마

③ 가, 라, 마

④ 나, 다, 마

⑤ 가, 나, 다, 라, 마

37. 화재보험에 대한 설명으로 가장 적절한 것은?

① 일반화재보험과 주택화재보험에서는 폭발과 파열의 손해에 대해서 보상하지 않는다.

② 계속사용재의 경우에는 재조달가액을 기준으로, 교환재의 경우에는 현재가액을 기준으로 보험가액을 결정한다.

③ 다중이용업소 화재배상책임보험 특별약관에서는 사망 시 1인 당 1.5억원, 부상 시 최대 3천만원 한도 내에서 보상한다.

④ 재조달가액담보 특별약관에서 보험가입금액이 재조달가액의 80% 미만일 경우 지급보험금은 '재조달가액기준의 손해액 × 보험가입금액/(재조달가액 × 80%)'으로 계산한다.

⑤ 높이가 25m인 9층 건물에 대해서는 건물층수에 따라 고층건물할증이 적용된다.

38. 주영호씨는 공장 건물에 대하여 보험가입금액이 200,000천원인 일반화재보험에 가입하고 있다. 1년 후 누전으로 인해 공장 건물에 화재가 발생하여 다음과 같은 손해가 발생한 경우 주영호씨가 화재보험 보통약관상 지급받을 수 있는 보험금으로 가장 적절한 것은? (단, 보험가액은 300,000천원임)

> **[화재로 인한 손해 관련 정보]**
> - 재산손해액 : 120,000천원
> - 잔존물제거비용 : 30,000천원
> - 손해방지비용 : 4,500천원
> - 기타협력비용은 발생하지 않음

① 95,000천원

② 103,000천원

③ 122,000천원

④ 156,500천원

⑤ 161,000천원

39. 자동차보험의 보험금 청구 및 지급절차에 대한 설명으로 가장 적절한 것은?

① 자기신체손해의 보상한도는 사망과 후유장해의 경우 최대 1억원, 부상은 최대 2,000만원으로 하며, 피보험자의 고의로 본인이 상해를 입은 때는 보상하지 않는다.

② 자동차보험은 노동능력상실률 50% 이상 시 65세 미만인 경우 5,000만원에 노동능력상실률을 곱한 값의 85%를 위자료로 지급한다.

③ 후유장해보험금의 상실수익액은 사망보험금 지급기준과 동일하며, 생활비를 공제하여 상실수익액을 산정한다.

④ 자기차량손해는 피보험자동차를 도난당한 경우에 도난사실을 경찰관서에 신고한 후 30일이 지나야 보험금을 청구할 수 있다.

⑤ 자기차량손해는 원칙적으로 피보험자가 피보험자동차를 소유·사용·관리하는 동안에 발생한 사고로 인하여 피보험자동차에 직접적으로 생긴 손해를 보험가액을 한도로 보상한다.

40. 자동차보험에 대해 고객과 CFP® 자격인증자가 상담한 내용으로 가장 적절하지 **않은** 것은?

① 고객 : 자동차보험의 대물배상은 의무적으로 가입해야 하나요?

　CFP® : 대물배상 2,000만원까지는 가입이 강제된 책임보험이며, 2,000만원을 초과하는 보상한도는 임의보험에 해당합니다.

② 고객 : 퇴근길에 발생한 자동차 사고로 인해 피해를 입었습니다. 저의 과실비율이 30%라면 보험금의 지급비율은 어떻게 되나요?

　CFP® : 자동차 사고 보상 시 고객님의 과실비율이 30%라면 총피해액의 70%가 보험금으로 지급됩니다.

③ 고객 : 대인배상Ⅰ과 대인배상Ⅱ는 어떻게 보상이 이루어지나요?

　CFP® : 대인배상Ⅰ은 보험사고의 1차 위험을, 대인배상Ⅱ는 대인배상Ⅰ을 초과하는 금액에 대하여 보상이 이루어집니다.

④ 고객 : 자동차보험에서 음주운전에 대해서도 보상이 이루어지나요?

　CFP® : 대인배상Ⅱ와 대물배상은 음주운전, 무면허 등에서도 보상하나, 자기부담금제도가 있어 보험회사가 피해자에게 손해배상금을 우선지급 한다면 피보험자에게 사고부담금을 청구할 수 있습니다.

⑤ 고객 : 출고된 지 1년이 되지 않은 자동차에 대해 사고가 발생할 경우 자동차 수리비용에 대한 보험금이 지급되나요?

　CFP® : 사고로 인한 자동차가 출고 후 1년 이하이고, 수리비용이 사고 직전 자동차가액의 20%를 초과할 경우 수리비용의 15%를 보험금으로 지급합니다.

41. 장기손해보험의 특징에 대한 설명으로 가장 적절한 것은?

① 일반손해보험에 비해 보험계약을 갱신하는 데 소요되는 비용이 크다는 단점이 있다.

② 장기손해보험의 순보험료는 위험보험료로 구성되어 있으며, 납입보험료 또는 보험가입금액의 일정액을 중도 또는 만기에 환급금으로 지급한다.

③ 1회의 사고로 지급되는 보험금이 보험가입금액의 80% 미만인 경우 몇 번의 사고가 발생해도 보험가입금액은 감액되지 않는다.

④ 장기화재보험은 일반화재보험과 동일하게 보험계약대출이 불가능하다.

⑤ 장기손해보험은 실손 보상하는 생명보험의 성격과 보험기간이 장기이며, 중도환급과 만기환급을 지급하는 일반손해보험의 성격을 동시에 가진다.

42. 김은하씨는 자동차를 운전하던 중 졸음운전으로 인해 중앙선을 침범하여 맞은편에서 오는 자동차와 충돌하였다. 사고 관련 정보와 김은하씨가 가입한 장기운전자보험의 가입 내역이 다음과 같을 때, 두 보험회사로부터 지급받는 비례분담액으로 가장 적절한 것은?

[사고 관련 정보]

• 사고일 : 2024년 7월 24일

• 피해자는 사망하였으며, 김은하씨는 피해자의 유가족과 교통사고 형사합의서를 작성하였고, 형사합의서에 명시된 대로 피해자의 유가족에게 형사합의금 3,000만원을 지급함

[보험 가입 내역]

보험회사	보험종목	보험기간	가입금액
A보험회사	장기운전자보험	2022. 5. 1. ~ 2032. 5. 1.	교통사고 처리지원금 4,000만원 한도
B보험회사	장기운전자보험2	2022. 7. 1. ~ 2037. 7. 1.	교통사고 처리지원금 2,000만원 한도

	A보험회사 비례분담액	B보험회사 비례분담액
①	500만원	1,500만원
②	800만원	1,200만원
③	1,000만원	2,000만원
④	1,500만원	1,500만원
⑤	2,000만원	1,000만원

43. 생명보험 필요보장액 설계 프로세스에 대한 설명으로 가장 적절하지 **않은** 것은?

① 물가상승률을 반영한 필요수입을 제공하기 위한 생명보험 필요보장금액을 계산하기 위해서는 화폐의 시간가치를 활용한다.

② 생명보험의 보험가입금액에 대한 결정이 합리적인 방법으로 이루어지기 위해서는 고객의 주관적 목표, 현재와 장래의 니즈와 수입, 물가상승률 전망 등을 고려해야 한다.

③ 보석과 같은 동산, 결제용 계좌, 자동차 등은 유동자산이나 비유동자산 어느 쪽으로도 분류할 수 없는 자산이다.

④ 사망 시 부채와 사후정리비용이 유동자산을 초과할 경우 사망 시의 유동자산 확보를 위해 추가적인 보험가입이 필요하다.

⑤ 자녀 양육 시 필요자금을 추정할 때 배우자의 예상 월수입이 희망 월수입보다 많을 경우 초과하는 금액을 기재하는 것이 일반적이다.

44. 손해보험상품 선택 시 고려사항에 대한 설명으로 가장 적절하지 **않은** 것은?

① 일반적으로 납입한 보험료보다 나중에 환급금이 많으면 저축성이고 그렇지 않으면 보장성보험으로 본다.

② 보험기간은 보험계약이 성립해서 소멸할 때까지의 기간을 말하며, 보험계약기간은 보험회사가 보험사고를 보장하는 기간으로 보험기간과 보험계약기간은 같을 수도 있고 다를 수도 있다.

③ 단체 실손의료보험과 개인 실손의료보험을 중복 가입한 경우에도 비례보상 하므로 가입자는 가입 전 이미 다른 실손의료보험에 가입되어 있는 지 확인해야 한다.

④ 통합보험은 개별증권으로 각각 가입하는 것보다 일반적으로 납입보험료를 절약할 수 있으며, 중도에 불필요해진 담보의 삭제 또는 변경이 가능하다.

⑤ 보험계약의 효력상실, 임의해지 및 보험회사의 해지권이 발동될 경우 계약자에게 해약환급금이 지급된다.

45. 다음은 손해보험 위험측정에서의 손해의 심각성에 대한 설명이다. (가)~(라)에 들어갈 내용으로 적절하게 연결된 것은?

- 손해보험의 위험측정에 있어서는 개인 또는 기업의 한정된 자원의 효율적 활용이라는 측면과 주요 손해에 집중할 수 있다는 측면에서 (가)을 위험평가의 기본으로 적용하는 것이 일반적이다.

- 최악의 상황에서 일어날 수 있는 손실의 최대금액을 (나)이라고 하며, 한정된 재산을 소유하거나 일부 재산의 손해가 개인 또는 기업의 미래에 치명적인 영향을 미치는 경우에는 (나)로 위험을 평가하는 것이 바람직하다.

- 프리드랜더는 화재에 의한 손해의 심각성을 위험축소시설의 작동 여부에 따라 구분하였으며 (다)은 개인 소화장치 및 공공 소방시설이 제대로 작동하였을 경우 예상되는 손해금액을 의미한다.

- 손실규모 평가 시 재산의 종류에 따라 보상방법의 차이가 있지만, 위험평가 시에는 손해발생 후 원상회복이라는 관점에서 (라)으로 평가하는 것이 바람직하다.

	가	나	다	라
①	추정최대손실	최대가능손실	일반손실	재조달가액
②	추정최대손실	통합손실	일반손실	재조달가액
③	추정최대손실	통합손실	최대가능손실	재조달가액
④	최대가능손실	추정최대손실	일반손실	현재가액
⑤	최대가능손실	추정최대손실	통합손실	현재가액

은퇴설계 (25문항)

46. 은퇴설계 이론에 대한 적절한 설명으로 모두 묶인 것은?

가. 항상소득가설에서는 연봉이 상승하여 항상소득이 증가하면 평균소비성향이 증가하지만, 우수한 성과로 얻은 임시소득이 증가하면 저축이 증가하여 평균소비성향이 감소한다.

나. 생애주기가설에 따르면 전 생애에 걸쳐 미래 소득으로부터 대출, 대출상환과 저축(투자), 축적된 자산 인출의 소득과 소비 흐름이 나타난다.

다. 작년에 100만원과 50만원의 수익을 올린 두 사람이 올해 동일하게 75만원의 수익을 얻었다면, 전망이론에서 올해 두 사람이 느끼는 만족감은 동일하다고 본다.

라. 절대소득가설에서는 소득이 증가할수록 현재소비를 증가시키는 정도는 점차 증가하고 저축증가율이 더 감소하게 된다.

마. 연금의 필요성에 대한 광고를 부정적 메시지로 제시하였을 때보다 긍정적 메시지로 제시하였을 때 가입의사가 더 큰 것을 프레이밍 효과라 한다.

① 가, 다
② 나, 라
③ 가, 나, 마
④ 나, 다, 라
⑤ 다, 라, 마

47. 다음은 김소연씨의 예상 은퇴소득 관련 정보이다. 은퇴기간의 소득대체율에 대한 설명으로 적절한 것은? (단, 은퇴 전후 소득은 매월 초 발생한다고 가정하며, '은퇴소득대체율＝(개인연금 월 소득액＋국민연금 월 소득액)/은퇴 전 월 소득액'으로 계산함)

[김소연씨의 은퇴소득 관련 정보]

- 은퇴기간 : 60세부터 25년간
- 목표소득대체율 : 75%
- 은퇴 전 소득 : 월 3,000천원
- 은퇴 후 예상 소득
  - 개인연금 : 60세 시점에 적립금 300,000천원이고, 해당 적립금에 연 2% 수익률 적용한 연금액을 60세부터 25년간 매월 초 수령할 예정으로, 25년간 적립금은 모두 소진됨
  - 국민연금은 조기노령연금제도를 활용할 예정
- 국민연금 정보
  - 가입기간 : 20년
  - 연금개시연령 수령 연금액(기본연금액) : 월 1,000천원
  - 연금수급개시연령은 65세이며, 조기노령연금을 신청하여 60세부터 연금수령할 예정임
  - 부양가족연금액과 물가상승률은 고려하지 않음

① 김소연씨는 은퇴소득대체율이 목표소득대체율보다 더 크므로 은퇴 후 희망 생활수준을 유지하는 데 문제가 없다.

② 김소연씨의 은퇴 후 예상 소득이 희망소득보다 높다.

③ 은퇴소득대체율에서 목표소득대체율을 차감한 값이 (−)이므로 은퇴 후 희망 생활수준을 낮추거나 추가저축을 통해 은퇴소득대체율을 높여야 한다.

④ 은퇴 후 예상소득을 희망소득으로 나누어 은퇴준비 수준을 평가하는 경우 은퇴 전 소득 정보가 변동되면 평가 결과에 영향을 미친다.

⑤ 목표소득대체율로 산출한 김소연씨의 은퇴 후 희망소득은 월 1,467천원이다.

48. 기초연금에서의 월 소득평가액과 재산의 월 소득환산액에 대한 산식은 다음과 같다. 이에 대한 설명으로 가장 적절하지 **않은** 것은?

- 월 소득평가액
  = {0.7 × (근로소득 − 110만원)} + (사업소득 + 재산소득 + 공적이전소득 + 무료임차소득)
- 재산의 월 소득환산액
  = [{(일반재산 − 기본재산액) + (금융재산 − 2,000만원) − 부채} × 0.04 ÷ 12개월] + 고급 자동차 및 회원권의 가액

① 부채는 금융기관 대출금, 금융기관 외 대출금, 임대보증금 등으로 차용한 금액 중 미상환액을 의미한다.
② 각종 법령 규정에 의해 지급되는 공적연금을 일시금으로 수령하는 경우 공적이전소득으로 산정한다.
③ 월 소득평가액과 재산의 월 소득환산액을 합산한 금액을 소득인정액으로 한다.
④ 자녀와 수급자가 1/2씩 공동소유 하고 있는 시가표준액 10억원의 주택에 거주한다면 수급자의 재산은 5억원으로 산정된다.
⑤ 4천만원 이상의 고급자동차 및 회원권은 기본재산공제 대상에서 제외되고 그 가액을 그대로 적용한다.

49. 기초연금 수급자인 A씨와 B씨 부부의 기초연금 관련 정보를 참고했을 때, 부부감액 이후 개인별 연금액으로 가장 적절한 것은?

[기초연금 관련 정보]
- A씨와 B씨의 기초연금액은 각각 400,000원, 200,000원 이다.
- 부부 2인 수급가구 소득인정액 : 2,988,000원
- 2024년 기준 부부가구 선정기준액 : 3,408,000원

	A	B
①	140,000원	240,000원
②	140,000원	280,000원
③	200,000원	280,000원
④	280,000원	160,000원
⑤	280,000원	140,000원

50. 류용주씨(45세)는 은퇴자산 마련을 위해 주식혼합형펀드와 채권형펀드로 포트폴리오를 구성하여 매월 말일에 2,000천원씩을 투자하려고 한다. 은퇴저축의 목표수익률을 충족하기 위한 매월 저축(투자)액의 자산군별 투자비중으로 가장 적절한 것은?

[투자 포트폴리오 관련 정보]
- 투자기간 : 15년
- 투자기간 중 목표수익률 : 연 6.0%
- 자산군별 기대수익률

구분	채권형펀드	주식혼합형펀드
기대수익률(연)	5.0	7.0

	채권형펀드	주식혼합형펀드
①	38.84%	61.16%
②	40.16%	59.84%
③	45.52%	54.48%
④	50.38%	49.62%
⑤	52.27%	47.73%

51. 국민연금 가입자에 대한 설명으로 가장 적절하지 **않은** 것은?

① 타공적연금가입자, 외국인은 임의가입자가 될 수 없다.
② 임의계속가입을 하는 이유는 노령연금을 받을 수 있는 최소가입기간인 10년을 채우기 위함이거나 가입기간 연장에 따라 더 많은 연금을 수령하기 위해서이다.
③ 임의가입자 및 임의계속가입자의 경우 3개월 이상 계속 연금보험료를 체납하면 최종 납부마감일의 다음날에 자격이 상실된다.
④ 18세 이상 27세 미만인 학생으로서 소득이 없지만 연금보험료를 납부한 사실이 있는 자는 지역가입자 가입대상에 해당한다.
⑤ 국민기초생활 보장법에 따른 생계급여 또는 의료급여 수급자는 본인 희망에 따라 사업장가입자 가입대상에서 제외될 수 있다.

52. 실물자산의 연금화방법 중 주택연금에 대한 설명으로 가장 적절한 것은?

① 주택연금 가입주택을 가입자 또는 배우자가 실제로 거주지로 이용하고 있어야 하며, 부부 둘 다 만 55세 이상인 경우에만 가입이 가능하다.

② 공시가격 등이 12억원 이하인 1주택을 소유한 경우에만 가입이 가능하며, 다주택자는 가입할 수 없다.

③ 저당권방식을 활용하면 주택연금 가입자가 사망하더라도 남은 배우자는 소유권 이전 없이 자동으로 승계된다.

④ 부부 모두 사망 시 연금수령액 등이 집값보다 남는 금액은 상속인에게 돌아간다.

⑤ 연금수령액 등이 집값을 초과하는 경우 초과분에 대해 상속인에게 청구한다.

53. 다음 중 국민연금 기본연금액에 대한 설명으로 가장 적절하지 **않은** 것은?

> 기본연금액＝[비례상수 × (A＋B)＋출산/군복무]
> × (1＋0.05 × n/12)

① n은 20년 초과 가입월수이다.

② 출산크레딧은 자녀 수에 따라 최대 50개월까지 인정되고, 군복무크레딧은 최대 6개월까지 인정된다.

③ 출산크레딧의 경우 추가로 산입되는 가입기간의 기준소득월액은 A값의 50%를 적용한다.

④ A값은 연금수급 직전 3년간 사업장가입자와 지역가입자 전원의 기준소득월액을 가입자 전원의 수로 나눈 금액이다.

⑤ 소득대체율은 B값이 A값과 동일하고 가입기간이 40년인 자의 연금급여 수준을 의미하며, 이는 비례상수에 따라 결정된다.

54. 다음 중 국민연금 가입대상 및 보험료에 대한 적절한 설명으로 모두 묶인 것은?

> 가. 국민기초생활 보장법에 따른 생계급여 및 의료급여 수급자는 지역가입자에서 제외된다.
>
> 나. 18세 미만의 근로자는 국민연금 적용사업장에 근무하더라도 사업장가입자가 될 수 없다.
>
> 다. 실업크레딧은 연금보험료의 75%를 신청인이 부담하는 경우에 한해 연금보험료의 25%를 지원하여 가입기간을 추가 산입한다.
>
> 라. 연금보험료 추후납부 납부방법으로는 일시납 또는 분할납이 가능하며, 분할납부 횟수는 최대 60회 범위 내에서 추후납부 대상기간 개월 단위로 신청이 가능하다.
>
> 마. 10명 미만 고용 사업장의 근로자가 일정 요건을 충족하는 경우 연금보험료 중 근로자기여금 및 사용자부담금에 대하여 각각 80%를 지원 받을 수 있다.

① 가, 나, 다　　　　② 가, 라, 마
③ 나, 다, 라　　　　④ 나, 라, 마
⑤ 다, 라, 마

55. 다음 자료를 토대로 유영기씨가 노령연금 연기제도를 신청할 경우 65세 시점에서 국민연금 평가액(현재물가기준)을 계산한 것은?

> **[유영기씨 국민연금 관련 정보]**
> - 연금수급개시연령(65세) 기준 기본연금액(현재물가기준)
>   : 연 10,000천원
> - (일반)노령연금 수령 예상기간 : 30년
> - 노령연금 연기제도 신청 시 연금 수령 예상기간 : 25년
> - 은퇴자산에 대한 세후투자수익률 : 연 3%
> - 물가상승률 : 연 2%

① 261,531천원
② 274,605천원
③ 288,751천원
④ 303,186천원
⑤ 334,741천원

56. 국민연금 급여에 대한 설명으로 가장 적절하지 **않은** 것은?

① 유족연금 수급권은 수급권자인 배우자가 재혼하거나 유족연금을 수령할 유족(25세 미만 자녀 등)이 없는 경우 소멸한다.

② 유족연금은 가입기간 20년 이상일 경우 기본연금액에 60%를 곱하여 부양가족연금액과 함께 지급한다.

③ 장애연금은 타 법률에 의한 중복급여를 조정하기 위해 근로기준법에 의한 장애보상 등을 받을 수 있는 경우에는 지급이 전액 제한된다.

④ 노령연금과 장애연금이 중복하여 발생하는 경우 둘 중에 하나만 선택할 수 있으나, 노령연금과 유족연금이 중복하여 발생하는 경우 노령연금을 선택하면 유족연금의 30%도 함께 받을 수 있다.

⑤ 사망일시금은 가입자 또는 가입자였던 자가 사망한 때에 국민연금법상 유족이 없는 경우 배우자, 자녀, 부모, 손자녀, 조부모, 형제자매 등의 순으로 지급한다.

57. 다음 중 국민연금에 대한 적절한 설명으로 모두 묶인 것은?

가. 국민연금법상 장애연금은 기본연금액에 장애등급별 일정 비율을 곱하여 부양가족연금액을 더한 금액을 연금으로 지급한다.

나. 반환일시금에 적용되는 이자율은 연금보험료를 낸 날이 속하는 달의 다음 달부터 지급사유 발생일이 속하는 달까지의 기간에 대하여 해당 기간의 1년 만기 정기예금이자율을 적용한다.

다. 분할연금은 선청구 당시 가입기간 중 혼인기간이 5년 이상인 경우에 한해 이혼일로부터 3년 이내에 미리 분할연금 수급권을 청구하는 것이 가능하다.

라. 조기노령연금을 받고 있는 지급연령 미만인 사람이 소득이 있는 업무에 종사하지 않은 상태에서 연금지급의 정지를 신청할 수 있다.

마. 소득활동에 따른 노령연금, 분할연금, 장애일시보상금, 반환일시금, 사망일시금에는 부양가족연금액을 지급하지 않는다.

① 가, 나　　　　　　　② 다, 라
③ 가, 나, 마　　　　　④ 나, 라, 마
⑤ 다, 라, 마

58. 다음의 경우에 65세 시점 노령연금액과 조기노령연금액의 일시금 평가액을 비교한 내용으로 가장 적절한 것은?

[노령연금 관련 정보]
- 연금수급개시연령 : 65세
- 노령연금액 : 연 8,000천원(기본연금액)
- 연금수령 예상기간 : 25년

[조기노령연금 관련 정보]
- 조기노령연금 신청 : 60세
- 연금수령 예상기간 : 30년

[기타 정보]
- 은퇴자산에 대한 세후투자수익률 : 연 3%
- 물가상승률 : 연 2%
- 노령연금 및 조기노령연금은 매년 초에 지급되는 것으로 가정

① 노령연금 일시금 평가액과 조기노령연금 일시금 평가액은 동일하다.

② 노령연금 일시금 평가액이 조기노령연금 일시금 평가액보다 약 8,674천원 유리하다.

③ 노령연금 일시금 평가액이 조기노령연금 일시금 평가액보다 약 8,674천원 불리하다.

④ 노령연금 일시금 평가액이 조기노령연금 일시금 평가액보다 약 31,986천원 유리하다.

⑤ 노령연금 일시금 평가액이 조기노령연금 일시금 평가액보다 약 31,986천원 불리하다.

59. 확정급여형 퇴직연금에 대한 설명으로 가장 적절한 것은?

① 무주택자인 근로자가 배우자의 명의로 주택을 구입하는 경우 퇴직연금 적립금을 담보로 대출을 받을 수 있다.

② 사용자의 부담금 수준이 사전에 확정된 연금제도이다.

③ 근로자의 추가납입과 중도인출이 가능하다.

④ 집합투자증권을 제외한 동일 법인이 발행한 증권에 대한 집중투자는 사용자별 적립금의 30%로 제한된다.

⑤ 퇴직급여는 30일분의 평균임금에 계속근로기간을 곱한 수준으로, 55세 이전 퇴직 시 근로자 명의의 IRP계좌로 이전하는 방식으로 지급한다.

60. 확정기여형 퇴직연금에 대한 적절한 설명으로 모두 묶인 것은?

> 가. 펀드 등 위험자산에 대한 투자한도가 적립금의 70%로 제한된다.
>
> 나. 사용자는 매년 1회 이상 가입자별 연간 임금총액의 1/12 이상에 해당하는 사용자부담금을 가입자의 퇴직연금계좌에 납입하여야 한다.
>
> 다. 퇴직연금 가입자가 퇴직급여를 IRP로 이전받은 경우 IRP 전부를 해지하여 일시금으로 받거나 55세부터 연금으로 지급받을 수 있다.
>
> 라. 사용자가 부담하는 퇴직급여 원금을 잘 보존하는 것에 목표를 두는 유형의 근로자가 선호할 수 있다.
>
> 마. 경영평가성과급을 DC형 퇴직연금계좌에 납입하고 운용하다 55세 이후에 연금으로 수령하는 경우, 퇴직소득세의 100%가 과세된다.

① 가, 라
② 가, 마
③ 가, 나, 다
④ 가, 나, 라
⑤ 나, 다, 마

61. 다음 중 보증부종신연금에 대한 적절한 설명으로 모두 묶인 것은?

> 가. 일반 종신연금과 비교하여 정기적으로 지급받는 단위당 연금액이 적다.
>
> 나. 보증옵션에 따른 추가비용이 발생하지 않는다.
>
> 다. 연금수급개시 후 해약이 가능하다.
>
> 라. 보증기간 중 지급될 연금을 일시금으로 수령할 수 있다.
>
> 마. 보증기간이 종료되기 전에 피보험자가 사망하는 경우 잔여보증기간에 해당하는 연금적립금은 상속된다.

① 가, 나, 라
② 가, 라, 마
③ 나, 다, 라
④ 나, 다, 마
⑤ 다, 라, 마

62. 변액연금보험에 대한 설명으로 가장 적절하지 **않은** 것은?

① 투자위험을 가입자가 지기 때문에 가입자 입장에서는 원금손실 가능성이 있으며, 투자위험을 완화하기 위해 가입자가 다양한 적립금 운용 옵션을 선택할 수 있다.

② 최저인출보증 옵션은 연금개시 이후 특별계좌의 투자성과에 관계없이 최저보증이율을 적용한 연금액을 지급하는 옵션이다.

③ 기간이 경과하면서 변액보험의 포트폴리오를 구성하는 펀드별 상대가치가 변동할 경우, 펀드자동재배분 옵션을 활용하여 가입자의 위험수용성향에 맞도록 포트폴리오를 구성할 수 있다.

④ 가입자 입장에서 최저적립금 보증 옵션이 부가된 변액연금은 원금손실에 대한 불안감을 줄일 수 있고, 예측 가능한 연금을 지급받을 수 있는 재원을 마련할 수 있다.

⑤ 계약자는 최저인출보증 옵션을 통해 보증기간 중에 연금적립금이 '0'이 되어도 약정된 연금을 지급 받을 수 있다.

63. 2024년 1월 황민현씨는 다니던 직장에서 퇴직하였다. 퇴직연금 및 국민연금에 대한 적절한 설명으로 모두 묶인 것은? (단, 부양가족연금액, 물가상승 등은 고려하지 않는 것으로 가정함)

[황민현씨의 정보]

• 황민현씨의 생년월일 : 1963년 8월 7일

• 재직했던 회사에서 퇴직금제도에 가입함

• 국민연금 가입기간 : 20년

• 배우자 류희진씨의 생년월일 : 1965년 10월 9일

• 류희진씨는 황민현씨에 의해 생계를 유지하고 있음

가. 황민현씨가 퇴직 시 퇴직금을 IRP로 이전받고 소득세법상 연금으로 수령하기 위해서는 IRP 가입일로부터 5년이 경과한 후 인출해야 한다.

나. 2024년 황민현씨와 배우자 류희진씨가 이혼할 경우 류희진씨는 황민현씨가 국민연금 노령연금 수급권을 취득하게 된 시기에 분할연금을 바로 받을 수 있다.

다. 퇴직급여를 퇴직일시금으로 지급받은 경우 연금으로 수령하기 위해서는 퇴직일시금을 지급받은 날로부터 60일 이내에 퇴직금의 전부 또는 일부를 IRP에 납입해야 한다.

라. 황민현씨가 퇴직 시기에 사망할 경우 국민연금 유족연금은 3년의 지급 정지기간 없이 류희진씨에게 지급된다.

① 다
② 가, 나
③ 다, 라
④ 가, 나, 다
⑤ 나, 다, 라

64. 다음 중 연금저축계좌에 대한 설명으로 가장 적절한 것은?

① 연금저축계좌에 납입할 수 있는 금액은 모든 금융기관에 설정되어 있는 연금계좌 납입액과 종합자산관리계좌(ISA) 만기금을 포함하여 연간 1,800만원이다.

② 연금저축펀드는 다른 연금저축계좌에 비하여 기대수익률이 높고 연금보험료 납입을 유연하게 할 수 있으며, 예금자보호 대상으로 원금 보존이 가능하다.

③ 연금저축신탁은 신탁재산의 운용성과에 따라 연금적립금이 변동되며, 납입 및 인출이 자유롭다는 장점이 있는 반면, 예금자보호가 되지 않아 원금손실이 발생할 수 있다.

④ 연금저축보험은 가입기간이 얼마 경과하지 않은 상태에서 해약 하게 될 경우, 사업비 선공제 등으로 납입한 금액보다 환급액이 적을 수 있다.

⑤ 종신연금을 수령 중인 연금저축계좌는 계좌이체가 가능하지만, 압류·가압류·질권 등이 설정된 연금저축은 다른 연금저축으로 이체할 수 없다.

65. 근로소득만 있는 40대 가입자 A, B, C가 과세기간 동안 다음과 같이 연금계좌에 납입하였을 경우 연금저축 세액공제액으로 가장 적절한 것은? (단, 지방소득세는 포함함)

구분	총급여액	연금계좌 납입액	
		연금저축펀드	연금저축보험
A	40,000천원	3,000천원	2,000천원
B	50,000천원	6,000천원	3,000천원
C	150,000천원	–	8,000천원

	A	B	C
①	660천원	396천원	990천원
②	660천원	792천원	990천원
③	660천원	792천원	792천원
④	825천원	990천원	792천원
⑤	825천원	990천원	780천원

66. 조수연씨의 연금저축계좌 가입 및 인출 정보가 다음과 같을 때, 연금수령연차 5년차 당시 연금수령한도와 연금액 6,000천원 인출 시 원천징수금액으로 가장 적절한 것은? (단, 지방소득세는 고려하지 않음)

[연금저축계좌 관련 정보]

- 연금저축계좌 가입은 5년 이상했으며, 60세 이후 인출하는 것으로 가정함
- 연금수령한도 계산 시 연차는 '5'를 적용함
- 소득세 원천징수 세율은 5%
- 5년차 연금수령 당시 연금저축계좌의 적립금 구성

연금저축계좌 적립금 운용수익	10,000천원
세액공제 받은 납입금액(원금)	40,000천원
세액공제 받지 않은 납입금액(원금)	3,000천원
총합(연금저축펀드 평가액)	53,000천원

※ 퇴직연금계좌는 고려하지 않음

	연금수령한도	원천징수금액
①	12,720천원	100천원
②	12,720천원	150천원
③	12,720천원	300천원
④	10,600천원	150천원
⑤	10,600천원	300천원

67. 박수민씨는 부족한 은퇴자금 마련을 위해 IRP에 추가 납입을 고려 중이며, 인출 시 과세에 대해 궁금해 한다. IRP의 적립금 구성이 다음과 같을 경우 인출 시 소득세에 대한 내용으로 가장 적절한 것은?

[IRP 적립금 구성]

A. 세액공제 받지 않은 가입자 부담분(원금)

B. 세액공제 받은 가입자 부담분(원금)

C. 이연퇴직소득

D. 적립금 운용수익

① 연금수령의 경우 A를 재원으로 하는 인출액에 대해서는 연금소득세가 과세된다.

② 연금외수령의 경우 B를 재원으로 하는 인출액에 대해서는 소득세가 과세되지 않는다.

③ 연금수령의 경우 C를 재원으로 하는 인출액에 대해서 분리과세로 납세의무를 종결한다.

④ 연금수령 및 연금외수령 모두 D를 재원으로 하는 인출액은 이자소득으로 보아 소득세가 과세된다.

⑤ 연금 실제 수령연차가 15년인 경우 연금수령 시 C를 재원으로 하는 인출액의 원천징수세율은 '연금외수령 원천징수세율 × 70%'이다.

68. 다음과 같이 은퇴자산으로 은퇴를 준비하고 있는 경우 은퇴자산에 대한 설명으로 가장 적절하지 **않은** 것은?

[준비하고 있는 은퇴자산]

A. 국민연금 : 사업장가입자로 가입

B. 손해보험사 연금저축보험(세제적격) : 월 30만원 납입

C. 생명보험사 일시납 저축성보험(종신형 아님)
: 2019년 1월 가입

D. 즉시연금보험 : 은퇴 직전 일시금을 납입할 예정

① A : 총연금액이 350만원 이하이면 전액 연금소득공제가 되므로 종합소득 신고할 연금소득금액은 없다.

② B : 연금지급형태로 확정기간연금과 종신연금을 선택할 수 있다.

③ B : 80세 이후 연금수령하면 연금소득에 대한 원천징수세율은 3.3%가 적용된다.

④ C : 납입한 보험료에 대해 세액공제를 받을 수 없으며, 일정 요건 충족 시 보험차익에 대해서 소득세가 비과세된다.

⑤ D : 연금수령형태가 종신형일 경우 인출 시기와 관계없이 수령하는 연금에 대해 과세하지 않는다.

69. 타겟데이트펀드(TDF)에 대한 적절한 설명으로 모두 묶인 것은?

> 가. 투자목표시점(은퇴시기)이 가까워질수록 주식 등 위험
> 자산의 투자 비중은 축소하고 안전자산의 투자 비중은
> 늘려가면서 운용한다.
>
> 나. 안전자산뿐만 아니라 국내 및 해외의 다양한 펀드와
> ETF 등으로 포트폴리오를 구성하여 운용한다.
>
> 다. 가입자 스스로 설계하고 운용한다.
>
> 라. 적격TDF는 투자위험을 낮춘 운용방법으로 분류되어있
> 지만, 가입자는 퇴직연금 적립금의 전부를 TDF로 운
> 용할 수는 없다.
>
> 마. 은퇴저축에 최적화된 초장기 투자상품이다.

① 가, 나
② 가, 다
③ 가, 나, 라
④ 가, 나, 마
⑤ 가, 다, 라, 마

70. 콘보이 모델에 대한 설명으로 가장 적절하지 **않은** 것은?

① 자신을 중심으로 친밀감의 정도에 따라 매우 친밀한 집
단, 중간 정도의 친밀한 관계 집단, 공식 역할을 바탕으
로 관계를 맺은 집단으로 분류한다.

② 사회관계망은 연령이 증가하고 사회적 자원이 한정될수
록 새롭게 관계를 형성하기 보다는 기존의 관계에 대한
애착과 투자가 더 강해지는 경향이 있다.

③ 일련의 관계들이 모여 관계망을 이루는데, 이때 관계망
은 경제적, 사회정서적, 도구적 지지 기능을 갖는다.

④ 3차적 관계는 서로 완전히 독립적이지는 않으면서 상호
작용하는 관계로 친구, 지인, 이웃 등이 있다.

⑤ 직장 관련된 사람, 종교단체, 지역모임, 복지기관, 공공
기관 등 공식적 역할을 바탕으로 관계를 맺은 사람들은
변화가 가능한 집단으로 분류한다.

부동산설계 (20문항)

71. 한주희씨가 관심을 갖고 있는 경기도의 A아파트는 현재 7억
원 정도이다. A아파트의 가격에 영향을 주는 요인에 대한
설명으로 가장 적절하지 **않은** 것은?

① 대출금리가 상승하면 자금조달비용이 높아져 부동산에
투자하고자 하는 수요자들이 감소하므로 부동산의 가격
은 하락한다.

② 대출규제를 강화하면 구매력이 확실한 사람만 아파트를
매입할 수 있으므로 부동산의 수요는 감소한다.

③ A아파트 주변에 대형 백화점이 입점할 경우 A아파트의
가격 상승에 긍정적인 영향을 미친다.

④ 고금리가 지속될 경우 전세 시가가 계약 당시보다 상승
하여 임차인에게 보증금을 돌려주는 역전세 현상이 발생
한다.

⑤ 화폐가치가 하락하고 물가가 상승하면 A아파트의 가격도
증가하게 된다.

72. 부동산시장에 대한 적절한 설명으로만 모두 묶인 것은?

> 가. 주택은 공급을 증가시키는 데 상대적으로 오랜 시간이
> 소요되므로 단기주택공급곡선은 고정되어 있다고 본다.
>
> 나. 부동산은 희소성의 특징으로 인해 일물일가의 법칙이
> 적용되기 어렵다.
>
> 다. 중심지 상가는 상권이 형성되지 않은 초창기에는 수익
> 률이 낮아질 수 있으므로 장기적인 관점에서 접근해야
> 한다.
>
> 라. 토지는 일반재화와 달리 물리적으로 고정되어 있어 이
> 동시킬 수 없고, 감가가 되지 않는 특징이 있다.
>
> 마. 상권 분석 시 배후 세대는 많고 그들이 이용할 상권이
> 크면 클수록 투자가치는 높아진다.

① 가, 나
② 라, 마
③ 가, 다, 라
④ 나, 라, 마
⑤ 가, 나, 다, 라

73. 주택거래세에 대한 설명으로 가장 적절한 것은?

① 정부가 취득세를 부과할 경우 주택의 공급과 수요에 모두 영향을 미치게 된다.

② 정부가 취득세를 부과할 경우 주택 매도자들이 받는 가격은 상승하나, 매수자들의 지불가격은 하락한다.

③ 정부가 양도세를 부과할 경우 균형거래량이 감소하고 주택매도자들이 받는 가격은 하락한다.

④ 정부가 양도세를 부과할 경우 주택의 수요에 영향을 미치게 된다.

⑤ 조세 부담의 크기는 수요곡선과 공급곡선의 탄력성의 상대적 크기에 따라 달라지며, 탄력성이 높은 쪽이 더 많은 세금을 부담하게 된다.

74. 국토의 계획 및 이용에 관한 사항으로 가장 적절하지 **않은** 것은?

① 용도지역은 도시지역, 관리지역, 농림지역, 자연환경보전지역으로 구분되며 농림지역이 전체 용도지역 중에서 가장 넓다.

② 국토종합계획은 20년, 도종합계획은 10년의 계획기간을 단위로 수립한다.

③ 서울을 중심으로 한 수도권 인구 및 산업의 과도한 밀집 문제를 해결하기 위해 수도권정비계획법이 제정되었다.

④ 과밀억제권역과 성장관리권역에서는 대학의 신설을 금지하고 있으나, 권역내 이전은 가능하다.

⑤ 토지거래계약허가제는 토지의 투기수요를 억제하고 지가의 안정을 위하는데 목적이 있다.

75. 하태호씨가 현재 거주하고 있는 아파트를 매도하고자 할 때, CFP® 자격인증자가 아파트 매도 시 유의사항으로 안내한 내용 중 가장 적절하지 **않은** 것은?

① 부동산 매매계약 시 계약금은 매매계약의 중요한 요소이므로 계약금을 지급하지 않았다면 매매계약은 무효가 됩니다.

② 매매가 성립되면 하태호씨는 해당 아파트를 매수자에게 이전해야할 의무가 발생합니다.

③ 하태호씨가 매매계약을 체결한 후 해당 아파트의 가격이 상승하는 분위기가 되어 계약을 즉시 해제하고자 할 경우 매수인으로부터 받은 계약금의 배액을 상환함으로써 계약을 해제할 수 있습니다.

④ 거래당사자가 직접 만나 계약서를 작성하는 것보다 개업공인중개사를 통해 거래하는 것이 안전합니다.

⑤ 하태호씨가 직장일로 인해 배우자에게 대신 매매계약을 맡길 경우에는 배우자에게 대리권을 주어야 매매계약이 유효하게 성립됩니다.

76. 다음 사례를 통해 알 수 있는 상가건물임대차 계약 시 유의사항으로 가장 적절하지 **않은** 것은? (단, 각 선지는 별개의 사례임)

> 주미나씨는 다니던 회사를 그만두고 음식점을 운영하기 위해 김우준씨 소유의 상가 A를 임대하고자 한다.

① 상가 A의 진정한 소유자가 김우준씨인지 확인하기 위해서는 등기사항전부증명서의 갑구를 확인해야 한다.

② 상가의 임대차 기간이 1년 미만이라면 임대차 기간은 1년으로 보지만, 주미나씨는 1년 미만으로 정한 임대차 기간이 유효함을 주장할 수 있다.

③ 주미나씨는 최초의 임대차기간을 포함한 전체 임대차기간이 10년을 초과하지 않는 범위에서 계약갱신요구권을 행사할 수 있다.

④ 주미나씨가 상가 A를 임차한 후 김우준씨가 주미나씨의 권리금회수기회를 방해하여 손해를 발생하게 한 경우 김우준씨는 그 손해를 배상해야 한다.

⑤ 주미나씨가 상가 A를 임차한 후 음식점 경영을 위해 시설개수비용을 지출한다면 김우준씨에게 해당 비용을 청구할 수 있다.

77. 부동산의 가치평가에 대한 적절한 설명으로만 모두 묶인 것은?

> 가. 감정평가방식에는 원가방식, 비교방식, 수익방식이 있으며, 대상물건에 따라 감정평가방법 중 주된 방법을 적용하여 감정평가해야 한다.
>
> 나. 원가법을 이용해 감정평가를 할 경우 물리적, 기능적 감가뿐만 아니라 대상물건 인근지역의 환경, 시장상황 또한 감가요인이 될 수 있다.
>
> 다. 아파트는 거래사례비교법에 의해 부동산의 가치를 산출할 수 있으며, 매수인 우위시장인 경우 평가된 가치보다 높은 가격으로 거래가 될 수 있다.
>
> 라. 임대사례비교법에서 임대사례의 임대시점과 대상물건의 기준시점이 불일치할 경우 대상물건의 임대료를 기준시점의 임대료 수준으로 시점수정해야 한다.
>
> 마. 직접환원법에서 유효총수익에 해당하는 것으로는 보증금 운용수익, 연간 임대료, 연간 관리비 수입 등이 있다.

① 가, 나
② 다, 라
③ 가, 나, 다
④ 나, 라, 마
⑤ 나, 다, 라, 마

78. 부동산가격의 발생과 형성에 대한 설명으로 가장 적절하지 **않은** 것은?

① 부동산에서 효용은 쾌적성과 수익성뿐만 아니라 생산성의 개념도 포함하며, 상품의 종류에 따라 효용의 정도와 가치의 크기가 달라진다.

② 동일수급권이란 대상부동산과 대체 및 경쟁관계가 성립하고, 가치 형성에 서로 영향을 미치는 관계에 있는 다른 부동산이 존재하는 권역으로 인근지역과 유사지역은 제외된다.

③ 개별분석은 부동산의 개별요인을 분석하여 최유효이용을 판단하는 작업으로 최유효이용은 부동산의 현재 상태가 아닌 최대 수익을 얻을 수 있는 활용을 염두에 둔다.

④ 부동산의 가격은 가격발생요인의 상호 결합 관계에 의해 발생되나, 결정된 가격은 시장의 환경에 따라 계속적으로 변할 수 있다.

⑤ 동일한 공법과 동일한 건설회사가 동일한 규격으로 건물을 지었더라도 지역요인에 따라 부동산가격이 달라질 수 있다.

79. 이어진씨는 임대사업을 목적으로 매수를 고민하고 있는 건물을 직접환원법을 이용하여 평가하고자 한다. 자본환원율이 5%라고 할 때 다음 정보를 통해 평가한 해당 건물의 수익가액으로 가장 적절한 것은?

> **[건물 관련 정보]**
> - 가능총수익 : 연 100,000천원
> - 공실 및 대손충당금 : 가능총수익의 3%
> - 일반관리비 : 월 4,000천원

① 510,000천원
② 640,000천원
③ 792,500천원
④ 861,000천원
⑤ 980,000천원

80. 김현중씨는 서울 동작구에 위치한 상가건물에 3년간 투자할 계획이다. 해당 상가건물에 300,000천원을 투자할 경우 임대료 수입은 다음과 같이 예상되며, 3년 후 최소 300,000천원에 매도가 가능할 것으로 예상된다. 현재 저축은행의 예금금리가 연 4%라고 할 때 상가건물의 내부수익률로 가장 적절한 것은?

연도	임대료 수입
1	20,000천원
2	40,000천원
3	50,000천원

① 9.48%
② 11.85%
③ 13.21%
④ 15.63%
⑤ 16.72%

81. 수익률의 종류에 대한 설명으로 가장 적절한 것은?

① 공실의 위험이 거의 없고 사람들이 선호하는 업무지역에 위치한 부동산에 대한 요구수익률은 높게 잡는 것이 좋다.

② 투자안이 2개 이상일 경우 요구수익률이 내부수익률보다 큰지 확인한 후 그 중에서 요구수익률이 가장 높은 투자안을 선택해야 한다.

③ 세후기대수익률은 투자자로부터 기대되는 예상 세후현금흐름을 투자자로부터 기대되는 예상지출로 나눈 값이다.

④ 종합환원율은 자본에 대한 수익률과 회수율로 구성되며, 세전 또는 세후현금흐름을 대상으로 수익률을 산정한다.

⑤ 대상부동산의 자기자본수익률이 연 7%, 대출수익률이 연 5%, 대출비율이 60%일 경우 종합수익률은 6.2%이다.

82. 서울에 위치한 A빌딩이 25억원이고, 매년 2억원의 수익이 발생할 것으로 기대된다. 김주안씨가 15억원을 대출받아 A빌딩을 매수할 경우 김주안씨의 자기자본수익률로 가장 적절한 것은? (단, 대출이자율은 연 4%임)

① 14%

② 15.8%

③ 16%

④ 17.9%

⑤ 18.5%

83. 김기호씨는 다음과 같은 현금흐름을 보이는 수익형 부동산을 매수하고자 한다. 만약 매수가격이 1,500,000천원이고, 투자자의 요구수익률이 연 8%일 경우 대상부동산의 투자의사결정에 대한 설명으로 가장 적절한 것은?

연도	세전현금흐름
1	300,000천원
2	330,000천원
3	360,000천원
4	380,000천원
5	400,000천원

① 김기호씨가 대상부동산에 투자할 경우 52,320천원의 이익이 발생하므로 투자한다.

② 김기호씨가 대상부동산에 투자할 경우 80,492천원의 이익이 발생하므로 투자한다.

③ 김기호씨가 대상부동산에 투자할 경우 65,775천원의 손실이 발생하므로 투자하지 않는다.

④ 김기호씨가 대상부동산에 투자할 경우 89,610천원의 손실이 발생하므로 투자하지 않는다.

⑤ 김기호씨가 대상부동산에 투자할 경우 101,976천원의 손실이 발생하므로 투자하지 않는다.

84. 유지혜씨는 노후 대비를 위해 상가 C를 구매하고자 한다. 다음 정보를 고려할 때 유지혜씨의 상가 C 구매에 따른 부채감당률(DCR)로 가장 적절한 것은?

- 유지혜씨는 상가 C를 구매하기 위해 은행에서 500,000천원을 대출기간 20년, 연 3.5% 월복리, 매월 말 원리금균등분할상환의 조건으로 대출받고자 함
- 상가 C의 현재 시점 평가금액 : 900,000천원
- 상가 C의 연 순영업소득 : 52,200천원
- 상가 C의 연 유효총수익 : 70,000천원

① 0.5

② 1

③ 1.5

④ 2

⑤ 2.5

85. 대출금 상환방식에 대한 설명으로 가장 적절하지 **않은** 것은?

① 원금균등분할상환 방식은 원금을 상환하는 데는 효과적이지만 매월 상환 금액이 변동되어 가계 재정 계획이 어려울 수 있다.

② 원리금균등분할상환 방식은 초기 상환 부담이 비교적 크지만 전체 상환액이 원금균등분할상환 방식보다 적을 수 있다.

③ 만기일시상환 방식은 대출기간 동안에는 상환 부담이 적으나, 만기 시 큰 금액을 한꺼번에 상환해야 하므로 재정적인 준비가 필요하다.

④ 점증상환 방식은 시간이 지나면서 소득이 증가할 가능성이 높은 사람들에게 유리한 상환방식이다.

⑤ 거치 후 원리금균등분할상환 방식은 일정 기간 동안 이자만 납부하고 원금은 상환하지 않으므로 대출 초기에 자금부담을 완화시킬 수 있다.

86. 법원경매 절차에 대한 적절한 설명으로만 모두 묶인 것은?

가. 법원이 매각기일 및 매각결정기일을 지정한 경우 법원사무관 등은 매각기일의 4주 전까지 공고하여야 한다.

나. 현재 법원에서 실시하는 매각 방법은 기일입찰이며, 입찰보증금은 원칙적으로 최저매각가격의 5%이다.

다. 최고가매수인의 입찰가격에서 매수신청보증금액을 공제한 금액 이상으로 입찰에 참가한 자는 차순위매수신고를 할 수 있다.

라. 매각허부결정에 불복하는 사람은 30일 이내에 즉시항고를 할 수 있으며, 항고하고자 하는 사람은 매각대금의 10%에 해당하는 금액을 공탁해야 한다.

마. 매수인이 대금을 납부하지 않고, 차순위매수신고인도 정해지지 않은 경우에는 재매각입찰을 실시한다.

① 가, 라
② 다, 마
③ 가, 나, 라
④ 다, 라, 마
⑤ 나, 다, 라, 마

87. 다음 주택 X의 경매 관련 현황 정보를 통해 알 수 있는 사실로 가장 적절하지 **않은** 것은? (단, 각 선지는 별개의 사례임)

[주택 X의 경매 관련 현황 정보]

• A의 근저당권 50,000천원을 임차권자 B가 대위변제 함

• 배당액 : 30,000천원

순위	권리	권리금액	권리자
1	근저당권	50,000천원	A
2	임차권 (대항력 + 확정일자 없음)	100,000천원	B
3	근저당권	20,000천원	C
4	가압류	10,000천원	D
5	C의 근저당권으로 임의경매신청	–	–

① 말소기준권리에 해당하는 것으로는 가압류, 근저당권, 담보가등기, 경매개시결정등기 등이 있다.

② 임차권자 B가 A의 근저당권 50,000천원을 대위변제 하고 근저당권을 말소하게 되면 말소기준권리는 D의 가압류가 된다.

③ 임차권자 B가 A의 근저당권 50,000천원을 대위변제 하고 근저당권을 말소하게 되면 임차권자 B는 대항력을 취득한다.

④ 낙찰자는 해당 경매의 배당액과 별개로 임차권자 B의 보증금 100,000천원도 인수하게 된다.

⑤ 주택 X가 낙찰될 경우 배당액 30,000천원은 근저당권자 C에게만 지급되며, 가압류권자 D는 배당액을 받지 못하고 소멸한다.

88. 부동산금융에 대한 설명 중 (가)~(라)에 들어갈 내용이 가장 적절하게 연결된 것은?

> * 토지신탁은 신탁재산인 (가)에 따라 임대형토지신탁과 분양형토지신탁으로 구분하며, (나)에 따라 차입형토지신탁과 관리형토지신탁으로 분류할 수 있다.
> * 프로젝트 파이낸싱에서 (다)는 추가 부채부담 없이 사업을 진행할 수 있으므로 현 상태의 재무구조 유지가 가능하다.
> * (라)은/는 투자자의 연 소득금액에서 대출금의 연간 원리금상환액 또는 대출이자가 차지하는 비율로 대출자의 상환능력을 검증하는 지표이다.

	가	나	다	라
①	토지의 처분 유형	사업비용 자금조달주체	사업주	DTI
②	토지의 처분 유형	사업비용 자금조달주체	프로젝트 회사	DCR
③	토지의 처분 유형	소유권 관리 여부	프로젝트 회사	LTV
④	사업비용 자금조달주체	토지의 처분 유형	사업주	DCR
⑤	소유권 관리 여부	토지의 처분 유형	사업주	DTI

89. 주거용 부동산과 수익형 부동산에 대한 설명으로 가장 적절하지 **않은** 것은?

① 주택보급률은 '주택수/일반가구수 × 100'으로 산정한다.

② 자가점유율은 양적지표의 기능을 하는 주택보급률의 한계점을 보완한다.

③ 오피스텔은 세대별로 투자가 가능해 초기 자본이 적게 들어간다는 장점이 있다.

④ 주거용으로 오피스텔을 운영할 경우 해당 오피스텔은 주택수에 산입된다.

⑤ 오피스텔은 분양면적에 비하여 전용면적이 크기 때문에 관리비가 저렴하다.

90. 임현주씨는 몇 년 전 주택담보대출을 받아 아파트를 구입하여 거주하고 있다. 최근에 대출금리가 내렸다는 소식을 들어 리파이낸싱에 대한 검토를 하고 있다면 다음 추가정보를 통해 알 수 있는 사실로 가장 적절하지 **않은** 것은?

> **[추가 정보]**
> * 리파이낸싱 기준일 : 2024년 9월 1일
> * 대출시점 : 2020년 9월 1일
> * 아파트 구입 당시 주택가격은 600,000천원, LTV 50%로 대출, 고정금리로 연 5% 월복리, 20년 원리금균등분할상환조건
> * 재대출(리파이낸싱) : 연 3% 월복리
> * 상기 대출은 모두 매월 말 원리금 상환
> * 주택담보대출을 받은 이후 3년이 지났으므로 조기상환수수료와 신규 취급수수료 등은 없음

① 임현주씨가 최초로 대출받았을 때의 매월 상환해야 하는 원리금상환액은 1,980천원이다.

② 2024년 9월 1일을 기준으로 대출금을 상환한 회차는 48회차이다.

③ 2024년 9월 1일을 기준으로 남아있는 대출금의 잔액은 261,306천원이다.

④ 신규 대출 후 잔여대출기간을 기준으로 연 3%의 주택담보대출이율로 재대출 하였을 때 매월 말 상환해야 하는 원리금상환액은 1,715천원이다.

⑤ 기존의 매월 발생하는 대출원리금상환액보다 매월 529천원씩 절약할 수 있다.

해커스 **CFP®** 최종 실전모의고사

지식형 (2교시) 17:30 ~ 19:20

시험 유의사항

[1] 수험표에 명시된 준비물을 꼭 지참하고, 특히 규정신분증 이외의 신분증 및 신분증을 지참하지 않을 경우 입실이 허용되지 않음.

[2] 시험 시작 후 1시간이 경과하기 전에는 퇴실할 수 없으며, 퇴실 시 반드시 문제지와 답안지를 제출해야 함.

[3] 응시자 이외의 사람은 시험장에 출입할 수 없으며 시험장 내 주차장이 협소하거나 주차장을 사용할 수 없는 고사장이 있으므로 대중교통을 이용하고, 만약 자가용 이용으로 발생되는 문제(주차 및 차량훼손 등)는 한국FPSB가 책임지지 않음.

[4] 시험장 내 휴대전화, 무선기, 컴퓨터, 태블릿 PC 등 통신 장비를 휴대할 수 없으며 휴대가 금지된 물품을 휴대하고 있음이 발견되면 부정행위 처리기준에 따라 응시제한 1년 이상으로 징계됨.

[5] 답안 작성은 컴퓨터용 사인펜을 이용하고 예비답안 작성은 반드시 붉은 사인펜만을 이용해야 하며, 붉은 사인펜 이외의 필기도구(연필, 볼펜 등)를 사용하여 예비답안을 작성한 경우 이중 마킹으로 인식되어 채점되지 않음을 유의함.

[6] 답안은 매 문항마다 하나의 답만을 골라 그 숫자에 빈틈없이 표기해야 하며, 답안지는 훼손, 오염되거나 구겨지지 않도록 주의해야 함. 특히, 답안지 상단의 타이밍 마크를 절대로 훼손해선 안 되며, 마킹을 잘못하거나(칸을 채우지 않거나 벗어나게 마킹하는 경우) 답안지 훼손에 의해서 발생되는 문제에 대한 모든 책임은 응시자에 귀속됨.

[7] 문제지와 답안지 작성을 제외한 모든 종류의 필사(본인 답안 필사 등)를 하는 행위 및 컨닝용 쪽지, 책자 또는 노트 등을 휴대하는 행위는 부정행위로 처리함.

[8] 시험종료 안내는 종료 20분, 10분, 5분 전에 방송되며 시험시간 관리의 책임은 전적으로 수험생 본인에게 있으므로 종료 후 답안 작성으로 인하여 부정행위 처리되지 않도록 유의함.

[9] 시험장 내에선 금연이며 시험장의 시설물이 훼손되지 않도록 주의함.

[10] 유의사항 위반에 따른 모든 불이익은 응시자가 부담하고 부정행위 및 규정 위반자는 부정행위 세부처리기준에 준하여 처리됨.

- 문제의 일반 계산이나 TVM 계산 시 별도의 지시사항이나 지문이 없을 경우 중간 계산의 값은 참값 또는 반올림하여 사용할 것
- 투자(대출)상품의 투자수익률(대출이율) 표시 : 별도의 언급이 없는 한 연복리를 말하며 이외의 경우 별도로 표기함
  (예 연 6% 연복리상품 – 연 6%, 연 6% 월복리상품 – 연 6% 월복리)
- 문제의 지문이나 보기에서 별다른 제시가 없으면, 모든 개인은 세법상 거주자이고, 모든 법인은 내국법인이며 모든 자산, 부채 및 소득은 국내에 있거나 국내에서 발생한 것으로 가정하고, 주식은 국내 제조법인의 주식으로서 우리사주조합원이 보유한 주식이 아니며, 소득세법상 양도소득세 세율이 누진세율 (6~45%)로 적용되는 특정주식 등 기타자산에 해당하지 않는 일반주식이라고 가정함
- 문제의 지문이나 보기에서 별다른 제시가 없으면 나이는 만 나이이며, 기준시점은 1월 초이고 나이로 표시된 시점은 해당 나이의 기시 시점임

투자설계 (28문항)

1. 재정정책과 통화정책에 대한 설명으로 적절하지 **않은** 것은?

① 재정정책에 따르면 테일러준칙으로 인해 실제성장률이 잠재성장률보다 높을 경우 금리를 올리게 된다.

② 정부의 소득세율 인하는 단기적으로 산출량을 증가시키며, 단기산출량이 자연산출량보다 클 경우 장기적으로 물가가 상승하고 단기산출량이 자연산출량 수준으로 줄어든다.

③ 정부지출이 증가하면 자금공급곡선이 좌측으로 이동하여 이자율이 상승하게 되지만, 총수요는 승수효과만큼 증가하지 않아 재정정책의 효과는 제한적으로 발생할 수도 있다.

④ 경기가 침체기일 경우 중앙은행은 경제를 회복시키고자 정책금리를 인하하며, 이로 인해 채권가격이 상승할 수 있다.

⑤ 통화량 증가는 단기적으로 실질 GDP와 실업률에 영향을 주지만, 장기적으로 물가만 상승시킬 가능성이 크다.

2. 경기순환의 원인에 대한 설명으로 적절하지 **않은** 것은?

① 프리드먼은 중앙은행의 자의적인 통화량 변동과 같은 화폐적 충격으로 인해 경기순환이 발생된다고 본다.

② 실물경기변동이론은 통화공급과 은행대출의 증감 등으로 인하여 경기변동이 초래된다고 본다.

③ 루카스와 케인즈는 경제주체들이 습득하는 정보는 불완전하기 때문에 경기순환이 발생할 수 있다고 본다.

④ 자금중개기관의 대출 기능이 마비되거나 디레버리징으로 인해 경제의 신용 규모가 급격히 축소될 경우 경기순환이 유발될 수 있다.

⑤ 케인즈는 수요충격으로서 경제주체들의 미래에 대한 기대가 변화할 때 기업의 투자나 가계의 소비가 급격히 변동하여 경기순환이 초래될 수 있다고 본다.

3. 환율의 결정과정과 변동요인에 대한 설명으로 가장 적절한 것은?

① 한국의 햄버거 가격이 4,000원이고, 미국의 햄버거 가격이 4.5$일 경우 구매력평가설에 의한 환율은 1,125원/$이다.

② 이자율평가설에 따르면 투자로부터 발생할 수 있는 위험과 거래비용이 없고 투자자들은 기대수익률이 높은 투자를 선호할 경우, 국내외 투자수익률이 동일하지 않으면 차익거래가 발생한다.

③ 특정 국가의 물가지수가 전년 대비 상승할 경우 구매력평가설에 따라 통화가치 역시 타 국가보다 상승한다.

④ 해외자본이 국내에 유입되면 국내 외환시장에서 외환 공급의 증가로 인한 원화환율의 상승이 예상된다.

⑤ 국내금리의 하락으로 인해 원화표시 정기예금의 수익률이 낮아질 경우, 투자자들이 국내금융자산을 매각하고 외국 통화표시 금융자산을 매입함으로써 환율이 하락한다.

4. 다음 조건을 바탕으로 한 A증권과 B증권에 대한 설명으로 적절한 것은?

- A증권의 수익률이 7~13%일 확률은 68.27%이다.
- B증권의 수익률이 6~18%일 확률은 99.73%이다.
- A증권과 B증권의 공분산은 +0.0003이다.
- 두 증권의 수익률은 정규분포를 따른다고 가정한다.

① A증권 수익률의 표준편차는 2%이고, B증권 수익률의 표준편차는 3%이다.
② A증권 수익률의 평균이 B증권 수익률의 평균보다 높다.
③ A증권 수익률의 평균이 4% 미만이 될 확률은 약 4.55%이다.
④ A증권과 B증권의 상관계수는 +0.5이다.
⑤ 공분산의 값이 양수이기에 두 증권의 수익률은 반대로 움직인다.

5. 수익률과 위험에 대한 설명으로 적절하지 **않은** 것은?

① 개별 자산들의 수익률은 대부분 완전히 독립적으로 움직이기 때문에 두 자산 수익률 움직임 방향의 일치 여부를 측정하는 지표로 공분산을 활용한다.
② 미래에 받게 될 금액의 불확실성을 투자위험이라고 하며, 위험의 측정은 일반적으로 분산이나 표준편차를 이용한다.
③ 상관계수는 공분산을 표준화한 것으로 −1과 +1 사이의 값을 가지는데 분산투자의 효과를 높이기 위해서는 상관계수의 값이 작은 증권을 선택해야 한다.
④ 일반적으로 투자이론에서는 수익률이 정규분포를 나타낸다고 가정하며, 정규분포의 모양과 위치는 분포의 평균과 표준편차에 의해 결정된다.
⑤ 포트폴리오 위험의 측정은 포트폴리오 수익률의 측정처럼 개별 자산의 위험을 가중평균할 수 없다.

6. 다음 펀드들을 성과평가할 경우 가장 성과가 우수한 펀드를 적절하게 연결한 것은? (단, 시장수익률은 10%이고, 연평균 무위험이자율은 3%라 가정함)

펀드	펀드의 연평균수익률	베타계수	표준편차
A	8%	0.75	10%
B	10%	0.80	15%
C	12%	1.00	16%
D	14%	1.20	23%
E	16%	1.50	25%

	종목선택능력	총위험 한 단위당 위험보상률
①	펀드 A	펀드 B
②	펀드 B	펀드 E
③	펀드 C	펀드 A
④	펀드 D	펀드 C
⑤	펀드 E	펀드 D

7. 자본자산가격결정모형(CAPM)과 차익거래가격결정이론(APT)에 대한 설명으로 가장 적절하지 **않은** 것은?

① CAPM이론은 무위험자산의 존재를 인식하고 이를 포트폴리오에 편입하였으며, 이 때 마코위츠 모형에서 설명한 효율적 투자기회선은 더 이상 효율적 투자기회선이 될 수 없다.
② 실제 자료를 바탕으로 할 때, 위험 수준이 낮은 주식의 실제수익률은 CAPM이론이 예측한 것보다 많았으며 위험 수준이 높은 주식의 실제수익률은 CAPM이론이 예측한 것보다 적었다.
③ APT이론은 어떤 자산의 수익률이 정상적으로 예측이 가능한 수익과 예측하지 못한 변수에 의한 수익에 의해 결정된다고 본다.
④ APT이론은 베타만으로 체계적 위험을 설명하는 CAPM이론과 달리 베타에 GDP 성장률의 변동, 이자율의 변동 등 시장 전체에 영향을 주는 공통변수들을 고려한 모형이다.
⑤ APT이론은 CAPM이론과는 달리 비체계적 위험인 특정 자산의 고유한 특성으로 인한 수익률 변화(ε_i)를 제거할 수 없다고 본다.

8. ㈜성원통신은 2023년도 중 3,000억원을 투자한 신사업을 통해 270억원의 이익을 벌어들였다. 해당 신사업의 2024년도 시장수익률과 베타는 2023년도와 동일하고, 무위험이자수익률은 2023년도 대비 1%p 상승하였다. ㈜성원통신이 2024년도에 5,000억원을 투자할 경우 벌어들일 이익으로 가장 적절한 것은?

신사업의 시장수익률	신사업의 베타
8.0%	1.2

① 410억원

② 420억원

③ 430억원

④ 440억원

⑤ 450억원

9. 자본시장선(CML)에 대한 적절한 설명으로 모두 묶인 것은?

> 가. 균형 조건하에서 가치평가를 할 수 있어 투자사업의 타당성 검토, 공공요금의 결정 등에 활용된다.
>
> 나. 체계적 위험과 비체계적 위험을 모두 고려하여 기대수익률과의 관계를 나타낸다.
>
> 다. 무위험자산과 시장포트폴리오를 모두 통과하는 직선으로 나타낸다.
>
> 라. 시장포트폴리오가 아닌 개별 종목 또는 소수의 종목에 분산투자하는 비효율적 포트폴리오도 선상에 존재한다.
>
> 마. 시장포트폴리오보다 기대수익률과 위험이 낮은 수준의 포트폴리오는 투자자가 금융기관에 자금을 빌려준 것과 같다고 본다.

① 가, 나, 다　　　　② 나, 다, 라

③ 나, 다, 마　　　　④ 나, 라, 마

⑤ 다, 라, 마

10. 다음 X회사의 증권수익률과 전체 시장의 증권수익률 간의 선형 회귀분석자료를 바탕으로 분석한 X회사의 증권에 대한 설명으로 적절하지 **않은** 것은?

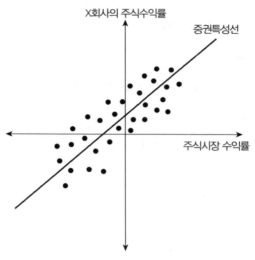

* 증권특성선의 기울기 : 0.5

① 증권특성선의 기울기란 시장수익률 변동에 대한 X회사의 증권수익률의 민감도를 나타낸다.

② 증권특성선의 기울기가 0.5라는 것은, X회사의 증권이 시장수익률의 변동에 대해 방어적인 움직임을 가진다는 것을 의미한다.

③ 증권특성선의 기울기가 큰 증권일수록 시장수익률의 변동에 민감하게 반응한다.

④ 만약 증권특성선의 기울기가 1이라면, X회사의 증권수익률은 전체 시장수익률의 움직임과 동일하게 움직이는 경향이 높을 것이다.

⑤ 전체 시장이 상승국면일 때 X회사의 증권은 시장지표보다 더 상승하나, 하강국면일 때는 시장지표보다 더 하락하게 된다.

11. 각 투자성 금융상품의 위험등급에 대한 설명으로 적절하지 **않은** 것은?

① ETF를 포함한 공모펀드의 위험등급은 시장위험등급 결정을 위하여 사용되는 VaR를 기준으로 6등급으로 분류된다.

② 비지정형 신탁은 신탁계약상 편입 가능한 투자대상 자산의 최고 위험등급을 해당 신탁계약의 위험등급으로 간주한다.

③ 사전에 포트폴리오를 구성하여 제시하고 포트폴리오 구성을 통해 총위험을 관리하는 방식으로 운용하는 투자일임계약은 포트폴리오 내 개별 상품 위험등급을 상품별 편입 비중에 따라 가중평균하여 전체 투자일임계약의 위험등급으로 적용할 수 있다.

④ 시장위험등급이 4등급이고 신용위험등급이 3등급인 파생결합증권의 위험등급은 4등급이다.

⑤ 기초자산의 1배를 초과한 배율로 연동하는 상장지수증권(ETN)의 위험등급은 1등급으로 분류한다.

12. 김동한씨는 A채권에 50억원을 투자하고자 한다. A채권의 가격변동성이 1.25%일 때, 투자액의 95% 신뢰 수준의 25일 VaR를 계산한 값으로 가장 적절한 것은? (단, 95% 신뢰 수준의 Z값은 1.65임)

① 1.031억원

② 5.156억원

③ 10.312억원

④ 19.468억원

⑤ 25.781억원

13. 다음 자료를 바탕으로 한 액면가 10,000원, 잔존만기 3년인 이표채의 채권수익률이 7%일 때, 채권의 가격이 9,500원이다. 채권수익률이 5%로 하락할 경우 듀레이션과 볼록성을 활용해 계산한 채권가격으로 적절한 것은?

- 표면이자율 : 8%
- 매매수익률 : 10%
- 이자지급주기 : 매년 말
- 볼록성 : 16.28

① 약 10,793원

② 약 10,880원

③ 약 11,120원

④ 약 11,293원

⑤ 약 12,500원

14. 할인율(k) 및 성장잠재력(g) 추정에 대한 설명으로 적절하지 **않은** 것은?

① 실질무위험수익률, 인플레이션율, 투자위험이 높을수록 요구수익률이 높아지며 여기서 발생하는 미래현금흐름의 현재가치는 높게 평가받게 된다.

② 배당의 예상성장률이 높을수록 정률성장배당할인모형에서 주식의 가치는 높아진다.

③ 자기자본수익률은 우선주 배당을 공제한 후 보통주 주주에게 귀속되는 순이익을 보통주 자기자본으로 나눈 것으로, 우리나라의 일반우선주는 주주의 지분 성격이 강하기 때문에 자기자본에 포함시킨다.

④ 기업의 성장률에 영향을 주는 두 가지 요인으로는 자기자본이익률(ROE)과 내부유보율(RR)이 있다.

⑤ 자기자본이익률(ROE)을 높이려면 수익성을 증가시키거나, 자산의 효율성을 극대화하거나, 재무위험을 증대시킴으로써 가능하다.

15. 다음 자료를 바탕으로 계산한 기업어음(CP)의 세전 매매금액으로 가장 적절한 것은? (단, 원 미만은 절사하며 1년은 365일로 가정함)

[채권 관련 정보]

- 액면금액 : 1억원
- 발행일 : 2024년 4월 20일
- 만기일 : 2025년 4월 20일
- 매매일 : 2024년 6월 23일
- 매매할인율 : 4.5%

① 94,236,421원

② 96,289,042원

③ 96,874,972원

④ 97,156,831원

⑤ 97,877,214원

16. A기업의 요구수익률은 20%, 배당성향은 40%, 성장률은 10%이다. A기업의 금년도 주당순이익이 1,000원일 때, 다음 연도 주당순이익에 기초한 적정 PER과 적정 주가로 적절한 것은?

	적정 PER	적정 주가
①	2배	2,200원
②	2배	4,400원
③	4배	2,200원
④	4배	4,000원
⑤	4배	4,400원

17. 채권의 만기와 만기수익률과의 관계를 설명하는 기간구조이론에 대한 설명으로 적절한 것은?

① 불편기대이론에서 장기채권의 수익률은 미래의 단기채권들에 예상되는 수익률인 선도이자율의 산술평균과 같다고 본다.

② 피셔가 제시한 불편기대이론은 단기채권과 장기채권은 완전대체관계에 있으며, 투자자는 위험회피형이라고 가정한다.

③ 유동성선호이론에 의한 수익률곡선은 불편기대가설에 의한 수익률곡선보다 높은 수준에서 그려지며 그 차이는 유동성프리미엄에 기인한다.

④ 힉스가 제시한 유동성선호이론에 따르면 만기가 다른 채권의 이자율은 서로 다른 시장에서의 수요·공급에 따라 독립적으로 결정된다고 한다.

⑤ 시장분할이론에서는 미래가 본질적으로 불확실하기 때문에 투자자가 장기채권보다 단기채권을 선호한다고 주장한다.

18. 다음 채권의 듀레이션이 적절하게 연결된 것은?

가. 잔존만기 5년, 표면이자율 2.5%인 할인채

나. 잔존만기 7년, 표면이자율 3.3%인 이표채

다. 채권수익률 4%인 영구채

	가	나	다
①	5년	7년	26년
②	5년	7년	무한대
③	5년	7년 미만	26년
④	5년 미만	7년 미만	26년
⑤	5년 미만	7년 미만	무한대

19. 소매업을 영위하는 A기업의 재무상태표와 포괄손익계산서를 통해 알 수 있는 사실로 가장 적절한 것은?

재무상태표(2023년 12월 31일) (단위 : 천원)

구분		항목	금액
Ⅰ. 자산	유동자산	현금	83,000
		건축물	450,000
		재고자산	50,000
	비유동자산	장기채권	7,000
자산 총액			590,000
Ⅱ. 부채	유동부채	매입채무	65,000
		단기차입금	95,000
	비유동부채	장기차입금	140,000
부채 총액			300,000
Ⅲ. 자본		자본금	60,000
		자본잉여금	50,000
		이익잉여금	180,000
자본 총액			290,000
부채와 자본 총액(Ⅱ + Ⅲ)			590,000

포괄손익계산서(2023년 12월 31일) (단위 : 천원)

구분	금액
매출액	360,000
매출원가	(15,000)
매출총이익	345,000
판매비와 관리비	(45,000)
영업이익	300,000
기타수익	150,000
기타비용	(30,000)
법인세비용	(20,000)
당기순이익	100,000

① A기업이 보유하고 건축물이 소매업을 위해 사용되고 있다면 해당 건축물의 감가상각비는 매출원가에 포함된다.
② A기업의 당좌비율은 현금을 제외한 유동자산에서 유동부채를 나눈 값인 312.5%이다.
③ A기업의 비유동장기적합률은 비유동자산과 비유동부채만을 고려해 구할 수 있으며 그 값은 5%이다.
④ EBITDA는 이자와 세금 이전의 순이익으로 영업이익인 300,000천원으로 볼 수 있다.
⑤ 2022년도의 매출액이 300,000천원이고, 당기순이익이 80,000천원이었다면 매출액증가율이 순이익증가율보다 낮게 나타난다.

20. Z기업의 자산, 타인자본, 자기자본의 비율은 3 : 1 : 2이고, 예측기간 이후 잉여현금흐름이 100억원이다. 이 때 해당 기업의 잉여현금흐름 잔존가치로 가장 적절한 것은?

[Z기업 관련 정보]
- 세전부채비용 : 6.0%
- 자기자본비용 : 4.5%
- 잉여현금흐름성장률 : 2.5%
- 법인세율 : 19%

① 2,165억원
② 2,257억원
③ 4,000억원
④ 4,717억원
⑤ 5,181억원

21. 다음 중 채권투자전략과 그에 대한 설명을 적절하게 연결한 것은?

가. 수익률곡선은 일반적으로 우상향형태를 보이므로 시장 전체의 금리수준이 일정하더라도 잔존기간이 짧아지면 수익률이 하락하여 채권가격이 상승하는 효과가 있다.

나. 단기채와 장기채만 보유하고 중기채는 보유하지 않는 전략으로 단기채의 높은 유동성과 장기채의 높은 수익성이 전체 포트폴리오의 위험을 상쇄해준다.

다. 채권수익률이 어떻게 변하더라도 채권매입 당시의 목표수익률과 거의 동일하게 실현되도록 하는 방법으로 채권 또는 채권포트폴리오의 듀레이션을 투자기간과 일치시키는 것을 말한다.

	가	나	다
①	숄더효과	사다리형 만기전략	현금흐름 일치전략
②	숄더효과	바벨형 만기전략	채권면역전략
③	롤링효과	사다리형 만기전략	인덱싱전략
④	롤링효과	바벨형 만기전략	채권면역전략
⑤	롤링효과	사다리형 만기전략	현금흐름 일치전략

22. 주식의 인덱싱 전략에 대한 설명으로 적절하지 **않은** 것은?

① 인덱싱 전략은 주로 거래비용, 유동성, 투자관리비용 등에서 유리한 ETF를 활용한다.

② 추적오차 최소화기법 사용 시 시장의 구조적 변화가 발생하는 경우 추적오차가 예상보다 확대될 수 있다.

③ 완전복제법은 구성 방법이 단순하지만, 인덱스포트폴리오에 편입되는 종목 수에 따라 추적오차가 변동하는 단점이 있다.

④ 층화추출법은 비교지수에 포함된 모든 종목을 복수의 층으로 구분하고, 각 층의 대표종목을 기준으로 층별 종목 비중의 합이 비교지수 내 해당 층의 비중과 동일하도록 인덱스포트폴리오를 구성한다.

⑤ 포트폴리오를 특정한 지수를 복제하는 데 주력함으로써 투자수익과 투자위험을 인덱스의 평균 수준에서 유지한다.

23. 금리변동위험 헤지에 대한 설명으로 적절하지 **않은** 것은?

① 단기금리변동위험을 헤지하기 위해 매도할 무위험지표금리선물의 계약 수는 자금대여의 DV01을 무위험지표금리선물의 DV01로 나누어 계산할 수 있다.

② 향후 채권투자를 계획하고 있는 자는 금리하락으로 인한 투자수익률의 하락이 예상될 경우 채권선물을 매수함으로써 위험을 헤지할 것이다.

③ 단기금리변동위험을 헤지하고 이자수익이나 이자지급비용을 확정하려는 자는 무위험지표금리선물을 매도할 것이다.

④ 고정금리부채권에 투자하는 자가 향후 금리상승을 예상할 경우 고정금리를 수령하고 변동금리를 지급하는 스왑 리시브포지션을 취해 금리상승위험을 헤지할 것이다.

⑤ 고정금리채권을 보유하고 있는 자가 금리상승으로 인한 손실의 발생이 예상될 경우 채권선물을 매도함으로써 위험을 헤지할 것이다.

24. 2024년 3월 16일 현재 KOSPI200지수가 391.78일 때, 2024년 6월물 KOSPI200지수 선물의 이론가격으로 적절한 것은? (단, 1년은 365일로 가정함)

[선물 관련 정보]

• KOSPI200지수 선물 만기일 : 2024년 6월 14일(만기까지 일수 90일)

• CD 수익률(90일물) : 3.2%

• 선물배당액지수 합계 : 1.5pt

① 393.37

② 394.87

③ 402.82

④ 404.32

⑤ 587.67

25. 전망이론의 가치함수로 평가한 다음의 투자이익과 투자손실에 대한 설명으로 적절하지 **않은** 것은? (단, 이익과 손실의 민감도는 0.7, 손실회피계수는 2.25로 가정함)

[전망이론의 가치함수로 평가한 투자이익 및 투자손실]

• 300만원의 이익을 얻은 경우와 150만원의 이익을 두 번 얻은 경우

• 300만원의 손실을 본 경우와 150만원의 손실을 두 번 본 경우

① 300만원의 이익을 얻은 경우의 가치는 약 54만원이다.

② 150만원의 이익을 두 번 얻은 경우의 가치는 약 67만원이다.

③ 300만원의 손실을 본 경우의 가치는 약 −122만원이다.

④ 150만원의 손실을 두 번 본 경우의 가치는 약 −130만원이다.

⑤ 투자이익과 투자손실 모두 절대적인 부보다는 부의 변화 자체가 효용 또는 비효용을 가져다 주며, 같은 금액이더라도 두 번에 걸쳐 발생한 경우에 가치가 더 높거나 낮게 나타난다.

26. 자산배분전략에 대한 적절한 설명으로 모두 묶인 것은?

> 가. 리스크패리티자산배분을 사용하는 자가 보유한 주식과 채권의 최적 투자비중이 4:6이라면, 주식의 위험의 크기가 15%일 때 채권의 위험의 크기는 10%이다.
>
> 나. 밸런스자산배분전략은 위험자산 비중을 일정하게 유지할 때 시장 상황에 따라 노출되는 위험도 일정하게 유지된다는 장점이 있다.
>
> 다. 연령기준자산배분은 경험법칙 관점보다는 이론적 정합성에 기초한 자산배분전략이다.
>
> 라. 전술적 자산배분은 단기적으로 자산배분 비중을 조정한다는 점에서 리밸런싱(rebalancing)과 유사하지만, 초과수익을 달성하기 위해 자산별 투자비중을 구성하는 방법에서 차이를 가진다.
>
> 마. 전술적 자산배분전략은 단기 시장전망이 잘못되어 성과가 저조하여도 포트폴리오의 실제 수익률이 전략적 자산배분전략의 수익률을 상회하는 초과성과를 달성하게 된다.
>
> 바. 전략적 자산배분은 그 효과가 일정 수준 과대평가될 수도 있어 대부분의 전문가들은 전략적 자산배분이 투자수익률에 미치는 영향이 크지 않다고 평가한다.

① 가, 라
② 나, 다
③ 가, 라, 바
④ 나, 다, 바
⑤ 다, 라, 마

27. 자산배분전략의 수립과 점검에 대한 설명으로 적절하지 **않은** 것은?

① 전략적 자산배분전략과 함께 투자환경이 변화할 때 초과수익을 창출하기 위해 단기적으로 전술적 자산배분전략을 실행할 수 있다.

② 생애주기 관점에서 필요한 목적자금을 마련하기 위해서는 우선순위가 상이한 재무목표의 우선순위를 반영하여 투자전략의 수립이 가능한 목표연계투자(GBI) 기법이 주로 사용된다.

③ 핵심-위성기법을 이용한 핵심포트폴리오는 주로 특정 섹터나 테마, 이머징마켓이나 프런티어마켓 등에 투자하여 초과수익을 추구한다.

④ 향후 수익률이 과거와 동일한 순서로 발생한다고 가정하여 자산배분전략의 유효성을 점검할 때에는 과거수익률을 사용하여 투자성과를 분석한다.

⑤ 부트스트래핑 기법은 과거수익률로부터 특정 확률분포를 가정하지 않아 몬테카를로 시뮬레이션보다 유연한 자산배분전략의 점검이 가능하다.

28. 자산유동화증권(ABS)에 대한 설명으로 적절하지 **않은** 것은?

① 현금흐름 차액적립과 초과담보는 자산유동화증권을 설계할 때부터 위험요소가 경감될 수 있도록 원리금의 지급조건을 조정하거나 자산보유자가 스스로 보증하는 방법이다.

② 자산유동화증권의 만기에는 자산으로부터의 누적현금흐름을 사용하여 증권을 상환하며, 상환재원이 부족한 경우 사전에 설정한 신용보강을 사용한다.

③ 자산유동화증권 발행 시 자산보유자는 보유하고 있는 자산의 특성을 분석하고, 자산유동화증권의 발행 가능성 등을 검토한다.

④ 자산유동화증권의 통상 자산관리업무는 자산의 특성을 가장 잘 알고 실질적으로 유동화를 결정한 수탁기관에서 진행한다.

⑤ 페이-스루 방식의 자산유동화증권은 기초자산에서 발생하는 현금흐름을 기초로 하되 유동화전문회사가 적립 조정한 현금흐름을 투자자에게 지급한다.

세금설계 (27문항)

29. 세금의 신고와 납부에 대한 설명으로 적절한 것은?

① 과세표준과 세액에 관하여 경정이 있을 것을 미리 알고 법정신고기한이 지난 후 2년 이내에 과세표준수정신고서를 제출하고 부족세액 및 가산세를 수정신고와 함께 추가 자진납부한 경우에는 과소신고가산세를 감면받을 수 있다.

② 법정신고기한까지 과세표준신고서를 제출하지 아니한 자가 법정신고기한이 지난 후 2년 이내에 기한 후 신고를 한 경우에는 무신고가산세를 일부 감면받을 수 있다.

③ 납세고지서에 따른 납부기한의 다음 날부터 납부일까지의 기간이 10년을 초과하는 경우에는 그 기간을 10년으로 한다.

④ 과세표준신고서를 법정신고기한까지 제출한 자는 소득의 귀속을 제3자에게로 변경시키는 결정 또는 경정이 있음을 안 날로부터 30일 이내에 결정 또는 경정을 청구할 수 있다.

⑤ 납부지연가산세 중 납부하지 아니한 세액 또는 과소납부분 세액에 대하여 법정납부기한의 다음 날부터 납부일까지의 기간 1일당 적용되는 이자율은 22/100,000이다.

30. 거주자 송민성씨는 2017년부터 제조업을 영위한 사업자이다. 한편, 과세관청은 송민성씨가 당초 신고(신고일 : 2025년 5월 29일)한 2024년 귀속 사업소득금액에 대한 소득세를 사기나 그 밖의 부정한 행위로 포탈한 것으로 보아 해당 세액에 대하여 증액경정처분으로서 2025년 12월 15일에 납세고지를 하였다. 과세관청의 부과처분이 적법하다고 인정되는 경우, 해당 소득세에 대한 국세부과의 제척기간과 그 기산일이 적절하게 연결된 것은?

	제척기간	제척기간의 기산일
①	5년	2025년 5월 29일
②	5년	2025년 6월 1일
③	10년	2025년 5월 29일
④	10년	2025년 6월 1일
⑤	10년	2025년 12월 15일

31. 성실신고확인제도에 대한 설명으로 적절하지 **않은** 것은?

① 성실신고확인제도란 수입금액이 일정 규모 이상인 개인사업자가 종합소득세를 신고할 때 내용의 정확성 여부를 세무사 등에게 확인받은 후 신고하는 제도이다.

② 성실신고확인서를 제출하는 경우에는 특별세액공제인 보험료·의료비·교육비세액공제를 적용받을 수 있다.

③ 성실신고확인대상 사업자가 성실신고확인서를 제출하는 경우 성실신고확인에 직접 사용한 비용의 60%는 120만원을 한도로 성실신고확인비용에 대한 세액공제를 받을 수 있다.

④ 성실신고확인대상 과세기간의 다음 연도 6월 30일까지 성실신고확인서를 제출하지 않은 경우 해당 사업소득금액이 종합소득금액에서 차지하는 비율에 종합소득 산출세액을 곱하여 계산한 금액의 5%를 가산세로 부과한다.

⑤ 성실신고확인의무 위반에 대한 불이익으로 추후 세무조사 등을 통하여 성실신고확인 세무사가 확인을 제대로 하지 못한 사실이 밝혀지는 경우 성실신고확인 세무사에게도 책임이 있다.

32. 부동산임대업의 소득금액에 대한 설명으로 적절한 것은?

① 주거용 건물임대업은 부동산임대사업소득에 해당하지만, 비주거용 건물임대업은 일반사업소득에 해당한다.

② 시가 12억원을 초과하는 주택 및 국외에 소재하는 주택의 임대소득을 제외한 1개의 주택을 소유하는 자의 주택임대소득은 비과세 한다.

③ 계약조건에 따라 받기로 한 금액을 임대료로 총수입금액에 산입하되, 선세금에 대하여는 그 선세금을 계약기간의 월수로 나눈 금액의 각 연도 합계액을 그 총수입금액으로 한다.

④ 사업자가 전기료·수도료·도시가스료 등의 공공요금을 구분징수하여 임차인에게 직접 부담하게 한 경우는 총수입금액에 산입한다.

⑤ 주택을 대여한 후 보증금 등을 받은 경우에는 1호 또는 1세대당 60㎡를 초과하는 주택으로서 기준시가가 2억원을 초과하는 3주택 이상을 소유하고 있는 자의 주택보증금 합계액이 3억원을 초과하는 경우에만 임대보증금의 간주임대료를 총수입금액에 산입한다.

33. 사업소득자의 절세방안과 유의사항에 대한 적절한 설명으로 모두 묶인 것은?

> 가. 해당 과세기간에 미등록임대주택의 임대에 따른 총수입금액의 합계액이 20,000천원인 사업자는 총수입금액의 50%를 필요경비로 차감한 후 2,000천원을 공제한 금액을 과세표준으로 하여 무조건 분리과세한다.
>
> 나. 음식업을 영위하는 사업자의 전기 수입금액이 50,000천원이고 당기 수입금액이 60,000천원이라면 기준경비율에 의하여 소득세를 신고해야 한다.
>
> 다. 소득금액을 추계신고 하는 경우에 공제 가능한 이월공제금액이 있다면 이월결손금공제가 가능하며, 간편장부대상자가 종합소득세 신고 시 복식부기에 따라 기장하여 소득금액을 계산하는 경우에는 기장세액공제를 받을 수 있다.
>
> 라. 사업자가 사업부진으로 사업을 폐업하는 경우라도 이를 적자로 종합소득세를 신고하면 사업폐지 이후 15년간 종합소득금액에서 이월결손금공제가 되므로 세금신고는 필수적이라 할 수 있다.
>
> 마. 명의만 동업관계로 사업자등록을 하고 실질적인 동업관계가 아닌 경우라면 과세당국에서 단독사업자로 보아 소득세를 부과한다.

① 가, 나, 다　　　　② 나, 다, 라
③ 나, 다, 마　　　　④ 나, 라, 마
⑤ 다, 라, 마

34. ABC법인은 종업원 강희연씨의 사망·상해 또는 질병을 보험금 지급사유로 하는 단체순수보장성보험에 가입하고자 한다. 회사에서 500천원의 보험료를 납입하는 경우와 1,000천원의 보험료를 납입하는 경우 각각 보험료 중 강희연씨의 근로소득으로 보는 금액으로 적절한 것은? (단, 단체순수보장성보험의 피보험자 및 수익자는 강희연씨임)

	보험료 500천원을 납입하는 경우	보험료 1,000천원을 납입하는 경우
①	0원	300천원
②	0원	700천원
③	200천원	300천원
④	200천원	700천원
⑤	500천원	1,000천원

35. 다음 정보를 참고하여 개인사업자 김유준씨(거주자)의 2024년 귀속 소득세 과세에 대한 적절한 설명으로만 모두 묶인 것은?

> **[2024년 귀속 김유준씨 관련 정보]**
> • 주소지 : 서울특별시 성동구
> • 소득내역
> 　- 개인사업에서 사업소득 발생함
> 　- 2024년 10월 중 수원시 영통구에서 상가 A를 양도하여 양도소득세가 발생함
>
> 가. 추계에 의한 방법으로 2024년 사업소득금액을 계산할 때 기준경비율을 적용하는 경우 매입비용도 주요경비로 보아 공제한다.
>
> 나. 김유준씨의 상가 A에 대한 양도소득세 납세지는 수원시 영통구이다.
>
> 다. 김유준씨는 본인이 부담한 국민건강보험료에 대하여 특별소득공제를 적용받을 수 있다.
>
> 라. 양도소득세를 분할납부하는 경우 분납기한은 납부기한 경과 후 2개월까지이다.

① 가, 다
② 가, 라
③ 나, 라
④ 가, 나, 다
⑤ 나, 다, 라

36. 대기업에 재직 중인 거주자 이효진씨의 2024년 귀속 종합소득세에 대한 설명으로 가장 적절한 것은?

> **[2024년 귀속 이효진씨의 소득세 관련 정보]**
> • 근로소득(총급여) : 60,000천원
> • 기타소득(일시적 강연료) 총수입금액 : 5,000천원
> 　- 강의를 한 날짜는 2024년 5월 22일이며, 강의에 따른 경비는 증빙자료가 없음

① 이효진씨의 근로소득금액은 60,000천원이다.
② 기타소득의 종합과세 여부와 관계없이 근로소득은 연말정산으로 종합소득세의 신고가 마무리되며 확정신고를 따로 할 필요가 없다.
③ 기타소득을 종합소득에 합산하는 경우 합산되는 기타소득금액은 1,000천원이다.
④ 기타소득의 원천징수세액은 400천원이다.
⑤ 기타소득의 총수입금액이 3,000천원을 초과하므로 분리과세를 선택할 수 없다.

37. 근로소득의 과세방법에 대한 설명으로 적절한 것은?

① 국내에서 근로소득을 지급하는 자는 기본세율을 적용하여 계산한 소득세를 원천징수하여 그 징수일이 속하는 달의 다음 달 말일까지 납부하여야 한다.

② 근로소득만 있는 자의 연말정산은 종합소득세의 가정산이기 때문에 해당 과세기간의 다음 연도 5월 31까지 확정신고를 하여 세금의 신고 및 납부를 확정시켜야 한다.

③ 근로소득이 있는 자가 부동산임대수입 등 근로소득 외의 종합소득에 해당하는 다른 소득이 있는 경우에는 소득을 합산하여 해당 과세기간의 다음 연도 5월 31일까지 종합소득세를 신고하여야 한다.

④ 근로소득세액공제는 종합소득 산출세액 중 종합소득으로 인한 산출세액에만 적용된다.

⑤ 소득세법상 일용근로자(건설공사에 종사하는 자 제외)란 근로계약에 따라 일정한 고용주에게 1년 이상 계속 고용되어 있지 아니한 근로자를 의미하며, 일용근로자의 근로소득은 원천징수로 과세를 종결한다.

38. 다음은 김석주씨(남성, 거주자)의 동거가족 현황과 보험료 등 납입내역이다. 다음 자료를 이용하여 계산한 김석주씨의 2024년도 귀속 종합소득공제액으로 적절한 것은?

[김석주씨의 동거가족 현황]

가족	나이	소득현황	비고
본인	58세	사업소득 50,000천원	–
배우자	50세	총급여액 3,000천원	–
아들	23세	소득 없음	장애인
딸	18세	소득 없음	–
위탁아동	6세	소득 없음	2024년 중 3개월간 직접 양육함

[김석주씨의 보험료 등 납입내역]

- 국민연금보험료 납입액 : 4,000천원
- 국민건강보험료 납입액 : 2,500천원
- 연금저축계좌 납입액 : 3,000천원

① 10,000천원   ② 12,000천원

③ 13,500천원   ④ 14,500천원

⑤ 16,000천원

39. 조세특례제한법상 소득공제에 대한 설명으로 적절하지 **않은** 것은?

① 신용카드 등 사용금액에 대한 소득공제는 근로소득이 있는 거주자 본인과 해당 거주자의 배우자 및 생계를 같이 하는 직계존비속(배우자의 직계존속 포함)으로서 연간 소득금액의 합계액이 100만원 이하인 자가 공제가능한 항목을 신용카드 등으로 사용한 경우에 공제가능하다.

② 신용카드로 결제한 의료비는 신용카드 등 사용금액에 대한 소득공제뿐 아니라 의료비세액공제도 적용받을 수 있다.

③ 근로소득이 있는 거주자(일용근로자 제외)로서 가입 당시 직전 과세기간의 총급여액이 5천만원 이하인 자가 일정 요건을 갖춘 장기집합투자증권저축에 가입하는 경우, 가입일로부터 10년 동안 각 과세기간에 납입한 금액(연 600만원 한도)의 40% 상당액을 근로소득금액에서 공제한다.

④ 소기업·소상공인공제부금 소득공제는 연 200～500만원의 소득금액별 차등화된 한도 내에서 납입액을 소득공제한다.

⑤ 우리사주조합원이 자사주를 취득하기 위하여 우리사주조합에 출연하는 경우 해당 연도의 출자금액과 500만원(창업·벤처기업은 1,500만원) 중 적은 금액을 근로소득금액에서 공제한다.

40. 소득세법 및 조세특례제한법상 세액공제와 세액감면에 대한 설명으로 가장 적절한 것은?

① 종합소득이 있는 거주자의 기본공제대상자에 해당하는 8세 이상의 자녀(입양자 및 위탁아동 포함)가 3명 이상이 있는 경우 연 30만원과 2명을 초과하는 자녀 1명당 연 10만원을 합한 금액을 종합소득 산출세액에서 공제한다.

② 일반보장성보험의 계약자와 피보험자를 기본공제대상인 배우자 또는 부양가족 명의로 한 경우에는 근로자가 실제로 보험료를 납부하더라도 보험료세액공제를 적용받을 수 없다.

③ 총급여액이 5천만원인 근로소득자가 기본공제대상인 자녀(15세, 소득 없음)의 의료비로 200만원을 지출한 경우에 의료비세액공제 대상액은 50만원이다.

④ 근로소득이 있는 거주자로서 특별소득공제, 특별세액공제, 월세세액공제 신청을 하지 아니한 경우 연 12만원을 종합소득 산출세액에서 공제한다.

⑤ 2024년 7월 1일자로 A법인에 입사한 거주자는 근로제공일이 속하는 과세기간(2024년 1월 1일부터 2024년 12월 31일까지)에 지출한 공제대상 보험료·의료비·교육비에 대하여 특별세액공제를 받을 수 있다.

41. 기부금의 종류와 공제방법에 대한 설명으로 적절하지 **않은** 것은?

① 천재지변으로 생기는 이재민을 위한 구호금품의 가액, 국방헌금과 국군장병 위문금품으로 지출하는 기부금은 특례기부금에 해당한다.

② 불우이웃돕기성금, 노동조합에 납부한 회비, 근로복지진흥기금으로 출연하는 기부금은 일반기부금에 해당한다.

③ 해당 과세기간에 사업소득과 타 소득이 함께 있는 경우에는 기부금 필요경비 산입한도 내에서 필요경비 산입이나 기부금세액공제를 선택하여 적용받을 수 있다.

④ 특례기부금과 일반기부금은 본인이 지출한 기부금에 대해서만 공제가 가능하며, 기본공제대상자인 배우자와 직계비속이 지출한 기부금에 대해서는 필요경비의 산입 또는 기부금세액공제를 적용받을 수 없다.

⑤ 사업소득자는 기부금을 필요경비에 산입할 수 있으며, 그 해 필요경비 산입 한도액 초과금액은 이월하여 공제받을 수 있다.

42. 비거주자의 소득세 신고에 대한 설명으로 적절하지 **않은** 것은?

① 대한민국 국적을 가진 외국 항공기의 승무원과 생계를 같이 하는 가족이 근무기간 외 기간 중 통상 체재하는 장소가 국외에 있는 때에는 당해 승무원의 주소가 국외에 있는 것으로 보므로 거주자가 아닌 비거주자가 된다.

② 비거주자의 과세대상 국내원천소득은 이자소득, 배당소득, 사업소득, 근로소득, 퇴직소득 등 국내에서 발생하는 소득을 포괄하여 과세한다.

③ 조세조약은 국내세법의 특별법적 지위를 가지므로 조세조약은 국내세법보다 우선하여 적용된다.

④ 비거주자의 경우 종합소득공제에서 본인 이외의 자의 인적공제, 특별소득공제, 자녀세액공제 및 특별세액공제를 적용하지 않는 등 거주자에 비하여 세제혜택이 제한적이다.

⑤ 비거주자의 납세지는 국내사업장의 소재지로 하고, 국내사업장이 없는 경우에는 국내원천소득이 발생하는 장소로 한다.

43. 법인사업자의 소득원에 대한 설명으로 적절하지 **않은** 것은?

① 임원의 급여에 대해 회사의 정관으로 그 한도액을 정하지 않은 경우에 주주총회의 결의에 따라 정하여진 한도액을 초과하는 금액은 손금으로 인정되지 않는다.

② 주주총회를 통해 임원의 급여한도액을 정하였더라도 임원 상여금의 지급기준을 정하지 않고 지급하는 경우에는 손금에 산입되지 아니한다.

③ 소득세법상 근로소득세와 퇴직소득세는 계산방법을 달리 하고 있기 때문에 같은 금액을 받더라도 퇴직금으로 받는 것보다 급여로 받는 것이 세부담 측면에서 훨씬 유리하다.

④ 법인의 이익잉여금이 증가하면 재투자를 위한 자금으로 회사에 유보시킬 수 있고, 주주에게 배당금을 지급할 수도 있는데, 회사가 주주에게 배당금을 지급할 경우 주주에게는 배당소득으로 과세된다.

⑤ 법인을 운영하는 사업자가 보유주식을 양도하여 사업을 양도할 수 있는데 비상장법인의 대주주로서 주식을 양도하는 경우 20%(과세표준 3억원 초과 시 25%)의 양도세율이 적용된다.

44. 부가가치세에 대한 설명으로 적절한 것은?

① 장기할부조건부·중간지급조건부 공급에 대한 재화의 공급시기는 재화가 인도되는 때이다.

② 간주임대료에 대한 용역의 공급시기는 역무의 제공이 완료되는 때이다.

③ 관할세무서장이 개인사업자의 예정신고 및 납부징수를 하는 경우 직전 과세기간 납부세액의 1/2을 고지하여 징수하지만, 징수하여야 할 금액이 50만원 미만이거나 해당 과세기간 개시일 현재 간이과세자에서 일반과세자로 변경된 경우에는 징수하지 아니한다.

④ 법인사업자와 직전 과세기간에 비해 공급가액·납부세액이 1/3에 미달하는 개인사업자는 예정신고기간이 끝난 후 25일 이내에 예정신고 및 납부를 해야하는 의무가 있다.

⑤ 일반과세자의 과세표준은 공급대가(부가가치세가 포함된 금액)를 기준으로 하고, 간이과세자의 과세표준은 공급가액(부가가치세가 포함되지 않은 금액)을 기준으로 한다.

45. 다음은 거주자 박신영씨의 2024년도 귀속 금융소득 내역이다. 다음의 자료를 이용하여 2024년도 귀속 배당소득금액 계산 시 가산하는 Gross-up 금액으로 적절한 것은?

- 국내은행 정기예금이자 : 10,000천원
- 세금우대종합저축의 이자 : 500천원
- 비상장내국법인의 주주로서 해당 법인의 이익잉여금을 재원으로 하여 받은 무상주배당 : 3,000천원
- 자기주식처분이익을 재원으로 하여 받은 무상주배당 : 12,000천원
- 주권상장법인으로부터 받은 현금배당 : 15,000천원
- 외국법인으로부터 받은 현금배당(국내에서 원천징수되지 아니함) : 15,000천원

① 1,800천원   ② 3,000천원
③ 3,500천원   ④ 4,300천원
⑤ 5,500천원

46. 거주자 박경애씨의 2024년도 귀속 종합소득 및 종합소득공제액이 다음과 같을 경우, 2024년도 종합소득 결정세액으로 적절한 것은? (단, 세액공제는 배당세액공제만 고려함)

- 사업소득금액 : 80,000천원
- 이자소득의 내역
  - 정기예금의 이자소득 : 20,000천원
  - 세금우대종합저축의 이자 : 1,000천원
- 배당소득의 내역
  - 집합투자기구로부터의 이익 : 2,000천원(상장주식 매매차익 1,000천원 포함)
  - 비상장법인 A의 현금배당 : 1,000천원
  - 상장법인 B의 무상주배당(자기주식처분이익 자본전입으로 인한 의제배당) : 1,500천원
- 종합소득공제액 : 5,000천원

① 15,133천원   ② 15,274천원
③ 15,530천원   ④ 15,690천원
⑤ 15,965천원

47. 비상장법인 ㈜유니콘(세법상 중소기업)의 대주주인 이하민씨는 가업승계를 위해 2024년 10월 중 자녀 이지은씨에게 주식 5,000주를 직접양도(적법한 매매)하였다. 이 경우 양도소득세에 대한 적절한 설명으로만 모두 묶인 것은?

가. ㈜유니콘이 부동산과다보유법인이라면, 일반주식의 양도소득세 세율보다 높은 소득세 기본세율을 적용한다.

나. 양도소득 과세표준 3억원 이하분은 20%, 3억원 초과분은 25%의 양도소득세 세율을 적용한다.

다. 양도소득세 예정신고기한은 2024년 12월 31일까지이다.

라. 이하민씨가 ㈜유니콘의 소액주주였다면, 자녀 이지은씨에게 직접양도한 주식에 대해 양도소득세가 과세되지 않았을 것이다.

마. 부동산 등에 대한 양도소득세와 달리 주식에 대한 양도소득세는 지방소득세를 납부하지 않아도 된다.

① 가
② 가, 나
③ 가, 나, 다
④ 가, 나, 다, 라
⑤ 가, 나, 다, 라, 마

48. 다음의 상황을 참고하여 취득세 및 재산세에 대한 설명으로 가장 적절한 것은?

2024년 3월에 김진호씨(50세)는 상가(지방세법상 사치성 재산 아님)를 취득하여 소유권 이전 등기 및 취득세를 모두 납부하였다. 현재 김진호씨는 높은 임대료를 수취하기 위해 2024년 5월 해당 상가 전체를 고급오락장 용도로 사용하고자 하는 사업자에게 임대하는 것을 고려하고 있다.

① 2024년 5월에 고급오락장이 설치되더라도 김진호씨는 취득세를 추가 납부하지 않는다.
② 2024년 5월에 고급오락장이 설치되더라도 건물에 대한 시가표준액도 유지되기 때문에 재산세에 대한 추가부담 세금을 고려할 필요는 없다.
③ 상가의 부속토지 및 건축물에 대한 재산세 과세표준 계산 시 공정시장가액비율은 70%를 적용한다.
④ 상가가 고급오락장용 부동산에 해당하는 경우 상가의 부속토지(건축물 제외)는 종합합산과세대상 토지로 분류되어 재산세가 과세된다.
⑤ 상가가 고급오락장용 부동산에 해당하는 경우 상가의 건축물(부속토지 제외)의 재산세는 3단계 초과누진세율로 과세된다.

49. 1세대 1주택자인 서정우씨는 2024년 6월 2일에 공시가격이 13억원인 주택을 취득하게 되었다. 서정우씨가 취득한 주택의 세금문제에 대한 설명으로 가장 적절하지 **않은** 것은? (단, 각 선지는 별개의 상황임)

① 서정우씨는 2024년에 취득한 주택에 대하여 종합부동산세를 납부할 의무가 있다.

② 서정우씨가 배우자와 함께 공동명의로 해당 주택을 취득했다면, 서정우씨와 배우자가 각각 별개로 1주택을 보유한 것으로 보아 종합부동산세를 과세한다.

③ 서정우씨가 취득한 주택이 종업원의 주거를 목적으로 한 사원용 주택이라면 종합부동산세가 과세되지 않는다.

④ 서정우씨가 만 65세라면 주택분 재산세로 부과된 세액과 1세대 1주택자에 대한 노령자세액공제금액을 주택분 종합부동산세액에서 공제할 수 있다.

⑤ 서정우씨가 취득한 주택은 6천만원을 종합부동산세의 과세표준으로 한다.

50. 다음은 거주자 문정현씨가 2024년도에 양도한 자산 현황이다. 다음의 자료를 토대로 양도소득금액 계산과정에 대한 설명으로 적절하지 **않은** 것은?

구분	건물 A	토지	건물 B
양도일	2024. 1. 11.	2024. 10. 2.	2024. 12. 29.
보유기간	3년 6개월	2년 4개월	11년 1개월
양도차익 (차손)	△42,000천원	56,000천원	28,000천원
등기 여부	등기	미등기	등기

① 건물 A의 양도차손은 토지와 건물 B에서 발생한 양도소득금액에서 공제할 수 있다.

② 건물 A와 같은 세율을 적용받는 건물 B의 양도소득금액에서 먼저 양도차손을 공제한다.

③ 건물 A의 양도차손 중 토지의 양도소득금액에서 공제하는 금액은 20,160천원이다.

④ 문정현씨의 2024년도 양도소득금액은 35,840천원이다.

⑤ 문정현씨의 2024년도 양도소득 산출세액은 21,770천원이다.

51. 부동산 취득·양도 시 부가가치세에 대한 설명으로 가장 적절하지 **않은** 것은?

① 일반과세자로부터 국민주택규모를 초과하는 주택을 분양받거나 구입하는 경우에는 해당 건물가액에 대하여 부가가치세가 부과된다.

② 부가가치세법상 사업을 포괄적으로 양도하면 재화의 공급으로 보지 않기 때문에 부가가치세가 과세되지 않는다.

③ 면세사업자 또는 사업자가 아닌 자로부터 부동산을 매수하는 경우에는 부가가치세에 대한 부담이 전혀 없다.

④ 부동산임대업을 영위하고 있는 일반과세자가 자기의 사업을 위하여 생산·취득한 사업용부동산을 특수관계인 등에게 증여하는 경우에는 개인적 공급으로 보아 부가가치세를 과세한다.

⑤ 일반과세자가 폐업을 한 상태에서 임대부동산 등을 양도하는 경우에는 부가가치세가 과세된다.

52. 상속·증여받은 부동산의 양도소득세에 대한 설명으로 적절한 것은?

① 상속으로 취득한 부동산에 대하여 세율 및 장기보유특별공제를 적용할 때 보유기간은 상속개시일을 기산일로 하여 산정한다.

② 증여자 양도의제 규정이 적용되는 경우에 양도소득세 납세의무자는 증여자이다.

③ 증여자 양도의제 규정은 조세회피의 목적 여부에 관계없이 적용되지만, 배우자 등 이월과세 규정은 수증자의 증여세와 양도소득세 합계액이 증여자의 양도소득세보다 적은 경우에 한하여 적용된다.

④ 거주자가 양도일로부터 소급하여 10년 이내에 그 배우자(양도 당시 사망·이혼 등으로 인하여 혼인관계가 소멸된 경우를 포함) 또는 직계존비속으로부터 증여받은 부동산의 양도차익을 계산할 때에 취득가액은 배우자 등의 취득 당시의 실지거래가액으로 한다.

⑤ 배우자 등 이월과세 규정 적용 시 수증자가 납부한 증여세에 대해서는 수증자에게 환급해주고, 해당 양도소득세의 납세의무자가 양도차익을 계산하는 때에 증여세 납부액을 필요경비로 산입하지 않는다.

53. 퇴직소득에 대한 설명으로 적절하지 **않은** 것은?

① 퇴직연금 가입 여부에 관계없이 퇴직일시금으로 수령하는 경우에는 퇴직소득에 해당하여 퇴직소득세가 과세된다.

② 근로자퇴직급여 보장법에 따른 중간정산 또는 중도인출은 현실적인 퇴직으로 보지 않아 근로소득세가 과세된다.

③ 공적연금 관련법에 따라 받는 일시금과 지연이자는 모두 퇴직소득세로 과세된다.

④ 회사에서 임원이 아닌 자에게 근로자퇴직급여 보장법 또는 회사의 퇴직급여지급규정에 의거하여 현실적으로 퇴직함에 따라 퇴직금을 지급하는 경우 회사의 손금으로 인정한다.

⑤ 퇴직소득은 종합소득으로 보지 않으므로 종합소득세로 과세하지 않고 별개의 소득으로 분류하여 과세한다.

54. 주민영씨가 연금저축계좌(종신계약)에서 연금수령할 계획이다. 주민영씨가 연금을 수령하는 현재시점의 나이가 60세인 경우와 70세인 경우의 연금소득에 대한 소득세 원천징수세율이 가장 적절하게 연결된 것은?

	60세인 경우	70세인 경우
①	5%	4%
②	5%	3%
③	4%	4%
④	4%	3%
⑤	3%	3%

55. 거주자의 퇴직소득 및 연금소득에 대한 설명으로 적절한 것은? (단, 각 선지는 별개의 상황임)

① 법인의 임원인 거주자가 정관에 의한 퇴직금 한도보다 더 많은 금액을 퇴직금으로 한꺼번에 수령하였다면 전액 근로소득세로 과세한다.

② 정관에 의한 퇴직금 한도가 없는 법인의 임원인 거주자가 수령한 퇴직금은 전액 근로소득세로 과세한다.

③ 근속연수가 5년 이하인 거주자가 수령한 퇴직금은 근속연수에 따른 공제를 적용하지 않는다.

④ 확정기여(DC)형 퇴직연금에 납입한 금액 중 자기부담금 및 그 운용수익을 일시금으로 수령한다면 퇴직소득세로 과세한다.

⑤ 임원이 경영성과급을 확정기여(DC)형 퇴직연금에 적립할 때에는 임원퇴직소득한도를 초과할 수 있다.

상속설계 (25문항)

56. 다음 중 상속설계에 대한 설명으로 가장 적절하지 **않은** 것은?

① 상속을 받을 경우 실익이 없어서 상속을 포기할 예정이더라도 정확한 상속설계가 필요하다.

② 상속설계에서 가장 중요한 것은 피상속인보다 상속인의 의사를 확인하고 그 의사에 가장 적합한 방안을 실현하는 것이다.

③ 중증치매인 경우 본인의 의사표시가 무효 또는 취소가 될 수 있으므로 상속설계는 빠르면 빠를수록 유리하다.

④ 상속인 간 상속하고자 하는 비율이 서로 다를 수 있고, 일부 상속인은 상속에서 배제될 수도 있으므로 상속설계 준비에 있어서 상속인 및 승계인을 확인해야 한다.

⑤ 자격인증자는 상속재산을 관리하거나 상속인에게 분배하는 것을 넘어 더 많은 자산으로 확대할 수 있는 방안이 무엇일지 고민하여야 한다.

57. 후견인을 이용한 자산관리에 관한 설명으로 적절하지 **않은** 것은?

① 정신적 제약으로 사무처리 능력이 지속적으로 결여된 경우 미리 계약으로 후견인을 정하여 놓는 임의후견신탁계약을 체결하여 재산을 관리해야 한다.

② 법률행위의 대리권과 재산관리권이 없는 친권자는 유언으로 미성년후견인을 지정할 수 없다.

③ 미성년후견인은 선량한 관리자의 주의로써 후견사무를 처리해야 하며 미성년자의 재산 및 재산에 관한 법률행위 뿐만 아니라 신분을 위한 행위도 대리한다.

④ 성년후견은 법원이 직권으로 후견인을 선임해야 하지만, 미성년후견은 유언으로 후견인을 지정할 수 있다.

⑤ 다른 성년후견제도와 달리 임의후견은 후견감독인의 선임이 필수이다.

58. 유언에 대한 설명으로 가장 적절한 것은?

① 법정상속분은 재산의 이전을 내용으로 하는 유증보다 우선한다.

② 태아는 유증을 받을 수는 없지만, 증여를 받을 수는 있다.

③ 사인증여는 수증자의 승낙 없이는 이루어질 수 없다.

④ 유언자가 자신의 유고 시 그 소유의 모든 재산을 특정인에게 기부한다는 내용의 유언장을 작성하여 그 유언장을 은행에 보관한 채 사망한 경우 사인증여로서의 요건이 성립한다.

⑤ 유언집행자는 부담부유증을 이행하지 않는 자에 대한 유언의 효력을 즉각 정지시킬 수 있다.

59. 유언장의 작성에 대한 설명으로 적절하지 **않은** 것은?

① 자필증서에 의한 유언은 유언자가 그 전문과 연월일, 주소, 성명을 스스로 쓰고 날인하는 유언방식이다.

② 자필증서의 날인에는 무인도 포함되며, 주소의 자서는 반드시 주민등록법에 의해 등록된 곳일 필요는 없지만 유언자의 생활의 근거가 되는 곳으로서 다른 장소와 구별되면 된다.

③ 원칙적으로 자필증서에 의한 유언에 있어 그 증서에 문자를 삽입하거나 삭제하기 위해서는 유언자가 이를 자서하고 날인해야 한다.

④ 제3자에 의해 미리 작성된 유언내용에 따라 증인이 유언자에게 질문하고 유언자가 동작으로 답변하여 긍정하는 경우에는 구수증서에 의한 유언의 요건을 충족한다.

⑤ 녹음에 의한 유언의 증인은 1명이면 되고, 유언의 정확함과 그 성명을 구술해야 한다.

60. 유언장의 작성에 대한 설명으로 가장 적절한 것은?

① 공증인이 유언자를 대신하여 유언장에 서명한 경우, 그 공정증서에 의한 유언은 무효다.

② 비밀증서 봉서의 표지에는 유언자와 1인의 증인이 서명 또는 기명날인해야 한다.

③ 비밀증서에 의한 유언은 제출연월일로부터 7일 이내에 공증인 또는 법원서기에게 제출하여 봉인 위에 확정일자인을 받아야 한다.

④ 자필증서에 의한 유언과 마찬가지로 비밀증서에 의한 유언은 유언의 취지를 자신이 필기해야 한다.

⑤ 구수증서에 의한 유언은 반드시 다른 방식에 따른 유언을 할 수 없을 정도의 급박한 사유가 있어야 한다.

61. 상속인의 범위에 대한 설명으로 가장 적절하지 **않은** 것은?

① 상속인이 외국 국적자라 하더라도 피상속인의 직계비속, 배우자, 직계존속, 형제자매, 4촌 이내의 혈족에 포함된다면 상속인이 된다.

② 사실혼 상태에서도 배우자 사망 시 국민연금, 산업재해 보험금 등을 수령 가능하므로 사실혼 상태의 배우자가 사망하더라도 상속권이 발생한다.

③ 피상속인에게 상속인이 한 명도 없는 경우에는 사실혼 배우자가 특별연고자로서 상속재산에 대한 분여권을 가질 수 있다.

④ 부부의 일방이 사망하고 남은 배우자가 재혼하였다면, 재혼한 배우자는 사망한 배우자의 혈족, 그 혈족의 배우자와 인척이 되지 않는다.

⑤ 고의로 직계존속에게 상해를 가하여 사망에 이르게 한 자는 상속을 받을 권리가 없다.

62. 상속결격에 대한 설명으로 가장 적절한 것은?

① 피상속인을 속여 법정상속분을 초과해 유증 받은 상속인은 추후 피상속인을 속였다는 사실을 공연히 밝히면 상속결격자가 되지 않는다.

② 남편의 사망 후에 태아를 낙태한 부인은 상속인이 될 수 있다.

③ 우연한 교통사고로 아버지(피상속인)를 살해한 아들은 상속인이 될 수 없다.

④ 상속결격의 효과는 결격자에게만 영향을 끼치므로, 결격자의 배우자나 직계비속은 대습상속권을 가진다.

⑤ 남편(피상속인) 사망 후 유산으로 인해 태아를 잃은 아내에게 다른 자녀가 없다면 시어머니와 함께 동순위상속권자가 되지 못한다.

63. 다음 중 민법상 상속재산에 해당되는 재산으로 모두 묶인 것은?

> 가. 피상속인이 피보험자이며, 수익자는 만기까지 자신이 생존하면 본인, 사망하면 상속인이라고 지정한 경우의 생명보험금청구권
>
> 나. 부양청구권
>
> 다. 이혼 시 재산분할청구권
>
> 라. 피상속인으로부터 승계하는 재산상의 권리로서 아직 실현되지 않은 조건부 권리
>
> 마. 구체적 액수나 범위가 한정되어 있는 보증채무
>
> 바. 피보험자인 피상속인이 보험수익자의 지정권을 행사하기 전 사망하여 상속인이 보험수익자가 되는 경우 상해보험청구권

① 가, 나, 바
② 가, 라, 마
③ 나, 다, 마
④ 다, 라, 마
⑤ 다, 라, 바

64. 다음 사례에서 A의 상속에 대한 구체적 상속분을 적절하게 연결한 것은?

> [상속 관련 정보]
>
> • A는 배우자 B와 자녀 C, D, E를 두었다.
>
> • C는 결혼하여 배우자 F와 자녀 G를 두고 있고 D와 E는 미혼이다.
>
> • 2022년 9월 4일 C는 E에게 우연히 상해를 가하여 E를 사망에 이르게 하였다.
>
> • A는 2024년 10월 20일 사망하였고, 상속재산으로 63억 원을 남겼다.

① B : 21억원

② C : 18억원

③ D : 14억원

④ F : 12억원

⑤ G : 7억원

65. 기여분에 대한 설명으로 가장 적절하지 **않은** 것은?

① 기여분은 공동상속인의 협의에 의해 결정해야 하고 협의가 되지 않는 경우 가정법원에 신청하여 조정 또는 판결로 기여분을 결정한다.

② 아들이 피상속인인 아버지의 사업체를 위해 무상으로 노무를 제공하며 피상속인의 재산증가에 기여했다면 이를 특별한 기여로 볼 수 있다.

③ 상속재산이 3억원이고, 이 중 피상속인이 유증한 가액이 1억원일 때, 기여분의 가액은 2억원을 넘어서는 안 된다.

④ 피상속인의 상속재산이 3억원, 상속인으로 자녀가 2명이 있고 1명의 자녀의 기여분이 1억원이라면, 기여가 있는 자녀의 구체적 상속분은 2억원이다.

⑤ 기여분이 결정된 후 유류분을 산정함에 있어 유류분의 부족이 발생하면 유류분권자는 기여분권자에게 유류분반환청구를 할 수 있다.

66. 다음 사례에 대한 설명으로 가장 적절한 것은?

> A는 태아 Y를 임신한 처 B와 자녀 X를 두고 있었는데 고속도로에서 상대 운전자의 과실로 사망하였다. A의 사망 시점으로부터 2개월 뒤 B는 Y를 출산하였다.

① A가 생전에 태아인 Y에게 상가를 유증하겠다는 유언을 남겼었더라도, Y가 출생한 후에 Y의 명의로 상가를 등기할 수 없다.

② A가 태아인 Y에 토지를 유증하였다면, Y 출생 후 B는 Y를 대리하여 A에게 토지를 증여받아 Y의 명의로 등기할 수 없다.

③ A가 사망하고 1개월 뒤 A의 어머니가 사망하였다면, Y는 출생 후 A의 어머니의 상속재산을 A를 대신하여 대습상속할 수 있다.

④ B가 외국인이고 Y가 사산되었다면 X는 A의 재산을 모두 상속받을 수 있다.

⑤ Y가 출생하지 못하고 사산되었다면 B는 Y의 상속분을 상속받아 A의 상속재산의 5/7를 상속받게 된다.

67. 다음 중 사례에 대한 설명으로 가장 적절한 것은?

> 부친 X는 유언 없이 사망하였고, 상속인으로 자녀 A와 B를 두고 있다. B는 부친 X의 토지를 형인 A와 공동소유하고 있으며, 해당 토지는 등기하지 않았다.

① A와 B가 상속분할 전에 토지를 처분할 때에는 A만 동의하더라도 유효하다.

② A는 토지의 1/2에 대해 단독으로 보존행위를 할 수 없다.

③ B가 미성년자이더라도 단독으로 상속재산분할협의를 할 수 있다.

④ A와 B는 상속재산분할의 조정을 거쳐야 상속재산분할협의를 실시할 수 있다.

⑤ A는 분할 전이라도 본인의 상속비율에 따라 부동산을 사용, 수익할 수 있다.

68. A는 부친인 B와 함께 자동차를 타고 여행을 가던 중 사고로 인해 두 사람 모두 사망하였고, A의 혈족으로는 부친 B, 배우자 C, 자녀 D, 모친 E, 남동생 F가 있다. A와 B 사이의 사망의 우선순위가 명확하지 않아 동시사망으로 추정된다. A와 B의 동시사망으로 인한 C의 구체적 상속분의 합계로 적절한 것은?

> **[A의 상속재산]**
> - A의 적극재산 : 400,000천원
> - A의 상속채무 : 200,000천원
> - A는 생전 C에게 50,000천원을 증여하였다.
>
> **[B의 상속재산]**
> - B의 적극재산 : 200,000천원
> - B는 생전 F에게 10,000천원을 증여하였다.

① 96,000천원
② 102,000천원
③ 136,000천원
④ 160,000천원
⑤ 180,000천원

69. A씨가 사망 당시 재산으로 80,000천원을 남겼고, 사망 일주일 전에 내녀녀에게 520,000천원을 증여했다. A씨의 유족으로 배우자와 모친이 있는 경우 모친이 청구할 수 있는 유류분 부족액은 얼마인가?

① 48,000천원
② 56,000천원
③ 80,000천원
④ 96,000천원
⑤ 120,000천원

70. 유류분에 대한 설명으로 가장 적절하지 **않은** 것은?

① 유류분반환청구는 유류분권리자가 상속의 개시와 반환하여야 할 증여 또는 유증을 한 사실을 안 때로부터 1년 내에 행사해야 한다.
② 상속포기를 하더라도 유류분반환청구권은 인정받을 수 있다.
③ 상속인이 아니더라도 피상속인으로부터 포괄적으로 유증을 받은 자는 상속회복을 청구할 수 있다.
④ 상속인이 피상속인으로부터 5년 전에 증여받은 재산이 있는 경우 이는 유류분 산정 기초재산에 산입된다.
⑤ 반환의무자는 통상적으로 증여 또는 유증 대상 자산 그 자체를 반환하여야 하고, 원물반환이 불가능한 경우 그 가액 상당액을 반환하여야 한다.

71. 상속세에 대한 설명 중 (가)~(다)에 들어갈 내용이 적절하게 연결된 것은?

> - 상속세법상 실종선고로 인한 상속개시일 : (가)
> - 피상속인 또는 상속인 전원이 외국에 있는 경우 상속세 과세표준 신고기한 : 상속개시일이 속하는 달의 말일로부터 (나)이 되는 날
> - 상속세가 2천만원을 초과하는 경우 연부연납 기간 : (다)

	가	나	다
①	실종선고일	6개월	10년
②	실종선고일	9개월	5년
③	실종선고일	9개월	10년
④	실종기간 만료일	6개월	10년
⑤	실종기간 만료일	9개월	5년

72. 거주자 A는 2024년 10월 24일에 사망하였다. 다음 자료를 토대로 계산한 추정상속재산가액으로 가장 적절한 것은?

> **[처분(인출) 및 차입 내역]**
>
> - 2022년 2월 15일에 A 소유의 상가를 3억원에 처분하였고 이 중 입증되는 금액은 2억원이다.
> - 2022년 11월 4일에 금융기관에서 A의 명의로 1억원을 차입하였고, 입증되는 금액은 없다.
> - 2023년 4월 10일에 A 소유의 아파트를 4억원에 처분하였고, 이 중 입증되는 금액은 3억원이다.
> - 2024년 1월 10일에 금융기관에서 A의 명의로 2억원을 차입하였고, 이 중 입증되는 금액은 1억원이다.
> - 상속개시일 2년 전부터 상속개시일까지 A의 명의의 예금 순인출금액은 총 6억원이며, 이 중 입증되는 금액은 3억원이다.

① 240,000천원
② 280,000천원
③ 320,000천원
④ 360,000천원
⑤ 400,000천원

73. 3월 9일에 증여받은 토지를 같은 해 다음의 각 일자에 수증자가 증여자에게 다시 반환한다고 가정할 때, 반환하는 토지(재증여분)에 대한 증여세 부과 여부를 적절하게 연결한 것은?

	6월 2일	6월 29일	8월 4일	10월 2일
①	X	X	X	X
②	X	X	X	O
③	X	X	O	O
④	X	O	O	O
⑤	O	O	O	O

74. 거주자 이진영씨(40세)는 2024년 9월 5일에 어머니로부터 시가 3억원의 상가를 증여받았다. 지금까지 이진영씨가 다음 자료와 같이 가족들로부터 증여를 받았을 때, 금번 증여에 따른 증여세 계산 시 합산과세되는 과거의 증여재산으로 적절한 것은?

증여자	증여일	증여재산	증여시점 평가가액	2024년 9월 5일 기준 평가가액
할머니	2012년 9월 2일	아파트	2억원	6억원
어머니	2017년 4월 1일	토지	1억원	3억원
형	2020년 3월 5일	임야	2억원	4억원
아버지	2023년 2월 5일	주식	5억원	1억원
어머니	2024년 9월 5일	상가	3억원	3억원

① 1억원
② 4억원
③ 6억원
④ 9억원
⑤ 10억원

75. 갑이 특수관계자 을에게 시가 12억원인 상가를 6억원에 양도하였을 때, 증여세 납부의무자와 증여재산가액으로 가장 적절한 것은?

	증여세 납부의무자	증여재산가액
①	갑	240,000천원
②	갑	300,000천원
③	을	240,000천원
④	을	300,000천원
⑤	을	480,000천원

76. 갑이 특수관계자 을에게 주식을 양도하고, 얼마 후 을이 갑의 아들 X에게 그 주식을 양도하였다. 이 경우 다음의 설명 중 가장 적절하지 **않은** 것은?

① 을이 갑에게 주식을 양도받고 3년 후 X에게 주식을 양도하였다면 이는 증여로 추정하지 않는다.

② 갑과 을, X가 실제 대가를 주고 받았다는 것을 입증하지 않으면 증여세가 과세된다.

③ 갑과 을이 부담한 소득세법에 의한 결정세액의 합계액이 X가 증여받은 것으로 추정할 경우의 증여세액보다 클 때에는 증여로 추정하지 않는다.

④ 증여로 추정 시 증여재산가액은 갑이 을에게 양도한 당시의 가액으로 한다.

⑤ 갑이 주식을 을에게 양도하지 않고, 바로 X에게 양도했다면 그 주식을 X에게 양도한 때에 X가 주식을 증여받은 것으로 추정한다.

77. 상속세 및 증여세법상 재산평가에 대한 설명으로 가장 적절하지 **않은** 것은?

① 상속재산 또는 증여재산의 가액은 원칙적으로 평가기준일 현재의 시가로 평가한다.

② 시가로 보는 가액이 2개 이상인 경우에는 평가기준일에 가장 가까운 날에 해당하는 시가를 평가가액으로 한다.

③ 상속개시일 전후 6개월 사이에 감정평가업자의 감정이 둘 이상 있는 경우 감정가액의 평균액을 시가로 보아 상속세를 계산한다.

④ 증권시장에 상장된 법인의 주식 및 출자지분은 평가기준일 현재 한국거래소 최종시세가액을 시가로 인정하고 있다.

⑤ 한국거래소에서 거래되는 국채, 공채 및 사채는 평가기준일 이전 2개월간의 최종시세가액의 평균액과 평가기준일 이전 최근일의 최종시세가액 중 큰 금액으로 평가한다.

78. 비상장주식 평가방법에 대한 설명으로 가장 적절한 것은?

① 휴·폐업 중에 있는 법인의 주식은 순손익가치를 고려하지 않고, 순자산가치만 고려하여 평가한다.

② 일반적으로 보충적 평가방법에 따른 비상장주식 1주당 가액은 '(1주당 순손익가치 × 3) + (1주당 순자산가치 × 2) ÷ 5'이다.

③ 부동산과다법인의 경우 순손익가치와 순자산가치 가중치 비중을 2 : 5로 한다.

④ 순자산가치는 1주당 최근 3년간의 순손익액의 가중평균액을 10%로 나누어 구한다.

⑤ 중소기업법상 중소기업의 경우 최대주주의 주식 또는 출자지분에 대해서 평가가액의 20%를 할증한다.

79. 가업승계설계 7단계를 순서대로 나열한 것은?

가. 경영자 은퇴계획의 수립
나. 지분승계 및 재산분배 계획 수립
다. 후계자 교육프로그램의 수립과 실행
라. 경영승계 계획 수립
마. 가업 회사의 현황 파악
바. 가업승계 관계자들에 대한 대응방안 수립
사. 모니터링과 조정

① 나 – 마 – 다 – 바 – 라 – 사 – 가
② 나 – 마 – 바 – 다 – 라 – 사 – 가
③ 마 – 다 – 라 – 나 – 바 – 가 – 사
④ 마 – 바 – 나 – 라 – 다 – 가 – 사
⑤ 마 – 바 – 다 – 나 – 라 – 가 – 사

80. A씨 사망 후 상속인으로 배우자 B와 자녀 C, D가 있을 때, 생명보험금을 활용한 상속증여세 납부재원 마련에 대한 설명으로 가장 적절한 것은? (단, 가~라는 모두 별개의 상황임)

구분	계약자 (실질납입자)	피보험자	수익자
가	A	A	B
나	B	A	B
다	A, C	A	C
라	B	A	D

① 가 : A의 사망에 따라 지급되는 사망보험금은 상속세 및 증여세법상 금융상속공제를 적용받을 수 없다.

② 가 : A의 사망을 이유로 지급되는 사망보험금은 민법상 상속재산에 해당한다.

③ 나 : A의 사망에 따라 지급되는 사망보험금에서 A가 납입한 보험료를 차감한 금액에 대해 상속세가 부과된다.

④ 다 : A의 사망에 따라 지급되는 사망보험금(보험료는 A가 60%, C가 40% 납부)의 경우 사망보험금 40%에 대해 상속세가 부과된다.

⑤ 라 : A의 사망에 따라 지급되는 사망보험금에는 증여세가 과세된다.

해커스 **CFP®** 최종 실전모의고사

CERTIFIED FINANCIAL PLANNER™

2회

━━━ 사례형 ━━━

| 3교시
(10:00 ~ 12:00) | 단일사례 (30문항)
복합사례 (10문항) |

| 4교시
(12:30 ~ 15:00) | 복합사례 (20문항)
종합사례 (20문항) |

해커스 **CFP®** 최종 실전모의고사

사례형 (3교시) 10:00 ~ 12:00

시험 유의사항

[1] 수험표에 명시된 준비물을 꼭 지참하고, 특히 규정신분증 이외의 신분증 및 신분증을 지참하지 않을 경우 입실이 허용되지 않음.

[2] 시험 시작 후 1시간이 경과하기 전에는 퇴실할 수 없으며, 퇴실 시 반드시 문제지와 답안지를 제출해야 함.

[3] 응시자 이외의 사람은 시험장에 출입할 수 없으며 시험장 내 주차장이 협소하거나 주차장을 사용할 수 없는 고사장이 있으므로 대중교통을 이용하고, 만약 자가용 이용으로 발생되는 문제(주차 및 차량훼손 등)는 한국FPSB가 책임지지 않음.

[4] 시험장 내 휴대전화, 무선기, 컴퓨터, 태블릿 PC 등 통신 장비를 휴대할 수 없으며 휴대가 금지된 물품을 휴대하고 있음이 발견되면 부정행위 처리기준에 따라 응시제한 1년 이상으로 징계됨.

[5] 답안 작성은 컴퓨터용 사인펜을 이용하고 예비답안 작성은 반드시 붉은 사인펜만을 이용해야 하며, 붉은 사인펜 이외의 필기도구(연필, 볼펜 등)를 사용하여 예비답안을 작성한 경우 이중 마킹으로 인식되어 채점되지 않음을 유의함.

[6] 답안은 매 문항마다 하나의 답만을 골라 그 숫자에 빈틈없이 표기해야 하며, 답안지는 훼손, 오염되거나 구겨지지 않도록 주의해야 함. 특히, 답안지 상단의 타이밍 마크를 절대로 훼손해선 안 되며, 마킹을 잘못하거나(칸을 채우지 않거나 벗어나게 마킹하는 경우) 답안지 훼손에 의해서 발생되는 문제에 대한 모든 책임은 응시자에 귀속됨.

[7] 문제지와 답안지 작성을 제외한 모든 종류의 필사(본인 답안 필사 등)를 하는 행위 및 컨닝용 쪽지, 책자 또는 노트 등을 휴대하는 행위는 부정행위로 처리함.

[8] 시험종료 안내는 종료 20분, 10분, 5분 전에 방송되며 시험시간 관리의 책임은 전적으로 수험생 본인에게 있으므로 종료 후 답안 작성으로 인하여 부정행위 처리되지 않도록 유의함.

[9] 시험장 내에선 금연이며 시험장의 시설물이 훼손되지 않도록 주의함.

[10] 유의사항 위반에 따른 모든 불이익은 응시자가 부담하고 부정행위 및 규정 위반자는 부정행위 세부처리기준에 준하여 처리됨.

- 문제의 일반 계산이나 TVM 계산 시 별도의 지시사항이나 지문이 없을 경우 중간 계산의 값은 참값 또는 반올림하여 사용할 것
- 투자(대출)상품의 투자수익률(대출이율) 표시 : 별도의 언급이 없는 한 연복리를 말하며 이외의 경우 별도로 표기함
  (예) 연 6% 연복리상품 – 연 6%, 연 6% 월복리상품 – 연 6% 월복리)
- 문제의 지문이나 보기에서 별다른 제시가 없으면, 모든 개인은 세법상 거주자이고, 모든 법인은 내국법인이며 모든 자산, 부채 및 소득은 국내에 있거나 국내에서 발생한 것으로 가정하고, 주식은 국내 제조법인의 주식으로서 우리사주조합원이 보유한 주식이 아니며, 소득세법상 양도소득세 세율이 누진세율(6～45%)로 적용되는 특정주식 등 기타자산에 해당하지 않는 일반주식이라고 가정함
- 문제의 지문이나 보기에서 별다른 제시가 없으면 나이는 만 나이이며, 기준시점은 1월 초이고 나이로 표시된 시점은 해당 나이의 기시 시점임

Ⅰ 2024년도 종합소득세 및 양도소득세 기본세율

과세표준	세율
14,000천원 이하	6%
14,000천원 초과 50,000천원 이하	840천원 + 14,000천원 초과액의 15%
50,000천원 초과 88,000천원 이하	6,240천원 + 50,000천원 초과액의 24%
88,000천원 초과 150,000천원 이하	15,360천원 + 88,000천원 초과액의 35%
150,000천원 초과 300,000천원 이하	37,060천원 + 150,000천원 초과액의 38%
300,000천원 초과 500,000천원 이하	94,060천원 + 300,000천원 초과액의 40%
500,000천원 초과 1,000,000천원 이하	174,060천원 + 500,000천원 초과액의 42%
1,000,000천원 초과	384,060천원 + 1,000,000천원 초과액의 45%

Ⅱ 2024년도 상속세 및 증여세 기본세율

과세표준	세율
100,000천원 이하	10%
100,000천원 초과 500,000천원 이하	10,000천원 + 100,000천원 초과액의 20%
500,000천원 초과 1,000,000천원 이하	90,000천원 + 500,000천원 초과액의 30%
1,000,000천원 초과 3,000,000천원 이하	240,000천원 + 1,000,000천원 초과액의 40%
3,000,000천원 초과	1,040,000천원 + 3,000,000천원 초과액의 50%

단일사례 (30문항)

1. 최정훈씨는 5년 전에 자녀의 교육자금을 마련하기 위해 투자를 시작했다. 현재시점에서 투자내용을 재평가한 결과 세후투자수익률과 교육비상승률에 대한 변화가 다음과 같이 예상되어 교육자금 마련방안에 대한 수정이 불가피한 상황이다. 현재시점에서 매년 말 추가되는 저축액으로 적절한 것을 고르시오.

[5년 전 상황]

- 자녀 나이 : 3세, 대학 입학연령 : 19세
- 대학교 및 대학원 교육비는 18,000천원(5년 전 물가기준)이 19세부터 6년간 매년 초에 필요하며, 매년 교육비상승률만큼 상승함
- 세후투자수익률 : 연 7%, 교육비상승률 : 연 6%
- 자녀 교육을 위한 준비자금 : 정기예금 10,000천원
- 부족한 교육자금 마련을 위한 투자는 자녀가 대학에 입학하기 전까지 매년 말 정액으로 이루어짐

[현재시점 변동사항]

- 자녀 나이 : 8세
- 세후투자수익률 : 연 5%, 교육비상승률 : 연 7%

① 6,297천원
② 6,782천원
③ 9,554천원
④ 12,633천원
⑤ 14,850천원

2. 민정호씨는 3년 전 200,000천원의 사업자금을 대출기간 10년, 연 6% 월복리 매월 말 원리금균등분할상환 조건으로 대출받아 상환하고 있다. 민정호씨가 현재 남아있는 대출잔액을 대출 잔여기간 동안 연 5% 월복리 매월 말 이자만 상환하는 만기일시상환 조건의 신규대출로 변경할 경우, 남은 대출기간(7년) 동안 부담하게 될 이자비용의 차이로 가장 적절한 것을 고르시오. (단, 대출 전환에 따른 부대비용은 없다고 가정함)

① 약 13,486천원 감소

② 약 13,486천원 증가

③ 약 18,677천원 감소

④ 약 18,677천원 증가

⑤ 약 22,204천원 증가

3. 안경준씨는 상가건물을 700,000천원에 매입하여 5년간 운영하고 나서 매각할 예정이다. 안경준씨의 상가건물 투자안에 대한 수정내부수익률(MIRR)로 가장 적절한 것을 고르시오. (단, 상가건물의 매입 및 매도에 따른 세금과 부대비용은 없는 것으로 가정함)

[상가건물 투자안]

• 상가 매입금액(현재가격) : 700,000천원

• 임대료는 매년 말 발생하며, 첫해 말 80,000천원을 시작으로 매년 5%씩 증가될 예정임

• 임대료는 수익률 연 8% 금융상품에 재투자될 예정임

• 상가 보유기간은 5년이며, 5년차 말 매각 예정임

• 상가 매각은 연 3%의 상가 가격 상승률을 반영함

① 7.98%

② 10.23%

③ 13.63%

④ 14.25%

⑤ 17.67%

4. 김승호씨는 작년에 아파트를 구입하면서 5년 동안은 고정금리가 적용되고 그 이후에는 변동금리가 적용되는 주택담보대출을 이용하였다. 그러나 최근 금리인상에 대한 뉴스를 접하면서 5년 후 금리가 상승하면 어떻게 해야 할지 고민하고 있다. 대출은행에 문의한 결과 대출 이후 3년 이내에 조기상환할 경우에는 일정 수준의 조기상환수수료가 있고 그 이후에는 없다고 한다. 김승호씨 주택담보대출의 효율적인 방안에 대한 CFP® 자격인증자의 상담내용으로 가장 적절하지 **않은** 것을 고르시오.

[주택담보대출 관련 정보]

• 대출금액 : 100,000천원, 대출약정기간 : 20년

• 대출시기 : 작년 8월 2일(원리금상환은 8월 말 시작하였으며, 지금까지 17회 상환함)

• 대출조건 : 3개월 CD금리 연동대출로 상환조건은 매월 말 원리금균등분할상환
  - 조기상환수수료는 미상환 잔액의 1.5%
  - 현재까지 적용된 금리는 연 7.0% 월복리

• 김승호씨가 이용하고 있는 주택담보대출은 소득공제 조건을 갖추고 있음

① 김승호씨가 지난해 상환한 이자액은 2,905천원이다.

② 현재시점에서 주택담보대출금 미상환 잔액은 96,580천원이며, 조기상환할 경우 조기상환 수수료는 1,449천원이다.

③ 고정금리 적용이 종료되는 시점의 미상환 대출잔액은 86,257천원이다.

④ 변동금리가 적용되는 시점에서 남은 미상환 잔액을 남은 상환기간 동안 다른 고정금리 대출인 연 8.05% 월복리, 매월 말 원리금균등분할상환 조건으로 전환할 경우 매월 말 원리금상환액은 788천원이다.

⑤ 변동금리가 적용되는 시점에서 변동금리가 9.0%로 상승하였다면, 고정금리 적용 시보다 매월 말 원리금상환액은 100천원 증가한다.

5. 김재무 CFP® 자격인증자는 니즈분석방법을 사용하여 고객 이병찬씨 가정의 생명보험 필요보장액을 산정하고자 한다. 다음 정보를 참고하여 이병찬씨 가정의 추가적인 생명보험 필요보장액으로 가장 적절한 것을 고르시오. (단, 부양가족 생활비 계산 시 국민연금 유족연금을 반영함)

현재 42세인 이병찬씨는 대기업 과장으로 연봉은 세후 50,000천원이다. 부인 안선영씨는 35세로 전업주부이고, 자녀는 아들 이해균(8세), 딸 이해정(4세) 두 명을 두고 있다. 현재 이병찬씨 가정의 연간 가계지출은 30,000천원이다.

[필요자금]

• 이병찬씨 사망에 따른 사후정리자금 : 15,000천원

• 가장 사망 시 유족생활비
  - 막내 독립 전(25세에 독립함) : 현재 생활비의 70%
  - 막내 독립 후 : 현재 생활비의 50%

• 부인 안선영씨의 기대여명 : 89세 말까지

[준비자금]

• 거치식펀드 : 50,000천원

• 정기예금 : 30,000천원(20,000천원은 자녀의 교육자금)

• 주택담보대출 잔액 : 80,000천원

• 종신보험 : 100,000천원(60세 만기 정기특약 100,000천원, 재해사망특약 200,000천원 추가 가입)

• 이병찬씨 사망 시점부터 현재물가기준으로 매년 초 5,000천원의 국민연금 유족연금이 부인 안선영씨의 기대여명까지 지급됨

[경제지표 가정]

• 물가상승률은 연 3.5%, 세후투자수익률은 연 5%로 가정함

• 유족생활비는 매년 초 필요하며, 유족생활비와 국민연금 수령액은 매년 물가상승률만큼 증액됨

① 112,276천원　　　② 245,276천원

③ 292,276천원　　　④ 327,276천원

⑤ 492,276천원

6. 3인 가족의 가장인 김성현씨는 3년 전에 신축된 92.56㎡의 A아파트에 입주할 예정이다. A아파트는 철근콘크리트조 슬래브지붕 구조의 14층짜리 아파트이며, 김성현씨는 연봉 60,000천원을 받고 있다. 다음 정보를 활용하여 김성현씨의 아파트 및 가재도구에 대한 간이 보험가액을 현재시점에서 계산했을 때 다음 중 아파트와 가재도구의 보험가액에 대한 설명으로 가장 적절한 것을 고르시오. (단, 주택종류상 '중'으로 분류함)

[간이 건물신축단가표]

용도	구조	㎡당 단가 (천원)	경년 감가율
아파트	철근콘크리트조 슬래브지붕(5층 이하)	624.20	1%
	철근콘크리트조 슬래브지붕 (6 ~ 14층 이하)	627.30	1%
	철근콘크리트조 슬래브지붕(15층 이상)	642.40	1%

[가재도구 보험가액 간이평가 관련 자료]

구분	주택종류	주택규모	가족 수	월평균수입
고객상황	아파트(중)	82.5 ~ 115.5㎡	3 ~ 4인	4,500 ~ 5,500천원
금액 (천원)	10,324	12,145	11,326	39,506
가중치 (%)	11.80	29.99	19.81	38.40

① A아파트의 재조달가액은 56,205천원이다.

② A아파트의 감가상각액은 1,470천원이다.

③ A아파트의 보험가액은 56,321천원이다.

④ 가재도구의 보험가액은 20,671천원이다.

⑤ A아파트와 가재도구의 보험가액의 합계는 약 74,340천원이다.

7. 노주영씨는 즉시연금상품에 가입하고자 한다. 다음 연금지급 방식에 따른 연금액의 현재가치(노주영씨 나이 70세 초 시점)를 비교한 내용으로 가장 적절한 것을 고르시오. (단, '가~나'는 단생연금방식이고, '다'는 연생연금방식임)

[노주영씨 부부 정보]

• 노주영씨(70세), 박진경씨(67세)

• 노주영씨는 89세 말까지 20년간, 박진경씨는 89세 말까지 23년간 생존할 것으로 예상됨

• 세후투자수익률 : 연 5%

가. 노주영씨 나이 70세부터 20년간 매년 초 50,000천 원의 연금을 수령

나. 노주영씨 나이 70세부터 15년간 연금을 지급받으며, 연금액은 첫해 초 50,000천원을 시작으로 매년 말 4%씩 증액됨

다. 노주영씨 나이 70세부터 20년간 매년 말 45,000천 원을 수령하고, 노주영씨 사망 후 박진경씨가 3년간 매년 말 30,000천원을 수령함

① 가 > 나 > 다　　② 가 > 다 > 나
③ 나 > 가 > 다　　④ 나 > 다 > 가
⑤ 다 > 가 > 나

8. 근로소득자 이정규씨(40세)는 올해 임대사업수익과 보수 외 근로소득이 발생하여 국민건강보험 소득월액보험료를 부담하게 될 것으로 예상된다. 다음 중 이정규씨의 국민건강 소득월액보험료 금액과 부담 주체가 적절하게 연결된 것을 고르시오.

[이정규씨 소득 관련 정보]

• 직장가입자 이정규씨의 보수월액 산정 시 포함된 보수를 제외한 연간 소득내역
  - 임대사업소득 : 50,000천원
  - 근로소득 : 30,000천원

• 건강보험료율 : 7.09%

	소득월액보험료	부담 주체(%)
①	약 170천원	사용자(100%)
②	약 288천원	이정규(100%)
③	약 288천원	이정규 + 사용자(각 50%)
④	약 320천원	이정규(100%)
⑤	약 320천원	이정규 + 사용자(각 50%)

9. 진철환씨는 건물의 계단을 오르던 중 낙상으로 발목이 골절되었다. 진철환씨의 실손의료보험 가입현황은 다음과 같으며, 골절 치료를 위해 입원치료비로 총 2,600천원(본인부담액 급여 1,600천원, 비급여 1,000천원)을 병원에 지불하였을 때 각 보험회사가 지급하는 보험금으로 가장 적절한 것을 고르시오.

[보험 가입 정보]

보험회사	보험종목	지급내용
A보험회사	4세대 실손 (개인가입)	• 입원 40,000천원 • 통원 300천원(급여/비급여), 비급여 3종
B보험회사	4세대 실손 (단체가입)	• 입원 20,000천원 • 통원 300천원(급여/비급여), 비급여 3종

	A사 지급보험금	B사 지급보험금
①	800천원	700천원
②	1,000천원	500천원
③	1,200천원	720천원
④	1,320천원	660천원
⑤	1,550천원	430천원

10. CFP® 자격인증자는 고객의 주식자산을 상장지수펀드(ETF)에 투자해왔다. 3년에 걸친 투자성과가 다음과 같다고 할 때 금액가중 수익률과 연간 시간가중 기하평균수익률로 적절한 것을 고르시오.

(단위 : 원)

시점	투자자금증감	ETF 가격	1주당 배당금	ETF 증감	ETF 잔고수량
0	+115,500,000	10,500	–	+11,000	11,000
1	+100,800,000	11,200	400	+9,000	20,000
2	−84,000,000	12,000	500	−7,000	13,000
3	–	13,500	600	–	13,000

• 현금배당금은 기말에 지급되었고, ETF 신규매입·매도는 배당락 이후에 이루어졌음
• 현금배당금을 ETF에 재투자하지 않음
• 투자자금 회수는 ETF를 시장에 매도하여 마련하였음

① 금액가중 수익률 : 10.34%, 기하평균수익률 : 13.16%
② 금액가중 수익률 : 10.34%, 기하평균수익률 : 14.96%
③ 금액가중 수익률 : 12.96%, 기하평균수익률 : 13.16%
④ 금액가중 수익률 : 12.96%, 기하평균수익률 : 14.96%
⑤ 금액가중 수익률 : 13.24%, 기하평균수익률 : 15.24%

11. K자동차 보통주의 베타계수는 1.20이고, 현재 무위험이자율은 3%, 주식시장의 위험프리미엄은 9%이다. K자동차의 내년도 예상되는 1주당 순이익(EPS₁)은 3,000원이고, 1주당 배당금은 1,200원이며, 자기자본이익률(ROE)은 10%이다. 정률성장 배당할인모형을 이용하여 계산한 K자동차의 적정 주가, 적정 PER로 적절한 것을 고르시오.

① 적정 주가 : 약 15,385원, 적정 PER : 5.13
② 적정 주가 : 약 15,385원, 적정 PER : 5.47
③ 적정 주가 : 약 16,308원, 적정 PER : 5.13
④ 적정 주가 : 약 16,308원, 적정 PER : 5.47
⑤ 적정 주가 : 약 28,571원, 적정 PER : 9.52

12. 유통수익률이 6.2%인 A기업 회사채의 유통수익률이 시중금리 상승에 따라 1.5% 상승한 7.7%가 될 경우 A기업 회사채의 시장가격은 어떻게 변동하는지 수정듀레이션과 볼록성으로 추정한 금액으로 적절한 것을 고르시오 (단, 원 미만은 절사함)

[A기업 회사채 관련 정보]

- 현재 채권가격 : 10,030원
- 표면이자율(3개월마다 이자지급) : 6.3%
- 발행일 : 2023년 2월 10일
- 만기일 : 2026년 2월 10일
- 듀레이션(년) : 2.8256
- 볼록성(년) : 7.0235

① 9,611원
② 9,619원
③ 9,621원
④ 10,184원
⑤ 10,440원

13. 이진영씨는 12억원을 가지고 주가지수선물을 이용한 차익거래를 하고자 CFP® 자격인증자에게 시장상황에 대한 분석을 요청하였다. CFP® 자격인증자가 조사한 최근의 시장상황을 참고하여 이진영씨가 거래해야 할 차익거래의 종류, 선물계약의 수, 차익거래의 손익을 계산한 값으로 적절한 것을 고르시오. (단, KOSPI200지수선물 거래승수 250천원이며, 1년은 365일로 가정함)

[자본시장 관련 정보]

- KOSPI200지수 : 200.00
- 3개월 CD금리 : 연 3.2%
- 기간 중 배당수익률 : 0.2%
- KOSPI200 최근월물 선물가격 : 202.50
- 선물만기까지의 잔존기간 : 82일

① 매수차익거래, 20계약, 약 6,311천원 이익
② 매수차익거래, 24계약, 약 8,772천원 이익
③ 매도차익거래, 20계약, 약 7,310천원 이익
④ 매도차익거래, 24계약, 약 8,772천원 이익
⑤ 매도차익거래, 28계약, 약 9,965천원 이익

14. 민경철씨는 최근 은행의 정기예금 금리가 낮아 주식형펀드에 투자하고자 다음 두 개의 펀드에 대해서 CFP® 자격인증자에게 성과를 평가해 줄 것을 요청하였다. CFP® 자격인증자가 조사한 두 펀드에 대한 다음 정보를 참고로 투자성과를 평가한 내용 중 가장 적절하지 **않은** 것을 고르시오. (단, 무위험이자율은 3.0%로 가정함)

구분	벤치마크 수익률	실현 수익률	수익률의 표준편차	베타	추적오차 (Tracking error)
A펀드	15.0%	16.0%	18.0%	1.1	1.4%
B펀드	12.0%	10.0%	8.0%	0.7	2.0%

① 펀드매니저의 종목선택능력이 우수한 펀드는 B펀드이다.
② 수익률의 변동성이 큰 펀드는 A펀드이다.
③ 총위험 대비 성과가 우수한 펀드는 A펀드이다.
④ 체계적 위험 대비 성과가 우수한 펀드는 A펀드이다.
⑤ 정보비율로 평가할 때 A펀드의 성과가 더 우수하다.

15. 정수만씨는 보유하고 있는 단독주택의 가치를 평가하고자 한다. 다음 정보를 토대로 원가방식에 의하여 산정된 평가대상 부동산의 가치로 적절한 것을 고르시오.

[단독주택 관련 정보]

• 대지면적 : 250㎡

• 건물면적 : 1층 120㎡, 2층 100㎡, 3층 100㎡

• 인근지역 내 유사토지의 1년 전 거래가격은 ㎡당 5,000천원이었는데, 지인 간 거래로 시세보다 10% 높게 거래된 것으로 조사됨. 또한 최근 인근지역에 쓰레기소각장 설치가 논의되면서 1년 전 대비 지가가 20% 하락하였고, 사례토지는 경사지에 위치하고 있어 본건이 약 10% 우세하며, 또한 도로변에 위치하여 접근성 면에서 본건이 약 15% 열세함

• 건물은 10년 전에 신축하였으며, 신축 당시 재조달원가는 ㎡당 1,500천원이 소요되었고, 현재 동일한 건물을 신축할 경우의 재조달원가는 ㎡당 2,000천원으로 예상됨

• 본건 건물의 내용연수는 45년이고, 건물의 관리상태가 부실하여 장부상 경과연수보다 5년 더 경과된 것으로 추정됨

• 건물의 잔존가치는 재조달원가의 10%인 것으로 추정됨

① 1,184,000천원
② 1,203,000천원
③ 1,227,000천원
④ 1,248,000천원
⑤ 1,298,000천원

16. 정원식씨는 A부동산에 투자하고자 한다. 다음 정보를 고려할 때 세전할인현금흐름분석에 의한 A부동산의 가치로 가장 적절한 것을 고르시오. (단, 임대보증금은 없다고 가정함)

[A부동산 관련 정보]

- A부동산의 순영업소득은 1차년도 말 100,000천원이며, 2차년도 말부터 매년 10%씩 증가함
- 매입 후 3년간 보유할 계획이며, 3차년도 말 매각 시 매각 금액은 4차년도 순영업소득에 종합환원율 8%를 적용함
- 매도비용은 없는 것으로 가정함
- A부동산 매입 시 A부동산을 담보로 대출받을 예정임
  - 출금 500,000천원, 대출기간 15년, 대출이율 고정금리 연 6% 월복리, 매월 말 원리금균등상환 방식
  - 연간 원리금상환액은 '월 원리금상환액 × 12개월'로 계산하며, 대출 만기 전 조기상환에 따른 수수료 및 기타 비용은 없다고 가정함
- 정원식씨의 요구수익률 : 12%

① 약 910,311천원
② 약 1,017,967천원
③ 약 1,410,311천원
④ 약 1,517,967천원
⑤ 약 1,532,956천원

17. 우재룡씨는 경매물건인 상가 A와 매매물건인 상가 B 중에서 투자를 고민하고 있다. 다음 정보를 고려할 때 상가 A와 B 투자 분석에 대한 설명으로 가장 적절한 것을 고르시오.

[상가 A와 상가 B 관련 정보]

- 우재룡씨는 2024년 1월 초에 상가 A 또는 상가 B를 매수 후 5년간 보유했다가 5년차 말에 매각할 예정임
- 우재룡씨의 요구수익률 : 10%
- 상가 A와 상가 B 투자 시 현금흐름 관련 정보

구분	상가 A	상가 B
기간 초 투자액[1]	1,000,000천원	700,000천원
매년의 소득수익[2]	60,000천원	50,000천원
5년차 말 상가 매각 시 자본수익[3]	1,120,315천원	880,783천원

[1] 대출 및 임대보증금 등을 고려한 금액임
[2] 매년 말 정액으로 발생
[3] 대출 및 임대보증금을 고려한 금액임

① 상가 A의 NPV는 약 50,324천원이고, 상가 B의 NPV는 약 71,660천원으로 NPV를 기준으로 판단할 때 상가 B에 투자하는 것이 더 유리하다.
② 상가 A의 투자할 경우 IRR은 약 7.25%이다.
③ 상가 B의 투자할 경우 IRR은 약 10.39%이다.
④ 상가 A의 PI는 약 0.92이고, 상가 B의 PI는 약 1.05로 PI을 기준으로 판단할 때 상가 B에 투자하는 것이 더 유리하다.
⑤ 상가 A의 PI는 약 1.38이고, 상가 B의 PI는 약 −0.19로 PI을 기준으로 판단할 때 PI > 0보다 큰 상가 A에 투자하는 것이 더 유리하다.

18. 서혜영씨는 임대사업을 시작하기 위해 노후된 다가구주택을 매입하여 20가구의 다세대주택을 신축하고자 한다. 다음 정보를 통해 신축할 주택을 수익방식에 의해 평가했을 때 다음 중 가장 적절한 설명을 고르시오. (단, 수익가치는 직접환원법에 의해 산정함)

[신축 검토 중인 다가구주택 관련 정보]
- 노후주택의 매입가격 : 800,000천원
- 기존건물 철거비용 : 150,000천원
- 건물 신축비용(직접이용) : 2,000,000천원
- 간접부대비용 : 70,000천원

[추가 정보]
- 가구당 보증금 : 130,000천원, 월 임대료 400천원
- 공실 및 대손충당금 : 가능총수익의 5%
- 운영경비 : 유효총수익의 10%
- 보증금운용이익률 : 5%
- 종합환원율 : 8%

① 신축할 다세대주택의 가능총수익은 210,421천원이다.
② 신축할 다세대주택의 공실 및 대손충당금은 8,240천원이다.
③ 신축할 다세대주택의 유효총수익은 202,000천원이다.
④ 신축할 다세대주택의 순영업소득는 193,230천원이다.
⑤ 신축할 다세대주택의 수익가치는 약 2,147,000천원이며, 총매입 및 신축비용보다 작기 때문에 경제적 타당성이 없다.

19. 다음 정보를 참고하여 김성규씨가 부족한 은퇴자금 마련을 위해 올해부터 저축을 시작하는 경우와 5년 후부터 저축을 시작하는 경우의 첫해 말 저축액의 차이로 적절한 것을 고르시오. (단, 국민연금은 고려하지 않음)

[은퇴 관련 정보]
- 김성규 : 35세
- 은퇴예상연령 : 60세
- 은퇴기간 : 30년
- 은퇴 후 필요한 연간 생활비에서 국민연금을 차감한 은퇴소득 부족분은 현재물가기준으로 매년 초 24,000천원임
- 은퇴시점에서 준비할 것으로 예상되는 은퇴자산은 500,000천원으로 가정함
- 부족한 은퇴자금 마련을 위한 저축은 매년 말 물가상승률만큼 늘려서 15년간 저축한 후 은퇴시점까지 거치하는 것으로 가정함
- 물가상승률 : 연 2%, 세후투자수익률 : 연 6%
- 총은퇴일시금은 은퇴 첫해 부족한 은퇴소득에 초기인출률(IWR) 4%를 적용하여 산정함

① 2,734천원
② 2,789천원
③ 2,873천원
④ 3,483천원
⑤ 3,346천원

20. 장유정씨(40세)는 은퇴시점인 65세까지 5억원을 마련하기 위해 은퇴저축을 계획하고 있다. 다음 정보를 참고하여 목표로 하는 자금을 마련하기 위해 올해 매월 저축해야 할 금액으로 가장 적절한 것을 고르시오.

[은퇴저축 관련 정보]

- 은퇴기간 : 65세부터 30년간

- 은퇴시점까지 마련하고자 하는 목표금액 : 5억원

- 저축방법
  - 지금부터 은퇴시점까지 남은 25년간 저축하고, 나이에 따른 위험수용성향을 고려해 투자기간에 따라 저축금액과 방법을 달리할 예정
  - 1투자기간(15년) 중에는 매년 초 연 5%만큼 증액하여 매월 말에 저축하며, 목표수익률은 연 6%로 함
  - 2투자기간(10년) 중에는 매월 말에 정액으로 500천원씩 저축하며, 목표수익률은 4%로 함

① 703천원
② 736천원
③ 856천원
④ 881천원
⑤ 980천원

21. 다음 정보를 참고하여 한규찬씨(68세), 김문정씨(61세) 부부의 국민연금에 대한 설명으로 가장 적절한 것을 고르시오. (단, 한규찬씨 가족 중 장애인은 없는 것으로 가정함)

[국민연금 관련 정보]

- 한규찬씨(1956년 1월생, 68세, 남편)
  - 국민연금 가입기간 : 30년(1987.01. ~ 2016.12.)
  - 현재 수급 중인 연금액 : 월 1,300천원
  - 한규찬씨는 본인의 노령연금 수급개시연령부터 계속해서 연금을 수령해옴
- 김문정씨(1963년 1월생, 61세, 부인)
  - 국민연금 가입기간 : 가입 이력 없음
  - 부부의 혼인유지기간 : 1986.02.19. ~ 현재
  - 한규찬씨 소유 주택에서 함께 거주하며, 한규찬씨가 실질적으로 부양함
- 한선호씨(1990년생, 34세, 아들) : 혼인 후 분가하여 본인 소유 주택에서 거주
- 한선아씨(1992년생, 32세, 딸) : 혼인 후 분가하여 남편 소유 주택에서 거주

① 한규찬씨가 현재 소득이 있는 업무에 종사한다면 소득수준에 따라 노령연금액이 감액되어 지급된다.
② 김문정씨가 남편과 이혼할 경우 분할연금청구권 발생일로부터 3년 이내에 청구하지 않으면 그 청구권이 소멸한다.
③ 김문정씨가 현재 남편과 이혼하여 바로 분할연금을 신청할 경우 다음 달부터 즉시 지급이 시작된다.
④ 한규찬씨가 사망할 경우 법정상속인인 김문정씨, 한선호씨, 한선아씨가 민법상 상속비율에 따라 유족연금을 수령하게 된다.
⑤ 한규찬씨의 사망으로 김문정씨가 유족연금을 수령하다가 다른 사람과 재혼할 경우 유족연금 수급권은 소멸한다.

22. 강형구씨(65세)는 현재 준비 중인 은퇴자산만으로는 목표로 하는 은퇴소득을 충족할 수 없는 상황이어서 별도로 보유한 여유자금의 일부를 분할지급식 펀드에 투자하여 은퇴소득으로 사용하고자 한다. 은퇴자산의 세후투자수익률을 충족하면서 목표은퇴소득을 충족하기 위해서는 분할지급식 펀드의 세후투자수익률이 어느 정도 되어야 하는지 가장 적절한 것을 고르시오. (단, 별도로 보유한 여유자금은 추가적으로 필요한 은퇴일시금을 모두 충당할 수 있는 것으로 가정함)

[은퇴 관련 정보]

- 은퇴기간 : 65세부터 25년
- 은퇴기간 중 목표은퇴소득 : 연 35,000천원
- 국민연금 : 65세부터 매년 초 12,000천원 수령
- 현재 준비된 은퇴자산 : 연금보험
  - 65세 시점 적립금 평가액 200,000천원
  - 은퇴기간 중 공시이율은 연 3% 적용하며, 65세부터 25년간 매년 초 연금을 수령
- 경제지표 가정
  - 은퇴자산의 세후투자수익률 : 연 4%
  - 은퇴기간 중 물가상승률 : 연 0%

① 3.50%

② 4.21%

③ 5.11%

④ 6.23%

⑤ 7.15%

23. 다음 자료를 참고하여 거주자 김명민씨의 2024년 귀속 종합소득금액에 합산되어 종합과세되는 금융소득금액으로 적절한 것을 고르시오.

구분	총수입금액	비고
정기예금이자	10,000천원	원천징수세율 15.4% (지방소득세 포함)
저축성보험의 보험차익	12,000천원	만기 10년
채권의 매매차익	5,000천원	보유기간 이자상당액 2,000천원 포함
투자신탁이익	5,000천원	배당소득 과세분
무상주배당	10,000천원	주식발행초과금
무상주배당	8,000천원	자기주식소각이익 2년 이내 자본전입분
현금배당	20,000천원	비상장내국법인
현금배당	3,000천원	외국법인

① 47,200천원

② 49,800천원

③ 50,000천원

④ 50,800천원

⑤ 58,300천원

24. 신봉식씨는 이진영씨와 공동으로 제조업체를 경영하고 있다. 아래의 정보를 바탕으로 신봉식씨의 종합소득 과세표준으로 적절한 것을 고르시오.

[금년도 공동사업에 대한 주요 손익 정보]

- 당기순이익 : 220,000천원
- 세무조정사항
  - 익금불산입 금액 : 8,000천원
  - 손금불산입 금액 : 10,000천원
- 공동사업에 대한 손익배분
  - 신봉식 : 60%
  - 이진영 : 40%(신봉식씨와 특수관계자 아님)

[신봉식씨의 금년도 다른 종합소득 정보]

- 정기예금이자 : 18,000천원
- 근로소득금액 : 32,000천원
- 종합소득공제 : 8,000천원

① 148,335천원
② 157,200천원
③ 165,200천원
④ 183,000천원
⑤ 282,672천원

25. 이창우씨는 2024년 중 아래와 같이 부동산을 양도하였다. 양도소득세 예정신고 시 양도소득 산출세액으로 적절한 것을 고르시오.

[부동산 양도 관련 정보]

- 경기도 안양시 평촌동 소재 상가 건물 A
  - 양도가액 : 12억원(양도비용은 없다고 가정, 2024년 4월 5일 양도)
  - 취득가액 : 13억원(2016년 5월 5일 취득)
  - 취득 시 필요경비 : 5,000천원
- 서울시 강남구 역삼동 소재 상가 건물 B
  - 양도가액 : 18억원(양도비용은 없다고 가정, 2024년 9월 7일 양도)
  - 취득가액 : 8억원(2009년 9월 3일 취득)
  - 취득 시 필요경비 : 8,000천원

① 16,915천원
② 205,360천원
③ 210,558천원
④ 206,360천원
⑤ 247,360천원

26. 비상장 중소기업의 소액주주인 민진연씨는 2024년 8월 20일에 보유하고 있던 주식을 양도하였다. 다음 정보를 참고하여 민진연씨가 부담한 양도소득 산출세액과 예정신고기한으로 적절한 것을 고르시오.

[주식 관련 정보]

- 취득일자 : 2023년 10월 3일
- 양도가액 : 500,000천원
- 취득가액 : 400,000천원
- 양도비용(증권거래세, 수수료) : 1,600천원

※ 상기 법인의 주식은 누진세율이 적용되는 특정주식 등인 기타자산에 해당하지 않음

※ 민진연씨는 2024년도 중에 양도소득세 과세대상 자산을 매각한 사실이 없음

	양도소득 산출세액	예정신고기한
①	9,590천원	2024년 10월 31일
②	9,590천원	2025년 2월 28일
③	9,840천원	2024년 10월 31일
④	28,770천원	2024년 10월 31일
⑤	28,770천원	2025년 2월 28일

27. 최진호씨는 부친 최석만, 아내 박숙희, 미혼인 딸 최지연을 가족으로 두고 있었는데, 최진호씨와 딸 최지연이 함께 비행기를 타고 여행을 가다가 비행기가 추락하여 두 사람 모두 사망하였으며 사망의 선후는 밝혀지지 않았다. 사망 당시 최진호씨에게는 120,000천원의 상속재산이 있었고, 최지연에게는 60,000천원의 상속재산이 있었을 경우 최진호와 최지연의 사망으로 최석만과 박숙희가 상속받을 각각의 구체적 상속분으로 적절한 것을 고르시오.

	최석만	박숙희
①	48,000천원	72,000천원
②	48,000천원	132,000천원
③	72,000천원	108,000천원
④	75,000천원	75,000천원
⑤	78,000천원	102,000천원

28. 최부자씨는 2024년 1월 1일 아내 나자린씨, 아들 최행복씨를 두고 사망하였다. 최부자씨가 아내 나자린씨에게 자필증서에 의한 유언을 통해 150,000천원을 유증하였다면, 다음의 정보를 고려할 때 아내 나자린씨와 아들 최행복씨의 유류분 금액으로 적절한 것을 고르시오.

[최부자씨 사망 당시 재산 및 부채 내역]

- 상속재산 : 600,000천원
- 상속채무 : 300,000천원

[사전증여재산]

- 2022년 1월 1일 아들 최행복씨에게 300,000천원 증여함
- 2022년 7월 1일 내연관계에 있던 이채영씨와 공모하여 상속인들의 유류분이 침해된다는 사실을 알면서도 900,000천원 증여함
- 2023년 4월 1일 동생 최영자씨에게 300,000천원 증여함

	아내 나자린	아들 최행복
①	325,000천원	185,000천원
②	420,000천원	270,000천원
③	450,000천원	300,000천원
④	525,000천원	355,000천원
⑤	540,000천원	360,000천원

29. 다음 정보를 참고하여 거주자 이정훈씨의 상속세를 계산할 경우 추정상속재산가액과 금융재산상속공제액으로 적절한 것을 고르시오.

[상속 관련 정보]

- 상속개시일 : 2024년 10월 1일
- 상속개시일 현재 상증법상 금융기관 예금 평가액 : 1,200,000천원
- 상속개시일 현재 상증법상 금융기관 채무금액 : 400,000천원(100,000천원은 상속개시 3년 전에 받은 채무이고, 상속개시 6개월 전에 차입한 300,000천원에 대해서는 상속인들이 사용용도를 입증하지 않음)
- 종신보험 사망보험금 : 300,000천원(이정훈씨가 계약자 및 피보험자로서 보험료를 납부함)
- 기타 다른 상속재산, 상속부채 및 장례비용 영수증은 없음

	추정상속재산가액	금융재산상속공제액
①	100,000천원	200,000천원
②	210,000천원	160,000천원
③	210,000천원	200,000천원
④	240,000천원	200,000천원
⑤	240,000천원	220,000천원

30. 거주자 지현후씨(38세)가 지금까지 증여받은 아래 내역을 참고로 하여 2024년 6월 1일에 할아버지로부터 다음과 같이 증여받을 경우 증여세 산출세액으로 적절한 것을 고르시오.

구분	증여일	증여 재산	기증여 당시 증여재산평가액	금번 증여 당시 증여재산평가액
할머니	2013년 7월 1일	예금	1억원	2억원
할아버지	2014년 8월 1일	주택	2억원	6억원
어머니	2014년 9월 10일	주식	3억원	4억원
할아버지	2024년 6월 1일	토지	–	5억원

① 127,000천원
② 130,000천원
③ 135,000천원
④ 141,000천원
⑤ 164,000천원

복합사례 I (원론·부동산·은퇴·세금) (10문항)

아래 주어진 내용을 참고하여 31번부터 40번까지 질문에 답하시오. (질문하지 아니한 상황은 일반적인 것으로 판단하며, 개별 문제의 가정은 다른 문제와 관련 없음. 질문에 등장하는 개인은 모두 세법상 거주자에 해당함)

김준구, 장효진씨 부부는 2024년 1월 초 아들 김민국씨의 교육자금 및 결혼자금 마련을 위한 계획과 중증 장애를 갖고 있는 딸 김민아씨에 대한 생활대책, 부부의 은퇴설계를 함께 시작하고자 CFP® 자격인증자를 찾아와 상담하게 되었다. CFP® 자격인증자가 파악한 고객정보는 다음과 같다.

I 고객정보 (나이는 2024년 1월 초 만 나이임)

1. 가족상황
   - 김준구(38세) : 본인, 대기업 과장으로 현 직장에 10년간 근무 중, 직전년도 과세대상 연소득 78,000천원
   - 장효진(38세) : 배우자, 전업주부
   - 김민국(9세) : 아들, 올해 초등학교 3학년이 됨
   - 김민아(6세) : 딸, 중증 장애인

2. 주거상황
   - 서울시 노원구 소재 아파트(면적 85㎡)로 2019년 9월 초에 구입하면서 주택담보대출 100,000천원을 대출기간 15년, 이자율은 연 5.8% 월복리(고정금리), 매월 말 원리금균등분할상환조건으로 대출 받음(2023년 12월 말 현재 52회차 상환함)

II 자산 세부내역 (2023년 12월 31일 현재)

1. 금융자산
(단위 : 천원)

구분	명의	평가금액[1]	자금용도
CMA	김준구	9,620	–
채권형펀드	장효진	42,800	김민아 부양자금
정기예금	김준구	15,420	김민국 교육자금
주식형펀드	장효진	10,200	김민국 결혼자금
연금저축펀드	김준구	19,200	은퇴자금

[1] 상시 인출 가능하며 인출 관련 별도의 수수료 및 세금은 없음

2. 부동산자산
(단위 : 천원)

구분	소유자	취득시기	취득 당시 기준시가/취득원가	현재 기준시가/적정시세	비고
아파트 (85㎡)	김준구	2019. 8.	150,000 /250,000	250,000 /350,000	김준구씨 세대 거주

※ 기준시가의 의미는 다음과 같으며, 2024년 기준시가는 2023년도 말과 변동 없음
- 양도소득세 계산 시 적용되는 양도 및 취득 당시 기준시가를 의미
- 상속세 및 증여세법상 보충적 평가방법 적용 시 아파트는 공동주택가격, 상가는 국세청장이 산정·고시한 상가 건물의 기준시가(부수토지 포함)를 의미
- 지방세법상 시가표준액 및 종합부동산세법상 공시가격을 의미

3. 공적연금
(단위 : 천원)

구분	가입자	가입일	연금개시 연령	연간 연금액 (현재물가기준)
국민연금	김준구	2014. 1. 3. ~ 현재	65세	12,000

III 고객 재무목표

1. 재무관리 관련

- 김준구씨 부부는 현재 상환하고 있던 주택담보대출의 이율이 높다고 판단되어 매월 말 상환하는 원리금부담을 줄이고자 대환대출을 고려하고 있다.
- 김준구씨 부부는 중증 장애인인 김민아씨에 대한 부양자금을 신탁하는 방법을 고려하고 있으며, 장애인 특별부양신탁에 대해서 궁금해 하고 있다.
- 또한, 현재 막연하게 대비하고 있던 김민국씨의 교육 및 결혼자금을 어떻게 준비해야 할지 조언을 구하고 있다. 김민국씨의 교육 및 결혼자금 관련 정보는 다음과 같다.
- 자녀교육자금
  - 김민국씨는 19세에 대학에 입학한다고 가정함
  - 대학교육비는 현재물가기준으로 매년 초 20,000천원씩 4년간 필요함
  - 교육비는 매년 물가상승률만큼 상승함
- 자녀결혼자금
  - 김민국씨는 32세에 결혼한다고 가정함
  - 예상 결혼 비용은 현재물가기준으로 50,000천원임
  - 결혼비용은 기시에 발생하며 매년 물가상승률만큼 상승함

2. 부동산설계 관련

- 김준구씨는 새로운 상가의 매입을 고려하고 있으며, 신규로 취득하는 상가를 타인에게 임대를 주고 임대료를 추가적인 보험가입에 활용하려고 계획하고 있다. 김준구씨 부부가 매입을 고려하고 있는 상가의 정보는 다음과 같다.
- 김준구씨가 매입을 고려하고 있는 상가 정보
  - 매수예정가액 : 500,000천원(서울시 소재 역세권 상가)
  - 월임대료 : 2,800천원, 임대보증금 : 100,000천원
  - 공실 및 대손 : 5%
  - 담보대출금 200,000천원을 승계하는 조건
  - 승계 예정인 대출금의 조건 : 만기일시상환 방식으로 대출이자율 연 5.2%, 잔여 대출기간 7년

3. 은퇴설계 관련

- 김준구씨 부부는 은퇴기간 동안 목표로 하는 은퇴소득 규모를 은퇴소득원으로 감당할 수 있는지, 추가적인 저축을 계획해야 하는지 궁금해 하고 있다.
- 또한, 은퇴기간 동안 안정적인 은퇴소득을 인출하기 위해 은퇴자산 포트폴리오를 어떻게 구성해야 하는지 자문을 구하고 있다. 김준구씨 부부의 은퇴설계 관련 정보는 다음과 같다.
- 은퇴기간 및 매년 필요한 은퇴소득(현재물가기준)
  - 부부 은퇴기간 : 김준구씨 나이 65세부터 89세 말까지 25년
  - 부부 은퇴기간 동안 필요 은퇴생활비 : 매년 34,000천원
- 국민연금은 매년 초에 지급되고 은퇴 후 필요한 소득은 매년 초에 필요하며 매년 물가상승률만큼 증가한다.
- 퇴직연금 및 연금저축펀드를 제외한 은퇴자산은 없는 것으로 가정한다.
- 퇴직연금
  - 김준구씨는 2014년부터 확정기여(DC)형 퇴직연금에 가입하였으며, 적립금은 전액 원리금보장형 상품으로 운용하고 있음
  - 2023년 12월 31일 현재 적립금 평가액은 50,000천원임
- 연금저축계좌(펀드)
  - 2023년 12월 31일 현재 적립금 평가액은 19,200천원이며, 은퇴시점까지 매월 말 500천원씩 납입할 예정임
- 퇴직연금 및 연금저축계좌의 운용수익률은 연 5%를 가정한다.

IV 경제지표 가정

- 물가상승률 : 연 3.5%
- 임금상승률 : 연 4%
- 세후투자수익률 : 연 4.5%

31. 김준구, 장효진씨 부부의 2023년 12월 말 기준 주택담보대출 잔액과 2024년 한 해 동안 상환할 이자상환액으로 적절한 것을 고르시오.

	2023년 12월 말 잔액	2024년 이자상환액
①	약 74,314천원	약 4,485천원
②	약 74,314천원	약 5,512천원
③	약 79,379천원	약 4,458천원
④	약 79,379천원	약 5,539천원
⑤	약 76,885천원	약 5,782천원

32. 김준구, 장효진씨 부부는 현재 상환하고 있는 주택담보대출의 금리가 시장의 대출금리보다 현저히 높다는 것을 인식하고 대출 잔여기간 동안 금리를 낮추기 위해 대환대출을 고려하고 있다. 다음의 정보를 참고하여 대환대출 시 매월 줄어드는 원리금상환액으로 적절한 것을 고르시오.

[대환대출 관련 정보]
- 현재 주택담보대출 잔액은 전액 상환함
- 대환대출 시 이자율은 연 4.0% 월복리, 매월 말 원리금 균등분할상환 조건임
- 대환대출에 따른 제반 비용은 없다고 가정함

① 49,083원
② 54,986원
③ 70,243원
④ 77,810원
⑤ 83,309원

33. 김준구, 장효진씨 부부는 아들 김민국씨의 대학교육자금 및 결혼자금을 미리 마련해 두려고 한다. 다음 중 적절한 설명으로만 묶인 것을 고르시오. (단, 현재 보유한 교육자금 및 결혼자금 마련을 위한 저축은 해지하여 세후투자수익률이 연 7%인 상품에 재투자하고 추가적인 불입액은 없다고 가정함)

가. 대학교육 필요자금의 현재가치는 약 54,612천원이다.

나. 결혼 부족자금의 현재가치는 13,069천원이다.

다. 올해 말 4,848천원으로 시작해서 매년 물가상승률만큼 저축액을 늘려 10년간 저축하면 대학교육 부족자금을 마련할 수 있다.

라. 결혼자금 마련을 위해 매월 말 200천원씩 6년 8개월 동안 저축한다면 김민국씨의 결혼자금을 마련할 수 있다.

① 가, 나
② 나, 다
③ 가, 나, 다
④ 나, 다, 라
⑤ 가, 나, 다, 라

34. 김준구, 장효진씨 부부는 자신들이 사망하여 중증 장애를 갖고 있는 딸 김민아씨를 더 이상 돌보지 못하게 될 경우에 대비하여 김민아씨의 생활비를 마련할 수 있도록 금융기관에 신탁해 두고자 한다. 다음 설명 중 가장 적절한 것을 고르시오.

> **[김민아씨 부양자금 관련 정보]**
> - 생활비는 매년 초 현재물가기준으로 24,000천원이 필요하며, 매년 물가상승률만큼 상승한다.
> - 생활비 수령기간은 김준구, 장효진씨 부부의 사망 시점부터 김민아씨의 기대수명(59세 말)까지이다.
> - 김민아씨의 부양자금 마련을 위한 채권형펀드는 해지하여 세후투자수익률이 연 7%인 상품에 재투자하고, 추가적인 불입액은 없다.

① 10년 뒤 부부가 사망한다고 가정할 경우 필요자금의 현재가치는 89,973천원이다.

② 20년 뒤 부부가 사망한다고 가정할 경우 부족자금의 현재가치는 255,494천원이다.

③ 20년 뒤 부부가 사망한다고 가정할 경우 지금부터 사망하기 전까지 매월 초 1,613천원씩 투자하면 필요한 자금을 마련할 수 있다.

④ 일정요건을 갖춘 장애인 특별부양신탁을 이용하게 되면 10억원 한도 내에서 증여세 과세가액에 산입하지 않아 증여세를 절세할 수 있다.

⑤ 김민아씨가 추후에 본인의 의료비 명목으로 원금의 일부를 인출하면 해당 금액에 대해 증여세가 부과된다.

35. 김준구씨가 매입을 고려하고 있는 상가에 투자할 경우 Cash on Cash rate로 가장 적절한 것을 고르시오. (단, 영업경비는 없으며, 상가 취득에 따른 세금 등 부대비용은 매수금액의 7%로 가정함)

① 8.97%

② 9.87%

③ 11.54%

④ 12.35%

⑤ 14.30%

36. 김준구씨는 현재 거주 중인 아파트를 매도한 뒤 경매나 공매를 통해 저렴한 아파트로 이사할 예정이다. 다음 중 부동산 경매와 공매에 대한 설명으로 가장 적절한 것을 고르시오.

① 강제경매란 채무자의 특정 재산에 대한 경매로서, 집행력 있는 판결정본, 확정된 지급명령 등의 집행권원을 가진 채권자의 신청에 의하여 이루어진다.

② 김준구씨가 아파트 경매절차에 참여할 시 기일입찰표를 작성해야 하며, 입찰가격을 잘못 기재하였을 경우 수정이 가능하다.

③ 김준구씨가 국세징수법에 의해 압류된 아파트에 대한 공매에 참여할 경우 아파트의 명도책임은 김준구씨에게 있다.

④ 경매에서 매각허가 또는 불허가 결정에 의해 손해를 입은 이해관계인은 즉시항고는 원결정을 고지한 날로부터 14일 이내에 제기해야 한다.

⑤ 경매에서 최고가매수신고인에게 국한된 사유로 매각이 불허가된 경우 차순위매수신고인이 있더라도 차순위매수신고인에게 매각을 허가하지 않는다.

37. 김준구, 장효진씨 부부의 은퇴소득원에 대해 CFP® 자격인증자가 설명하는 내용으로 가장 적절한 것을 고르시오.

① 김준구씨가 국민연금 노령연금을 지급 받을 경우 3.3 ~ 5.5%(지방소득세 포함)의 소득세가 원천징수됩니다.

② 현재 김준구씨의 소득 수준이 A값을 초과하는 상태이기 때문에 국민연금 노령연금은 수급예상액보다 감액되어 지급됩니다.

③ 연금저축펀드에 은퇴시점까지 27년간 계속 납입하는 경우 은퇴시점에서의 연금적립금 (세전)평가액은 345,028천원이 예상되며, 인출 시 과세되는 연금소득세를 감안하면 실제 세후평가금액은 이보다 적습니다.

④ 연금저축펀드에 납입한 금액 중 세액공제 받지 않은 납입액이 있더라도 추후 연금저축펀드에서 연금수령 시 연금액 전액에 대해 연금소득세가 과세됩니다.

⑤ 김준구씨가 연금계좌에서 이연퇴직소득을 연금수령하는 경우 연금소득세는 무조건 분리과세됩니다.

38. 김준구씨는 현재 재직 중인 회사에서 10년간 근무 중이며, 향후 54세 말까지 근무하고 퇴직할 예정이다. 다음의 정보를 참고했을 때 김준구씨가 퇴직 시 퇴직소득을 수령하는 경우 퇴직소득 산출세액으로 가장 적절한 것을 고르시오. (단, 지방소득세는 고려하지 않음)

[추가 정보]

- 근속연수공제

근속연수	공제액
10년 초과 20년 이하	15,000천원 + 2,500천원 × (근속연수 − 10년)
20년 초과	40,000천원 + 3,000천원 × (근속연수 − 20년)

- 환산급여공제

환산급여	공제액
8,000천원 초과 70,000천원 이하	8,000천원 +8,000천원 초과분의 60%
70,000천원 초과 100,000천원 이하	45,200천원 +70,000천원 초과분의 55%
100,000천원 초과 300,000천원 이하	61,700천원 +100,000천원 초과분의 45%

① 7,520천원

② 8,486천원

③ 9,703천원

④ 15,804천원

⑤ 29,403천원

39. 김준구, 장효진씨 부부가 계획하고 있는 은퇴생활수준을 유지하기 위해 은퇴시점에 추가로 필요한 은퇴일시금이 500,000천원이라고 가정할 경우 저축에 대한 설명으로 가장 적절하지 **않은** 것을 고르시오. (단, 저축상품의 세후투자수익률은 연 7%로 가정함)

① 지금부터 15년간 매월 말 714천원씩 저축하면 부족한 은퇴자금을 마련할 수 있다.

② 지금부터 20년간 매월 말 614천원씩 저축하면 부족한 은퇴자금을 마련할 수 있다.

③ 부족한 은퇴자금 마련을 위해 5년 후부터 은퇴 전까지 저축할 경우 매월 말 저축금액은 588천원이다.

④ 올해 말부터 7,170천원을 시작으로 15년간 매년 말 물가상승률만큼 증액하여 저축하게 되면 부족한 은퇴자금을 마련할 수 있다.

⑤ 지금부터 15년간 매년 초에 임금상승률만큼 증액하여 매월 말에 저축할 경우 올해 매월 562천원을 저축하면 부족한 은퇴자금을 마련할 수 있다.

40. CFP® 자격인증자는 김준구, 장효진씨 부부에게 총은퇴일시금 규모에 해당하는 은퇴자산을 확보한 상태에서 안정적인 은퇴소득 인출을 위한 은퇴자산 포트폴리오 구성 방안을 다음과 같이 제안하고 있다. 제안에 따라 포트폴리오를 구성하는 경우에 대한 설명으로 가장 적절한 것을 고르시오.

[은퇴소득 인출을 위한 포트폴리오 구성 방안]

- 은퇴자산 포트폴리오는 생활비계정, 저축계정, 투자계정에 적정 수준으로 배분한다.
- 2년간 필요한 생활비는 생활비계정에서 관리하고, 매년 말 저축계정에서 생활비계정으로 1년치 생활비를 이체한다.
- 저축계정에는 이후 3년간 필요한 은퇴소득을 예치하며, 매년 말에 생활비계정으로 이체하는 동시에 3년치 생활비가 유지될 수 있도록 부족한 금액을 투자계정에서 저축계정으로 이체한다.
- 계정별 수익률 가정치
  - 생활비계정 : 연 0%
  - 저축계정 : 연 3%
  - 투자계정 : 연 6%

① 국민연금 수급액을 고려했을 때 은퇴시점의 첫해 부족소득액은 22,000천원이다.

② 은퇴시점에 생활비계정에는 111,389천원을 배분한다.

③ 은퇴시점에 저축계정에는 179,854천원을 배분한다.

④ 65세 말에 저축계정에서 생활비계정으로 57,644천원을 이체한다.

⑤ 65세 말에 투자계정에서 저축계정으로 60,534천원을 이체한다.

해커스 **CFP**® 최종 실전모의고사

사례형 (4교시) 12:30 ~ 15:00

시험 유의사항

[1] 수험표에 명시된 준비물을 꼭 지참하고, 특히 규정신분증 이외의 신분증 및 신분증을 지참하지 않을 경우 입실이 허용되지 않음.

[2] 시험 시작 후 1시간이 경과하기 전에는 퇴실할 수 없으며, 퇴실 시 반드시 문제지와 답안지를 제출해야 함.

[3] 응시자 이외의 사람은 시험장에 출입할 수 없으며 시험장 내 주차장이 협소하거나 주차장을 사용할 수 없는 고사장이 있으므로 대중교통을 이용하고, 만약 자가용 이용으로 발생되는 문제(주차 및 차량훼손 등)는 한국FPSB가 책임지지 않음.

[4] 시험장 내 휴대전화, 무선기, 컴퓨터, 태블릿 PC 등 통신 장비를 휴대할 수 없으며 휴대가 금지된 물품을 휴대하고 있음이 발견되면 부정행위 처리기준에 따라 응시제한 1년 이상으로 징계됨.

[5] 답안 작성은 컴퓨터용 사인펜을 이용하고 예비답안 작성은 반드시 붉은 사인펜만을 이용해야 하며, 붉은 사인펜 이외의 필기도구(연필, 볼펜 등)를 사용하여 예비답안을 작성한 경우 이중 마킹으로 인식되어 채점되지 않음을 유의함.

[6] 답안은 매 문항마다 하나의 답만을 골라 그 숫자에 빈틈없이 표기해야 하며, 답안지는 훼손, 오염되거나 구겨지지 않도록 주의해야 함. 특히, 답안지 상단의 타이밍 마크를 절대로 훼손해선 안 되며, 마킹을 잘못하거나(칸을 채우지 않거나 벗어나게 마킹하는 경우) 답안지 훼손에 의해서 발생되는 문제에 대한 모든 책임은 응시자에 귀속됨.

[7] 문제지와 답안지 작성을 제외한 모든 종류의 필사(본인 답안 필사 등)를 하는 행위 및 컨닝용 쪽지, 책자 또는 노트 등을 휴대하는 행위는 부정행위로 처리함.

[8] 시험종료 안내는 종료 20분, 10분, 5분 전에 방송되며 시험시간 관리의 책임은 전적으로 수험생 본인에게 있으므로 종료 후 답안 작성으로 인하여 부정행위 처리되지 않도록 유의함.

[9] 시험장 내에선 금연이며 시험장의 시설물이 훼손되지 않도록 주의함.

[10] 유의사항 위반에 따른 모든 불이익은 응시자가 부담하고 부정행위 및 규정 위반자는 부정행위 세부처리기준에 준하여 처리됨.

- 문제의 일반 계산이나 TVM 계산 시 별도의 지시사항이나 지문이 없을 경우 중간 계산의 값은 참값 또는 반올림하여 사용할 것
- 투자(대출)상품의 투자수익률(대출이율) 표시 : 별도의 언급이 없는 한 연복리를 말하며 이외의 경우 별도로 표기함
  (예 연 6% 연복리상품 – 연 6%, 연 6% 월복리상품 – 연 6% 월복리)
- 문제의 지문이나 보기에서 별다른 제시가 없으면, 모든 개인은 세법상 거주자이고, 모든 법인은 내국법인이며 모든 자산, 부채 및 소득은 국내에 있거나 국내에서 발생한 것으로 가정하고, 주식은 국내 제조법인의 주식으로서 우리사주조합원이 보유한 주식이 아니며, 소득세법상 양도소득세 세율이 누진세율(6~45%)로 적용되는 특정주식 등 기타자산에 해당하지 않는 일반주식이라고 가정함
- 문제의 지문이나 보기에서 별다른 제시가 없으면 나이는 만 나이이며, 기준시점은 1월 초이고 나이로 표시된 시점은 해당 나이의 기시 시점임

Ⅰ 2024년도 종합소득세 및 양도소득세 기본세율

과세표준	세율
14,000천원 이하	6%
14,000천원 초과 50,000천원 이하	840천원 + 14,000천원 초과액의 15%
50,000천원 초과 88,000천원 이하	6,240천원 + 50,000천원 초과액의 24%
88,000천원 초과 150,000천원 이하	15,360천원 + 88,000천원 초과액의 35%
150,000천원 초과 300,000천원 이하	37,060천원 + 150,000천원 초과액의 38%
300,000천원 초과 500,000천원 이하	94,060천원 + 300,000천원 초과액의 40%
500,000천원 초과 1,000,000천원 이하	174,060천원 + 500,000천원 초과액의 42%
1,000,000천원 초과	384,060천원 + 1,000,000천원 초과액의 45%

Ⅱ 2024년도 상속세 및 증여세 기본세율

과세표준	세율
100,000천원 이하	10%
100,000천원 초과 500,000천원 이하	10,000천원 + 100,000천원 초과액의 20%
500,000천원 초과 1,000,000천원 이하	90,000천원 + 500,000천원 초과액의 30%
1,000,000천원 초과 3,000,000천원 이하	240,000천원 + 1,000,000천원 초과액의 40%
3,000,000천원 초과	1,040,000천원 + 3,000,000천원 초과액의 50%

복합사례 II (보험·투자·세금·상속) (10문항)

아래 주어진 내용을 참고하여 1번부터 10번까지 질문에 답하시오. (질문하지 아니한 상황은 일반적인 것으로 판단하며, 개별 문제의 가정은 다른 문제와 관련 없음. 질문에 등장하는 개인은 모두 세법상 거주자에 해당함)

윤상현, 김은수씨 부부는 생명보험 가입에 대한 적정성 분석 및 각종 세금에 대한 절세전략 등에 관해 상담을 받고자 2024년 1월 초 CFP® 자격인증자를 찾아와 재무설계를 의뢰하였다. CFP® 자격인증자가 파악한 고객정보는 다음과 같다.

Ⅰ 고객정보 (나이는 2024년 1월 초 만 나이임)

1. 동거가족
   - 윤상현(42세) : 본인, 금융기관 과장, 연봉 80,000천원
   - 김은수(40세) : 배우자, 중소기업 대리, 연봉 30,000천원
   - 윤영우(10세) : 아들, 올해 초등학교 4학년이 됨

2. 부모 및 형제자매
   - 윤인구(72세) : 부친, 상가를 보유하고 있으며, 윤상현씨와 별도 주택에 거주함
   - 김미자(68세) : 모친, 이자소득 12,000천원 이외 소득 없음, 남편 윤인구씨와 함께 거주함
   - 윤동현(44세) : 형, 개인사업자, 부인 이진영씨와 함께 본인 소유 주택에서 거주하며 자녀는 없음
   - 윤은혜(38세) : 여동생, 출가하여 남편 김민교씨, 아들 김수혁씨와 함께 거주하며, 윤은혜씨 세대는 주택을 보유하지 않음

3. 주거상황
   - 서울시 중구에 소재한 아파트(96.28㎡)로 3년 전에 부인 김은수씨 명의로 구입함

Ⅱ 자산 세부내역 (2023년 12월 31일 현재)

1. 금융자산
(단위 : 천원)

구분	명의	가입일	월납입액	투자원금	평가금액[1]
CMA	윤상현	21. 8. 1.	–	16,000	16,200
정기예금	윤상현	23. 4. 1.	–	10,000	10,322
적립식펀드	김은수	22. 2. 1.	500	–	12,500
장기주택 마련저축	윤상현	19. 8. 1.	400	–	26,300
거치식펀드	김은수	23. 8. 1.	–	14,000	15,300
연금보험[2]	윤상현	19. 5. 1.	400	–	24,600
변액연금보험[3]	김은수	20. 10. 1.	600	–	27,300

[1] 상시 인출 가능하며 인출 관련 별도의 수수료 및 세금은 없음
[2] 윤상현씨 생존 시 만 62세부터 매년 초 12,000천원씩 25년간 연금을 지급함(연금지급 전 피보험자 사망 시 사망보험금은 해약환급금 + 20,000천원 지급)
[3] 김은수씨 생존 시 만 62세부터 매년 초 15,000천원씩 25년간 연금을 지급함(연금지급 전 피보험자 사망 시 사망보험금은 해약환급금 + 10,000천원 지급)

2. 보장성보험(생명보험)　　　　　　　　　　　(단위 : 천원)

구분	종신보험[1]	정기보험[2]	암보험[3]	암보험[4]
보험계약자	김은수	윤상현	윤상현	김은수
피보험자	윤상현	김은수	윤상현	김은수
수익자	김은수	윤상현	윤상현	김은수
보험가입금액	100,000	100,000	50,000	50,000
계약일	2013. 2. 1.	2018. 1. 5.	2015. 6. 1.	2015. 7. 2.
월납보험료	155	47	42	38
기타	20년납	전기납	전기납	전기납

[1] 사망 시 주계약에서 100,000천원이 지급되며, 60세 만기 정기특약에서 100,000천원, 재해사망 시 200,000천원의 사망보험금이 추가로 지급됨

[2] 사망보험금은 60세 이전에 사망할 경우 100,000천원 지급됨

[3] 3년 단위 갱신형 보험으로 갱신 시 보험나이 증가에 따른 보험료가 인상될 수 있으며, 보험금은 암진단 시 50,000천원이 지급되고, 사망 시 지급되는 보험금은 없음

[4] 3년 단위 갱신형 보험으로 갱신 시 보험나이 증가에 따른 보험료가 인상될 수 있으며, 보험금은 암진단 시 50,000천원이 지급되고, 사망 시 지급되는 보험금은 없음

III 부친 윤인구씨의 자산 현황 및 생전증여 정보

(2023년 12월 31일 현재)

1. 금융자산

• 예금 : 정기예금 원금 1,000,000천원, 이자율 연 3.4%, 원천징수세율 15.4%(지방소득세 포함)

2. 부동산자산
　　　　　　　　　　　　　　　　　　　　　　(단위 : 천원)

구분	소유자	취득 시기	취득 당시 기준시가 /취득원가	현재 기준시가 /적정시세	비고
아파트 A	윤인구	2013. 8.	420,000 /530,000	700,000 /900,000	• 취득 이후 계속 윤인구씨 부부가 거주함
상가 B	윤인구	2014. 5.	300,000 /420,000	530,000 /700,000	• 임대보증금 : 200,000 • 월임대료 : 3,500 • 은행대출금 : 100,000

※ 기준시가의 의미는 다음과 같음
 - 양도소득세 계산 시 적용되는 양도 및 취득 당시 기준시가를 의미
 - 상속세 및 증여세법상 보충적 평가방법 적용 시 아파트는 공동주택가격, 상가는 국세청장이 산정·고시한 상가 건물의 기준시가(부수토지 포함)를 의미
 - 지방세법상 시가표준액 및 종합부동산세법상 공시가격을 의미

3. 보장성보험

• 윤인구씨는 사망 시 200,000천원의 보험금을 지급하는 생명보험에 가입함(계약자 및 피보험자는 윤인구, 수익자는 김미자)

4. 부친의 생전증여 내역
　　　　　　　　　　　　　　　　　　　　　　(단위 : 천원)

수증자	증여내용	증여일	증여일 현재 증여재산가액	2023. 12. 31.현재 증여재산가액
김미자	현금	2013. 5. 1.	100,000	200,000
윤상현	예금	2016. 4. 1.	200,000	250,000
윤영우	주식	2019. 4. 1.	50,000	100,000
윤동현	토지	2021. 7. 1.	300,000	350,000

IV 고객 재무목표

1. 위험관리(보험설계) 관련

• 윤상현씨는 자신이 조기사망할 경우 가족들이 경제적 어려움을 겪지 않기를 희망하여 현재 유동자산으로 유족의 생활비가 충분히 보장되는지 파악하고자 한다.

2. 투자설계 관련

• 윤상현, 김은수씨 부부는 보유하고 있는 금융자산들을 통해 기대되는 수익률이 어느 정도인지 궁금해 하며, 이를 통해 자산의 투자비중을 재조정해야 하는지 파악하고자 한다.

• 윤상현, 김은수씨 부부는 더 높은 수익을 위해 옵션의 활용을 고려하고 있다. 하지만 옵션은 다른 금융자산에 비해 위험성이 큰 편이기 때문에 일정 금액 이상의 수익이 예상될 때 옵션 거래를 진행하려고 한다.

3. 세금설계 관련

• 윤상현씨는 부친 윤인구씨로부터 받게 될 아파트 A와 상가 B에 관심이 많으며, 부친으로부터 부동산자산을 상속 또는 증여를 통해 받게 될 경우 납부해야 할 세액에 대해 미리 알고 싶어 한다.

• 윤인구씨는 보유하고 있는 상가 B를 통해 임대수입을 벌어들이고 있으며, 이와 관련하여 예상되는 세액이 얼마일지 궁금해 한다.

4. 상속설계 관련

• 추후 고령의 부친 윤인구씨가 사망할 경우 상속세 납부에 대비하고자 윤인구씨의 자산 현황과 증여내역에 따른 상속세의 규모를 미리 알고 싶어 한다.

V 경제지표 가정

• 물가상승률 : 연 3%
• 세후투자수익률 : 연 5%

1. 다음 정보를 참고하여 윤상현씨가 오늘 사망할 경우 유동성을 제공하기 위한 생명보험 필요보장액으로 가장 적절한 것을 고르시오.

> **[생명보험 필요보장액 관련 정보]**
>
> - 부채 : 신용카드 잔액 2,850천원
> - 예상 사후정리 비용
>   - 장례비 : 20,000천원
>   - 최후의료비 : 10,000천원
>   - 사후조정자금 : 20,000천원
>   - 상속처리비용 : 5,000천원
>   - 상속세 : 0원
> - 유동자산 분류 시 유의사항
>   - CMA, 정기예금, 적립식 펀드는 자금용도가 정해지지 않은 자산으로 분류함
>   - 윤상현씨 사망으로 인한 퇴직금은 고려하지 않음
>   - 윤상현씨 사망 시 예상되는 국민연금의 급부는 고려하지 않음

① 유동자산이 125,722천원 정도 초과하기 때문에 추가적인 보장이 필요 없다.

② 유동자산이 222,922천원 정도 초과하기 때문에 추가적인 보장이 필요 없다.

③ 유동자산이 225,772천원 정도 초과하기 때문에 추가적인 보장이 필요 없다.

④ 유동자산이 25,320천원 정도 부족하기 때문에 추가적인 보장이 필요하다.

⑤ 유동자산이 27,450천원 정도 부족하기 때문에 추가적인 보장이 필요하다.

2. 윤상현씨는 니즈분석방법으로 가족의 부양을 위한 생명보험 필요보장액을 알아보고자 한다. 필요자금을 자녀 독립 전 부양자금만으로 한정할 경우 다음 정보를 참고하여 생명보험 필요보장액으로 가장 적절한 것을 고르시오.

> **[생명보험 필요보장액 관련 정보]**
>
> - 자녀의 독립시기는 28세로 가정함
> - 윤상현씨 가정의 현재 연간 생활비는 50,000천원이며, 가장이 사망할 경우 유족의 생활비는 현재 생활비의 80%가 필요함
> - 부인 김은수씨는 59세 말까지 현재 직장에서 근무하고 은퇴하는 것으로 가정함
> - 윤상현씨 사망에 따른 유족연금과 배우자의 노령연금은 고려하지 않음
> - 희망 연수입 및 김은수씨의 소득은 기시에 발생하고 매년 물가상승률만큼 상승한다고 가정함

① 153,617천원

② 301,382천원

③ 307,234천원

④ 602,764천원

⑤ 614,468천원

3. 윤상현씨의 형 윤동현씨는 제조업을 운영하고 있는데 공장 건물 및 기계에 대하여 보험가입금액 300,000천원의 화재보험에 가입하였다. 만약 공장에서 화재가 발생하여 건물 및 기계에 대한 재산손해액 400,000천원과 기타협력비용 30,000천원이 발생했을 때, 60% 실손보상 특별약관을 추가하여 가입한 경우와 실손보상 특별약관을 가입하지 않은 경우 각각 지급되는 보험금의 차이로 가장 적절한 것을 고르시오. (단, 화재발생 시 평가한 보험가액은 800,000천원으로 가정함)

① 62,500천원　　　　　　② 67,500천원

③ 100,000천원　　　　　　④ 105,000천원

⑤ 107,500천원

4. 다음 정보를 참고하여 가해차량이 가입된 자동차보험 약관상 지급될 수 있는 윤상현씨의 사망보험금으로 가장 적절한 것을 고르시오.

[지급보험금 관련 정보]

- 윤상현씨는 부산으로 출장을 가던 중에 경부고속도로에서 차선을 변경하던 차량과 충돌하여 사망하였다.
- 생년월일 : 1981년 5월 25일
- 사고일 : 2024년 7월 31일
- 윤상현씨 정년 : 65세
- 윤상현씨 월평균 현실소득액 : 6,600천원
- 윤상현씨의 정년까지 취업가능월수(261개월)에 해당하는 호프만계수 : 176.3719
- 윤상현씨 과실비율 : 20%
- 상대방 가해 승용차는 개인용자동차보험의 모든 담보에 가입되어 있음

① 496,368천원　　　　　　② 541,300천원

③ 688,829천원　　　　　　④ 801,625천원

⑤ 930,690천원

5. 부친 윤인구씨가 보유한 상가 B를 2024년 8월 중에 상속세 및 증여세법상 시가 750,000천원에 윤상현씨가 증여받으면서 증여세를 절세하기 위하여 상가 B의 임대보증금과 대출금을 인수할 계획이다. 윤인구씨가 상가를 취득할 때 부담한 취득세 등 부대비용이 30,000천원이라고 가정할 경우 다음 설명 중 가장 적절하지 **않은** 것을 고르시오. (윤인구씨와 윤상현씨는 2024년도 중 양도소득세 과세대상 자산을 양도한 사실이 없으며, 윤상현씨는 부친 이외에 다른 사람으로부터 증여받은 사실이 없음)

① 증여세의 납세의무자는 윤상현씨이다.

② 부친 윤인구씨는 양도소득세를 납부해야 한다.

③ 증여세 과세표준은 600,000천원이다.

④ 양도소득세 과세대상 양도차익은 102,000천원이다.

⑤ 양도소득 과세표준은 93,500천원이다.

6. 윤상현씨 가족의 부동산과 관련된 세금에 대한 설명으로 가장 적절하지 **않은** 것을 고르시오. (단, 각 선지는 별개의 사항임)

① 윤상현씨가 부친으로부터 상가 B를 단독으로 증여받을 경우 부담할 취득세와 배우자와 공동으로 증여받을 경우 부부가 부담할 취득세의 합계액은 동일하다.

② 윤상현씨가 부친으로부터 상가 B를 증여받을 경우 단독으로 증여받는 것보다 배우자와 공동으로 증여받으면 증여세를 절세할 수 있다.

③ 윤인구씨가 아파트 A의 지분 1/2을 부인 김미자씨에게 증여하더라도 세대 단위로 볼 때 아파트에 대한 재산세를 절세할 수 없다.

④ 윤인구씨가 상가 B의 지분 1/2을 부인 김미자씨에게 증여할 경우 세대 단위로 볼 때 상가의 토지분에 대한 재산세를 절세할 수 없다.

⑤ 윤인구씨가 아파트 A를 2024년 5월 20일에 딸 윤은혜씨에게 증여할 경우 2024년 귀속 아파트의 재산세는 딸 윤은혜씨가 납부해야 한다.

7. 부친 윤인구씨가 2024년 6월 20일에 지병으로 사망할 경우 세금에 대한 다음 설명 중 가장 적절하지 **않은** 것을 고르시오. (단, 각 선지의 내용은 별개의 사항이며, 윤인구씨 세대는 아파트 A 취득 이후 다른 주택을 보유한 사실이 없음)

① 부인 김미자씨가 수령할 윤인구씨의 사망보험금은 간주상속재산으로 상속세 과세가액에 산입된다.

② 윤인구씨가 상속개시일 전 1년 이내에 정기예금 500,000천원을 인출한 사실이 있을 경우 추정상속재산에 해당되지 않으려면 사용용도를 400,000천원 이상 입증해야 한다.

③ 윤인구씨의 상속세 과세가액을 계산할 때 가산되는 사전증여재산가액은 500,000천원이다.

④ 윤인구씨의 상속부동산에 대한 2024년 귀속 재산세를 상속세 과세가액 계산 시 공과금으로 차감할 수 있다.

⑤ 윤인구씨가 소유한 아파트 A를 딸 윤은혜씨가 상속받는다면 동거주택상속공제를 적용받을 수 있다.

8. 부친 윤인구씨가 보유한 상가 B의 임대상가 관련 정보를 참고하여 2024년 귀속 부동산임대사업소득을 신고할 때 기장할 경우와 추계할 경우의 총수입금액의 차이로 적절한 것을 고르시오. (단, 간주임대료 계산 시 정기예금이자율은 3.5%를 적용하며 1년은 365일로 가정함)

[임대상가 관련 정보]

구분	임대보증금	월 임대료	월 관리비	임대기간
1층	120,000천원	2,000천원	300천원	2024. 1. 1. ~ 2024. 12. 31.
2층	80,000천원	1,500천원	300천원	2024. 1. 1. ~ 2024. 12. 31.

- 2014년 5월에 420,000천원(토지 320,000천원, 건물 100,000천원)에 매입함
- 임대보증금을 정기예금에 예치하여 2024년도에 이자소득이 5,000천원으로 예상됨
- 관리비는 공공요금과 구분하여 별도로 지급받는 금액임

① 2,000천원
② 3,500천원
③ 5,000천원
④ 7,000천원
⑤ 8,500천원

9. 윤상현, 김은수씨 부부의 자산배분을 다음과 같이 결정하였을 경우 1년 후 68.27%의 신뢰구간에서 달성 가능한 기대수익률의 범위로 적절한 것을 고르시오. (단, 수익률의 분포는 정규분포를 가정함)

자산군	투자비중	세후 기대수익률	수익률의 표준편차	기타
채권	50%	5.0%	4.0%	채권과 주식의 상관계수 0.2
주식	40%	10.0%	15.0%	
무위험자산	10%	2.0%	0%	

① 0.01 ~ 13.39%

② -1.52 ~ 16.44%

③ -6.68 ~ 20.08%

④ -9.58 ~ 24.65%

⑤ -13.37 ~ 26.77%

10. 윤상현, 김은수씨 부부는 옵션의 변동성 전략을 활용한 거래를 통해 이익을 창출하고자 한다. 윤상현씨는 200pt 콜옵션 5계약과 180pt 풋옵션 5계약을 매수하는 스트랭글 매수 전략을 채택하고 싶어 하고, 김은수씨는 190pt 콜옵션 10계약과 190pt 풋옵션 10계약을 매수하는 스트래들 매수 전략을 활용하고 싶어 한다. 이처럼 윤상현, 김은수씨 부부는 각각 활용하고자 하는 전략이 상이하여, 두 사람은 각 전략의 만기 시 수익이 8,000천원 이상인 경우 해당 전략을 채택하기로 합의하였다. 옵션 거래에 따른 세금 및 기타 비용은 없다고 가정할 때, 윤상현, 김은수씨 부부가 채택할 거래로 적절한 것을 고르시오. (단, 만기시점의 KOSPI200지수는 만기시점에 220pt이며, 옵션 1계약당 거래승수는 250천원이라고 가정함)

행사가격	Call 프리미엄	Put 프리미엄
180pt	14	10
190pt	12	15
200pt	10	20

① 채택할 거래 없음

② 스트랭글 매수 전략

③ 스트래들 매수 전략

④ 스트랭글 매수 전략, 스트래들 매수 전략

⑤ 알 수 없음

복합사례Ⅲ (투자·부동산·세금·상속) (10문항)

아래 주어진 내용을 참고하여 11번부터 20번까지 질문에 답하시오. (질문하지 아니한 상황은 일반적인 것으로 판단하며, 개별 문제의 가정은 다른 문제와 관련 없음. 질문에 등장하는 개인은 모두 세법상 거주자에 해당함)

개인사업을 운영하는 최진열씨는 2024년 1월 초 CFP® 자격인증자의 사무실을 방문하여 재무설계를 받기로 하였다. CFP® 자격인증자가 상담을 통해 최진열씨로부터 파악한 정보는 다음과 같다.

Ⅰ 고객정보 (나이는 2024년 1월 초 만 나이임)

1. 동거가족
   - 최진열(65세) : 본인, 개인사업자(성실사업자 및 성실신고확인대상자에 해당하지 않음), 2024년 예상 사업소득금액은 120,000천원임
   - 이금희(57세) : 배우자, 전업주부, 최진열씨와 재혼했음
   - 최민수(22세) : 차남(장애인), 대학생, 재혼한 이금희씨의 친자이며, 출생 이후 최진열씨와 계속하여 함께 거주함

2. 부모, 형제자매 및 직계비속
   - 김애숙(87세) : 어머니, 최진열씨와 2024년도 중 계속하여 함께 거주, 2024년도 중 예상소득은 이자소득 15,000천원이며, 이외에 다른 소득 없음
   - 최진경(67세) : 누나, 배우자 김기석씨와 자녀 2명이 있는데 자녀는 모두 결혼하여 분가함. 최진경씨 세대는 주택을 보유하지 않음
   - 최민혁(38세) : 장남(기혼), 최진열씨의 전처인 박은자씨(64세)의 친자임. 3년 전에 소아과를 개업하여 운영 중이며, 결혼 후 분가하여 본인 소유 주택에서 배우자 김현지씨(38세), 자녀 최한호씨(6세)와 함께 거주함
   - 최민영(32세) : 장녀(회사원, 미혼), 최진열씨의 전처인 박은자씨(64세)의 친자임. 최진열씨와 박은자씨의 이혼 당시부터 친모 박은자씨와 함께 거주하고 있으며, 박은자씨는 재혼하지 않았음

Ⅱ 자산 세부내역 (2023년 12월 31일 현재)

1. 금융자산

구분	내용
은행정기예금	원금 500,000천원, 연 이자율 3.5%, 2024년도 예상 이자수입 16,000천원
기타예금	원금 100,000천원, 2024년도 예상 이자수입 2,000천원 (세금우대종합저축 이자 300천원 포함)
적립식펀드	국내주식형 적립식펀드로 평가액은 200,000천원이고, 2024년도 예상 이익은 8,000천원이며, 과세대상 이익 3,000천원 포함
상장주식	최종시세가액은 200,000천원이며, 2024년도 예상되는 현금배당은 12,000천원
비상장주식	국내 대법인(부동산 과다보유법인 아님)의 주식으로 2024년도 예상되는 현금배당은 20,000천원

※ 세금우대종합저축 이자를 제외한 이자소득 및 배당소득에 대한 원천징수세율은 모두 15.4%(지방소득세 포함)임

2. 부동산자산
(단위 : 천원)

구분	취득시기	취득 당시 기준시가 /취득원가	현재 기준시가 /적정시세	비고
아파트 A	2012. 5.	500,000 /600,000	1,400,000 /1,500,000	• 전용면적 102.4㎡ • 최진열씨 세대 거주
상가 B[1]	2014. 9.	550,000 /650,000	800,000 /900,000	• 임대보증금 : 200,000 • 월임대료 : 5,500
상가 C[1]	2018. 9.	300,000 /450,000	550,000 /600,000	• 임대보증금 : 100,000 • 월임대료 : 4,200
별장 D[2]	2021. 8.	150,000 /200,000	200,000 /300,000	–

[1] 상가 B, C의 임대계약은 2023년도 4월 경에 이루어져 2024년도 말까지 변동 없음
[2] 별장은 지방세법 및 소득세법상 별장의 요건을 모두 충족하는 별장임
※ 기준시가의 의미는 다음과 같음
 - 양도소득세 계산 시 적용되는 양도 및 취득 당시 기준시가를 의미
 - 상속세 및 증여세법상 보충적 평가방법 적용 시 아파트는 공동주택가격, 상가는 국세청장이 산정·고시한 상가 건물의 기준시가(부수토지 포함)를 의미
 - 지방세법상 시가표준액 및 종합부동산세법상 공시가격을 의미

3. 보장성보험
(1) 생명보험
   - 종신보험(피보험자 및 보험계약자 : 최진열, 수익자 : 이금희)
     : 보험가입금액 300,000천원(2005년 4월 가입)
(2) 자동차보험
   - 보험료 연 728천원(2023년 12월 가입)
(3) 화재보험
   - 주택과 상가에 대하여 각각 가입함. 보험료 연 2,406천원 (2023년 11월 가입)

Ⅲ 최진열씨의 증여 내역

(단위 : 천원)

수증자	증여일	증여재산	증여일 현재 증여재산가액	2023. 12. 31. 현재 재산평가액
이금희	2013. 4. 1.	예금	500,000	700,000
최민혁	2016. 6. 1.	상가	400,000	600,000
최한호	2016. 6. 1.	토지	100,000	200,000
최민영	2020. 5. 3.	펀드	150,000	250,000

Ⅳ 동거가족의 금융자산 현황

(단위 : 천원)

가족	금융자산	금년도 예상소득
이금희	600,000	이자소득 18,000
김애숙	500,000	이자소득 15,000

Ⅴ 고객 재무목표

1. 투자설계 관련
   - 최진열씨는 최근 주변 사람들이 많이 구매하고 있는 A전자 주식에 관심을 갖게 되어 해당 주식의 구매를 고려하고 있으며, A전자 주식의 성장률, 수익률 등을 토대로 그 구매의사를 확정하려고 한다.
   - 최진열씨는 현재 가입하고 있는 주식형펀드의 성과를 평가하여 앞으로의 투자 계획을 수립하고자 한다.

2. 부동산설계 관련
   - 최진열씨는 수익률이 낮은 정기예금을 활용하여 임대상가를 추가로 매입하는 것을 고려하고 있으며, 상가 유형의 분석을 통해 가장 유리한 상가를 매입하고자 한다.

3. 세금설계 관련
   - 최진열씨는 현재 보유한 금융자산의 세액이 얼마인지 파악하고, 금융자산의 보유 및 양도를 통해 납부해야 하는 금액을 미리 마련할 수 있도록 준비하려고 한다.
   - 최진열씨는 공제받을 수 있는 항목들을 충분히 고려하여 종합소득세 확정신고를 하고자 한다.

4. 상속설계 관련
   - 최진열씨는 지금까지의 증여내역에 더하여 추가 증여를 할 시 납부하게 될 증여세를 궁금해 하고 있다.
   - 최진열씨는 추후 본인 사망 시 상속인 간 분쟁을 방지하기 위하여 유언장을 작성해두고자 하며, 이에 따른 상속인들의 상속재산 분할과 상속세에 대한 상담을 받아보고 싶어 한다.

11. 상기 시나리오를 토대로 최진열씨의 2024년 귀속 종합소득세 계산 및 신고에 대한 설명 중 가장 적절한 것을 고르시오.

① 최진열씨가 공제받을 수 있는 인적공제액은 7,500천원이다.

② 최진열씨가 본인의 질병치료비를 신용카드로 결제한 경우 신용카드공제와 의료비세액공제를 모두 받을 수 없다.

③ 최진열씨는 특별소득공제를 받을 수 없으나 표준세액공제 12만원을 받을 수 있다.

④ 최진열씨가 세제적격 연금저축에 가입하더라도 연금계좌 세액공제는 받을 수 없다.

⑤ 종합소득세 확정신고 기간에 납부할 세액이 42,000천원인 경우에 최대로 분납할 수 있는 금액은 32,000천원이며, 분납기한은 2025년 7월 31일이다.

12. 최진열씨의 금융자산과 관련한 세금에 대한 설명 중 가장 적절하지 **않은** 것을 고르시오.

① 적립식펀드에서 발생하는 배당소득은 Gross-up 대상 배당소득에 해당하지 않는다.

② 배당소득에 합산될 Gross-up 금액은 3,200천원이다.

③ 종합소득금액에 합산될 금융소득금액은 55,970천원이다.

④ 주식형펀드에서 손실이 발생하여 원금보다 적은 금액을 수령하였을 경우에도 소득세가 과세될 수 있다.

⑤ 보유 중인 상장주식을 장외에서 양도할 경우 최진열씨가 소액주주라고 하더라도 양도소득세가 과세될 수 있다.

13. 최진열씨는 수익률이 낮은 정기예금을 인출하여 임대상가를 추가로 매입하고자 한다. 매입을 고려하고 있는 상가에 대한 다음 정보를 참고하여 가장 적절하지 **않은** 것을 고르시오.

[상가 관련 정보]

- 매수예정가격 : 700,000천원(토지 400,000천원, 건물 300,000천원, 부가가치세 별도)
- 매입 후 임대조건은 임대보증금 200,000천원에 월세 4,000천원을 예상함
- 매입 당시 상가의 시가표준액은 550,000천원임
- 포괄적 사업양수도에 해당하지 않음
- 부동산은 사업자로부터 매입 예정임

① 현재 최진열씨가 보유한 상가와 다른 시·군·구에 위치한 상가를 취득할 경우 상가의 토지분과 건물분에 대한 재산세를 절세할 수 있다.

② 상가 구입 시 부담할 취득세(부가세 포함)와 부가가치세의 합계액은 62,200천원이다.

③ 상가를 구입한 후 5년 이내에 임차인이 고급오락장을 설치할 경우에도 최진열씨가 취득세 납세의무자로서 추가되는 취득세를 납부해야 하고, 재산세의 과세표준도 증가한다.

④ 테마상가에 투자할 경우 소액으로도 투자가 가능하다는 장점이 있으나, 앵커 테넌트의 집객 능력에 의존도가 크다.

⑤ 아파트단지 상가는 주택법을 적용 받기 때문에 다른 상가들에 비해 상대적으로 법적 제약이 많고, 주된 동선에서 벗어나 있는 상가는 수요가 제한적이므로 공실의 가능성이 높다.

14. 최진열씨가 보유하고 있는 비상장 대기업의 주식을 다음과 같이 양도할 경우 양도소득세의 산출세액과 예정신고기한이 적절하게 연결된 것을 고르시오. (단, 산출세액 계산 시 부가가치세는 고려하지 않음)

[보유 주식 관련 정보]
- 취득일 및 취득가액
  : 2022년 1월 5일 120,000천원에 매수
- 양도일 및 양도가액
  : 2024년 5월 10일 250,000천원에 매도
- 증권거래세 및 수수료 : 1,200천원

※ 최진열씨는 당해 법인의 대주주가 아님

	양도소득세 산출세액	예정신고기한
①	12,630천원	2024년 7월 30일
②	12,630천원	2024년 8월 31일
③	12,630천원	2024년 9월 30일
④	25,260천원	2024년 7월 30일
⑤	25,260천원	2024년 8월 31일

15. 최진열씨가 상가 C를 장남 최민혁씨에게 2024년 8월 5일에 증여할 경우 다음 추가정보를 참고하여 최민혁씨가 납부할 증여세 세액으로 가장 적절한 것을 고르시오. (단, 기납부세액공제액은 100,000천원으로 가정하며, 임대보증금은 최민혁씨가 인수함)

[증여 관련 추가정보]
- 상가 C는 국세청장이 지정한 지역의 상가 건물이 아니며, 상가 C의 증여재산가액은 보충적 평가방법에 의해 평가함
- 최민혁씨는 법정신고기한까지 증여세를 신고하는 것으로 가정함
- 증여에 따른 증여세, 등기비용 등 제반비용은 최민혁씨가 납부함
- 최민혁씨는 최진열씨 이외에 다른 사람으로부터 증여를 받은 사실이 없음

① 77,600천원
② 112,520천원
③ 132,510천원
④ 150,600천원
⑤ 176,600천원

16. 2024년 9월 5일 최진열씨가 가족들이 모두 지켜보는 가운데 지병으로 사망하였을 경우 최진열씨의 상속과 관련된 다음 설명 중 가장 적절한 것을 고르시오.

① 전 배우자 박은자는 최진열씨의 상속인이 될 수는 없으나, 만약 최진열씨 사망 당시 미혼인 장녀 최민영이 이미 사망한 상태였다면 대습상속인이 될 수 있다.

② 최진열씨의 공동상속인들이 반드시 한 자리에서 상속재산분할 협의를 할 필요는 없고 이금희가 최민혁, 최민영, 최민수 순으로 순차적으로 동의를 받아 상속재산분할 협의를 이룰 수도 있다.

③ 최진열씨가 생전에 증인 1명의 입회하에 녹음에 의한 유언을 했다면 가정법원의 검인을 받기 전이라도 유언의 효력은 발생한다.

④ 최진열씨 종신보험의 수익자인 이금희가 사망보험금을 수령한 이후에 가정법원에 상속포기 신고를 했을 경우 상속포기의 효력은 발생하지 않는다.

⑤ 이금희, 최민혁, 최민영이 상속포기를 한 이후 3개월 내 김애숙이 상속포기를 한 경우라도 최진열씨 사망 이후 3개월이 경과했다면 김애숙의 상속포기는 효력이 없다.

17. 2024년 5월 31일 최진열씨가 심장마비로 갑자기 사망하였을 경우 시나리오 및 다음의 정보를 참고하여 최진열씨 상속재산에 대한 상속세 과세가액으로 가장 적절한 것을 고르시오.

[최진열씨 사망 당시 상속재산 현황]

• 부동산은 시나리오상 현재 기준시가로 평가함

• 금융재산의 상증법상 평가액은 1,200,000천원으로 가정함

• 최진열씨는 사망하기 6개월 전에 토지를 300,000천원에 매각하였으며, 사용용도를 입증할 수 있는 가액은 없음

• 상가 B와 C의 임대보증금 이외에 상속채무는 없음

• 상속인들은 최진열씨의 장례비에 대한 증빙을 확보하지 못함

① 4,285,000천원

② 4,635,000천원

③ 4,735,000천원

④ 4,840,000천원

⑤ 4,935,000천원

18. 최진열씨가 2024년 7월 1일에 사망하면서 자필증서에 의한 유언으로 차남 최민수씨에게 10억원을 유증하였으며, 공동상속인들은 장남 최민혁씨의 기여분을 인정하는 것에 대해 전원 합의하였다. 다음 설명 중 가장 적절하지 **않은** 것을 고르시오.

① 모친 김애숙씨는 최진열씨의 상속재산 형성에 특별한 기여를 했더라도 기여분을 주장할 수 없다.

② 장남 최민혁씨가 최진열씨의 재산형성에 기여한 정도가 아무리 크더라도 상속재산에서 차남 최민수씨에 대한 유증 10억원을 공제한 금액을 초과해서 기여분을 수령할 수는 없다.

③ 2013년 4월 1일에 부인 이금희씨가 받은 증여는 상속개시일로부터 10년 이전의 것이므로 특별수익으로 보지 않아 상속분을 계산할 때 상속재산에 가산하지 않는다.

④ 2016년 6월 1일에 장남 최민혁씨가 받은 증여는 특별수익으로서 상속분을 계산할 때 상속개시 당시 가액으로 상속재산에 가산한다.

⑤ 최진열씨가 자필증서유언서에 전문, 연월일, 주소, 성명을 자서하였더라도 날인이 없으면 차남 최민수씨에 대한 유증은 무효이다.

19. 최진열씨는 현재 주가가 18,000원인 A전자의 주식 매수를 고려하고 있다. A전자의 2024년도 당기순이익은 600,000천원으로 예상되고, 60%를 배당으로 지급할 예정이다. A전자의 총발행주식수는 30만주이고, 자기자본이익률(ROE)은 10%, 주식수익률의 표준편차는 18%이다. 주식시장의 위험프리미엄은 7%, 주식시장 수익률의 표준편차는 12%, A전자와 주식시장 수익률의 상관계수는 0.80이다. 다음 설명 중 가장 적절한 것을 고르시오. (단, 무위험수익률은 3%임)

① A전자의 내년도 예상되는 1주당 배당금은 2,000원이다.

② A전자 주식은 방어적인 주식이라고 할 수 있다.

③ A전자 주주들의 요구수익률은 7.8%이다.

④ A전자의 이익성장률은 6%이다.

⑤ A전자의 주가 18,000원은 고평가되어 있으므로 매수하지 않는다.

20. 최진열씨가 가입한 주식형펀드에 대한 지난 1년간의 자료를 수집한 결과 다음과 같은 평가결과가 도출되었다. 다음 설명 중 가장 적절하지 **않은** 것을 고르시오. (단, 무위험수익률은 3%임)

실현수익률	베타	수익률의 분산	벤치마크 수익률	추적오차 (Tracking error)
15.3%	1.2	0.0121	14.3%	2.5%

① 펀드의 요구수익률은 16.56%이다.

② 종목선택능력이 우수한 것으로 나타난다.

③ 트레이너척도는 0.103으로 나타난다.

④ 샤프척도는 1.118로 나타난다.

⑤ 정보비율은 0.4로 나타난다.

종합사례 (20문항)

아래 주어진 내용을 참고하여 21번부터 40번까지 질문에 답하시오. (질문하지 아니한 상황은 일반적인 것으로 판단하며, 개별 문제의 가정은 다른 문제와 관련 없음. 질문에 등장하는 개인은 모두 세법상 거주자에 해당함)

___

부친이 경영하고 있는 ㈜삼한에서 근무 중인 정우림씨는 최근 갑작스런 모친의 사망과 부친의 건강상의 이유로 부친의 보유 주식을 본인에게 이전하여 승계하려고 한다. 뿐만 아니라 자녀들의 양육비, 본인의 조기 사망에 따른 위험관리 방안 마련 등을 위하여 2024년 1월 초 CFP® 자격인증자와 종합재무설계를 진행하였다. 다음은 CFP® 자격인증자가 수집한 정우림씨의 고객정보이다.

Ⅰ 고객정보 (나이는 2024년 1월 초 만 나이임)

1. 동거가족(배우자 및 직계비속)
   - 정우림(54세) : 본인, 10년 전부터 현재까지 계속하여 ㈜삼한에서 근무 중임(부친 정현석씨와 별도 세대 구성)
   - 이영애(46세) : 배우자, 전업주부
   - 정선국(28세) : 장남, 결혼하여 출가함. 본인 소유 주택에서 부인 박수진씨와 거주하며 자녀는 없음
   - 정선호(17세) : 차남, 고등학생, 출생 이후 줄곧 정우림씨와 동거 중임
   - 정선영(13세) : 장녀, 중학생, 출생 이후 줄곧 정우림씨와 동거 중임

2. 부모 및 형제자매
   - 정현석(80세) : 부친, ㈜삼한 대표이사로 법인 설립 시부터 현재까지 계속하여 재직 중
   - 김진희(77세) : 모친, 2024년 1월 1일 별도의 유언 없이 사망하였고, 사망 시까지 상가임대업을 하였으며, ㈜삼한에서 근무한 적 없음
   - 정민우(49세) : 남동생, 배우자 최미래씨와 본인 소유 주택에서 거주
   - 정소민(42세) : 여동생, 미혼으로 아파트 B에서 정현석씨와 함께 거주

3. 주거상황
   - 정우림씨는 서울시 소재 전용면적 115.80㎡ 아파트에 거주하고 있으며, 현재의 주택 구입 시 200,000천원을 대출기간 15년, 대출이율 고정금리 연 (   )% 월복리, 매월 말 원리금균등분할상환 조건으로 주택담보대출을 받음(2023년 12월 말 현재 35회차 상환하였음)

Ⅱ 고객 재무목표

1. 재무관리 관련
   - 정우림, 이영애씨 부부는 현재 재무제표상 추가저축 여력으로 부동산 갭투자 플랜을 실행할 수 있을지 확인해보고 싶어 한다.
   - 정우림씨 부부는 자녀 정선호씨와 정선영씨의 교육 및 결혼자금을 지원할 생각을 하고 있으며, 현재 투자하고 있는 금액이 충분할지 궁금해 하고 있다.

2. 위험관리(보험설계) 관련
   - 정우림씨는 자신이 사망할 경우 가족들이 현재 수준의 생활을 유지하기를 희망하며, 현재 가입하고 있는 생명보험이 충분히 보장이 되는지 궁금해 한다.
   - 정우림씨는 현재 추가적인 저축 여력이 있어 보장이 충분하지 않을 경우 적정수준의 보장금액을 추가로 확보할 계획이다.

3. 투자설계 관련
   - 정우림씨는 보유하고 있는 거치식 주식형펀드와 적립식 주식형펀드의 성과를 평가하고 현재 펀드가 잘 운용되고 있는지 확인하고 싶어 한다.
   - 정우림씨는 부족한 자녀의 교육 및 결혼자금 마련을 위해 투자 포트폴리오에서 주식의 비중을 늘리는 방향을 고려 중이다.

4. 부동산설계 관련
   - 정우림씨는 보유 중인 상가 A가 적절하게 운용되고 있는지 알아보기 위해 모친 김진희씨가 보유한 상가 B와 비교하여 분석해보려고 한다.
   - 정우림씨는 상가 A를 담보로 대출을 받을 경우 최대로 대출 가능한 금액이 얼마인지 궁금해 한다.

5. 세금설계 관련
   - 정우림씨는 보유하고 있는 상가 A를 임대함으로써 수입이 발생한다. 이 때 상가 A에서 발생하는 귀속 임대소득 중 세법상 임대소득 총수입금액으로 얼마가 책정되는지 궁금해 하고 있다.
   - 정현석씨는 대표이사로 있는 ㈜삼한 법인의 주식을 자녀인 정우림씨에게 직접 양도한 후 퇴직을 계획하고 있다. 이 때 자녀에게 양도하는 주식과 본인의 퇴직으로 인해 발생하게 될 세금문제를 미리 파악하고자 한다.

6. 상속설계 관련
   - 정우림씨는 모친 김진희씨의 사망으로 인한 상속인 간 상속재산 분할과 상속세에 관하여 궁금해 하고 있다.
   - 정우림씨는 ㈜삼한의 보유지분을 부친으로부터 승계받음에 따라 부담하게 될 증여세에 대해 고민하고 있다.

Ⅲ 경제지표 가정

- 물가상승률 : 연 3%
- 교육비상승률 : 연 4%
- 세후투자수익률 : 연 5.5%

IV 재무제표

1. 재무상태표(2023년 12월 31일 현재) (단위 : 천원)

자산			부채 및 순자산		
항목		금액	항목		금액
현금성자산			유동부채	신용카드	
	현금			신용대출	
	CMA	34,800	비유동부채	주택담보대출	( )
	보통예금	5,000		상가 보증금 및 대출금	600,000
금융자산	저축성자산		총부채		( )
	정기적금	18,200			
	투자자산				
	비상장주식	68,530			
	적립식 주식형펀드[1]	( )			
	거치식 주식형펀드	55,400			
	금융자산 총액	( )			
부동산자산	상가 A[2]	( )			
	부동산자산 총액	( )			
사용자산	아파트 A	800,000			
	자동차	60,000			
	기타 사용자산	55,000			
	사용자산 총액	915,000			
기타자산	보장성보험 해약환급금	24,300			
	기타자산 총액	24,300			
총자산		( )	순자산		( )

[1] 2023년 12월 평균 기준가격은 천좌당 1,052.8원이고, 2023년 12월 31일 기준가격은 천좌당 1,108.4원이며 좌수는 24,900천좌임

[2] 임대상가의 가격은 시나리오 'VI. 정우림씨의 부동산자산 현황'에서 확인할 것

2. 월간 현금흐름표(2023년 12월) (단위 : 천원)

구분	항목	금액
I. 수입		11,000
II. 변동지출	본인 용돈	(1,000)
	배우자 용돈	(1,000)
	자녀(보육비, 사교육비 등)	(2,300)
	기타 생활비(의식주, 공과금 등)	(2,000)
	변동지출 총액	(6,300)
III. 고정지출	보장성보험료 등	(415)
	대출이자 등	( )
	고정지출 총액	( )
저축 여력(I - II - III)		( )
IV. 저축·투자액	대출상환원금	(836)
	저축·투자액 총액	(836)
추가저축 여력(I - II - III - IV)		( )

㈜ 정우림씨 세전 연수입 195,000천원

㈜ 2024년 1월 시점 주택담보대출의 원리금균등분할상환액 1,666천원 중 대출이자는 830천원, 대출상환원금은 836천원

㈜ 상가 A의 담보대출은 만기일시상환 방식으로 상환하며, 매월 말 대출이율 연 6% 고정금리의 이자를 상환함

Ⅴ 투자 관련 정보 (2023년 12월 31일 현재)

(단위 : 천원)

구분	가입일	월납입액	투자원금	평가금액[1]	목적	명의
CMA	23. 7. 2.	–	–	34,800	–	정우림
정기적금	22. 3. 1.	월 800		18,200	–	이영애
비상장주식	21. 4. 1.	–	54,000	68,530	–	정우림
적립식 주식형펀드	20. 1. 2.	월 1,000	–	( )	교육자금	정우림
거치식 주식형펀드	20. 2. 1.	–	46,000	55,400	결혼자금	정우림

[1] 즉시 인출 가능하며 인출 관련 수수료 및 세금은 없는 것으로 가정함

Ⅵ 정우림씨의 부동산자산 현황 (2023년 12월 31일 현재)

(단위 : 천원)

구분	취득시기	취득 당시 기준시가/취득원가	현재 기준시가/적정시세	비고
아파트 A	2021. 2. 7.	600,000/700,000	750,000/800,000	• 정우림씨 세대가 거주하고 있음
상가 A	2018. 3. 2.	700,000/800,000	1,250,000/1,400,000	• 보증금 : 200,000 • 월임대료 : 8,000 • 상가 담보대출금 : 400,000 • 지방세법상 사치성 재산이 아님

※ 기준시가의 의미는 다음과 같으며, 2024년 기준시가는 2023년도 말과 변동 없음
 - 양도소득세 계산 시 적용되는 양도 및 취득 당시 기준시가를 의미
 - 상속세 및 증여세법상 보충적 평가방법 적용 시 아파트는 공동주택가격, 상가는 국세청장이 산정·고시한 상가 건물의 기준시가(부수토지 포함)를 의미
 - 지방세법상 시가표준액 및 종합부동산세법상 공시가격을 의미
※ 상가 A의 담보대출금 4억원은 대출이자율이 연 6%, 잔여 대출기간 3년, 만기 일시상환방식 조건으로 가정함

Ⅶ 생명보험 관련 정보 (2023년 12월 31일 현재)

(단위 : 천원)

구분	종신보험[1]	암보험[2]	CI보험[3]
보험계약자	이영애	이영애	정우림
피보험자	정우림	이영애	이영애
수익자	이영애	이영애	정우림
보험가입금액	200,000	30,000	50,000
계약일	2012. 1. 2.	2019. 1. 2.	2018. 5. 1.
월납보험료	265	65	85
보험료 납입기간	20년납	20년납	20년납

[1] 종신보험은 일반사망 시 주계약에서 200,000천원이 지급되며, 60세 만기 정기 특약에서 300,000천원, 재해사망 시 200,000천원의 사망보험금이 추가로 지급됨
[2] 암보험은 암진단 시(일반암 15,000천원, 고액암 30,000천원) 진단자금을 지급하고, 암을 직접적인 원인으로 사망 시 20,000천원이 추가로 지급됨
[3] CI보험의 사망보험금은 일반사망 시 50,000천원, 재해사망 시 50,000천원 추가로 지급됨

Ⅷ 부친 정현석씨의 부동산자산 현황 (2023년 12월 31일 현재)

(단위 : 천원)

구분	취득시기	취득 당시 기준시가/취득원가	현재 기준시가/적정시세	비고
아파트 B	2017. 2.	400,000/500,000	600,000/700,000	정현석씨 세대 거주 중

※ 기준시가의 의미는 시나리오 'Ⅵ. 정우림씨의 부동산자산 현황'의 내용을 참고함
※ 2024년도 기준시가는 현재와 변동이 없다고 가정함

Ⅸ 부친 정현석씨가 대표이사로 있는 ㈜삼한 관련 정보

• 법인 설립일 : 2009년 1월 초
• 업종 : 제조업
• 규모 : 중소기업(비상장법인)
• 근로자퇴직급여보장법상 퇴직금제도 운영
• 비상장법인주식 지분현황

구분	보유지분비율	보유 주식 수	액면가
정현석(부친)	90%	9,000주	
김진희(모친)	10%	1,000주	5,000원/주
합계	100%	10,000주	

X　모친 김진희씨의 사망 당시 본인 명의의 재산 현황 및 사전 증여 정보

1. 부동산 재산 현황

(단위 : 천원)

구분	취득 시기	취득 당시 기준시가/ 취득원가	현재 기준시가/ 적정시세	비고
상가 B	2021. 1.	300,000/ 400,000	500,000/ 600,000	• 보증금 : 250,000 • 월임대료 : 2,000 • 지방세법상 사치성 재산이 아님

※ 기준시가의 의미는 시나리오 'Ⅵ. 정우림씨의 부동산자산 현황'의 내용을 참고함
※ 2024년 기준시가는 현재와 변동 없음
※ 상가 B는 국세청장이 산정·고시한 개별 상업용건물로 임대계약은 2023년 2월 경에 이루어져 2024년 말까지 변동이 없음

2. 금융 재산 현황

(단위 : 천원)

구분	현재금액	비고
㈜삼한 주식	100,000 (상증세법상 보충적 평가가액)	• 시나리오 'Ⅸ. 부친 정현석씨가 대표이사로 있는 ㈜삼한 관련 정보'에서 변경 없음
주식 C	600,000 (현재 적정시세)	• 유가증권 상장법인 주식임 • 모친 김진희씨는 해당 법인의 최대주주 또는 최대출자자가 아님
종신보험 D	300,000 (사망보험금)	• 계약자 및 피보험자 : 김진희 본인 • 수익자 : 상속인 • 보험료는 김진희씨가 모두 납입한 것으로 가정함

3. 사전증여 내역

(단위 : 천원)

수증자	증여일	증여재산	상증세법상 증여일 현재 증여재산 평가가액
정민우	2012. 10.	현금	400,000
정소민	2023. 2.	상장법인 주식 E	100,000

XI　자녀교육 및 결혼비용 정보

- 교육비용(현재물가기준)
  - 자녀 정선호씨와 정선영씨는 각각 19세에 대학교에 입학하며, 재학기간은 총 6년(대학교 4년, 대학원 2년)간을 예상함(재학 기간 동안 별도의 휴학기간은 없음)
  - 예상 교육비 : 대학교와 대학원의 연간 교육비는 25,000천원임
  - 교육비는 매년 교육비상승률만큼 상승하고 매년 초에 필요함
- 결혼비용(현재물가기준)
  - 예상 결혼시점 : 정선호씨와 정선영씨 각각 본인 나이 30세로 예상함
  - 예상 결혼비용 : 각 자녀마다 100,000천원씩
  - 결혼비용은 매년 물가상승률만큼 상승하고 연초에 필요함
  - 자녀의 결혼시점에 결혼비용 전액을 자녀에게 지원할 예정이며, 자녀들은 결혼과 동시에 독립시킬 예정임

21. 아래의 정보를 참고하여 정우림, 이영애씨 부부의 재무정보를 분석한 내용으로 가장 적절한 것을 고르시오.

[부채 관련 지표의 가이드라인]

부채 관련 지표	가이드라인
주거관련부채부담율	30% 이하
주거관련부채상환비율	28% 이하
소비성부채비율	20% 이하
총부채상환비율	36% 이하
총부채부담율	40% 이하

① 재무상태표상 적립식 주식형펀드 평가액은 26,215천원이다.

② 재무상태표상 순자산 금액은 1,947,235천원이다.

③ 정우림씨의 가계 순현금흐름이 (+)이므로 추가저축 여력은 자녀 양육비 등에 투자할 수 있는 옵션이 될 수 있다.

④ 주거관련부채상환비율은 약 15%로 재무건전성에 긍정적인 영향을 미친다.

⑤ 총부채부담율은 약 43%로 가이드라인인 40%에 비해 높은 편이다.

22. 정우림씨는 현재 부동산 갭투자를 고려하고 있다. 다음의 정보를 바탕으로 정우림씨의 투자플랜을 분석한 내용으로 가장 적절한 것을 고르시오.

[아파트 X 투자플랜]

- 현재 5억원인 경기도 소재 아파트 X를 3년 뒤 갭투자하려고 한다.

- 정우림씨 가계의 가용 금융자산은 1억 2,000만원으로 가정한다.

- 거주 중인 아파트 A와 상가 A는 활용하지 않는다.

- 주택가격상승률은 연 3%이다.

- 담보대출가능액은 임대 이후 1억원이며, 전세보증금의 상승은 없다고 가정한다.

- 부동산의 세후투자수익률은 연 5.5%이다.

① 3년 후 투자시점의 아파트 X의 가격은 587,121천원이다.

② 가용할 수 있는 금융자산을 전부 아파트 X 구입자금으로 사용할 경우 3년 후 대출 외에 추가적으로 필요한 부동산자금 부족액은 315,236천원이다.

③ 지금부터 3년 후 투자시점까지 매월 말 7,601천원씩 추가로 저축하면 필요한 구입자금을 마련할 수 있다.

④ 정우림씨 가계의 월 저축 여력을 고려했을 때 정우림씨의 아파트 X 투자플랜은 기각되어야 한다.

⑤ 아파트 X의 담보대출가능액이 2억원으로 상승한다면 정우림씨의 아파트 X 투자플랜은 채택 가능하다.

23. 정우림씨가 보유하고 있는 거치식 주식형펀드에 대한 다음 추가 정보를 참고하여 연간 산술평균수익률, 기하평균수익률, 연간 수익률의 표준편차가 가장 적절하게 연결된 것을 고르시오.

[추가 정보]

• 주식형펀드의 과거 3년간 총수익률 : 38.7%

• 월간 수익률의 표준편차 : 1.2%

	산술평균수익률	기하평균수익률	연간 수익률의 표준편차
①	11.52%	12.90%	3.80%
②	11.52%	12.90%	4.16%
③	12.90%	11.52%	3.80%
④	12.90%	11.52%	4.16%
⑤	12.90%	11.52%	6.23%

24. 다음은 정우림씨가 가입하고 있는 적립식 주식형펀드 운용성과보고서의 일부이다. 이 운용성과보고서와 관련된 설명으로 가장 적절하지 **않은** 것을 고르시오.

[운용성과보고서 관련 정보]

• 펀드의 실현수익률 : 13.5%

• 펀드수익률의 표준편차 : 9.2%

• 벤치마크에 대한 민감도(베타) : 1.4

• 벤치마크 수익률 : 12%

• 무위험수익률 : 3%

• 추적오차(Tracking error) : 3.5%

① 젠센척도의 값은 -2.1%로 나타나고, 시장에 비해 상대적으로 저성과를 보인 것으로 평가된다.

② 젠센척도는 펀드매니저의 증권선택 능력만을 보는 지표이므로 자산배분이나 자산관리의 효율성 등을 거시적으로 평가할 수는 없다.

③ 트레이너척도는 0.075로 계산되며, 체계적 위험 한 단위당 실현된 초과수익률을 나타낸다.

④ 샤프척도는 1.141로 계산되며, 총위험 한 단위당 실현된 초과수익률을 나타낸다.

⑤ 정보비율은 -0.429로 계산되며, 절대적 위험수준인 표준편차를 사용하는 샤프척도의 문제점을 극복하기 위해 사용되는 지표이다.

25. 정우림씨는 자녀 정선호씨와 정선영씨의 대학교육자금 및 결혼자금을 마련하기 위해 현재 투자하고 있는 적립식 주식형펀드와 거치식 주식형펀드를 해지한 후 세후투자수익률 연 8% 연복리의 상품에 재투자할 계획이다. 자녀의 교육자금 및 결혼자금을 분석한 내용으로 가장 적절하지 **않은** 것을 고르시오.

① 두 자녀의 대학교육 부족자금의 현재가치는 208,297천원이다.

② 대학교육 부족자금의 마련을 위해 정선호씨가 대학에 입학하는 시점까지 매월 저축하는 경우, 기말저축액이 기시저축액보다 60천원 더 많다.

③ 두 자녀의 결혼부족자금의 현재가치는 43,269천원이다.

④ 지금부터 정선호씨의 결혼시점까지 매년 말 5,474천원씩 정액저축하면 두 자녀의 결혼필요자금을 모두 마련할 수 있다.

⑤ 올해 말 4,566천원을 시작으로 매년 말 물가상승률만큼 증액하여 정선호씨의 결혼시점까지 저축하면 두 자녀의 결혼필요자금을 모두 마련할 수 있다.

26. 정우림씨는 부족한 자녀의 교육 및 결혼자금의 마련을 위해 투자 포트폴리오에서 주식의 비중을 늘리고자 다음 세 개의 주식에 대한 정보를 수집하였다. 아래 정보를 참고로 증권시장선(SML)을 이용한 각 주식에 대한 투자 의견으로 적절한 것을 고르시오. (단, 무위험이자율은 3%이며, 주식시장 평균수익률은 10%임)

주식	베타계수	현재가격	1년 후 예상가격	예상 배당금 수입
A	0.8	21,000원	22,000원	1,500원
B	1.2	16,000원	17,000원	500원
C	1.4	32,000원	36,000원	1,200원

① A주식의 현재가격은 고평가되어 있으므로 매수하지 않는다.

② B주식의 현재가격은 저평가되어 있으므로 매수한다.

③ C주식의 현재가격은 고평가되어 있으므로 매수하지 않는다.

④ A주식과 B주식의 현재가격은 저평가되어 있으므로 매수한다.

⑤ A주식과 C주식의 현재가격은 저평가되어 있으므로 매수한다.

27. 다음의 상속 관련 정보를 참고하여 민법상 모친 김진희씨 사망 당시 남은 상속재산에서 받을 수 있는 구체적 상속분을 계산한 것으로 적절한 것을 고르시오.

[김진희씨 사망에 따른 상속 관련 정보]

• 상속채무(상가 B 임대보증금 등)는 없는 것으로 가정함

• 종신보험 D의 사망보험금은 고려하지 않음

• 김진희씨의 사망 당시 재산은 시나리오 'X. 모친 김진희씨의 사망 당시 본인 명의의 재산 현황 및 사전증여 정보' 이외에는 없음

• 부동산 및 금융재산은 시나리오상 현재 적정시세 및 현재금액을 적용하며, 사전증여재산은 증여일 현재 증여재산 평가가액을 적용함

	정현석	정우림	정민우	정소민
①	433,333천원	288,889천원	288,889천원	288,889천원
②	533,333천원	355,556천원	355,556천원	355,556천원
③	600,000천원	400,000천원	0원	300,000천원
④	700,000천원	166,667천원	66,667천원	366,667천원
⑤	700,000천원	300,000천원	200,000천원	100,000천원

28. 모친 김진희씨 사망에 따른 상속재산분할에 대한 설명으로 적절한 것을 고르시오. (단, 상속인들은 현재 상속재산에 대하여 등기, 등록, 명의개서 등을 하지 않은 것으로 가정함)

① 김진희씨 사망 후 상가 B가 상속재산분할 전에 화재로 인해 멸실되었다면, 상속인들이 이로 인한 화재 보험금을 취득하더라도 해당 보험금은 상속재산분할의 대상이 되지 않는다.

② 김진희씨의 상속재산을 협의분할하는 경우 반드시 법정상속분에 따라 분할할 필요는 없지만 당사자 전부가 참여하고 합의해야 한다.

③ 정민우씨에게 증여한 상장법인 주식 E의 경우 상속개시일로부터 10년 이전에 증여한 재산가액이므로 상속재산분할 시 상속재산에 가산하지 않는다.

④ 상속재산의 분할은 각 상속인들의 합의하여 분할한 시점부터 효력이 발생한다.

⑤ 협의분할에 의하여 상속지분보다 적은 재산을 가져가는 상속인과 많은 재산을 가져가는 상속인이 생긴 경우, 상속인 간에 증여 관계가 성립되므로 상속세 및 증여세법상 증여로 보아 증여세를 과세한다.

29. 다음의 추가 정보를 고려하여 모친 김진희씨 사망에 따른 상속세 과세가액으로 적절한 것을 고르시오. (단, 공동상속인 중 상속포기자는 없는 것으로 가정함)

[추가 정보]

• 장례비용으로 지출한 10,000천원은 증빙자료를 통해 입증함

• 상속세 과세가액 계산 시 시나리오 'X. 모친 김진희씨의 사망 당시 본인 명의의 재산 현황 및 사전증여 정보'에 있는 재산만 고려함

• 상속세 및 증여세법상 상속재산 평가가액은 부동산 및 금융재산의 경우 시나리오상 현재 적정시세 및 현금금액을 적용함

① 1,440,000천원

② 1,450,000천원

③ 1,750,000천원

④ 1,840,000천원

⑤ 2,100,000천원

30. 모친 김진희씨의 상속재산에 대한 상속세 신고 및 납부에 대한 설명으로 적절한 것을 고르시오.

① 상속세 납부세액이 5천만원이라면 2천만원을 한도로 2024년 10월 31일까지 분할납부 가능하다.

② 상속세 납부세액이 상속재산가액 중 금융재산가액에 미달되는 경우 상속세를 물납할 수 없다.

③ 상속세 납부세액이 1천만원을 초과하는 경우 연부연납이 가능하다.

④ 상속세 신고 시 연부연납을 허가받았다면 분납이 가능하다.

⑤ 김진희씨 사망에 따른 상속재산의 과세표준 신고기한은 2024년 6월 30일이다.

31. 다음의 추가 정보를 참고하여 정우림씨가 보유한 상가 A와 김진희씨가 보유한 상가 B의 종합환원율을 직접환원법을 통해 계산한 것으로 적절한 것을 고르시오.

[추가 정보]

• 상가 A, B의 공실 및 대손 : 가능총수익의 10%

• 상가 A, B의 영업경비 : 유효총수익의 5%

• 상가 A, B의 보증금 운용수익률 : 연 5%

	상가 A	상가 B
①	4.75%	2.46%
②	5.12%	3.08%
③	5.86%	3.42%
④	6.47%	5.20%
⑤	6.89%	5.54%

32. 정우림씨가 상가 A를 담보로 대출을 받고자 한다. 다음 정보를 참고할 때 정우림씨가 받을 수 있는 최대 대출가능금액으로 가장 적절한 것을 고르시오.

[상가 A 담보대출 관련 정보]

- 은행은 LTV와 DCR 기준 중 낮게 산출된 금액으로 대출가능금액을 결정함
  - LTV : 현재 시세의 50%
  - DCR : 1.6 이상
- 이자율은 고정금리 연 6.0% 월복리, 대출기간은 15년, 매월 말 원리금균등분할상환방식임
- 상가 A의 연간 순영업소득(NOI)는 '월임대료 × 12개월'로 산정함
- 임대보증금 등은 고려하지 않음

① 420,000천원
② 483,299천원
③ 503,020천원
④ 592,518천원
⑤ 700,000천원

33. 다음의 추가 정보를 참고하여 정우림씨가 보유한 상가 A의 임대사업소득에 대한 2024년도 귀속 임대소득 총수입금액으로 적절한 것을 고르시오. (단, 조세부담을 최소화하는 방법을 사용함)

[추가 정보]

- 상가 A의 건물분 취득비용은 100,000천원으로 가정함
- 기획재정부령으로 정하는 정기예금이자율은 3.5%로 가정함
- 2024년 임대보증금을 은행에 예치하여 발생한 예금이자는 500천원으로 가정함
- 관리비는 실비정산방식에 의함
- 임대기간은 취득일 이후 2025년 12월까지이며, 1년은 365일로 가정함

① 90,000천원
② 93,000천원
③ 96,000천원
④ 99,000천원
⑤ 99,500천원

34. 정우림씨는 추가적인 생명보험 필요보장액을 마련하기 위해 변액유니버셜 종신보험에 가입하는 것을 고려하고 있다. 다음 중 변액유니버셜 종신보험에 대한 특징으로만 모두 묶인 것을 고르시오.

> 가. 계약자적립액이 충분할 경우 중도인출을 통해 이자부담 없이 자금을 활용할 수 있다.
>
> 나. 투자실적에 따라 사망보험금이 변동하며, 투자 상황이 악화되는 시점에 사망할 경우 사망보험금이 보험가입금액보다 적을 수 있다.
>
> 다. 보험료 납입기간은 일반적으로 전기납이며, 보험기간 내내 정액으로 보험료를 납입해야 한다.
>
> 라. 계약을 중도에 해지할 경우 계약자가 수령하는 해약환급금이 본인이 납입한 보험료보다 적을 수 있다.
>
> 마. 가장의 경제활동기간에 불의의 사고나 질병으로 조기에 사망하거나 장해로 인해 경제력을 상실하게 될 경우 보장자산을 마련해줄 수 있다.

① 가, 나, 다
② 가, 라, 마
③ 나, 다, 라
④ 나, 라, 마
⑤ 다, 라, 마

35. 정우림씨는 2024년도 중 부친 정현석씨로부터 ㈜삼한의 보유지분을 승계받고자 한다. 다음의 추가 정보를 참고하여 정우림씨가 부친이 보유한 ㈜삼한의 주식을 증여받을 경우 증여세 산출세액으로 적절한 것을 고르시오.

> [추가 정보]
> • 증여세 과세가액 : 1,400,000천원
>
> • 조세특례제한법상의 가업승계에 대한 증여세 과세특례 규정을 적용받는 것으로 가정함
>
> • 정우림씨는 어느 누구로부터 사전에 증여받은 적이 없음
>
> • 모친 김진희씨가 보유한 ㈜삼한 법인 주식(1,000주)은 협의분할에 의해 정민우씨가 모두 상속받은 것으로 가정함

① 40,000천원
② 50,000천원
③ 60,000천원
④ 70,000천원
⑤ 80,000천원

36. 부친 정현석씨(대주주)가 ㈜삼한 법인의 주식을 정우림씨에게 직접 양도하여 양도차익 2억원이 발생한 경우 주식매매에 의하여 발생하는 세금에 대한 설명으로 적절한 것을 고르시오. (단, 세법상 적법한 매매에 의하여 양도한 것으로 가정함)

① ㈜삼한 법인의 주식 양도에 따른 양도소득세 세율은 25%이다.

② ㈜삼한 법인의 주식 양도 시 예정신고납부기한은 양도일이 속하는 분기의 말일부터 2개월이다.

③ 만일 부친 정현석씨가 아닌 모친 김진희씨로부터 ㈜삼한 법인의 주식을 직접 양도받더라도 주식양도차익에 대해 과세한다.

④ 정우림씨가 양도받은 주식에 대한 양도소득 산출세액은 4천만원으로 계산된다.

⑤ 정현석씨가 정우림씨에게 주식을 양도할 때 발생한 공증비용 및 인지대는 양도차익 계산 시 차감하지 않는다.

37. 정현석씨가 2024년도 중 ㈜삼한 법인에서 퇴직하는 경우 발생하는 세법상 퇴직금에 대한 설명으로 적절하지 **않은** 것을 고르시오.

① 정현석씨 퇴직에 따른 퇴직소득에 대한 총수입금액의 수입시기는 퇴직을 한 날로 한다.

② ㈜삼한 법인이 정관에서 정한 퇴직급여지급규정 이내에서 정현석씨에게 퇴직금을 지급하더라도 해당 퇴직금은 손금으로 인정하지 않는다.

③ ㈜삼한 법인이 정관에서 정한 퇴직급여지급규정을 초과하여 정현석씨에게 퇴직금을 지급한 경우 초과분에 대하여는 상여로 보아 소득세를 과세한다.

④ ㈜삼한 법인의 정관에 임원퇴직금 관련 규정이 없는 경우 '퇴직일로부터 소급하여 1년간의 총급여액 × 10% × 근속연수'에 해당하는 금액을 한도로 손금에 산입한다.

⑤ 정현석씨 퇴직 후 아들 정우림씨가 법인의 임원으로 취임하면서 퇴직금을 지급받은 경우 세법에서 정하는 한도 내 금액은 손금으로 인정한다.

38. 정우림씨는 혹시 모를 조기사망 위험에 대비하고자 한다. 다음 정보를 고려할 때 오늘 정우림씨가 일반사망할 경우 니즈분석방법에 따른 추가적인 생명보험 필요보장액으로 가장 적절한 것을 고르시오. (단, 다음 정보의 항목만 필요자금과 준비자금으로 고려함)

[유가족의 필요자금]

- 2024년 1월 초 현재 아파트 주택담보대출 잔액

- 배우자 이영애씨의 기대수명 : 87세 말

- 현재 연간 생활비는 78,200천원이며, 막내의 독립시기는 27세임

- 배우자 이영애씨 사망 시까지의 유족생활비
  - 막내 자녀 독립 전 : 현재 생활비의 70%
  - 막내 자녀 독립 후 : 현재 생활비의 50%

[준비자금]

- 정우림씨의 종신보험 사망보험금

- 정우림씨 사망에 따라 지급되는 국민연금 유족연금 : 현재물가기준으로 연 6,000천원(유족연금의 지급정지는 없다고 가정함)

[기타 가정]

- 유족생활비는 매년 초 필요하고, 국민연금 유족연금은 매년 초 수령함

- 유족생활비와 국민연금 수령액은 매년 물가상승률만큼 증액됨

① 698,320천원
② 748,290천원
③ 885,850천원
④ 928,851천원
⑤ 1,074,899천원

39. CFP® 자격인증자는 정우림, 이영애씨 부부가 가입한 생명보험 현황을 바탕으로 현재시점에서 사망 시 지급되는 사망보험금에 대해 분석하였다. 분석한 내용 중 적절한 것으로만 모두 묶인 것을 고르시오.

> 가. 정우림씨가 오늘 교통사고로 사망할 경우 종신보험에서 지급되는 사망보험금은 500,000천원이다.
>
> 나. 정우림씨가 오늘 일반암으로 진단받고 사망할 경우 암보험에서 지급되는 사망보험금은 35,000천원이다.
>
> 다. 이영애씨가 오늘 교통사고로 사망할 경우 CI보험에서 지급되는 사망보험금은 100,000천원이다.
>
> 라. 이영애씨가 오늘 일반사망할 경우 가입된 보험에서 지급되는 총 사망보험금은 50,000천원이다.
>
> 마. 정우림씨가 오늘 교통사고로 사망할 경우 가입된 보험에서 지급되는 총 사망보험금은 700,000천원이다.

① 가, 나
② 가, 나, 마
③ 다, 라, 마
④ 가, 나, 라, 마
⑤ 나, 다, 라, 마

40. 정우림씨가 자가용을 타고 출근하던 중 교차로에서 상대방 승용차와 충돌하여 노동능력상실률 30%의 판정을 받았다. 다음 정보를 고려할 때 가해차량이 가입된 자동차보험 약관상 정우림씨에게 지급되는 후유장해보험금으로 가장 적절한 것을 고르시오.

> **[지급보험금 관련 정보]**
> * 부상자 : 정우림(1969년 4월 18일생)
> * 사고일 : 2024년 3월 25일
> * 정년 : 65세
> * 정우림씨의 취업가능월수(120개월)에 해당하는 호프만계수 : 97.1451
> * 월평균 현실소득액 : 6,500천원
> * 정우림씨의 과실비율 : 10%
> * 상대방 가해 승용차는 개인용자동차보험의 모든 담보에 가입되어 있음

① 172,290천원
② 190,450천원
③ 245,346천원
④ 378,062천원
⑤ 425,172천원

고사장   고사실

성 명

* 답안은 컴퓨터용 사인펜을 사용하여 표시하고, 예비답안 표시는 빨간색 사인펜만 사용 가능합니다.

CFP® 자격시험 OMR 답안지 (지식형)

수험번호(7자리)   교시   주민앞번호(6자리)

감독관 확인란

수험생 유의사항

* 반드시 컴퓨터용 사인펜을 사용하여 마킹합니다.
* 예비마킹 시 빨간색 사인펜을 사용합니다.
* 보기

바른 예   틀린 예

합격의 기준, 해커스금융
fn.Hackers.com

고사장   고사실

성 명

* 답안은 컴퓨터용 사인펜을 사용하여 표시하고, 예비답안 표시는 빨간색 사인펜만 사용 가능합니다.

CFP® 자격시험 OMR 답안지 (지식형)

수험번호(7자리)   교시   주민앞번호(6자리)

감독관 확인란

수험생 유의사항

* 반드시 컴퓨터용 사인펜을 사용하여 마킹합니다.
* 예비마킹 시 빨간색 사인펜을 사용합니다.
* 보기

바른 예   틀린 예

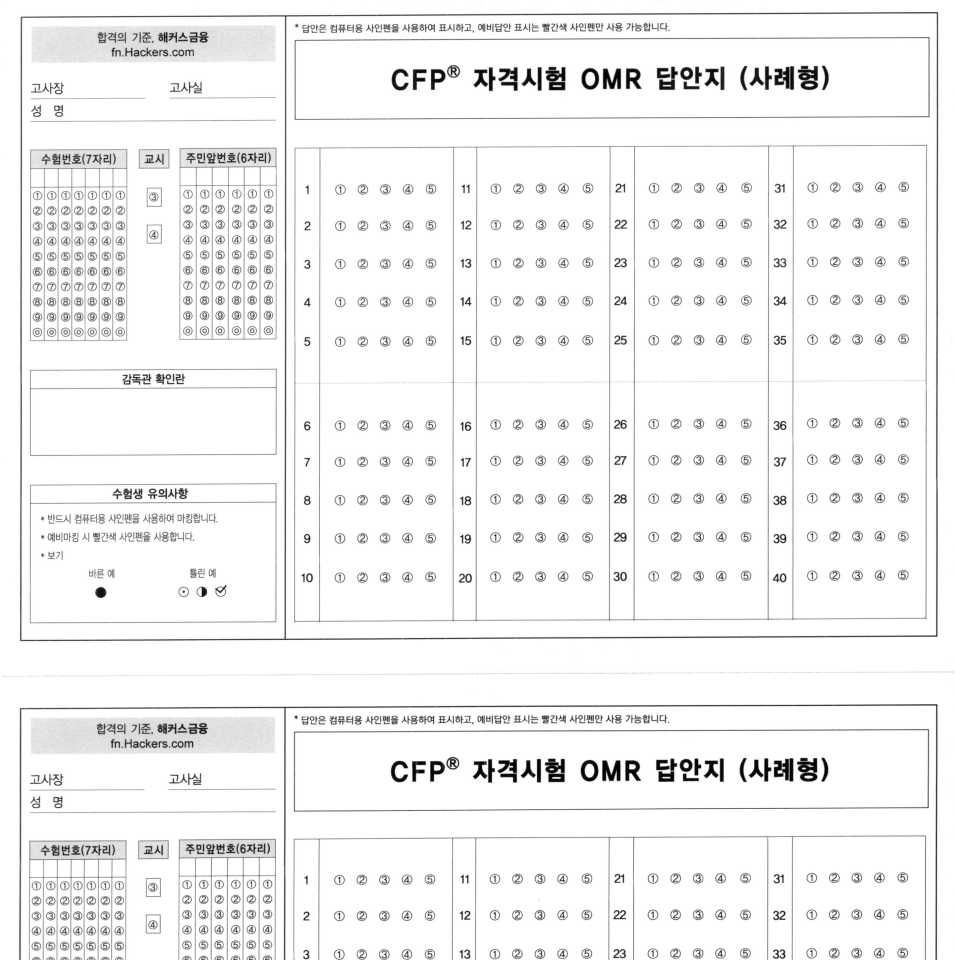

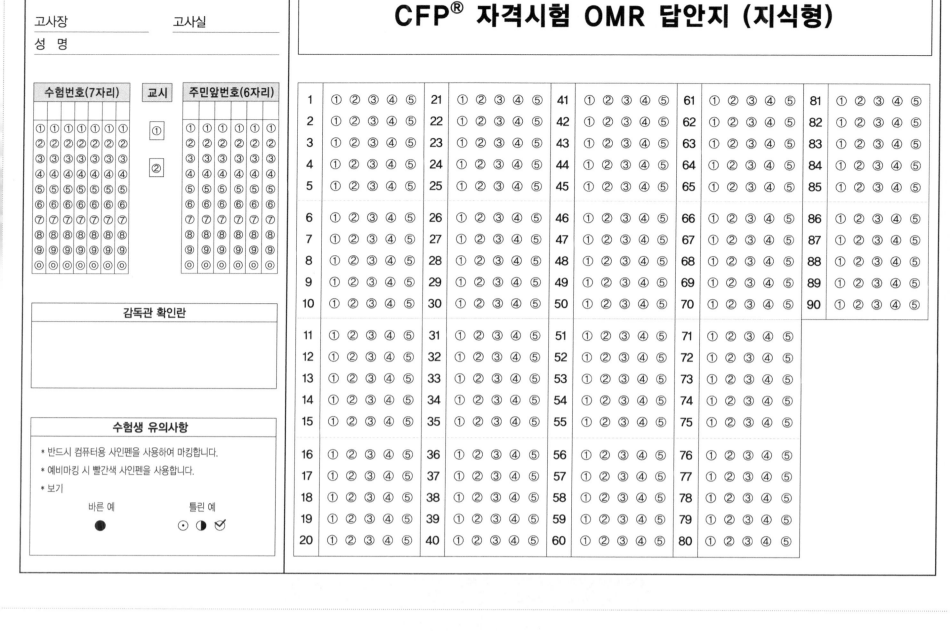

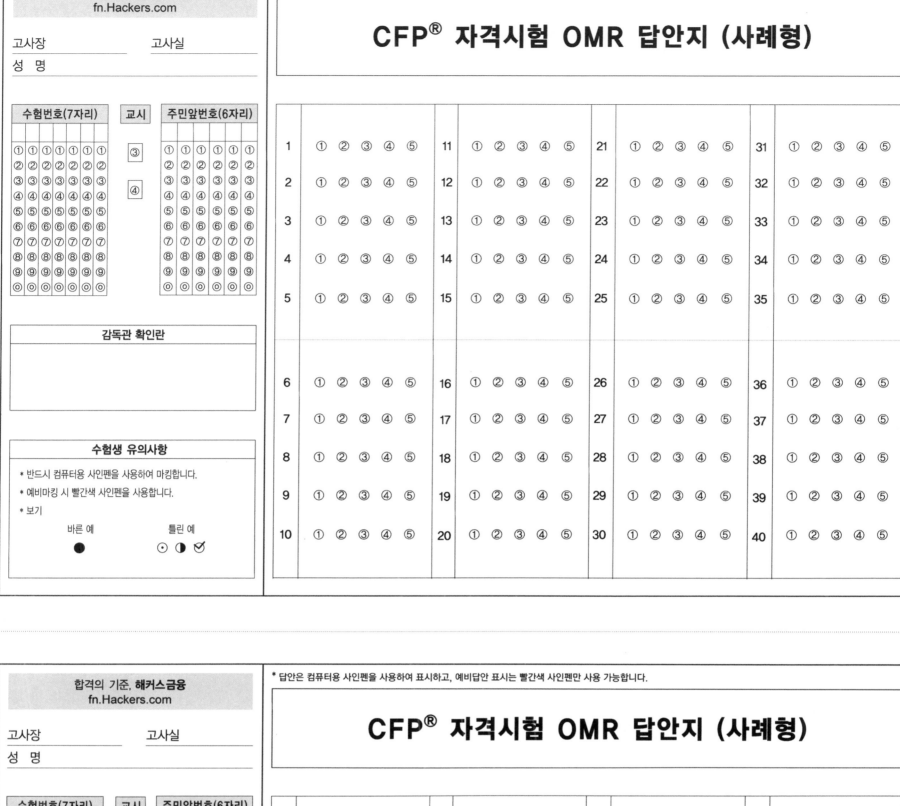

2024 최신개정판

해커스
CFP®
최종 실전모의고사

개정 11판 1쇄 발행 2024년 8월 30일

지은이	해커스 금융아카데미 편저
펴낸곳	해커스패스
펴낸이	해커스금융 출판팀

주소	서울특별시 강남구 강남대로 428 해커스금융
고객센터	02-537-5000
교재 관련 문의	publishing@hackers.com
	해커스금융 사이트(fn.Hackers.com) 교재 Q&A 게시판
동영상강의	fn.Hackers.com

ISBN	979-11-7244-117-3 (13320)
Serial Number	11-01-01

금융자격증 1위,
해커스금융(fn.Hackers.com)

해커스금융

· 합격률 1위/합격자 수 1위의 노하우가 담긴 **CFP 교재 인강**
· 학습 중 궁금한 사항을 바로 해결하는 **금융전문 연구원 1:1 질문/답변 서비스**
· **금융자격증 무료강의, CFP 시험 상위 합격자 인터뷰** 등 다양한 금융 학습 콘텐츠

[합격률 1위/합격자 수 1위] 2011~2023 제44회 CFP 합격자 발표 자료 기준
[금융자격증 1위] 주간동아 선정 2022 올해의 교육 브랜드 파워 온·오프라인 금융자격증 부문 1위

금융자격증 1위
해커스금융만의 무료 자료

1 나에게 필요한
금융자격증 P!CK

해커스금융 P!CK
금융자격증 확인! ▶

2 해커스 금융자격증
전 강의 쿠폰팩

해커스금융 전 자격증
할인쿠폰 받기! ▶

3 해커스금융 AFPK·CFP
무료
합격콘텐츠 자료실

해커스금융 AFPK/CFP
합격비결! ▶

4 해커스금융
100% 무료 강의

해커스금융 전 자격증
무료강의 보기! ▶

합격의 기준, 해커스금융 fn.Hackers.com

2024 최신개정판
2025년 첫 시험 대비 가능

AFPK® CFP®
한국FPSB 지정교육기관

해커스
CFP®
최종 실전모의고사

정답 및 해설

해커스금융

해커스

CFP®
최종 실전모의고사

정답 및 해설

해커스

해커스
CFP®
최종 실전모의고사 **정답 및 해설**

정답

1교시

재무설계 원론

1 ②	2 ④	3 ③	4 ④	5 ①	6 ③	7 ③	8 ③	9 ②	10 ⑤
11 ④	12 ②	13 ⑤	14 ⑤	15 ②					

재무설계사 직업윤리

16 ③	17 ③	18 ④	19 ②	20 ③

위험관리와 보험설계

21 ④	22 ③	23 ④	24 ②	25 ③	26 ①	27 ②	28 ③	29 ④	30 ④
31 ②	32 ④	33 ⑤	34 ①	35 ②	36 ⑤	37 ④	38 ⑤	39 ②	40 ②
41 ③	42 ①	43 ②	44 ②	45 ③					

은퇴설계

46 ④	47 ③	48 ④	49 ②	50 ①	51 ④	52 ②	53 ④	54 ③	55 ④
56 ⑤	57 ④	58 ④	59 ①	60 ④	61 ⑤	62 ②	63 ①	64 ⑤	65 ③
66 ③	67 ①	68 ⑤	69 ②	70 ⑤					

부동산설계

71 ②	72 ④	73 ④	74 ③	75 ①	76 ④	77 ③	78 ①	79 ④	80 ①
81 ⑤	82 ③	83 ⑤	84 ④	85 ②	86 ③	87 ⑤	88 ⑤	89 ⑤	90 ④

2교시

투자설계

1 ②	2 ③	3 ③	4 ④	5 ③	6 ③	7 ③	8 ③	9 ④	10 ①
11 ③	12 ②	13 ②	14 ④	15 ②	16 ②	17 ③	18 ①	19 ③	20 ③
21 ④	22 ④	23 ⑤	24 ③	25 ②	26 ①	27 ②	28 ①		

세금설계

29 ①	30 ⑤	31 ②	32 ③	33 ④	34 ②	35 ③	36 ②	37 ⑤	38 ④
39 ⑤	40 ②	41 ③	42 ③	43 ⑤	44 ②	45 ①	46 ②	47 ②	48 ⑤
49 ④	50 ①	51 ⑤	52 ②	53 ②	54 ④	55 ④			

상속설계

56 ③	57 ⑤	58 ④	59 ⑤	60 ④	61 ②	62 ⑤	63 ③	64 ②	65 ②
66 ④	67 ⑤	68 ⑤	69 ①	70 ③	71 ②	72 ④	73 ③	74 ③	75 ④
76 ②	77 ②	78 ④	79 ①	80 ②					

㉠ 기본서 : 한국FPSB에서 발간한 기본서 페이지를 표기하였습니다.
㉲ 요약집 : 해커스금융 CFP 합격지원반, 환급반, 핵심요약강의 수강생에게 제공되는 〈해커스 CFP 핵심요약집〉 페이지를 표기하였습니다.

▪ 재무설계 원론

1 ②
㉠ p.29~31 ㉲ p.21

'라, 마'는 적절한 설명이다.
가. Commission-Only → Fee-Only
나. Fee-Only → Commission-Only
다. Salary-Only → Commission-Only
바. 최근 우리나라에서는 고객과의 관계를 더욱 중요시하는 경향이 증가하면서 Commission(판매수수료) 위주였던 보수방식에서 Fee(상담수수료)를 받는 사례가 많아지고 있다.

2 ④
㉠ p.36~39 ㉲ p.23

① 절대소득가설 → 항상소득가설
② 절대소득가설에 의하면 개인의 소득이 증가함에 따라 소비 수준이 증가하지만, 증가속도는 감소한다.
③ 상대소득가설에 의하면 개인의 절대소득이 증가하더라도 상대소득이 동일하다면 소비는 증가하지 않거나 약간만 증가한다.
⑤ 항상소득가설에 의하면 개인의 소비결정은 현재의 소득이나 소득의 변동보다는 장기 평균소득에 따라 결정된다.

3 ③
㉠ p.72~77 ㉲ p.33~35

(A)는 인플레이션, (B)는 디플레이션에 해당하는데, 고객의 구매력이 약화되고 소비와 투자가 감소하며 경제 성장이 둔화되는 것은 스태그플레이션이 경제에 미치는 영향에 해당한다.

4 ④
㉠ p.104, p.122 ㉲ p.43~46

1) 이율전환(분기복리 → 연복리)
   PV −100, N 4, I/Y 7/4, CPT FV = 107.186(STO1)
   → 107.186 − 100 = 7.186(연 7.186%)
2) 이율전환(연복리 → 월복리)
   PV −100, N 12, FV 107.186(RCL1), CPT I/Y = 0.580(STO2)
   → 월 0.580%
3) 현재 예금해야 하는 일시금
   PMT(E) −3,000, N 120, I/Y 0.580(RCL2), CPT PV = 258,843.476

5 ①
㉠ p.135~136 ㉲ p.43~46

1) 2년이 지난 시점부터 만기까지 매월 납입액
   PV 10,000, N 36, I/Y 8.5/12, CPT PMT(E) = −315.675
2) 최초원금
   [2ND CLR TVM]을 누르지 않은 상태에서
   N 60, CPT PV = 15,386.391

6 ③
㉠ p.139~140 ㉲ p.47

현재시점의 필요자금(CF 방식)
CF0 0, C01 0 (7), C02 6,000 (3), C03 12,000 (4), I (8 − 4)/1.04,
NPV CPT = 42,796.468

7 ③
㉠ p.142~143 ㉲ p.42~47

1) 현금흐름의 분석

구분	유입	유출
최초 투자	−	−900,000
1년 말	−	−200,000
2년 말	60,000	−
3년 말	60,000	−
4년 말	60,000	−
5년 말	60,000 + 1,300,000	−

2) 유입된 현금의 미래가치
   CF0 0, C01 0 (1), C02 60,000 (3), C03 60,000 + 1,300,000 (1), I 6,
   NPV CPT = 1,167,573.678 → 1,167,573.678 × 1.06^5 = 1,562,476.960(STO1)

3) 유출된 현금의 현재가치
   CF0 −900,000, C01 −200,000 (1), I 8.5,
   NPV CPT = −1,084,331.797(STO2)

4) 수정내부수익률
   PV −1,084,331.797(RCL2), N 5, FV 1,562,476.960(RCL1),
   CPT I/Y = 7.580
   참고 수정내부수익률(MIRR)은 계산기의 기능을 이용하여 다음과 같은 방법으로도 계산할 수 있다.
   CF0 −900,000, C01 −200,000 (1), C02 60,000 (3),
   C03 60,000 + 1,300,000 (1)
   NPV I 8.5, IRR CPT = 7,639,
   RI 6, MOD = 7.580

8 ③
㉠ p.171 ㉲ p.53

① 상장주식 ↔ 비상장주식
② 골프회원권도 다른 자산과 마찬가지로 고객의 보유목적이 사용에 있으면 사용자산, 투자에 있으면 투자자산으로 분류한다.
④ 고객에게 부채가 없더라도 부채항목을 삭제하지 않고 값만 표시하지 않는다.
⑤ 조건부 유증, 미해결된 소송 등 재무상태표에 영향을 줄 수 있는 요소들은 주석으로 기입한다.

9 ②
㉠ p.175, p.184 ㉲ p.54~55

주거관련부채비율은 25.74%로 가이드라인에 못 미치는 수준이다.
• 소비성부채비율 = 소비성부채상환액 ÷ 월 순수입
  = (1,500 + 1,000)/16,700
  = 14.97%
• 주거관련부채비율 = 주거관련부채상환액 ÷ 월 총수입
  = 4,290 ÷ (200,000/12) = 25.74%
• 총부채부채상환비율 = 총부채상환액 ÷ 월 총수입
  = (2,500 + 4,290) ÷ (200,000/12) = 40.74%

10 ⑤
㉠ p.152, p.201~205, p.223 ㉲ p.49, p.59~61

① 종합재무설계를 수행하는 자격인증자로서 고객의 주요관심사 외에도 재무설계 각 영역의 내용을 모두 담은 통합적인 제안서를 제시해야 한다.
② 정량적 조건이 동일한 고객이더라도 정성적 요소가 다르면 완전히 다른 결과가 도출되기 때문에 재무적 편향 등을 고려하여 목표수익률을 제시해야 한다.
③ 재무설계 업무의 보수에 관한 사항은 고객과의 관계정립 단계에서 작성하는 업무수행계약서에 포함되는 내용이다.
④ 도입 → 요약

11 ④
㉠ p.152, p.224~225 ㉲ p.49, p.62

'나, 라, 마, 바'는 재무설계 제안서의 실행 단계에서 재무설계사가 수행해야 하는 내용이다.
'가, 다'는 고객과의 관계정립 단계에서 업무수행계약서에 포함되는 내용이다.

12 ②　　　　　　　　　　　　　　　㉑ p.240~244 ⑧ p.66~67

건별방식 ↔ 한도방식

13 ⑤　　　　　　　　　　　　　　　㉑ p.250~252 ⑧ p.68

① 보증서 담보 전세자금대출은 부부합산 연소득 및 순자산가액 등의 기준이 대출심사에 적용되지 않는다.
② 버팀목전세자금대출 ↔ 보증서 담보 전세자금대출
③ 보증서 담보 전세자금대출의 경우 본인과 배우자 합산 주택보유수 1주택까지 보증서 발급신청이 가능하다.
④ 가장 큰 금액 → 가장 작은 금액

14 ⑤　　　　　　　　　　　　　　　㉑ p.267~274 ⑧ p.71~73

자기 과신 → 낙관주의 오류
자신에게는 불행한 위험이 닥치지 않을 것이므로 보장성보험에 가입하지 않을 것을 주장하는 고객은 낙관주의 오류에 빠져있으며, 이를 극복하기 위해서는 최대한 문제를 객관적으로 바라보게 하여 자신의 상황을 평가할 수 있도록 해야 한다.

15 ②　　　　　　　　　　　　　　　㉑ p.286~291 ⑧ p.75~76

이혼 이전 ↔ 이혼 이후

- ■ **재무설계사 직업윤리**

16 ③　　　　　　　　　　　　　　　㉑ p.10~12 ⑧ p.84~85

• 고객의 투자성향 및 투자위험수용수준을 파악하지 않은 것 : 진단의무 위반
• 포트폴리오에 내재된 위험에 대한 설명을 하지 않은 것 : 고지의무 위반
• 재무설계사의 개인적인 이익을 위해 회사에서 제공하는 상품을 권유하는 것 : 충실의무 위반
• 변호인의 자문을 받지 않은 채 유언장 작성에 대해 조언한 것 : 자문의무 위반

17 ③　　　　　　　　　　　　　　　㉑ p.14~17 ⑧ p.86~87

A. 근면성의 원칙
B. 공정성의 원칙
C. 성실성의 원칙
D. 객관성의 원칙
E. 능력개발의 원칙

18 ④　　　　　　　　　　　　　　　㉑ p.29~37 ⑧ p.92~95

'마 – 다 – 바 – 가 – 나 – 라'의 순이다.
가. 업무수행내용 4-1 재무설계 대안의 파악 및 평가에 해당하는 내용이다.
나. 업무수행내용 4-3 재무설계 제안서의 제시에 해당하는 내용이다.
다. 업무수행내용 2-1 고객의 개인적인 재무목표, 니즈 및 우선순위의 파악에 해당하는 내용이다.
라. 업무수행내용 5-1 실행책임에 대한 상호 합의에 해당하는 내용이다.
마. 업무수행내용 1-3 업무수행범위의 결정에 해당하는 내용이다.
바. 업무수행내용 3-2 고객의 목표, 니즈 및 우선순위의 평가에 해당하는 내용이다.

19 ②　　　　　　　　　　　　　　　㉑ p.43~49 ⑧ p.96~97

'나, 다, 마'는 적절한 설명이다.
가. 큰 대문자와 작은 대문자의 혼용이 가능하다.
라. 한국FPSB의 CFP® 자격인증을 별도로 받아야 한다.
　→ 한국FPSB의 CFP® 자격인증을 별도로 받지 않았다 하더라도 한시적으로 CFP® 표장을 대한민국 내에서 사용할 수 있으며, 이 경우 CFP® 표장의 국외사용에 대한 기준에 따라 CFP® 자격을 인증받은 국명을 표시하여야 한다.
바. 지식형과 사례형 시험의 → 사례형 시험의

20 ③　　　　　　　　　　　　　　　㉑ p.82~83 ⑧ p.102~103

'나, 다, 마, 바'는 적절한 설명이다.
가. 중개의뢰인으로부터 중개 업무에 관한 소정의 보수를 받는 행위는 정당한 행위이다.
라. 일방 → 쌍방

- ■ **위험관리와 보험설계**

21 ④　　　　　　　　　　　　　　　㉑ p.10~12 ⑧ p.108

'라 – 나 – 가 – 다 – 마'의 순이다.
가. [3단계] 위험관리방법 선택
나. [2단계] 위험측정 및 평가
다. [4단계] 선택한 위험관리방법 실행
라. [1단계] 위험인식
마. [5단계] 모니터링 및 피드백

22 ③　　　　　　　　　　　　　　　㉑ p.13~16 ⑧ p.109~110

'다, 라'는 적절한 설명이다.
가. 위험회피자 ↔ 위험선호자
나. 위험선호자는 자본의 보존보다 잠재적 수익을 우선시하는 경향이 있다.
마. 위험회피자는 1.5만원의 확실한 수익이 주는 효용이 복권 구입으로 인한 효용보다 크므로 해당 복권을 구매하지 않을 것이다.

23 ④　　　　　　　　　　　　　　　㉑ p.20~22 ⑧ p.111~112

상속재산이 부동산과 같은 유동성이 낮은 실물자산 중심이라면 처분하는 데 상당한 시간이 걸리고, 급매 처분 시에는 손실을 입을 가능성이 있다. 이런 경우 사망보험금은 상속세 납부재원으로써 적절한 대안이 될 수 있다.

24 ②　　　　　　　　　　　　　　　㉑ p.49 ⑧ p.122

• 차량 1대당 순보험료는 75원(= 60,000천원/800천대)이다.
• 영업보험료 = 순보험료/(1 – 사업비율)
　　　　　　　= 75원/(1 – 0.4) = 125원

25 ③　　　　　　　　　　　　　　　㉑ p.51~53 ⑧ p.122~123

표준체보다 위험이 현저히 높은 집단은 거절체로 분류되며, 표준체보다 위험이 양호한 집단은 우량체로, 표준체보다 높지만 거절체보다는 낮은 집단은 표준미달체(표준하체)로 분류된다.

26 ①　　　　　　　　　　　　　　　㉑ p.63 ⑧ p.128

가. 조직·인력 운영의 개선
나. 영업의 일부정지

27 ②　　　　　　　　　　　　　　　㉑ p.84, p.89~90 ⑧ p.136~138

'가, 라, 마'는 적절한 설명이다.
나. 정기보험은 순수보장성보험으로 저축기능이 전혀 없다.
다. 정기보험은 만기 시 해약환급금이 없으며, 보험기간 중에도 재무적 니즈를 충당할만한 해약금이 없다.

28 ③　　　　　　　　　　　　　　　㉑ p.96~99 ⑧ p.140~141

평준형 사망급부 → 증가형 사망급부

29 ④ ㉮ p.85~89, p.93 ㉯ p.136~137, p.139

가. 채무자가 채무를 청산하기 전에 사망하는 경우 채무 잔액을 상환할 수 있도록 고안된 체감정기보험 형태의 상품인 '신용생명보험'이 적절하다.
나. 일시적인 기간만 보장하는 정기보험의 특징을 보완하여 보험기간 종료시점에 계약을 갱신할 수 있는 선택권을 부여한 '갱신정기보험'이 적절하다. 현재 보험료 납입여력이 없는 경우 정기보험을 통해 필요보장액만큼 가입한 후 경제적 상황이 좋아질 경우 갱신조항을 통해 보장기간을 연장할 수 있다.

30 ④ ㉮ p.110~111 ㉯ p.146

300만원 → 100만원

31 ② ㉮ p.124~128 ㉯ p.150~151

① 보험설계사가 모집과정에서 사용한 회사 제작 보험안내자료의 내용이 보험약관과 다를 경우에는 보험계약자에게 유리한 내용으로 계약이 성립된다.
③ 보험료 납입유예기간 동안 보험금지급사유가 발생한다면 보험금이 지급된다.
④ 보험료 미납으로 생명보험계약이 해지된 경우 해약환급금을 받지 않은 경우에 한하여 해지된 날로부터 3년 이내에 보험계약의 부활을 청구할 수 있다.
⑤ 진단계약 또는 보험기간이 1년 미만인 생명보험계약의 경우에는 청약을 철회할 수 없다.

32 ④ ㉮ p.134~138 ㉯ p.153~155

'가, 나, 마'는 적절한 설명이다.
다. 양육연금지급서비스특약은 보험금을 매년 일정하게 나눠 양육연금의 형태로 지급하며, 유자녀가 성년이 되기 전까지는 중도해지가 불가능하다.
라. 건강보험 등 생존급부가 보장되는 상품에서는 위험회피가 어려워 보험금감액법을 적용하지 않는다.

33 ⑤ ㉮ p.143~144, p.146 ㉯ p.156~157

상해보험의 보상방식은 정액급부를 원칙으로 하는 생명보험과 달리 구체적 담보위험에 따라 정액급부방식과 실손보상방식을 별도로 적용하고 있다.

34 ① ㉮ p.153~156 ㉯ p.160~161

② 손해보험회사의 CI보험은 독립상품의 형태가 아닌 종합보장보험의 한 특약형태를 취하고 있으므로 생명보험회사의 상품과 같은 종신 보장의 효과를 볼 수 없다.
③ 90일이 지난 날 → 90일이 지난 날의 다음날
④ 피보험자가 동시에 두 종류 이상의 암 수술을 받은 경우에는 두 종류의 수술 중 높은 급여에 해당하는 암 수술급여만을 지급한다.
⑤ 갱신계약 ↔ 부활계약

35 ② ㉮ p.162~166 ㉯ p.162~163

60만원 → 50만원
상급병실료는 비급여병실료의 50%를 지급하되, 1일 평균금액 10만원을 한도로 보상하므로 50만원을 보상한다.

36 ⑤ ㉮ p.183~186 ㉯ p.169

'나, 다, 라, 마'는 적절한 설명이다.
가. 재해를 직접적인 원인으로 일상생활장해상태가 되었을 경우에는 계약일을 책임개시일로 한다.

37 ④ ㉮ p.196 ㉯ p.171

보험의 목적 또는 보험의 목적을 수용하는 건물의 용도를 변경함으로써 위험이 변경되는 경우에 통지의무가 발생한다.

38 ⑤ ㉮ p.192~193, p.197~198 ㉯ p.170~172

① 주택의 부속건물로서 가재도구만을 수용하는데 쓰이는 것은 주택물건에 해당한다.
② 보험가액 → 보험가입금액
③ 박종원씨가 재산손해액에 대해 지급받을 수 있는 보험금은 75,000천원이다.
 • 주택물건이고, 일부보험이므로 부보비율 조건부 실손보상조항(Coinsurance)이 적용된다.
 • 재산손해액에 대한 지급보험금
  = 120,000 × 200,000/(400,000 × 80%) = 75,000
④ 박종원씨가 잔존물제거비용에 대해 지급받을 수 있는 보험금은 12,000천원이다.
 • 잔존물제거비용에 대한 지급보험금
  = 20,000 × 200,000/(400,000 × 80%) = 12,500
  → 잔존물제거비용의 한도는 재산손해액의 10%이므로 12,000천원(= 120,000 × 10%) 이내이어야 한다.
⑤ 박종원씨가 화재로 인해 지급받을 수 있는 보험금은 총 87,000천원이다.
 • 총 지급보험금 = 재산손해액(75,000) + 잔존물제거비용(12,000)
        = 87,000

39 ② ㉮ p.211, p.216, p.219~222, p.230 ㉯ p.176, p.178~180

배상책임보험에서 인명피해라 함은 보험사고로 인한 신체의 부상, 질병 및 그로 인한 사망뿐만 아니라 신체침해 외에 정신적 피해도 모두 포함한다.

40 ② ㉮ p.236~238, p.250 ㉯ p.182~183, p.186

① 대인배상 I 의 1사고당 한도는 없다.
③ 5,000만원 → 8,000만원
④ 2/3 → 1/3
⑤ 일부 부품이나 부속기계만의 도난은 보상하지 않는다.

41 ③ ㉮ p.257~259 ㉯ p.188

일반손해보험은 장기손해보험과 달리 자동복원제도가 없으며, 보험사고로 인해 지급받은 보험금만큼 남은 보험기간에 보험금액이 감액되어 이후 다른 보험사고가 발생한 경우에는 남아 있는 금액 한도 내에서만 보상을 받을 수 있다.

42 ① ㉮ p.266~269 ㉯ p.190~191

'가, 다'는 적절한 설명이다.
나. 통합보험은 보험기간 중 담보별 보장기간을 달리 할 수 있으며, 담보의 추가 및 삭제가 용이하지만 질병 관련 담보의 경우에는 추가가 불가능하다.
라. 통합보험에서 피보험자를 추가할 경우 신계약으로 처리되며, 추가 가입시점의 해약환급금 추가부담은 없다.
마. 통합보험은 일정 한도 내에서 보험료를 적립하여 보험료 미납 및 부족 시 대체납입이 가능하다.

43 ② ㉮ p.278 ㉯ p.193

'나, 다, 마, 아'는 유동자산이나 비유동자산 어느 쪽으로도 분류할 수 없는 자산에 해당한다.
'가, 라, 바, 사'는 유동자산으로 분류될 수도, 되지 않을 수도 있는 자산에 해당한다.

44 ② ㉮ p.287 ㉯ p.194

해약환급금을 결정할 때는 보험계약대출금은 감안하지 않는다.

45 ③ ㉮ p.305~307 ㉯ p.195~196

'가, 나, 다'는 적절한 설명이다.
라. 보험의 보장금액은 위험평가에서 재무적 손실로 평가한 금액과 동등하게 설정해야 한다.
마. 주택화재보험의 경우 보험가입금액이 보험가액의 80% 이상일 경우 보험가입금액을 한도로 손해액을 지급한다.

46 ④ [기] p.12~16 [요] p.202

'나, 다, 마'는 적절한 설명이다.

가. 기대효용이론에서는 일반적으로 부가 증가할수록 기대효용이 증가하기는 하지만 그 증가율은 점차 감소한다고 하였다.

라. 기대효용이론은 소비자가 완전한 정보를 갖지 못한 불확실한 상황에서 어떠한 선택을 하는지 설명하는 이론이다.

47 ③ [기] p.50, p.88 [요] p.210

1) 개인연금 월 소득액을 구한다.
   - PV −100, FV 103, N 12, CPT I/Y = 0.247(STO7)
   - PV 300,000, N 25 × 12, I/Y 0.247(RCL7), CPT PMT(B) = 1,412.842
2) 국민연금 월 소득액을 구한다.
   1,500 × {1 + (0.072 × 3)} = 1,824
3) 소득대체율을 구한다.
   (1,412.842 + 1,824)/4,000 = 0.809

48 ④ [기] p.84, p.87, p.199, p.206 [요] p.218, p.220, p.256, p.258

연금보험(세제비적격)은 납입한 보험료에 대해 세액공제를 받을 수 없지만, 소득세법상 일정한 요건을 충족하는 경우 인출 시 보험차익에 대해 과세를 하지 않는다.

49 ② [기] p.81~82 [요] p.217

국민연금법 제6조 단서규정에 의한 가입대상 제외자, 사업장가입자, 지역가입자 및 임의계속가입자, 노령연금 수급권자 및 퇴직연금등수급권자의 배우자로서 별도의 소득이 없는 자는 지역가입자 가입대상에서 제외된다.

[참고] 국민기초생활 보장법에 따른 생계급여 수급자 또는 의료급여 수급자는 지역가입자 가입대상에서 제외된다.

50 ① [기] p.77~78 [요] p.216

1) 국민연금 급여액 등이 기준연금액의 150%를 초과하고 200% 이하인 경우에 해당하므로, A급여액 적용산식과 국민연금 급여액 등 적용산식 중 큰 금액으로 산정한다.
   - 'A급여액'에 따른 기초연금액
     = (334,810 − 2/3 × 270,000) + 167,400 = 322,210
   - '국민연금 급여액 등'에 따른 기초연금액
     = (334,810 × 250%) − 600,000 = 237,025

   ∴ 산정된 기초연금액 = Max[322,210, 237,025]
   = 322,210
2) 소득역전 방지 감액을 적용하여 '산정된 기초연금액'과 '선정기준액과 소득인정액의 차액' 중 작은 금액을 기초연금 급여액으로 결정한다.
   선정기준액과 소득인정액의 차액 = 2,130,000 − 1,900,000
   = 230,000

   ∴ 기초연금 급여액 = Min[322,210, 230,000]
   = 230,000

51 ④ [기] p.83~84, p.103 [요] p.218

국민연금보험료 중 사용자부담금, 연체금, 자동이체 및 이메일고지 감액금액, 반납금에 대해서는 소득공제가 불가능하다.

52 ② [기] p.87~88, p.90~92 [요] p.220~221

부양가족연금액은 분할대상이 아니다. 분할연금은 전 배우자의 노령연금액 중 혼인기간에 해당하는 연금액의 1/2을 지급한다.

53 ④ [기] p.81, p.87~88, p.91, p.94~95 [요] p.217, p.220~223

① 소득활동에 종사하지 않는 60세 미만의 주부는 임의가입이 가능하지만, 김미도씨는 60세 이상이므로 가입할 수 없다.

② 분할연금은 지급사유발생일로부터 5년 이내에 신청해야 한다.

[참고] 가입기간 중 혼인기간이 5년 이상인 경우에는 이혼한 날로부터 3년 이내에 선청구도 가능하다.

③ 수급개시연령부터 5년이 경과한 이후부터는 소득액에 상관없이 연금액 전액이 지급된다.

⑤ 양지환씨(자녀)는 25세 미만 또는 장애등급 2급 이상의 요건을 만족하지 못하기 때문에 더 이상 유족연금을 수령할 유족이 없으므로 유족연금 수급권은 소멸하게 된다.

54 ③ [기] p.94, p.98 [요] p.222, p.224

- 김찬우씨의 가입기간이 20년 이상이므로, 기본연금액의 60%가 유족연금으로 지급된다. 따라서 유족연금액은 월 600천원이다.
- 노령연금과 유족연금이 중복하여 발생할 경우, 노령연금 선택 시 '노령연금 + 유족연금액의 30%'가 지급된다.
  ∴ 월 연금액 = 노령연금 500 + (유족연금 600 × 30%) = 680
- 노령연금과 유족연금이 중복하여 발생할 경우, 유족연금 선택 시 '유족연금'만 지급된다.
  ∴ 월 연금액 = 유족연금 600

55 ④ [기] p.96, p.102, p.108 [요] p.222~223, p.226, p. 228

반환일시금 반납은 반환일시금을 수령한 자로서 가입 자격을 다시 취득한 자가 해당되며, 납부예외자와 60세 이후에도 가입 중이면 신청 가능하다.

56 ⑤ [기] p.113~115 [요] p.230~231

국민연금 임의계속가입 후 반납금 또는 추납보험료를 납부하여 가입기간이 늘어나는 경우 해당 기간은 연계대상기간에 포함한다.

57 ④ [기] p.87~89, p.91, p.128 [요] p.220, p.235

① 1965년생의 노령연금 수급개시연령은 64세이므로, 59세에 조기노령연금을 받으려면 5년을 앞당겨 받는 것이기 때문에 기본연금액의 70%를 지급받는다.

② 민현기씨의 노령연금 수급개시연령은 64세이기 때문에 노령연금 연기제도를 신청하여 65세부터 연금을 지급받으려면 1년을 연기해야 하며, 기본연금액에 7.2%를 가산한 금액을 받을 수 있다.

③ 국민연금 가입자뿐만 아니라 배우자 본인도 연금수급개시연령에 도달해야 분할연금이 지급된다. 따라서 배우자는 1969년생이므로 배우자 나이 65세에 도달해야 분할연금을 지급받을 수 있다.

⑤ 퇴직급여가 납입된 IRP는 55세 이후 연금으로 수령할 수 있다.

58 ④ [기] p.132~133, p.135~137 [요] p.236~237

① 확정급여형 ↔ 확정기여형

② 확정기여형 → 확정급여형

③ 확정급여형 → 확정기여형

⑤ 확정급여형 → 확정기여형

59 ① [기] p.128~129, p.134, p.137~138 [요] p.235~236, p.238

'다'는 적절한 설명이다.

가. 10년 → 5년

나. DC형과 동일하게 사전지정운용제도를 활용하여 운용할 수 있다.

라. 퇴직급여를 받는 사람뿐만 아니라 자영업자를 포함한 소득이 있는 모든 사람이 설정할 수 있다.

60 ④

㉮ p.122~123 ㉯ p.233

1) DB형 퇴직연금의 은퇴시점 세전평가액
   - 퇴직 직전 평균임금
     PV 6,000, N 14, I/Y 4, CPT FV = 10,390,059
   - 퇴직 시 퇴직급여 세전평가액 = 평균임금 × 근속년수
     = 10,390,059 × 15년
     = 155,850,880
   - 은퇴시점 세전 평가액
     PV 155,850,880, N 10, I/Y 5, CPT FV = 253,864,662
2) DC형 퇴직연금의 은퇴시점 세전평가액
   - 퇴직 시 퇴직급여 세전평가액
     PMT(E) 6,000/1.04, N 15, I/Y (5 - 4)/1.04, CPT PV = 80,229,229
     → PV 80,229,229, N 15, I/Y 5, CPT FV = 166,790,804
   - 은퇴시점 세전 평가액
     PV 166,790,804, N 10, I/Y 5, CPT FV = 271,684,645

61 ⑤

㉮ p.163, p.176 ㉯ p.247~248

선택한 원리금보장형 상품이 만기가 되었을 때 자동으로 다시 원리금보장형 상품으로 운용되지는 않는다. 만기일 도래일부터 4주간 동안 만기금에 대해 별도의 운용지시를 하지 않으면, 퇴직연금사업자가 2주간의 대기기간을 두고 대기기간 동안 운용지시를 하지 않으면 사전에 선택한 디폴트옵션 상품(원리금보장형 상품)으로 운용된다는 통지를 하게 된다.

62 ②

㉮ p.186, p.189, p.198~199, p.208, p.213 ㉯ p.253~254, p.256, p.258, p.260

'가, 라'는 적절한 설명이다.
나. 세제적격연금 → 세제비적격연금
다. 확정기간 연금은 가입자가 확정기간 중에 사망하면 잔여 연금적립금은 상속된다.
마. 3.3% → 4.4%

63 ①

㉮ p.199~200, p.205 ㉯ p.256, p.258

연금저축보험 → 연금보험
세제비적격연금이 장기저축성보험의 과세제외요건을 충족하는 경우 인출 시 보험차익에 대해 과세를 하지 않아 세제상 불이익 없이 인출이 가능하다.

64 ⑤

㉮ p.206~207, p.211~212, p.214 ㉯ p.258~260

① 연금보험의 경우 추가납입보험료는 기본보험료에 비해 사업비가 상대적으로 적게 부과되어 있고, 보장계약보험료가 부과되지 않기 때문에 기본보험료보다 연금적립금 축적비율이 더 높다.
② 최저인출보증(GMWB) → 최저수입보증(GMIB)
③ 금리연동형 연금보험 → 변액연금
④ 3년 → 5년

65 ③

㉮ p.178, p.216~218 ㉯ p.251, p.261

'가, 다, 라'는 적절한 설명이다.
나. 적립식펀드 ↔ 연금저축펀드
마. 과세이연 효과는 연금계좌세액공제율이 높을수록, 납입금액이 공제한도 금액에 가까울수록, 납입기간과 거치기간이 길수록, 그리고 연금수령기간이 길수록 더 커지게 된다.

66 ③

㉮ p.197 ㉯ p.256

1) 연금저축세액공제 대상 적용 납입액을 계산한다.
   세액공제 적용 납입액 = Min[{(375 × 12) + (500 × 6)}, 6,000] = 6,000
   참고 연금저축세액공제 적용 납입액 한도 : 연 600만원
2) 연금저축 세액공제액을 계산한다.
   세액공제 대상 납입액 연 600만원 × 13.2% = 792
   참고 연금저축 세액공제율(지방소득세 포함)
   - 종합소득금액 4,500만원 이하 또는 총급여액 5,500만원 이하 : 16.5%
   - 종합소득금액 4,500만원 초과 1억원 이하 또는 총급여액 5,500만원 초과 : 13.2%

67 ①

㉮ p.264~266 ㉯ p.265~266

포트폴리오의 젠센알파가 0보다 크게 나타난다면 시장균형 상태에서 포트폴리오의 기대수익률보다 해당 포트폴리오의 실현수익률이 더 높았다는 것을 의미한다.

68 ⑤

㉮ p.196, p.199~200 ㉯ p.255~256

'가, 나, 다, 라, 마'는 적절한 설명이다.

69 ②

㉮ p.285~289 ㉯ p.269~270

몬테카를로 시뮬레이션 모델 → 고정수익률 활용 모델

70 ⑤

㉮ p.369, p.371~373 ㉯ p.280~281

A. 에이징인플레이스(Aging in Place)
B. 컬렉티브 하우스(Collective house)
C. 시니어 코하우징(Senior Co-housing)
D. 실버타운

▪ 부동산설계

71 ②

㉮ p.9~12 ㉯ p.286

영속성 → 이질성

72 ④

㉮ p.19~21 ㉯ p.289

'가, 라, 마'는 적절한 설명이다.
나. 시장은 기본적으로 수요와 공급에 의해 가격이 결정되며, 주택시장에서 수요의 예측은 어려운 측면이 있으나 주택의 공급은 정부의 개입으로 어느 정도 조절이 가능하다.
다. 하락 → 상승

73 ④

㉮ p.33~38 ㉯ p.293

① 주택보유세 부과 시 임대주택시장에서의 주택가격은 하락하고 임대료는 상승한다.
② 공급량의 증가 → 공급량의 감소
③ 임차인 ↔ 소유자
⑤ 공급자 ↔ 수요자

74 ③ [기] p.59 ~ 61, p.69 ~ 70 [요] p.299 ~ 301

방화지구 → 방재지구

75 ① [기] p.48 ~ 53 [요] p.296 ~ 298

'가, 다'는 적절한 설명이다.

나. 국토종합계획은 다른 법령에 따라 수립되는 국토에 관한 계획에 우선하며 그 기본이 되나, 군사에 관한 계획에 대해서는 그러하지 아니한다.

라. 2020년부터는 제5차 국토종합계획이 진행 중이며, '모두를 위한 국토, 함께 누리는 삶터'의 비전을 갖고 있다.

마. 수도권정비계획에 따라 수도권은 과밀억제권역, 성장관리권역, 자연보전권역의 3개 권역체제로 나누어 관리하고 있다.

76 ④ [기] p.72 ~ 79 [요] p.302 ~ 303

증액 청구는 약정한 차임이나 보증금의 5%의 금액을 초과하여 청구할 수 없다.

77 ③ [기] p.79 ~ 82 [요] p.304

임대인이 임대차기간이 만료되기 6개월 전부터 임대차 종료시까지 임차인이 주선한 신규임차인이 되려는 자로부터 임차인이 권리금을 지급받는 것을 방해해서는 안 된다.

78 ① [기] p.93 ~ 104 [요] p.307 ~ 308

'가, 나, 다'는 적절한 설명이다.

라. 공동주택가격 공시제도는 토지와 건물을 각각 구별하여 산정하는 방식이 아닌 일반적인 거래 관행에 맞게 토지와 건물의 가격을 일괄하여 조사·산정한 적정가격을 말한다.

마. 90일 → 30일

79 ④ [기] p.110 ~ 111 [요] p.389

- 재조달원가 = 연면적 × 평가시점 현재 비용
  = 500 × 1,200
  = 600,000
- 감가누계액 = {(재조달원가 × (1 − 잔가율)} × 경과연수/내용연수
  = {600,000 × (1 − 0.2)} × 5/30
  = 80,000

∴ 원가법에 따른 상가 A의 가치 = 600,000 − 80,000
= 520,000

80 ① [기] p.117 ~ 121 [요] p.312 ~ 313

'가, 다'는 적절한 설명이다.

나. 기준시점 ↔ 공시기준일

라. 간접법은 건물신축단가표와 비교하거나 비슷한 건물의 신축원가 사례를 조사한 후 사정보정 및 시점수정 등을 통해 재조달원가를 구한다.

[참고] 직접법은 대상건물의 건축비를 기준으로 재조달원가를 구한다.

마. 명목임대료 → 실질임대료

81 ⑤ [기] p.114 ~ 116 [요] p.311

- 공실손실액 = 240,000 × 3% = 7,200
- 유효총수익 = 240,000 − 7,200 = 232,800
- 영업경비 = 232,800 × 30% = 69,840

∴ 순영업소득 = 232,800 − 69,840 = 162,960

82 ③ [기] p.123 ~ 127 [요] p.314 ~ 315

투자수익률이 요구수익률보다 더 클 때 투자를 결정한다.

83 ⑤ [기] p.138 ~ 139 [요] p.316

19% → 17.5%

차은호씨가 대출금리가 연 5%인 대출을 받아 상가건물을 매입한다면, 2.8억원(= 4억원 − 1.2억원)의 소득이 발생된다. 따라서 약 17.5%(= 2.8억원/16억원)의 자기자본수익률을 기대할 수 있다.

∴ 대출을 받지 않았을 경우의 수익률인 10%보다 큰 자기자본수익률이 발생하므로 긍정적 레버리지 효과가 발생한다.

84 ④ [기] p.148 [요] p.318

① 원리금균등분할상환 ↔ 원금균등분할상환
② 원금균등분할상환 → 원리금균등분할상환
③ 만기일시상환 → 점증상환
⑤ 원리금균등분할상환 → 원금균등분할상환

85 ② [기] p.153 ~ 159 [요] p.320 ~ 322

외부산정법 → 내부산정법

86 ③ [기] p.171 ~ 175 [요] p.324 ~ 326

2년 → 1년

87 ⑤ [기] p.179 ~ 180, p.184, p.192 ~ 193 [요] p.327 ~ 330

① 말소기준권리 이후에 설정된 권리들은 매각 후 말소기준권리와 함께 소멸된다.
② 동일인 소유의 토지와 건물 중 하나만 경매가 되는 경우에도 대상토지에는 관습법상 법정지상권이 성립한다.
③ 첫 경매개시결정기입등기 후에 가압류한 채권자는 배당요구종기까지 반드시 배당요구를 해야 한다.
④ 14일 → 7일

88 ⑤ [기] p.26 ~ 27, p.254 ~ 255, p.260 [요] p.291, p.339

'나, 다, 라, 마'는 적절한 설명이다.

가. 중심지 상가 → 근린상가

89 ⑤ [기] p.201 ~ 204, p.210 ~ 212 [요] p.331 ~ 334

관리형 토지신탁 → 차입형 토지신탁

90 ④ [기] p.244 ~ 247 [요] p.338

재개발사업은 세입자 대책이 존재하나, 재건축사업은 세입자 대책이 존재하지 않는다.

㉮ 기본서 : 한국FPSB에서 발간한 기본서 페이지를 표기하였습니다.
㉯ 요약집 : 해커스금융 CFP 합격지원반, 환급반, 핵심요약강의 수강생에게 제공되는 〈해커스 CFP 핵심요약집〉 페이지를 표기하였습니다.

• 투자설계

1 ② ㉮ p.22~24 ㉯ p.347

'가, 다, 라'는 적절한 설명이다.
나. 경상수지 → 자본수지
마. 이자율평가설은 국내이자율이 해외이자율보다 높다면 향후 원달러환율이 하락하는 원화절상을 예상한다.

2 ③ ㉮ p.18~21 ㉯ p.346

• 중앙은행이 화폐를 새롭게 발행하면 유동성선호이론으로 인해 이자율이 (하락)한다.
• 정부가 이자수익에 대한 세금을 감면시키면 대부자금이론으로 인해 이자율은 (하락)한다.
• 대부자금이론과 유동성선호이론에서 공통적으로 결정되는 이자율은 (실질이자율)이다.

3 ③ ㉮ p.12~15 ㉯ p.344~345

물가수준이 하락하면 국내금리가 하락하여 원화가치가 하락함으로써 순수출이 증가하게 된다.

4 ④ ㉮ p.29~31 ㉯ p.349

1분기 → 2분기

5 ③ ㉮ p.50 ㉯ p.354

정규분포곡선을 따르는 수익률의 확률
• 실제수익률이 기대수익률 ±1σ 안에 있을 확률은 68.27%이다.
• 실제수익률이 기대수익률 ±2σ 안에 있을 확률은 95.45%이다.
• 실제수익률이 기대수익률 ±3σ 안에 있을 확률은 99.73%이다.

1) 평균(기대수익률) 14%를 기준으로, σ = 7%이므로
±1σ(±7%)에 해당하는 구간은 7~21%
±2σ(±14%)에 해당하는 구간은 0~28%
±3σ(±21%)에 해당하는 구간은 -7~35%이다.
2) 실제수익률이 0% 미만이거나 28% 초과일 확률은 4.55%이다.
100% - 95.45% = 4.55%
↳ 실제수익률이 0~28%일 확률
3) 실제수익률이 0% 미만일 확률은 2.28%이다.
4.55%/2 = 약 2.28%
참고 정규분포는 평균을 중심으로 좌우대칭을 이루므로 이 문제의 경우 0% 미만일 확률과 28% 초과일 확률은 같다.

6 ③ ㉮ p.68~72 ㉯ p.358~359

무차별곡선이 높아질수록 투자자의 효용이 증가하기에 투자자는 U4에 위치한 포트폴리오 A를 가장 선호한다.

7 ③ ㉮ p.85~88 ㉯ p.363

• 요구수익률(k) = R_f + β × {E(R_m) - R_f}
• 베타계수(β_i) = σ_i/σ_m × ρ_{im}

· R_f : 무위험수익률
· E(R_m) - R_f : 증권시장의 위험프리미엄
· ρ_{im} : 개별증권과 시장수익률의 상관계수

1) 베타(β) = 30%/20% × 0.8 = 1.2
2) 요구수익률 = 3% + (1.2 × 10%) = 15%
3) '요구수익률(15%) < 기대수익률(17%)'이므로 증권시장선의 위쪽에 위치하며 현재 주가가 저평가되어 있다.

8 ③ ㉮ p.97~100 ㉯ p.365~366

• 젠센척도 = 펀드의 실현수익률 - 펀드의 요구수익률
• 트레이너척도 = (펀드의 실현수익률 - 무위험이자율)/펀드의 베타
• 정보비율 = (펀드의 실현수익률 - 벤치마크 수익률)/추적오차(Tracking error)

1) 젠센척도 = 18% - {3% + 1.2 × (12% - 3%)} = 4.2%
2) 트레이너척도 = (0.18 - 0.03)/1.2 = 0.125
3) 정보비율 = (0.18 - 0.12)/0.08 = 0.75

9 ④ ㉮ p.78~80 ㉯ p.361~362

투자자의 위험선호도와 상관없이 모든 투자자는 자본시장선(CML)상의 점 M에 투자한다.

10 ① ㉮ p.85 ㉯ p.363

가. 총위험
나. E(R_m) - R_f
다. 있음

11 ③ ㉮ p.95~96 ㉯ p.364

• 자산의 기대수익률 = 1년간 기대수익률 + 변화의 영향
                  + 개별기업의 추가적인 영향
• 변화의 영향 = 민감도 × (실제수치 - 예상수치)

1) 자산 A에 대한 변화의 영향
{0.5 × (3.0% - 3.5%)} + {0.2 × (4.0% - 3.0%)} + {1.0 × (2.5% - 2.0%)} = 0.45%
2) 자산 A의 기대수익률 = 8% + 0.45% + 0 = 8.45%

12 ② ㉮ p.114~115 ㉯ p.369

국내신용등급과 해외신용등급이 상이한 경우, 국내신용등급을 사용하는 것을 원칙으로 하므로 투자자산의 신용위험등급은 2등급이다.

13 ② ㉮ p.120~123 ㉯ p.371~372

'가, 나, 라'는 적절한 설명이다.
다. 결과편향 → 인지편향
마. 손실률 ↔ 변동성

14 ④ ㉮ p.130~132 ㉯ p.374

① 현금흐름할인방법 → 조건부청구권방법
   현금흐름할인방법은 적자기업, 경기순환기업, 건설 중인 사업부문, 무형자산에 대한 평가, 구조조정 중인 기업이거나 합병기업에는 적용하기 어렵다.
② 높은 할인율 ↔ 낮은 할인율
③ 상대가치평가방법은 산업이나 시장 전체가 고평가되거나 저평가되어 있다면 상대가치를 비교하는 방법도 고평가하거나 저평가한다는 문제점이 있다.
⑤ 조건부청구권방법은 현금흐름에서 배당금의 예측오류가 많이 발생할 수도 있다.

15 ② ㉮ p.148~154 ㉯ p.377~379

PBR은 기업의 장부가치와 대비한 상대적인 주가수준을 나타내는 지표이다.

16 ② [기] p.137 ~ 138 [요] p.375

> 보통주의 가치 = $D_1/(k - g) = D_0(1 + g)/(k - g)$
> • 요구수익률(k) = $R_f + \beta \times \{E(R_m) - R_f\}$
> • 배당성향 = 주당배당금/주당순이익
> • 성장률(g) = (1 − 배당성향) × ROE

1) 요구수익률(k) = 6% + {1.5 × (11% − 6%)} = 13.5%
2) 배당성향 = 3,000원/5,000원 = 0.6
3) 성장률(g) = (1 − 0.6) × 15% = 6%
∴ 보통주의 내재가치 = 3,000원 × (1 + 0.06)/(0.135 − 0.06) = 42,400원

17 ③ [기] p.169 ~ 171 [요] p.383

'가, 마'는 적절한 설명이다.
나. 수익률 하락 → 수익률 상승
수익률 상승이 예상되면 복리채, 할인채보다 이표채를 매입하는 것이 투자수익을 높이는 방법이다. 이 때, 이표채 중에서도 표면이자율이 높고 잔존기간이 짧은 채권을 매입하는 것이 투자수익을 높이는 방법이다.
다. 만기가 일정할 때 이자율 상승에 따른 손실폭보다 이자율 하락에 의한 수익증대가 더 크게 나타난다.
라. 높은 ↔ 낮은
잔존기간이 일정할 때 수익률이 변동하면 표면이자율이 낮은 채권의 가격변동은 크고, 표면이자율이 높을수록 가격변동은 작다.

18 ① [기] p.177 ~ 182 [요] p.386 ~ 388

> • 수정듀레이션 = 듀레이션/(1 + 변화 전 유통수익률)
> • 채권가격 변동률 = (−수정듀레이션 × Δr) + {1/2 × 볼록성 × $(\Delta r)^2$}
> • 새로운 채권가격 = 채권가격 × (1 + 채권가격 변동률)

1) 수정듀레이션 = 2.25/(1 + 0.05) = 2.14
2) 채권가격 변동률 = (−2.14 × 0.02) + {1/2 × 8.29 × $(0.02)^2$} = −0.0411
3) 새로운 채권가격 = 9,200원 × {1 + (−0.0411)} = 8,821원
[참고] 채권의 유통수익률이 상승하면 채권가격은 하락한다.

19 ③ [기] p.177, p.180 [요] p.387 ~ 388

채권의 볼록성은 듀레이션이 증가함에 따라 체증적으로 증가한다. 만약 듀레이션이 2배가 되면 채권의 볼록성은 2배 이상 증가한다.
① 정(+) → 역(−)
② 할인채 → 영구채
할인채의 듀레이션은 표면만기와 동일하다.
④ 높게 → 낮게
⑤ 볼록성은 채권가격-수익률곡선의 기울기의 변화를 나타낸다.
채권가격-수익률곡선의 기울기를 나타내는 것은 듀레이션이다.

20 ③ [기] p.188 ~ 189 [요] p.390 ~ 391

재고자산회전율은 기업이 소유한 자산들의 활용 정도를 평가하는 비율이다.

21 ④ [기] p.193 ~ 194, p.198 ~ 201 [요] p.392 ~ 394

매도 → 매수

22 ④ [기] p.213, p.215, p.219 ~ 220 [요] p.399 ~ 401

현금흐름과 → 상환시기와

23 ⑤ [기] p.245 ~ 248 [요] p.408 ~ 409

① 커버드콜전략은 강세시장에서 현물자산가격 상승에 따른 이익을 일정 수준으로 제한한다.
② 이익 → 손실
③ 보호적 풋전략은 현물자산가격이 상승하면 이에 비례하여 이익이 증가한다.
④ 옵션델타 → 옵션델타의 역수

24 ③ [기] p.227 ~ 228 [요] p.402

가. 정상적 백워데이션
나. 낮은

25 ② [기] p.232 [요] p.403

> 최적 헤지계약수 = 베타 × 보유포트폴리오금액/(현물지수 × 선물거래승수)

1) 최적 헤지계약수 = 1.4 × 1,000,000,000원/(140 × 250,000원) = 40계약
2) 주식 포트폴리오의 80%만 헤지한다고 했으므로 32계약(= 40계약 × 0.8)이 필요하다.
3) 현재 주식 포트폴리오를 보유하고 있으므로 가격하락위험을 헤지하기 위해 선물 32계약을 매도한다.
[참고] 주요 기초자산 중 KOSPI200지수의 선물거래승수는 250,000원이다.

26 ① [기] p.234 ~ 235 [요] p.404

'가, 다'는 적절한 설명이다.
나. 외환스왑거래를 표시할 때에는 현물환 거래내역을 앞에 표시하고 선물환 거래내역을 뒤에 표시한다.
라. 통화스왑은 계약기간 중 이자에 대해 계약조건에 따라 일정 기간마다 서로 교환하고, 만기 시에는 원금을 계약 당시 약정된 환율로 반대거래를 하므로 환위험에 노출되지 않는다.
마. 1년 이내의 단기 거래 → 1년 이상의 장기 거래

27 ② [기] p.274 ~ 275 [요] p.414

트레이너척도 → 샤프척도

28 ① [기] p.316 ~ 327 [요] p.427 ~ 431

방향성 전략 ↔ 비방향성 전략

▪ 세금설계

29 ① [기] p.25, p.28 ~ 32 [요] p.446 ~ 448

정지 → 중단

30 ⑤ [기] p.38 ~ 41 [요] p.450 ~ 451

국세기본법에 따른 과태료 부과처분이 있는 경우에는 국세기본법에 따른 불복을 청구할 수 없다.

31 ② [기] p.60 ~ 63 [요] p.458 ~ 459

단순경비율 ↔ 기준경비율

32 ③ [기] p.54 ~ 55 [요] p.456

'가, 라, 바'는 필요경비 불산입 항목에 해당한다.
'나, 다, 마'는 필요경비 항목에 해당한다.

33 ④ [기] p.63 ~ 65 [요] p.460

5년 → 15년

34 ②

㉮ p.71~72 ㉯ p.462

성실신고확인서를 제출하는 경우 확정신고기간은 그 과세기간의 다음 연도 5월 1일부터 6월 30일까지이다.

35 ③

㉮ p.67~69 ㉯ p.461~462

> 부동산임대사업소득의 총수입금액 = 임대료 + 관리비 + 간주임대료

1) 임대료 = 5,000 × 12월 = 60,000
2) 관리비 = 1,000 × 12월 = 12,000
3) 간주임대료 = (보증금의 적수 - 건설비상당액 적수) × 1/365 × 정기예금 이자율 - 임대사업에서 발생한 보증금 운용수입
   = {750,000 - (200,000 + 100,000)} × 3.5% - 4,500
   = 11,250

참고 주식매매차익은 임대사업에서 발생한 보증금 운용수입에 포함되지 않는다.
4) 부동산임대사업소득의 총수입금액 = 60,000 + 12,000 + 11,250 = 83,250

36 ②

㉮ p.74 ㉯ p.463

'가, 다, 라'는 소득세법상 비과세되는 근로소득에 해당한다.
나. 사용자 부담금을 회사가 대납한 경우에는 근로소득으로 본다.
마. 일정 요건을 갖춘 근로자 본인의 학자금은 비과세되지만, 자녀의 학자금은 근로소득으로 본다.
바. 30만원 → 20만원

37 ⑤

㉮ p.78~82 ㉯ p.464~465

원작자로서 창작한 소설을 통해 10만원의 총수입금액이 발생하였다면 기타소득금액은 4만원[= 10만원 × (1 - 60%)]이므로, 5만원 이하인 기타소득금액에 대해서는 기타소득세가 과세되지 않는다.
① 종업원이 퇴직한 후에 지급받은 700만원 이하의 직무발명보상금은 기타소득세가 과세되지 않는다.
② 뇌물수재에 따라 받은 금품은 당연 종합과세대상이므로 분리과세를 선택할 수 없다.
③ 연금계좌로부터 연금외수령한 기타소득금액에 대해서는 기타소득금액의 15%를 원천징수하므로 원천징수세액은 30만원(= 200만원 × 15%)이다.
④ 슬롯머신을 이용하여 당첨금품을 받았다면 당첨 당시에 슬롯머신에 투입한 금액을 필요경비로 차감한다.

38 ④

㉮ p.55~56 ㉯ p.456~457

이자소득 → 배당소득

39 ⑤

㉮ p.84~87 ㉯ p.466~467

① 기본공제대상자 판정 시 연간 소득금액은 종합소득금액과 퇴직소득금액, 양도소득금액을 합산하여 100만원 이하인지를 판단해야 한다.
② 총급여액 500만원 이하의 근로소득만 있는 경우 기본공제를 적용할 수 있다.
③ 5천만원 → 3천만원
④ 부녀자공제와 한부모공제가 모두 해당하는 경우에는 한부모공제를 적용한다.

40 ②

㉮ p.88~90 ㉯ p.467~468

60% → 40%

41 ③

㉮ p.97~100 ㉯ p.472~473

출산·입양한 공제대상 자녀가 있는 경우 첫째 30만원, 둘째 50만원, 셋째 이상 70만원을 종합소득 산출세액에서 공제한다.

42 ③

㉮ p.114~118 ㉯ p.477~478

① 이자소득, 배당소득, 근로소득, 연금소득, 기타소득만 있거나 해당 과세기간에 신규로 사업을 개시한 경우에는 중간예납의무를 부담하지 않는다.
② 종합소득 과세표준이 없거나 결손금이 있는 거주자도 과세표준 확정신고를 해야 할 의무가 있다.
④ 2.5/10,000 → 2.2/10,000
⑤ 2천만원 → 1천 5백만원

43 ⑤

㉮ p.144~145, p.148~150 ㉯ p.485~487

① 법인의 소득을 계산하는 사업연도는 법인이 정관에 규정하고 있는 것을 원칙으로 하므로, A법인의 사업연도는 4월 1일부터 다음 연도 3월 31일이다.
② 법인의 등기부상 본점 또는 주사무소의 소재지가 국내에 없을 경우 사업을 실질적으로 관리하는 장소의 소재지를 납세지로 하므로, A법인의 납세지는 영등포구이다.
③ 외국비영리법인의 수익사업에서 발생하는 토지 등 양도소득에 대한 법인세는 과세대상이다.
④ 감가상각비, 대손충당금, 퇴직급여충당금은 결산조정항목으로 결산서상에 비용으로 계상한 경우에만 손금으로 인정한다. 결산서상의 금액과 세법상의 금액이 다를 경우 반드시 세무조정해야 하는 것은 신고조정항목이다.

44 ②

㉮ p.171~174 ㉯ p.493~494

① 기초생활 필수품 및 용역, 국민후생용역은 면세제도 적용대상에 해당한다.
③ 면세제도 → 영세율제도
④ 공급받은 재화 또는 용역 → 공급한 재화 또는 용역
⑤ 특수관계인 간에 무상으로, 과세되는 사업용부동산 임대용역을 공급한 경우의 과세표준은 공급한 용역의 시가이다.

45 ①

㉮ p.126, p.213~214 ㉯ p.479, p.506

1) 2024년 귀속 종합과세대상 이자소득과 배당소득은 예금의 이자 3,000천원과 비영업대금의 이익 1,000천원이다.
   참고 인정배당은 결산확정일을 귀속시기로 하며, 비실명배당은 무조건 분리과세대상이다.
2) 예금의 이자는 14%, 비영업대금의 이익은 25%의 원천징수세율을 적용한다.
3) 2024년 귀속 종합과세대상 금융소득의 원천징수세액
   = (3,000 × 14%) + (1,000 × 25%) = 670

46 ②

㉮ p.217~218 ㉯ p.506~507

1) 소득의 구분 및 금융소득 총수입금액의 계산

이자소득	5,000[1]
+ 배당소득	+ 47,000[2]
= 금융소득 총수입금액	= 52,000

[1] 채권의 매매차익 5,000
[2] 인정배당 2,000 + 자기주식소각이익의 자본전입 8,000 + 자기주식처분이익 25,000 + 집합투자기구의 이익 (14,000 - 2,000)

2) Gross-up 금액 = Min[(52,000 - 20,000), (2,000 + 25,000)] × 10%
   = 2,700

47 ②

㉮ p.215~216, p.221 ㉯ p.506~507

종합소득금액		130,000
- 종합소득공제	-	13,000
= 종합소득 과세표준	=	117,000
× 세율	×	35% - 15,440
= 종합소득 산출세액	=	25,510
- 연금계좌세액공제	-	720[1]
- 표준세액공제	-	70[2]
= 종합소득 결정세액	=	24,720

[1] 6,000 × 12%
종합소득금액 4,500천원 초과인 경우 연금계좌세액공제 대상 납입액은 6,000천원 한도이며, 공제율은 12%를 적용함
[2] 근로소득이 없는 거주자로서 종합소득이 있는 자(성실사업자 제외)의 경우 연 7만원을 공제함

48 ⑤　　　　　　　　　　　　　　　㉑ p.213～218 ⑧ p.506～507

작은 금액 → 큰 금액

49 ④　　　　　　　　　　　　　　　㉑ p.230～234 ⑧ p.511～512

9% → 12%

50 ①　　　　　　　　　　　　　　　　　㉑ p.240 ⑧ p.513

② 종합·별도합산과세대상 토지에 대해서는 3단계 초과누진세율을 적용하지만, 주택(별장 제외)에 대해서는 7단계 초과누진세율을 적용한다.
③ 건축물에 대해서는 단일세율을 적용하기 때문에 다른 시·군·구의 상가를 취득하여도 건물분 재산세는 감소하지 않는다.
④ 6억원 → 9억원(1세대 1주택 12억원)
⑤ 개별 과세하고 있는 주택과 건축물 및 분리과세대상 토지에 대한 재산세의 경우에는 공동소유를 하더라도 재산세가 감소하지 않는다.

51 ⑤　　　　　　　㉑ p.262～263, p.266～269, p.275 ⑧ p.519～521, p.523

9억원 → 12억원

52 ②　　　　　　　　　　　　　　　㉑ p.291～303 ⑧ p.527～530

차감 → 가산

53 ②　　　　　　　　　　　　　　　㉑ p.288～291 ⑧ p.526

일반과세사업자가 국민주택규모를 초과하는 주택을 공급하는 경우 부동산 가격 이외에 건물가액에 대하여 10%의 부가가치세가 부과된다.

54 ④　　　　　　　　　　　　　　　　　㉑ p.337 ⑧ p.537

퇴직소득 산출세액은 환산 전 퇴직소득 산출세액을 12로 나눈 금액에 근속연수를 곱하여 계산한다. 따라서 (가)는 '근속연수', (나)는 '12'가 된다.

55 ④　　　　　　　　　　　㉑ p.320, p.324～326 ⑧ p.532～534

① 연금소득금액 → 종합과세대상 총연금액
② 종합과세 → 분리과세
③ 5% → 4%
⑤ 공적연금의 수입시기는 공적연금관련법에 따라 연금을 지급받기로 한 날이다.

■ **상속설계**

56 ③　　　　　　　　　　　　　　　㉑ p.18～20 ⑧ p.545～546

① 충돌될 일이 없다. → 충돌될 수 있다.
② 변호사가 아니면서 대가를 받고 법률사건 등에 대해 감정·대리·상담 등을 한 자는 처벌되기 때문에 상속설계에서의 법률상담은 대가 없는 상담이어야 하고 필요한 경우 전문가와 협업을 해야 한다.
④ 이해상충을 회피하기 힘들다면 다른 전문가에게 상속설계를 이전할 수 있다.
⑤ 신탁전문가 또한 자격인증자와 협력하는 전문가에 해당한다.

57 ⑤　　　　　　　　　　　　　　　㉑ p.35～40 ⑧ p.549～550

신탁재산은 민법상 상속재산에서 제외되지만, 상속세 계산 시에는 실질내용에 따라 상속재산에 포함될 수 있다.

58 ④　　　　　　　　　　㉑ p.37～38, p.42～45 ⑧ p.549～551

'나, 다, 마'는 적절한 설명이다.
가. 상사신탁 → 민사신탁
라. 법정후견신탁 → 임의후견신탁

59 ⑤　　　　　　　　　　㉑ p.49～53, p.62 ⑧ p.552～555

자필증서유언은 간편하게 작성할 수 있는 방식이지만 위조, 변조의 위험이 크고 유언의 유무나 진정성이 쉽게 판명될 수 없다는 문제점이 존재한다.

60 ④　　　㉑ p.49, p.54～55, p.64, p.122 ⑧ p.552～553, p.555～556, p.570

자필증서에 의한 유언은 검인의 유무에 의하여 효력에 영향을 받지 않는다.

61 ②　　　　　　　　　　㉑ p.79, p.85～90 ⑧ p.560～562

상속인의 상속포기는 대습상속의 사유가 되지 않는다.

62 ⑤　　　　　　　　　　　　　　　　　㉑ p.78 ⑧ p.559

실종기간이 만료한 때와 다른 시기에 사망한 사실의 증명이 있는 경우 가정법원에 실종선고취소청구를 통하여 실종선고를 취소할 수 있다.

63 ③　　　　　　　　　　　　　　　㉑ p.93～95 ⑧ p.563

상속재산에 속하는 개개의 물건 → 각자의 상속분

64 ②　　　　　　　　　　㉑ p.95, p.97 ⑧ p.563～564

① 예금채권은 가분채권이므로 상속재산분할의 대상이 되지 않고 법정상속분에 따라 상속인에게 당연귀속되는 것이 원칙이지만 초과특별수익자가 존재한다면 상속재산분할의 대상이 된다.
③ 공동상속인 간의 협의에 따라 공동상속 중 1인이 상속채무를 모두 부담하기로 약정하여 다른 공동상속인은 채무의 일부 또는 전부를 면제하기 위해서는 채권자의 승낙이 필요하다.
④ 상속채무는 상속재산 분할의 대상이 되지 않으므로 소급효가 있는 상속재산의 협의분할에 해당하지 않고, 공동상속인 간 별도의 채무인수계약이 될 수 있을 뿐이다.
⑤ 한정승인을 한 경우에는 상속재산의 한도에서만 책임을 지기 때문에 상속채무에 대한 무한책임에서 벗어날 수 있다.

65 ②　　　　　　　　　　　　㉑ p.102～105 ⑧ p.565

① 특별수익자의 구체적 상속분은 미리 받은 특별수익을 제외한 나머지가 된다.
③ 상속포기자가 받은 특별수익이 다른 공동상속인의 유류분을 침해한다면 유류분반환청구 대상이 될 수 있다.
④ 해당한다. → 해당하지 않는다.
⑤ 특별수익을 받은 상속인이 피상속인보다 먼저 사망하여 피대습인이 된 경우 그 특별수익은 대습상속인의 특별수익으로 보아야 하는데, 피대습인의 직계존속은 대습상속인이 될 수 없다.

66 ④　　　　　㉑ p.92～93, p.112, p.118 ⑧ p.562, p.567, p.569

소멸한다 → 소멸하지 않는다.

67 ⑤　　　　㉑ p.136～137, p.143 ⑧ p.574～575

① 피상속인의 4촌 이내 방계혈족은 상속인이 될 수 있지만 유류분은 인정되지 않는다.
② 증여 당시를 → 상속개시 당시를
③ 포함되지 않는다. → 포함된다.
④ 유류분반환청구권의 행사는 재판상 또는 재판 외에서 상대방에 대한 의사표시의 방법으로 할 수 있다.

68 ⑤ ㉮ p.123~124 ㉳ p.570~571

① 상속재산분할 전 피상속인의 재산은 잠정적으로 공동상속인 간 공유로 한다.
② 유언에 의한 분할방법이 1순위이고, 유언이 없으면 공동상속인 간 협의분할, 협의가 안 되면 법원에 분할을 신청하여 상속재산을 분할한다.
③ 공동상속인들은 5년 내 기간으로 분할금지약정을 할 수 있으며, 법원의 허가가 필요한 것은 아니다.
④ 유언자는 유언으로 제3자를 유언집행자로 지정할 수 있고 그 지정을 제3자에게 위탁할 수 있다.

69 ① ㉮ p.125~127 ㉳ p.571

법정대리인 → 특별대리인

70 ③ ㉮ p.153~154 ㉳ p.577

'나, 다, 라'는 상속세와 증여세의 동일규정이다.
가. 상속세의 경우 상속인(상속인이 아닌 자)에게 10년(5년) 내 증여한 재산을 상속세 과세가액에 포함하며, 증여세의 경우 동일인으로부터 10년 내 증여받은 재산을 증여세 과세가액에 포함한다.
마. 상속세는 유산세 방식, 증여세는 유산취득세 방식에 의한다.

71 ② ㉮ p.163 ㉳ p.580

상속재산 감정평가수수료는 상속세 과세가액 차감금액으로, 상속세 과세표준을 계산할 때 사용된다.

72 ④ ㉮ p.178 ㉳ p.584

상속개시일 전 10년(5년) 이내에 피상속인이 상속인(상속인이 아닌 자)에게 증여한 재산의 증여 당시 재산가액을 상속재산에 가산한다.
• A가 상속개시일로부터 10년 이내에 상속인인 배우자와 아들에게 각각 3억원의 상가와 4억원의 임야를 증여하였으므로 상속재산에 가산한다.
• 손자와 형은 상속인이 아니므로 A가 상속개시일로 5년 이내에 형에게 증여한 5억원의 주택만 상속재산에 가산한다.
∴ 상속재산에 가산할 증여재산가액 = 3억원 + 4억원 + 5억원 = 12억원

73 ③ ㉮ p.179~186 ㉳ p.585~587

① 순금융재산의 가액이 10억원을 초과하면 금융재산상속공제액은 2억원이다.
② 배우자가 실제로 상속받은 금액이 5억원 이하이더라도 최소 5억원의 배우자 상속공제를 적용받을 수 있다.
④ 피상속인이 비거주자인 경우 기초공제 2억원만 적용한다.
⑤ 상속개시 전에 → 상속개시 후 상속세 신고기한 이내에

74 ③ ㉮ p.176, p.189~190 ㉳ p.587~589

가. 30%
나. 10년
다. 40%
라. 50%

75 ④ ㉮ p.205~209 ㉳ p.594~596

소유권 이전 계약일 → 소유권 이전 등기·등록 신청서 접수일

76 ② ㉮ p.219 ㉳ p.598

• 10년 이내에 직계존속으로부터 증여받은 재산은 2014년 1월 1일부터 5,000만원 한도로 증여재산공제를 적용할 수 있다.
• 2013년 12월 31일까지 직계존속으로부터 증여받은 재산에 대한 증여재산공제 한도는 3,000만원이다.
1) 2011년 아버지로부터 예금을 증여받을 때 증여재산공제액 = 2,000만원
2) 2014년 할아버지로부터 아파트를 증여받을 때 증여재산공제액 한도(5,000만원) - 10년 이내 직계존속에 대한 증여재산공제액(2,000만원) = 3,000만원
3) 2024년 어머니에게 증여받을 때 증여재산공제액 한도(5,000만원) - 10년 이내 직계존속에 대한 증여재산공제액(3,000만원) = 2,000만원

77 ② ㉮ p.210, p.227, p.231, p.236 ㉳ p.596, p.600~601

특수관계자 간의 거래에서 대가와 시가의 차액이 30% 이상이거나 3억원 이상인 경우 증여로 본다.
'1억원(= 6억원 - 5억원) < Min[1.5억원(= 5억원 × 30%), 3억원]'이므로 증여세 과세대상이 되지 않는다.

78 ④ ㉮ p.265~266 ㉳ p.607

시가로 볼 수 있는 가액이 없고 사실상 임대차계약이 체결되어 있는 상가이므로 보충적 평가방법에 의하여 증여재산가액을 정한다.
임대차계약이 체결된 임대 상가의 재산가액 = Max[㉠, ㉡]
㉠ 보충적 평가방법에 의한 평가가액 = 4억원 + 2억원 = 6억원
㉡ 1년간 임료료/12% + 임대보증금 = 4,800만원/12% + 3억원 = 7억원
∴ 임대차계약이 체결된 임대 상가의 재산가액 = Max[6억원, 7억원] = 7억원

79 ① ㉮ p.302~303 ㉳ p.614

② 토지·건물 등 양도소득세 과세대상을 제외한 재산이어야 한다.
③ 창업자금의 증여자는 60세 이상의 부모로, 증여 당시 부모가 사망한 경우에는 (외)조부모를 포함하며, 형제자매는 포함하지 않는다.
④ 중복 적용을 할 수 있다. → 중복 적용을 할 수 없다.
⑤ 가산한다. → 가산하지 않는다.

80 ② ㉮ p.327~331 ㉳ p.620

2억 5천만원 → 5억원
특정법인의 지배주주등이 증여받은 것으로 보는 금액은 특정법인의 이익에 특정법인의 지배주주등의 주식보유비율을 곱하여 계산한다.

정답

3교시

단일사례

1 ④	2 ②	3 ③	4 ④	5 ②	6 ⑤	7 ③	8 ⑤	9 ①	10 ②
11 ⑤	12 ⑤	13 ④	14 ④	15 ③	16 ⑤	17 ①	18 ④	19 ②	20 ⑤
21 ①	22 ③	23 ①	24 ②	25 ②	26 ①	27 ③	28 ②	29 ②	30 ③

복합사례 Ⅰ (원론·보험·투자·부동산)

31 ①	32 ④	33 ②	34 ①	35 ③	36 ⑤	37 ⑤	38 ⑤	39 ④	40 ①

4교시

복합사례 Ⅱ (보험·은퇴·세금·상속)

1 ⑤	2 ④	3 ③	4 ③	5 ④	6 ①	7 ④	8 ②	9 ④	10 ④

복합사례 Ⅲ (투자·부동산·세금·상속)

11 ①	12 ⑤	13 ②	14 ②	15 ①	16 ⑤	17 ④	18 ③	19 ④	20 ②

종합사례

21 ②	22 ②	23 ⑤	24 ①	25 ②	26 ③	27 ①	28 ⑤	29 ③	30 ③
31 ④	32 ⑤	33 ③	34 ⑤	35 ④	36 ④	37 ④	38 ①	39 ②	40 ①

- 단일사례

1 ④

❶ 주택담보대출 잔액을 계산한다.
  1) 매월 말 원리금상환액을 계산한다.
    PV 150,000, N 20 × 12, I/Y 8.5/12, CPT PMT(E) = 1,301.735(STO1)
  2) 주택담보대출 잔액을 계산한다.
    [2ND AMORT] P1 1, P2 32, BAL = 141,441.254(STO2)

❷ 직장인가계대출 잔액을 계산한다.
  1) 매월 말 원리금상환액을 계산한다.
    PV 30,000, N 5 × 12, I/Y 7/12, CPT PMT(E) = 594.036(STO3)
  2) 직장인가계대출 잔액을 계산한다.
    [2ND AMORT] P1 1, P2 22, BAL = 20,193.978(STO4)

❸ 보기를 읽으며 O, X를 표시한다.
  ① [O] 주거관련부채부담율은 19.56%로 가이드라인인 30% 이하이기 때문에 재무구조가 건전한 것으로 평가할 수 있다.

주거관련부채부담율 = 주거관련부채 ÷ 총자산

  주거관련부채부담율 = 141,441.254(RCL2) ÷ 722,950 = 19.56%
  ② [O] 주거관련부채상환비율은 18.38%로 가이드라인인 28% 이하이기 때문에 위험한 수준은 아닌 것으로 평가할 수 있다.

주거관련부채상환비율 = 주거관련부채상환액 ÷ 월 총수입

  주거관련부채상환비율 = 1,301.735(RCL1) ÷ (85,000/12) = 18.38%
  ③ [O] 소비성부채비율은 7.92%로 가이드라인을 초과하지 않고 있다.

소비성부채비율 = 소비성부채상환액 ÷ 월 순수입

  소비성부채비율 = 594.036(RCL3) ÷ 7,500 = 7.92%
  ④ [X] 총부채상환비율은 26.76%로 가이드라인인 36%보다 9.24%p 낮게 나타나고 있어 재무건전성에 부정적인 영향을 미치지 않는다.

총부채상환비율 = 총부채상환액 ÷ 월 총수입

  총부채상환비율 = {1,301.735(RCL1) + 594.036(RCL3)} ÷ (85,000/12) = 26.76%
  ⑤ [O] 총부채부담율은 22.36%로 가이드라인인 40% 이하이기 때문에 건전한 재무구조를 나타내고 있는 것으로 평가할 수 있다.

총부채부담율 = 총부채 ÷ 총자산

  총부채부담율 = (141,441.254(RCL2) + 20,193.978(RCL4)) ÷ 722,950 = 22.36%

2 ②

❶ 은퇴기간 동안 수령할 연금액을 은퇴시점에서의 일시금으로 평가한다.
  PMT(B) 30,000, N 30, I/Y (4 − 3.5)/1.035,
  CPT PV = 839,985.767(현재물가기준)
  → 839,985.767 × 1.035²⁰ = 1,671,394.325(STO1)

❷ 현재까지의 투자원리금 합계(은퇴시점)를 구한다.
  PMT(B) 4,000, N 10, I/Y (6 − 10)/1.1,
  CPT PV = 47,523.218(30세 시점)
  → 47,523.218 × 1.06³⁰ = 272,949.181(STO2)

❸ 은퇴시점에서의 부족자금을 구한다.
  1,671,394.325(RCL1) − 272,949.181(RCL2) = 1,398,445.143

❹ 새롭게 저축할 금융상품의 세후투자수익률을 구한다.
  FV 1,398,445.143, N 20, PMT(E) −30,000, CPT I/Y = 8.167

3 ③

❶ 조재환씨의 2024년 12월 31일 기준 총자산을 구한다.
  1) 정기예금 금액을 구한다.
    PV 20,000, N 12, I/Y 2.5/12, CPT FV = 20,505.769(STO1)
  2) CMA 금액을 구한다.
    5,000 × 1.02 = 5,100(STO2)
  3) 적립펀드 금액을 구한다.
    PMT(E) 500, N 12, I/Y 5/12, CPT FV = 6,139.428(STO3)
  4) 주택 A 금액을 구한다.
    800,000 × 1.03 = 824,000(STO4)
  5) 위에서 구한 자산 금액을 모두 더하여 총자산을 구한다.
    20,505.769(RCL1) + 5,100(RCL2) + 6,139.428(RCL3) + 824,000(RCL4)
    = 855,745.197(STO5)

❷ 조재환씨의 2024년 12월 31일 기준 총부채를 구한다.
  1) 매년 말 원리금상환액을 계산한다.
    PV 300,000, N 20 × 12, I/Y 4/12, CPT PMT(E) = 1,817.941
  2) 주택담보대출 잔액을 계산한다.
    [2ND AMORT] P1 1, P2 72, BAL = 233,564.736(STO6)
    └ 60 + 12(2024년 1 ~ 12월)

❸ 총자산(❶)에서 총부채(❷)를 차감하여 순자산을 구한다.
  855,745.197(RCL5) − 233,564.736(RCL6) = 622,180.461

4 ④

❶ 아들의 결혼 시점의 필요자금을 구한다.
  250,000 × 1.03¹⁶ = 401,176.610

❷ 현재시점의 필요자금을 구한다.
  1) 지금으로부터 10년 후 거치 시작 시점에 필요한 일시금을 구한다.
    FV 401,176.610, N 6, I/Y 3.5, CPT PV = 326,357.431
    └ 거치기간 └ 거치기간 동안의 투자수익률
  2) 현재시점에 필요한 일시금을 구한다.
    FV 326,357.431, N 10, I/Y 6, CPT PV = 182,236.285
    └ 투자기간 └ 투자기간 동안의 투자수익률

❸ 첫해 말 저축해야 하는 금액을 구한다.
  PV 182,236.285, N 10, I/Y (6 − 4)/1.04,
  CPT PMT(E) = 20,206.167
  → 20,206.167 × 1.04 = 21,014.414

5 ②

❶ 현재시점부터 사망까지의 time table을 그려 장기개호를 위한 필요자금, 준비자금과 기간을 구한다.

	현재시점		개호시점	박주식씨 사망
		45년		3년
	박주식씨 40세		85세	88세
필요자금	0		36,000(3회)	
준비자금	0		50,000(3회)	

❷ 장기개호를 위한 필요자금의 현재가치를 구한다.
  CF0 0, C01 0 (44), C02 36,000 (3), I (6 − 3)/1.03,
  NPV CPT = 28,839.359(STO1)

❸ 장기개호를 위한 준비자금의 현재가치를 구한다.
  CF0 0, C01 0 (44), C02 50,000 (3), I 6
  NPV CPT = 10,292.309(STO2) └ 정벅이므로 투자수익률 사용한다.

❹ ❷에서 ❸을 차감하여 현재시점에서 추가로 준비해야 할 개호비용을 구한다.
  28,839.359(RCL1) − 10,292.309(RCL2) = 18,547.050

6 ⑤

❶ 배우자와 막내의 나이를 기준으로 time table을 그려서 각 구간마다 부족한 생활비와 기간을 구한다.

❷ 부족한 생활비의 현재시점 일시금을 구한다.
CF0 42,000, C01 42,000 (19), C02 22,000 (30), I (6 − 3)/1.03,
NPV CPT = 901,036.320(STO1)

❸ 현재 주택담보대출 잔액을 구한다.
PV 200,000, N 20 × 12, I/Y 4/12, CPT PMT(E) = 1,211.961
[2ND CLR TVM]을 하지 않은 상태에서
N 42, CPT FV = 175,460.784(STO2)

❹ 필요자금의 현재시점 일시금을 구한다.
901,036.320(RCL1) + 175,460.784(RCL2) + 15,000 = 1,091,497.104(STO3)
　　　　　　　　　　　　　　　　　↳ 사후정리자금

❺ 준비자금의 현재시점 일시금을 구한다.
10,000 + 20,000 + 200,000 = 230,000(STO4)
　↳ 정기예금　↳ CMA　↳ 사망보험금

❻ 추가적인 생명보험 필요보장액을 구한다.
1,091,497.104(RCL3) − 230,000(RCL4) = 861,497.104

7 ③

❶ 화재보험의 보험금 지급방법을 확인한다.
　1) 대상 물건이 공장 건물이므로 부보비율 조건부 실손보상조항(Coinsurance)이 적용되지 않는다.
　　[참고] • coin 적용 : 주택, 일반물건(점포)
　　　　　• coin 미적용 : 공장, 일반물건(재고자산)
　2) 일부보험이므로 비례보상 한다.

❷ 잔존물제거비용에 대한 보험금과 가입금액 한도를 감안하여 지급받을 수 있는 보험금을 계산한다.

재산손해액	150,000[1]
+ 잔존물제거비용 +	10,000[2]
= 합계 =	160,000[3]
+ 손해방지비용 +	2,500[4]
+ 기타협력비용 +	5,000[5]
= 총보험금 =	167,500

[1] 240,000 × (300,000/480,000)
[2] 16,000 × (300,000/480,000) = 10,000 ← 재산손해액의 10%(= 24,000) 한도
[3] 보험가입금액 한도 이내
[4] 4,000 × (300,000/480,000)
[5] 전액보상

8 ⑤

자동차보험의 사망보험금 계산문제는 장례비, 위자료, 상실수익액을 모두 더하여 최종 보험금을 산정하며, 사망자의 과실비율이 있을 경우 이를 상계하여 최종 보험금을 산정한다.

❶ 장례비를 구한다.
소득, 연령, 기·미혼 여부, 자녀의 수에 관계없이 5,000천원을 지급한다.

❷ 위자료를 구한다.

• 65세 이상 → 50,000천원
• 65세 미만 → 80,000천원

배수빈씨의 나이는 65세 미만에 해당하므로 위자료로 80,000천원을 지급한다.

❸ 상실수익액을 구한다.
　1) 취업가능월수(정년까지 월수)를 구한다.

취업가능월수(정년까지 월수) = (출생연월일 + 정년) − 사고연월일

　(1980년 4월 13일 + 65세) − 2024년 6월 20일 = 249개월(월 미만 절사)

　2) 월평균 현실소득액에서 사망자의 생활비(1/3)를 공제하여 상실수익액을 구한다.

상실수익액
= 월평균 현실소득액 × 2/3 × 취업가능월수에 해당하는 호프만계수

　8,400 × 2/3 × 170.5593 = 955,132.080

❹ '❶, ❷, ❸'을 모두 더한 후 과실비율(10%)을 적용하여 최종 보험금을 구한다.
(5,000 + 80,000 + 955,132.080) × (1 − 0.1) = 936,118.872

9 ①

❶ 벨쓰방식에 의한 100천원당 코스트는 다음 공식을 이용하여 계산한다.

$$100천원당\ 코스트 = \frac{(연간\ 보험료 + 직전연도\ 해약환급금) \times (1 + 이자율) - (당해연도\ 해약환급금 + 배당금)}{(일반사망보험금 - 당해연도\ 해약환급금) \times 0.00001}$$

❷ 평화생명의 100천원당 코스트를 구한다.
$$\frac{(1,500 + 4,550) \times (1 + 0.06) - (5,800 + 0)}{(100,000 - 5,800) \times 0.00001} = 650.743원$$

❸ 누리생명의 100천원당 코스트를 구한다.
$$\frac{(1,800 + 4,890) \times (1 + 0.06) - (6,000 + 100)}{(100,000 - 6,000) \times 0.00001} = 1,054.681원$$

10 ②

❶ 자산 B의 투자비중은 포트폴리오의 기대수익률 공식을 이용하여 계산한다.

포트폴리오의 기대수익률($E(R_P)$)
$= w_A \times E(R_A) + w_B \times E(R_B) + w_C \times E(R_C)$
· w_i : 자산 i의 투자비중

8% = w_A × 10% + (0.9 − w_A) × 6% + 0.1 × 4% → w_A = 0.55
∴ 자산 A의 투자비중 : 55%, 자산 B의 투자비중 : 35%

❷ 포트폴리오의 표준편차는 아래의 공식을 이용하여 계산한다.

포트폴리오의 표준편차(σ_P)
$= \{(w_A \times \sigma_A)^2 + (w_B \times \sigma_B)^2 + (w_C \times \sigma_C)^2$
$+ 2 \times w_A \times w_B \times \sigma_A \times \sigma_B \times \rho_{AB}$
$+ 2 \times w_B \times w_C \times \sigma_B \times \sigma_C \times \rho_{BC}$
$+ 2 \times w_A \times w_C \times \sigma_A \times \sigma_C \times \rho_{AC}\}^{1/2}$
· w_i : 자산 i의 투자비중　· σ_i : 자산 i의 표준편차　· ρ : 자산 간 상관계수

$\sqrt{(0.55 \times 12\%)^2 + (0.35 \times 5\%)^2 + 2 \times 0.55 \times 0.35 \times 12\% \times 5\% \times 0.7}$
= 7.92%

[참고] 자산 C의 표준편차가 0이므로 자산 A와 B만으로 포트폴리오의 표준편차를 구한다.

11 ⑤

❶ 각 자본(부채, 보통주, 우선주)의 비중을 찾는다.
　1) 부채비중 = 100% − 40% − 20% = 40%
　2) 보통주비중 = 40%
　3) 우선주비중 = 20%

❷ 각 자본(부채, 보통주, 우선주)의 비용을 계산한다.

• 세후부채비용 = 세전부채비용 × (1 − 법인세율)
• 보통주비용(k) = R_f + β × (R_m − R_f)
• 우선주비용 = 우선주배당금/우선주주가
· R_f : 무위험이자율　　　　　　· R_m : 시장수익률
· (R_m − R_f) : 시장 위험프리미엄

[참고] 부채비용은 세후부채비용, 보통주비용은 CAPM식에 의해 구해진 요구수익률, 우선주비용은 우선주 배당수익률이다.
　1) 세후부채비용 = 7% × (1 − 0.21) = 5.53%
　　　↳ 만약 세전이자비용이 주어지는 경우에는 이자금액을 부채금액으로 나누어 구한다.

2) 보통주비용(k) = 3% + $\underline{0.72}$ × 8% = 8.76%

    ↳ β = (σᵢ/σₘ) × ρᵢₘ = 18%/15% × 0.6 = 0.72

3) 우선주비용 = 우선주 배당수익률 = 960/12,000 = 8%

❸ 각 자본의 비중과 비용을 이용하여 가중평균자본비용(WACC)을 계산한다.

가중평균자본비용(WACC)
= (부채비중 × 세후부채비용) + (보통주비중 × 보통주비용)   + (우선주비중 × 우선주비용)

가중평균자본비용(WACC) = (0.4 × 5.53%) + (0.4 × 8.76%) + (0.2 × 8%)
                             = 약 7.32%

12 ⑤

3개월 단위 복리채의 매매단가는 아래의 공식을 이용하여 계산한다.

3개월 단위 복리채의 세전매매가(P) = $\dfrac{10,000 \times (1 + c/4)^{4N}}{(1 + r)^n \times (1 + r \times d/365)}$
· c : 표면금리   · N : 발행일부터 만기일까지 연수 · r : 유통수익률   · n : 연 단위 잔존기간 · d : 연 단위 이하 잔존일수 · 10,000 × (1 + c/4)⁴ᴺ : 3개월 단위 복리채의 만기금액(F)

세전매매단가 = $\dfrac{10,000 \times (1 + 0.052/4)^{4 \times 3}}{1.065 \times (1 + 0.065 \times 83/365)}$ = 10,804(원 미만 절사)

참고 위 식을 이용하여 채권가격을 구하는 것을 관행적 복할인방식이라고 하고, 아래와 같이 재무계산기(TVM)를 이용하여 채권가격을 구하는 것을 이론적 복할인방식이라고 한다.
FV 10,000 × (1 + 0.052/4)⁴ˣ³, N 1 + 83/365, I/Y 6.5,
CPT PV = 10,807,980
TVM으로 계산한 값보다 약 1∼4원 정도 적은 값을 찾으면 관행적 복할인 방식으로 계산한 값이 된다.

13 ④

❶ 선물 헤지거래와 관련된 공식은 아래와 같다.

· 최적헤지계약수 = $\dfrac{\beta \times \text{보유포트폴리오금액}}{\text{헤지시점 KOSPI200현물지수} \times 250천원}$
· 만기청산 시 선물거래의 손익   = (헤지시점 선물지수 − 만기시점 선물지수) × 계약수 × 250천원 · 현물시장 손익 = β × 보유포트폴리오금액 × 주가변동률¹⁾
¹⁾ 주가변동률 : (−)주가하락률 or (+)주가상승률

❷ 보기를 읽으며 O, X를 표시한다.

① [X] 현물주식 포트폴리오의 가격하락위험에 대비하기 위해 베타를 감안할 경우 주가지수선물 56계약을 매도(매도헤지)해야 한다.
  2,000,000 × 1.4/(200 × 250) = 56
  참고 매도헤지란 현물시장에서 매수포지션을 가지고 있는 투자자가 현물가격이 하락할 위험에 대비하여 선물을 매도하는 것이다.

② [X] 베타를 감안하여 선물거래를 할 경우 선물시장에서는 327,600천원의 이익을 보게 된다.
  (203.4 − $\underline{200 \times 0.9}$) × 56 × 250 = 327,600
             ↳ 만기시점 선물지수 = 만기시점 현물지수
  참고 만약 선물을 만기청산하지 않고 중도청산할 경우의 손익을 구할 때는 아래의 공식을 이용한다.
  중도청산 시 선물거래의 손익
  = (헤지시점 선물지수 − 청산시점 선물지수) × 계약수 × 250천원

③ [X] 김영훈씨의 예상대로 주가가 10% 하락할 경우에는 현물시장에서 280,000천원의 손실을 보게 된다.
  2,000,000 × (−10%) × 1.4 = −280,000
  참고 중도청산 문제에서는 현물시장 손익은 구하지 않는다.

④ [O] 김영훈씨가 주가지수선물을 통해 헤지거래를 할 경우 최종적으로 47,600천원의 이익을 보게 된다.
  327,600 − 280,000 = 47,600

⑤ [X] 만약 주가지수가 10% 상승하면 최종적으로 47,600천원의 이익을 보게 된다.
  · 선물시장 손익 = (203.4 − 200 × 1.1) × 56 × 250 = −232,400
  · 현물시장 손익 = 2,000,000 × 10% × 1.4 = 280,000
  ∴ 최종손익 = 280,000 − 232,400 = 47,600

14 ④

❶ 투자 당시의 달러표시 금액을 계산한다.

투자 당시의 달러표시 금액 = 투자 당시의 환율(원/$) ÷ 원화표시 투자자금

투자 당시의 달러표시 금액 = 100,000천원 ÷ 1,250원/$ = $80,000

❷ 선물환 거래를 하였을 경우의 1년 후 원화표시 투자수익을 계산한다.

1년 후 원화표시 투자수익 = 투자 당시의 달러표시 금액 × (1 + 이자율) × 선물환율

1년 후 원화표시 투자수익 = $80,000 × 1.04 × 1,200원/$ = 99,840천원

❸ 선물환 거래를 하지 않을 경우의 1년 후 원화표시 투자수익을 계산한다.

1년 후 원화표시 투자수익 = 투자 당시의 달러표시 금액 × (1 + 이자율) × 실제 환율

1년 후 원화표시 투자수익 = $80,000 × 1.04 × 1,130원/$ = 94,016천원

❹ 선물환 거래를 하였을 경우와 그렇지 않을 경우의 1년 후 원화표시 투자수익 차이를 계산한다.
  99,840(❷) − 94,016(❸) = 5,824

15 ③

❶ 순영업소득을 구한다.

	가능총수익	183,000¹⁾
−	공실률	× 0.93²⁾
=	유효총수익	= 170,190
−	영업경비	× 0.7³⁾
=	순영업소득	= 119,133⁴⁾

¹⁾ 180,000 + 100,000 × 0.03
²⁾ 1 − 0.07
³⁾ 1 − 0.3
⁴⁾ STO1

❷ 금융적 투자결합법을 이용하여 종합환원율을 구한다.

종합환원율 = (지분비율 × 지분환원율) + (대출비율 × 대출환원율)
참고 대출이 만기일시상환(IOL) 방식이면 대출환원율에 대출이자율을 대입하고, 대출이 원리금균등분할상환(CPM) 방식이면 대출환원율에 대출상수(MC)를 대입한다.

1) 대출상수
  PV 1, N 15 × 12, I/Y 6/12, CPT PMT(E) = 0.008
  → 0.008 × 12 = 0.101(STO2)
2) 종합환원율 = (0.4 × 0.15) + {0.6 × 0.101(RCL2)} = 0.121(STO3)

❸ 수익가치 공식을 이용하여 부동산의 가치를 구한다.

수익가치 = 순영업소득(NOI)/종합환원율(R)

119,133(RCL1)/0.121(RCL3) = 986,545,854

16 ⑤

❶ 5년 보유 후 매도할 경우 NPV, IRR, PI를 계산한다.
1) 5년 보유 후 매도할 경우 NPV와 IRR을 구한다.
  CF0 −600,000, C01 24,000 (4), C02 24,000 + 700,000 (1), I 5,
  NPV CPT = 52,375,757, IRR CPT = 6.9038
2) 5년 보유 후 매도할 경우 PI를 구한다.
  CF0 0, C01 24,000 (4), C02 24,000 + 700,000 (1), I 5,
  NPV CPT = 652,375,757
  ∴ PI = 652,375,757/600,000 = 1.0873

❷ 10년 보유 후 매도할 경우 NPV, IRR, PI를 계산한다.
1) 10년 보유 후 매도할 경우 NPV와 IRR을 구한다.
  CF0 −600,000, C01 24,000 (9), C02 24,000 + 750,000 (1), I 5,
  NPV CPT = 45,756,578, IRR CPT = 5.9052
2) 10년 보유 후 매도할 경우 PI를 구한다.
  CF0 0, C01 24,000 (9), C02 24,000 + 750,000 (1), I 5,
  NPV CPT = 645,756,579
  ∴ PI = 645,756,579/600,000 = 1.0763

❸ 보기를 읽으며 O, X를 표시한다
① [O] 5년간 보유 후 매도할 경우 NPV(순현재가치)는 52,376천원이다.
② [O] 10년간 보유 후 매도할 경우 PI(수익성지수)는 약 1,08이다.
③ [O] 5년간 보유 후 매도할 경우 IRR(내부수익률)은 약 6.9%이므로 이상
면씨의 요구수익률(5.0%)을 충족시킬 수 있다.
④ [O] 10년간 보유 후 매도할 경우 IRR(내부수익률)은 약 5.9%이므로 이상
면씨의 요구수익률(5.0%)을 충족시킬 수 있다.
⑤ [X] IRR(내부수익률)로 판단 시 5년간 보유 후 매도할 경우(6.9%)가 10
년간 보유 후 매도할 경우(5.9%)보다 유리하다.

17 ①

❶ 비례율을 구한다.

| 비례율 = (종후자산평가액 − 총사업비)/종전자산평가액 |

$(40,000,000 − 10,000,000)/24,000,000 = 1.25(125\%)$

❷ 조합원 박동수씨의 권리가액을 구한다.

| 조합원 권리가액 = 감정평가액(토지 + 건물) × 비례율 |

$(80,000 + 30,000) × 125\% = 137,500$

❸ 추가부담금을 구한다.

| 추가부담금 = 조합원 분양가 − 조합원 권리가액 |

$200,000 − 137,500 = 62,500$

18 ④

❶ Cash on Cash rate를 구하는 공식은 다음과 같다.

- Cash on Cash rate = 세전현금수익/자기자본투자액
- 자기자본투자액 = 총투자금액 − 대출금 − 임대보증금 × (1 − 공실률)

❷ 자기자본투자액을 구한다.

	총투자금액(부대비용 포함)	2,672,000[1]
−	대출금	− 1,200,000
−	보증금 × (1 − 공실률)	− 470,000[2]
=	자기자본투자액	= 1,002,000

[1] $200 × 7,000 + 400 × 3,000 × 1.06$
[2] $500,000 × (1 − 0.06)$

❸ 세전현금수익을 구한다.

	가능총수익	288,000[1]
−	공실률	× 0.94[2]
=	유효총수익	= 270,720
−	영업경비	× 0.8[3]
=	순영업소득	= 216,576
−	대출이자	− 72,000[4]
=	세전현금수익	= 144,576

[1] $60 × 12 × 400$
[2] $1 − 0.06$
[3] $1 − 0.2$
[4] $1,200,000 × 0.06$

❹ Cash on Cash rate를 구한다.
$144,576/1,002,000 = 0.1443(14.43\%)$

19 ②

❶ 현재시점, 은퇴시점, 사망시점을 기준으로 time table을 그려서 연간 은퇴
소득 부족분을 계산한다.

	현재시점	은퇴시점	정성진씨 사망
		20년	25년	
정성진씨	40세	60세	85세
목표은퇴소득		0	36,000
− 국민연금		− 0	− 10,000
= 은퇴소득 부족분		= 0	= 26,000

❷ 은퇴 첫해 은퇴소득 부족금액에 은퇴소득 인출률을 적용해 총은퇴일시금을
구한다.
1) 은퇴시점 물가기준으로 평가한 첫해 은퇴소득 부족금액을 계산한다.
$26,000 × 1.02^{20} = 38,634.632$
2) 은퇴소득 인출률을 적용해 총은퇴일시금을 계산한다.
$38,634.632 ÷ 0.045 = 858,547.384(STO1)$

❸ 현재 준비 중인 은퇴자산(적립식펀드 A)의 은퇴시점 평가액(세후)을 구한다.
1) 이율전환(연이율 → 월이율)을 한다.
PV −100, FV 106, N 12, CPT I/Y = 0.487(STO7)
2) 은퇴시점 세전평가액을 계산한다.
PV 100,000, PMT(E) 500, N 20 × 12, I/Y 0.487(RCL7),
CPT FV = 547,432.864(STO2)
3) 배당소득세액을 계산한다.
$[547,432.864(RCL2) − \{82,000 + (500 × 20 × 12)\}] × 15.4\%$
$= 53,196.661$
4) 세후평가액을 계산한다.
547,432.864(RCL2) − 53,196.661 = 494,236.203(STO3)

❹ 총은퇴일시금에서 은퇴자산(적립식펀드 A) 평가액을 차감하여 은퇴시점에서
부족한 은퇴일시금을 구한다.
858,547.384(RCL1) − 494,236.203(RCL3) = 364,311.182

❺ 부족한 은퇴일시금 마련을 위한 저축액을 구한다.
1) 첫해 연간 저축액을 계산한다.
PV 364,311.182/1.05^{20}, N 20, I/Y (5 − 4)/1.04,
CPT PMT(B) = 7,507.186(STO4)
2) 이율전환(연이율 → 월이율)을 한다.
PV −100, FV 105, N 12, CPT I/Y = 0.407(STO8)
3) 저축 첫해 매월 저축액(정액)을 계산한다.
PV 7,507.186(RCL4), N 12, I/Y 0.407(RCL8), CPT PMT(E) = 642,289

20 ⑤

① [X] 은퇴시점에서 평가한 연금보험의 적립금은 289,357천원이다.
1) 이율전환(연이율 → 월이율)을 한다.
PV −100, FV 103, N 12, CPT I/Y = 0.247(STO7)
2) 은퇴시점 연금보험 적립금을 계산한다.
PMT(E) 500, N 30 × 12, I/Y 0.247(RCL7),
CPT FV = 289,356.519(STO1)
② [X] 연금보험 보험회사에서 지급하는 첫해 연금액은 18,883천원이다.
PV 289,356.519(RCL1), N 20, I/Y 3, CPT PMT(B) = 18,882.819
③ [X] 연금보험만으로 은퇴생활을 하는 경우 현재물가기준으로 확보되는 연간
은퇴소득은 9,660천원이다.
1) 물가조정수익률을 적용하여 계산한 연간 소득을 구한다.
PV 289,356.519(RCL1), N 20, I/Y (3 − 2)/1.02,
CPT PMT(B) = 15,847.774(은퇴시점 물가기준)
2) 현재시점 물가기준으로 환산한 연간 소득을 구한다.
FV 15,847.774, N 25, I/Y 2, CPT PV = 9,659.707(STO2)
④ [X] 퇴직금만으로 은퇴생활을 하는 경우 현재물가기준으로 확보되는 연간
은퇴소득은 10,015천원이다.
1) 물가조정수익률을 적용하여 계산한 연간 소득을 구한다.
PV 300,000, N 20, I/Y (3 − 2)/1.02,
CPT PMT(B) = 16,430.707(은퇴시점 물가기준)
2) 현재시점 물가기준으로 환산한 연간 소득을 구한다.
FV 16,430.707, N 25, I/Y 2, CPT PV = 10,015.023(STO3)
⑤ [O] 국민연금과 예상 은퇴자산만으로 은퇴생활을 하는 경우 현재물가기준으
로 확보되는 연간 은퇴소득은 25,526천원이다.
1) 은퇴시점의 국민연금 일시금 평가액을 구한다.
CF0 0, C01 0 (29), C02 8,000 (15), I (3 − 2)/1.02,
NPV CPT = 83,713.603
→ 83,713.603 × 1.03^{25} = 175,277.694
2) 물가조정수익률을 적용하여 계산한 연간 소득을 구한다.
PV 175,277.694, N 20, I/Y (3 − 2)/1.02,
CPT PMT(B) = 9,599.788(은퇴시점 물가기준)
3) 현재시점 물가기준으로 환산한 연간 소득을 구한다.
FV 9,599.788, N 25, I/Y 2, CPT PV = 5,851.367(STO4)
4) 국민연금과 예상 은퇴자산에서 확보되는 연간 소득 합계를 구한다.
5,851.367(RCL4) + 9,659.707(RCL2) + 10,015.023(RCL3)
= 25,526.097
[참고] 국민연금을 은퇴시기와 같은 시기(60세)에 수령한다면, 국민연금의
일시금가치를 구하지 않고 최종값에 더해서 간단하게 계산할 수 있
으나, 이 문제는 국민연금 수령시기(65세)와 은퇴시기(60세)가 다르
기 때문에 국민연금을 우선 은퇴시점의 일시금가치로 계산한 후 연
간 소득으로 환산하여 더해주어야 한다.

21 ①

❶ 적립식펀드의 세전분할금액(연금액)을 계산한다.

1) 이율전환(연이율 → 월이율)을 한다.
   PV −100, FV 105, N 12, CPT I/Y = 0.407(STO7)
2) 60세 시점 세전적립금 평가액을 구한다.
   PMT(E) 300, N 20 × 12, I/Y 0.407(RCL7),
   CPT FV = 121,741,346(55세 시점)
   → 121,741,346 × 1.05^5 = 155,376,235(STO1)
   (5년 개월)
3) 은퇴기간 중 수령할 세전분할금액(연금액)을 구한다.
   PV 155,376,235(RCL1), N 25, I/Y 5, CPT PMT(B) = 10,499,358(STO2)

❷ 적립식펀드의 은퇴기간 중 수령할 연간 세후분할금액(연금액)을 구한다.

1) 납입원금에서 연금액이 인출되는 기간(배당소득세 비과세 기간)을 구한다.
   72,000 ÷ 10,499,358(RCL2) = 6.86(약 6년 10개월)
   (300 × 20 × 12)
2) 연금수령기간별 세후연금액을 구한다.

구분	60~65세 (1~6년차)	66세 (7년차)	67~84세 (8~25년차)
세전연금액	10,499,358	10,499,358	10,499,358
배당소득세	비과세	230,308[1]	1,616,901[2]
세후연금액	10,499,358	10,269,050	8,882,457

[1] [10,499,358 − {72,000 − (10,499,358 × 6)}] × 15.4%
[2] 10,499,358 × 15.4%

❸ 적립식펀드의 60세 시점 세후평가액을 구한다.

CF0 10,499,358, C01 10,499,358 (5), C02 10,269,050 (1),
C03 8,882,457 (18), I 5, NPV CPT = 141,100,229(STO3)

❹ 적립식펀드의 세후투자수익률을 계산한다.

CF0 0, C01 −300 (240), C02 0 (59), C03 141,100,229(RCL3) (1),
IRR CPT = 0.358
→ I/Y 0.358, N 12, PV −100, CPT FV = 104.387

❺ 연금저축펀드의 세전연금액을 구한다.

1) 60세 시점의 매월 납입액 적립금 평가액을 구한다.
   PMT(E) 300, N 20 × 12, I/Y 0.407(RCL7),
   CPT FV = 121,741,346(55세 시점)
   → 121,741,346 × 1.05^5 = 155,376,235(STO1)
   (5년 개월)
   참고 적립식펀드의 60세 시점 세전적립금 평가액과 동일하다.
2) 60세 시점의 환급세액 재투자액의 적립금 평가액을 구한다.
   PMT(E) 475.2, N 20, I/Y 5,
   (300 × 12 × 13.2%)
   CPT FV = 15,712,941(55세 시점)
   → 15,712,941 × 1.05^5 = 20,054,137(STO2)
   (5년 개월)
3) 은퇴기간 중 수령할 연간 세전연금액을 구한다.
   PV 155,376,235(RCL1) + 20,054,137(RCL2), N 25, I/Y 5,
   CPT PMT(B) = 11,854,491(STO3)

❻ 연금저축펀드의 은퇴기간 중 수령할 연간 세후연금액을 구한다.

1) 환급세액 재투자금액에서 연금액이 인출되는 기간(연금소득세 비과세 기
   간)을 구한다.
   (475.2 × 20) ÷ 11,854,491(RCL3) = 0.802년
2) 연금수령기간별 세후연금액을 구한다.

구분	60세 (1년차)	61~69세 (2~10년차)
세전연금액	11,854,491	11,854,491
연금소득세	129,277[1]	651,997[2]
세후연금액	11,725,214	11,202,494
구분	70~79세 (11~20년차)	80~84세 (21~25년차)
세전연금액	11,854,491	11,854,491
연금소득세	521,598[3]	391,198[4]
세후연금액	11,332,894	11,463,293

[1] {11,854,491 − (475.2 × 20)} × 5.5%
[2] 11,854,491 × 5.5%
[3] 11,854,491 × 4.4%
[4] 11,854,491 × 3.3%

❼ 연금저축펀드의 60세 시점 세후평가액을 구한다.

CF0 11,725,214, C01 11,202,494 (9), C02 11,332,894 (10),
C03 11,463,293 (5), I 5, NPV CPT = 167,400,317(STO4)

❽ 연금저축펀드의 세후투자수익률을 계산한다.

CF0 0, C01 −300 (240), C02 0 (59), C03 167,400,317(RCL4) (1),
IRR CPT = 0.445
→ I/Y 0.445, N 12, PV −100, CPT FV = 105.472

22 ③

❶ 4년차 초에 가지고 있을 은퇴자산을 계산한다.

1년 초		300,000
− 1년차 지출되는 생활비	−	300,000 × 0.1[1]
= 1년차 지출 후 남는 금액	=	300,000 × 0.9
× 1년차 투자수익률	×	0.9[2]
= 2년 초	=	300,000 × 0.9^2
− 2년차 지출되는 생활비	−	300,000 × 0.9^2 × 0.1[1]
= 2년차 지출 후 남는 금액	=	300,000 × 0.9^3
× 2년차 투자수익률	×	1.03[3]
= 3년 초	=	300,000 × 0.9^3 × 1.03
− 3년차 지출되는 생활비	−	300,000 × 0.9^3 × 1.03 × 0.1[1]
= 3년차 지출 후 남는 금액	=	300,000 × 0.9^4 × 1.03
× 3년차 투자수익률	×	1.06[4]
= 4년 초	=	214,898,994

[1] 생활비 10%
[2] 투자수익률 −10%
[3] 투자수익률 3%
[4] 투자수익률 6%

❷ 4년차 초 생활비(10%)를 계산한다.

214,898,994 × 0.1 = 21,489,899

23 ①

❶ 이현수씨 및 그와 생계를 같이하는 동거가족 중 기본공제대상자에 해당하는 자를 판단한다. (O : 충족, X : 미충족)

구분	기본공제대상자 요건		추가공제
	나이 요건	소득 요건	
본인	제한 없음	제한 없음	−
처	제한 없음	O	−
자녀 A	X	O	−
자녀 B(장애인)	제한 없음	O	장애인공제
자녀 C	O	O	−
부친(2024년 사망)	O	O[1]	경로우대공제
모친	O	X	−

[1] 이자소득 20,000천원은 전액 분리과세대상 소득이므로, 기본공제대상자 판정 시 연간 소득금액은 없는 것으로 본다.

❷ 이현수씨의 인적공제액을 구한다.

> 인적공제 = 기본공제 + 추가공제(경로우대공제, 장애인공제, 부녀자공제 및 한부모공제)

1) 기본공제 = 1,500 × 5명(본인, 처, 자녀 B, 자녀 C, 부친) = 7,500
2) 추가공제 = 경로우대공제(1,000) + 장애인공제(2,000) = 3,000
3) 인적공제액 = 7,500 + 3,000 = 10,500

24 ②

❶ 2024년 손익계산서상 당기순이익을 계산한다.

매출액		330,000
− 매출원가	−	120,000
− 판매비와 일반관리비	−	70,000
+ 영업외수익	+	10,000
− 영업외비용	−	3,000
= 당기순이익	=	147,000

❷ 총수입금액 불산입금액을 계산한다.

총수입금액 불산입금액
= 업무용 차량운반구 처분이익(10,000) + 매출 부가가치세(30,000)
= 40,000

❸ 필요경비 불산입금액을 계산한다.

필요경비 불산입금액
= 가사 관련 비용(3,000) + 매입 관련 부가가치세(15,000)
= 18,000

❹ 2024년 귀속 사업소득금액을 계산한다.

당기순이익(❶)		147,000
− 총수입금액 불산입금액(❷)	−	40,000
+ 필요경비 불산입금액(❸)	+	18,000
= 사업소득금액	=	125,000

25 ②

❶ 금융소득금액을 구한다.

1) 금융소득 총수입금액의 계산

이자소득		10,000[1]
+ 배당소득	+	30,000[2]
= 금융소득 총수입금액	=	40,000

[1] 은행 정기예금의 이자 10,000
[2] 투자신탁이익 10,000 + 국내상장법인의 현금배당 20,000

2) Gross-up 금액의 계산
Min[(40,000 − 20,000), 20,000] × 10% = 2,000

3) 금융소득금액의 계산
40,000 + 2,000 = 42,000

❷ 종합소득 과세표준을 계산한다.

사업소득금액		80,000
+ 금융소득금액	+	42,000
= 종합소득금액	=	122,000
− 종합소득공제	−	7,000
= 종합소득 과세표준	=	115,000

❸ 종합소득 결정세액을 계산한다.

1) 종합소득 산출세액의 계산

> 종합소득 산출세액 = Max[⊙ 종합과세방식, ⓒ 분리과세방식]
> ⊙ (종합소득 과세표준 − 2천만원) × 기본세율 + 2천만원 × 14%
> ⓒ (종합소득 과세표준 − 금융소득금액) × 기본세율 + 금융소득 총수입금액
> × 14%

종합소득 산출세액 = Max[20,610(⊙), 17,360(ⓒ)] = 20,610
⊙ (115,000 − 20,000) × 35% − 15,440 + 20,000 × 14% = 20,610
ⓒ (115,000 − 42,000) × 24% − 5,760 + 40,000 × 14% = 17,360

2) 배당세액공제의 계산

> 배당세액공제 = Min[⊙ 귀속법인세, ⓒ 공제한도]
> ⊙ 귀속법인세(Gross-up 금액)
> ⓒ 종합소득 산출세액 − 분리과세방식 산출세액

배당세액공제 = Min[2,000(⊙), 3,250(ⓒ)] = 2,000
⊙ 2,000
ⓒ 20,610 − 17,360 = 3,250

3) 종합소득 결정세액의 계산

> 종합소득 결정세액 = 종합소득 산출세액 − 배당세액공제

종합소득 결정세액 = 20,610 − 2,000 = 18,610

26 ①

양도가액		1,800,000[1]
− 취득가액	−	720,000[2]
= 양도차익	=	1,080,000
− 장기보유특별공제	−	432,000[3]
= 양도소득금액	=	648,000
− 양도소득 기본공제	−	2,500
= 양도소득 과세표준	=	645,500

[1] 3,000,000 × (30억 − 12억)/30억
[2] 1,200,000 × (30억 − 12억)/30억
[3] 1,800,000 × 40% × (30억 − 12억)/30억
(5년 이상 6년 미만 보유 및 거주 장기보유특별공제율 : 40%)

27 ③

❶ 한승호씨의 가족관계도를 그린다.

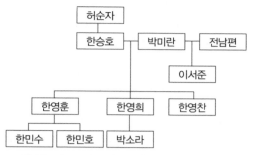

❷ 보기를 읽으며 O, X를 표시한다.

① [X] 피상속인의 직계비속이 선사망하였으므로 한민수, 한민호, 박소라가 한영훈과 한영희를 대습하여 상속인이 되며, 이서준은 한승호의 상속인이 아니다.

② [X] 공동상속인 박미란, 한영훈, 한영찬의 상속포기로 인하여 공동상속인 한영희는 한승호의 상속재산 13억 5천만원을 단독상속하게 된다.

③ [O] 한영훈이 한승호보다 먼저 사망하였을 경우 한민수와 한민호는 각각 1억 5천만원씩을 대습상속하며 세대생략상속으로 인한 할증과세를 하지 않는다.

④ [X] 피상속인의 직계비속과 형제자매가 사망한 경우에 한하여 대습상속이 가능하며, 배우자의 경우 피대습자가 될 수 없다.

⑤ [X] 피대습자의 배우자가 대습상속의 상속 개시 전에 사망한 경우 그 배우자에게 다시 피대습자의 지위가 인정되지 않는다.

28 ②

❶ 공동상속인과 특별수익을 확인한다.

1) 박영미는 제2순위인 직계존속으로 공동상속인이 아니다.
2) 피상속인이 사망 전 상속인에게 증여한 재산은 특별수익이므로 김수용이 김성진에게 증여한 100,000천원은 특별수익이다.
3) 박영미는 공동상속인이 아니므로 박영미에게 증여한 20,000천원은 특별수익이 아니다.

❷ 상속인들의 구체적 상속분을 구한다.

> • 분할대상 상속재산
> = 피상속인 사망 당시 상속재산 + 특별수익 합계 − 기여분 합계
> • 특별수익자(김성진)의 구체적 상속분
> = 분할대상 상속재산 × 법정상속분율 − 특별수익
> • 기여분 권리자(이정숙)의 구체적 상속분
> = 분할대상 상속재산 × 법정상속분율 + 기여분

1) 분할대상 상속재산
= 김수용 사망 당시 상속재산 + 김성진 증여 − 이정숙 기여분
= 800,000 + 100,000 − 200,000
= 700,000

2) 상속인별 구체적 상속분

	이정숙	김성진	김영민
분할대상 상속재산	700,000	700,000	700,000
× 법정상속분율	× 3/7	× 2/7	× 2/7
− 특별수익		− 100,000	
+ 기여분	+ 200,000		
= 구체적 상속분	= 500,000	= 100,000	= 200,000

29 ②

❶ 금번 증여의 증여재산공제액을 구한다.

1) 2009년 모친에게 현금을 증여받을 때 증여재산공제를 30,000천원 한도까지 적용받았고, 2017년 조부에게 주식을 증여받을 때 모친으로부터 증여받은 날 이후 10년이 지나지 않았기 때문에 상향된 공제액만큼만 공제받을 수 있어서 20,000천원을 공제받았다.

> 참고 2013년 12월 31일까지 직계존속으로부터 받은 증여의 증여재산공제액 한도는 30,000천원이며, 2014년 1월 1일 이후 50,000천원으로 상향되었다.

2) 부친에게 아파트를 증여받을 때 모친으로부터 증여받은 날 이후 10년이 지났기 때문에 당시 공제받았던 30,000천원에 대해서 다시 증여재산공제가 가능하다. 또한 수증자 정수진씨는 혼인공제 대상이므로 직계존속 증여재산공제와 별도로 100,000천원을 추가로 공제받을 수 있다.

∴ 금번 증여의 증여재산공제액 = 30,000 + 100,000 = 130,000

❷ 납부할 증여세를 구한다.

	증여재산가액		700,000
−	증여재산공제	−	130,000[1]
=	증여세 과세표준	=	570,000
×	세율	×	30% − 60,000[2]
=	산출세액	=	111,000
−	신고세액공제	−	3,330[3]
=	납부할 증여세	=	107,670

[1] 정수진씨가 금번 증여로 받을 수 있는 증여재산공제액
[2] 과세표준 5억원 초과 10억원 이하
[3] 111,000 × 3%
↳ 산출세액

30 ③

상속세 과세가액은 총상속재산가액에서 상속재산 가산금액과 차감금액을 계산하여 구한다.

❶ 박창준씨가 소유한 상가의 평가가액을 구한다.

> 임대차계약이 체결된 상가의 보충적 평가가액 = Max[㉠, ㉡]
> ㉠ 기준시가
> ㉡ 임대보증금 환산가액 = 1년간 임대료 ÷ 12% + 임대보증금
> ※ 담보권이나 저당권 등이 설정된 자산의 보충적 평가가액은 저당권 등이 담보하는 채권액을 최저한도로 한다.

보충적 평가가액 = Max[1,000,000(㉠), 1,300,000(㉡)] = 1,300,000
㉠ 기준시가 = 1,000,000
㉡ (60,000 ÷ 12%) + 800,000 = 1,300,000

❷ 박창준씨의 추정상속재산가액을 구한다.

채무부담으로 얻은 금액이 상속개시일 전 1년 이내 2억원 이상이므로 상속재산으로 가산한다.

> 추정상속재산가액 = (재산처분 등으로 얻은 금액 − 용도입증금액)
> − Min[재산처분액 등의 20%, 2억원]

재산 종류	재산처분 등으로 얻은 금액 (+)	용도 입증액 (−)	차감금액 (−)	추정 상속재산 (=)
채무	3억원	2억원	Min[3억원 × 20%, 2억원]	40,000천원

❸ 상속세 과세가액을 구한다.

	본래의 상속재산		1,300,000	상가의 평가액
+	간주상속재산	+	300,000	사망보험금
+	추정상속재산	+	40,000	
=	총상속재산가액	=	1,640,000	
+	상속재산 가산금액	+	600,000	사전증여재산[1]
−	상속재산 차감금액	−	5,000	장례비용[2]
=	상속세 과세가액	=	2,235,000	

[1] 10년 이내 피상속인이 상속인에게 증여한 재산가액(증여시점가액)
[2] 장례비용 증빙이 없으면 500만원 공제 가능

- **복합사례 Ⅰ** (원론·보험·투자·부동산)

31 ①

(필요정보) Ⅱ. 고객 재무목표_1. 재무관리 관련

❶ 주택담보대출 원리금상환액을 구한다.
PV 250,000, N 30 × 12, I/Y 4.5/12, CPT PMT(E) = 1,266,713

❷ 2023년도에 상환한 원금상환액과 이자상환액을 구한다.
[2ND AMORT] P1 24, P2 35
2023년 1월 말 상환 회차 ↗   ↖ 최종상환 회차
↓ BAL = 237,711,747 (대출잔액)
↓ PRN = 4,395,651 (원금상환액)
↓ INT = 10,804,908 (이자상환액)

---

32 ④

(필요정보) Ⅱ. 고객 재무목표_1. 재무관리 관련, Ⅳ. 박형식씨 가계의 월간 현금흐름표

❶ 소비성부채비율을 구한다.

> 소비성부채비율 = 소비성부채상환액 ÷ 월 순수입

소비성부채비율 = 1,767 ÷ 11,600 = 15.23%

❷ 주거관련부채상환비율을 구한다.

> 주거관련부채상환비율 = 주거관련부채상환액 ÷ 월 총수입

주거관련부채상환비율 = 1,267 ÷ {(136,000 + 47,000)/12} = 8.31%

❸ 총부채상환비율을 구한다.

> 총부채상환비율 = 총부채상환액 ÷ 월 총수입

총부채상환비율 = (1,267 + 1,767) ÷ {(136,000 + 47,000)/12} = 19.90%

❹ 보기를 읽으며 O, X를 표시한다.
① [X] 소비성부채비율은 15.23%로 적정 수준(20% 이하)에 비해 낮은 수준이므로 박형식씨 가계의 소비성부채는 과다한 상태가 아니다.
② [X] 주거관련부채상환비율은 8.31%로 적정 수준(28% 이하)보다 낮아 주거관련부채상환액이 현금흐름 측면에서 크게 부담되지 않는다고 분석할 수 있다.
③ [X] 총부채상환비율은 19.90%로 적정 수준(36% 이상)에 미치지 못하고 있다.
④ [O] 눈사태 기술을 활용하여 박형식씨 가계가 보유하고 있는 대출 중 가장 이자가 높은 마이너스통장대출을 먼저 상환한 후에 차상위 이자율인 주택담보대출을 상환하는 데 집중할 수 있도록 한다.
⑤ [X] 은퇴자금 목적의 연금보험보다는 특별한 목적 없이 박형식씨 가계가 막연하게 유지하고 있는 CMA나 정기예금 등의 상품을 해지하는 것이 바람직하다.

---

33 ②

(필요정보) Ⅰ. 고객정보, Ⅲ. 경제지표 가정, Ⅴ. 투자 관련 정보,
Ⅷ. 자녀의 교육 및 독립 관련 정보_1. 교육 관련 정보

① [O] 현재시점의 고등학교 교육 필요자금은 18,462천원이다.
CF0 0, C01 0 (9), C02 8,000 (3), I (6 − 3.5)/1.035,
NPV CPT = 18,461.757(STO1)
② [X] 현재시점의 고등학교와 대학교 및 대학원 교육 부족자금은 총 79,579천원이다.
1) 현재시점의 대학교 및 대학원 교육 필요자금을 구한다.
CF0 0, C01 0 (12), C02 20,000 (6), I (6 − 5)/1.05,
NPV CPT = 103,617.086(STO2)
2) 현재시점의 총 교육 필요자금을 구한다.
18,461.757(RCL1) + 103,617.086(RCL2) = 122,078.843
3) 현재시점의 총 교육 부족자금(= 필요자금 − 준비자금)을 구한다.
122,078.843 − 42,500 = 79,578.843(STO3)
③ [O] 매월 말 877천원을 저축하면 부족한 교육자금을 마련할 수 있다.
1) 이율전환(연이율 → 월이율)을 한다.
PV −100, FV 106, N 12, CPT I/Y = 0.487(STO7)
2) 교육 부족자금을 마련하기 위한 매월 말 저축액을 구한다.
PV 79,578.843(RCL3), N 10 × 12, I/Y 0.487(RCL7),
CPT PMT(E) = 877.150
④ [O] 매년 교육비상승률만큼 저축액을 늘려 저축할 경우 첫해 말 저축할 금액은 8,800천원이다.
PV 79,578.843(RCL3), N 10, I/Y (6 − 5)/1.05,
CPT PMT(E) = 8,380.652
→ 8,380.652 × 1.05 = 8,799.684
⑤ [O] 박민우씨의 교육자금은 장기투자를 요하므로 CMA 등 유동성이 두드러지는 상품보다는 어느 정도 기대수익을 낼 수 있는 투자상품을 선택하는 것이 바람직하다.

34 ①

이 유형은 보통 문제에서 주어진 정보로 푼다.

❶ 펀드의 위험조정 성과평가와 관련된 공식은 아래와 같다.

- 젠센척도 = 실현수익률 − 요구수익률(k)
- 트레이너척도 = (실현수익률 − 무위험이자율)/베타
- 샤프척도 = (실현수익률 − 무위험이자율)/표준편차
- 정보비율 = (실현수익률 − 벤치마크 수익률)/추적오차(Tracking error)

참고 젠센척도, 트레이너척도, 샤프척도, 정보비율의 값이 클수록 성과가 우수하다.

❷ 필요한 정보를 공식에 대입하여 펀드의 위험조정 성과지표를 계산한다.

구분	A펀드	B펀드
젠센척도	8% − 7% = 1%	11% − 10.5% = 0.5%
트레이너 척도	(0.08 − 0.03)/0.8 = 0.063	(0.11 − 0.03)/1.5 = 0.053
샤프척도	(8% − 3%)/4% = 1.25	(11% − 3%)/6% = 1.33
정보비율	(8% − 8%)/3% = 0	(11% − 8%)/4% = 0.75

❸ 보기를 읽으며 O, X를 표시한다.

① [O] 젠센척도에 따르면 A펀드(1%)가 B펀드(0.5%)보다 우수하다.
② [X] B펀드의 요구수익률은 10.5%이다.
 요구수익률 = 3% + 1.5 × (8% − 3%) = 10.5%
③ [X] 샤프척도에 따르면 B펀드(1.33)가 A펀드(1.25)보다 우수하다.
④ [X] 체계적 위험 한 단위당 실현된 초과수익률을 나타내는 트레이너척도는 A펀드(0.063)가 B펀드(0.053)보다 더 높다.
⑤ [X] 샤프척도와 정보비율 모두 B펀드가 우수한 성과를 보인다.

35 ③

필요정보 Ⅰ. 고객정보, Ⅲ. 경제지표 가정, Ⅴ. 투자 관련 정보,
 Ⅷ. 자녀의 교육 및 독립 관련 정보_2. 독립 관련 정보

① [O] 결혼시점의 주택구입을 위한 필요자금은 157,690천원이다.
 $100{,}000 \times 1.02^{23} = 157{,}689.926$(STO1)
② [O] 현재시점의 결혼비용 마련을 위한 필요자금은 17,327천원이다.
 FV 30,000, N 23, I/Y (6 − 3.5)/1.035, CPT PV = 17,326.642(STO2)
③ [X] 현재시점의 독립 부족자금은 47,009천원이다.
 1) 현재시점의 독립 필요자금을 구한다.
 $157{,}689.926$(RCL1)/1.06^{23} + 17,326.642(RCL2) = 58,609.433
 2) 현재시점의 독립 부족자금(= 필요자금 − 준비자금)을 구한다.
 58,609.433 − 11,600 = 47,009.433(STO3)
  └ 사업증권신 평가금액
④ [O] 지금부터 매 분기 초 921천원씩 저축하면 부족한 독립자금을 마련할 수 있다.
 1) 이율전환(연이율 → 분기이율)을 한다.
 PV −100, FV 106, N 4, CPT I/Y 1.467(STO7)
 2) 부족자금 마련을 위한 매 분기 초 저축액을 구한다.
 PV 47,009.433(RCL3), N 23 × 4, I/Y 1.467(RCL7),
 CPT PMT(B) = 920.930
⑤ [O] 자녀 독립자금의 지원은 자녀교육자금과 달리 증여세 과세대상이 되므로 자격인증자는 이를 고객에게 알리고, 절세방안을 마련해야 한다.

36 ⑤

이 유형은 보통 문제에서 주어진 정보로 푼다.

❶ 주식의 상대가치평가와 관련된 공식은 아래와 같다.

- 적정 PER = 배당성향/(k − g) (단, k > g)
- 현재 PER = 현재주가/EPS_0
- 적정 주가 = EPS_1 × 적정 PER
- 적정 PBR = 적정 PER × ROE

· k : 요구수익률 · g : 잠재성장률
· EPS_1 : 내년도 주당순이익(= EPS_0 × (1 + g))

❷ 보기를 읽으며 O, X를 표시한다.

① [O] A기업의 적정 PER은 약 7.778이다.
 1) 배당성향 = 1 − 내부유보율 = 1 − 0.3 = 0.7
 2) 잠재성장률 = 자기자본이익률(ROE) × 내부유보율
  = 0.1 × 0.3 = 0.03
 3) 적정 PER = 0.7/(0.12 − 0.03) = 7.778
② [O] 산업평균 PER을 기준으로 볼 때, A기업의 현재 PER은 12로 산업평균 PER(12)과 동일하므로 현재주가는 적정한 수준이다.
 A기업의 현재 PER = 30,000/2,500 = 12
③ [O] 과거평균 PER을 기준으로 볼 때, A기업의 현재 PER은 12로 과거평균 PER인 8보다 크므로 현재주가는 고평가되어 있다.
④ [O] A기업의 적정 PBR은 0.778이다.
 적정 PBR = 7.778 × 0.1 = 0.778
⑤ [X] 적정 PER모형에 의해 산출한 A기업의 적정주가는 약 20,028원이다.
 적정주가 = (2,500 × 1.03) × 7.778 = 20,028.350

37 ⑤

필요정보 Ⅰ. 고객정보, Ⅲ. 경제지표 가정, Ⅴ. 투자 관련 정보,
 Ⅷ. 자녀의 교육 및 독립 관련 정보

❶ 배우자와 자녀의 나이를 기준으로 time table을 그려서 각 구간마다 부족한 생활비와 기간을 구한다.

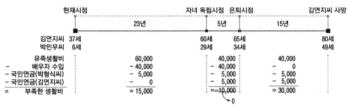

	현재시점		자녀 독립시점		은퇴시점		김연지씨 사망
		23년		5년		15년	
김연지씨	37세			60세	65세		80세
박민우씨	6세			29세	34세		49세
유족생활비		60,000		40,000		40,000	
− 배우자 수입		−40,000		−40,000		0	
− 국민연금(박형식씨)		−5,000		−5,000		−5,000	
− 국민연금(김연지씨)		0		−5,000		−5,000	
= 부족한 생활비		= 15,000		==−10,000		= 30,000	
				↳ 0			

❷ 유족생활비의 현재시점 일시금을 구한다.

CF0 15,000, C01 15,000 (22), C02 0 (5), C03 30,000 (15),
I (6 − 3.5)/1.035, NPV CPT = 464,887.414(STO1)

❸ 현재 주택담보대출 잔액을 구한다.

PV 250,000, N 30 × 12, I/Y 4.5/12, CPT PMT(E) = 1,266.713
[2ND CLR TVM]을 하지 않은 상태에서
N 35, CPT FV = 237,711.747(STO2)

❹ 필요자금의 현재시점 일시금을 구한다.

464,887.414(RCL1) + 237,711.747(RCL2) = 702,599.161(STO3)

❺ 준비자금을 구한다.

25,500 + 32,000 + 50,000 = 107,500(STO4)
 └ CMA └ 정기예금 └ 사망보험금

❻ ❹에서 ❺을 차감하여 추가적인 생명보험 필요보장액을 구한다.

702,599.161(RCL3) − 107,500(RCL4) = 595,099.161

38 ⑤

이 유형은 보통 문제에서 주어진 정보로 푼다.

❶ 2024년 3월 4일 통원의료비에 대한 지급보험금을 구한다.

- (급여 보장대상) 지급보험금
 = 급여 보장대상 의료비 − Max[보장대상 의료비 × 20%, 최소자기부담금 1만원(병·의원) 또는 2만원(상급병원)]
- (비급여 보장대상) 지급보험금
 = 비급여 보장대상 의료비 − Max[보장대상 의료비 × 30%, 최소자기부담금 3만원]

1) 급여 보장대상
 30,000 − Max[30,000 × 20%, 10,000] = 20,000
2) 비급여 보장대상
 150,000 − 5,000 − Max[150,000 × 30%, 30,000] = 100,000
  └ 통원에서 비급여들
3) 2024년 3월 4일 통원의료비 총 지급보험금
 20,000 + 100,000 = 120,000

❷ 2024년 5월 2일 통원의료비에 대한 지급보험금을 구한다.
  1) 급여 보장대상
     100,000 − Max[100,000 × 20%, 20,000] = 80,000
  2) 비급여 보장대상
     250,000 − 5,000 − Max[250,000 × 30%, 30,000] = 170,000
       └ 증명서 발급비용
  3) 2024년 5월 2일 통원의료비 총 지급보험금
     80,000 + 170,000 = 250,000

❸ 박형식씨가 보상받을 수 있는 지급보험금을 구한다.
  120,000(3월 4일) + 250,000(5월 2일) = 370,000

39 ④

필요정보 Ⅰ. 고객정보, Ⅶ. 박형식씨가 매수를 고려하고 있는 상가 A 관련 정보

① [O] 부동산 경매의 경우 매수인이 대금을 지급하면 부동산소유권이 매수인에게 귀속되며, 이전에 설정된 모든 저당권(근저당권 포함)은 권리가 소멸된다.
② [O] 기일입찰방식의 경우 입찰이 개시되면 기일입찰표를 작성한 후 매각물건의 최저매각가격의 10%를 보증으로 제공하는 매수신청보증과 함께 입찰함에 제출해야 한다.
③ [O] 입찰표에는 사건번호, 입찰자의 성명, 주소, 응찰가액, 보증금액 등을 기재하여야 하며, 금액의 기재는 수정할 수 없으므로 수정을 원할 경우에는 새 용지를 사용해야 한다.
④ [X] 매각대금을 납부하여 소유권이 매수인에게 이전되었음에도 채무자 또는 종전의 소유자가 매수인에게 부동산을 인도하지 않는 경우 법원에 인도명령을 신청할 수 있다.
⑤ [O] 대리인이 입찰하는 때에는 입찰자란에 본인 및 대리인의 인적사항을 모두 기재하고 본인의 위임장과 인감증명을 제출해야 한다.

40 ①

이 유형은 보통 문제에서 주어진 정보로 푼다.

❶ 낙찰가 기준에 의한 대출금액을 구한다.
  1,100,000 × 0.7 = 770,000

❷ DCR에 의한 대출금액을 구한다.
  1) 매년 원리금상환액을 구한다.

DCR = 순영업소득(NOI)/연간 원리금상환액

  70,000 ÷ 연간 원리금상환액 ≥ 1.5
  → 연간 원리금상환액 ≤ 70,000 ÷ 1.5
  2) 대출금액을 구한다.
  PMT(E) (70,000 ÷ 1.5)/12, N 15 × 12, I/Y 5/12,
  CPT PV = 491,770.388

❸ 낙찰가 기준과 DCR 기준을 모두 충족하는 범위의 최대 대출가능금액을 구한다.
  Min[770,000(❶), 491,770.388(❷)] = 491,770.388

- **복합사례 II** (보험·은퇴·세금·상속)

1 ⑤

필요정보 Ⅰ. 고객정보, Ⅱ. 자산 세부내역_1. 금융자산, 3. 보장성보험(생명보험)

❶ 필요자금(= 부채 + 사후정리비용)을 구한다.

	부채잔액		82,639,762[1]
+	사후정리비용	+	115,000,000[2]
=	필요자금	=	197,639,762

[1] PV 100,000, N 15 × 12, I/Y 4.8/12, CPT PMT(E) = 780.414
[2ND CLR TVM]을 누르지 않은 상태에서
N 42, CPT FV = 82,639,762
[2] 15,000 + 10,000 + 30,000 + 10,000 + 50,000

❷ 준비된 유동자산(= 일반사망보험금 + 목적 없는 유동자산)을 구한다.

	일반사망보험금		150,000[1]
+	목적 없는 유동자산	+	15,200[2]
=	준비된 유동자산	=	165,200

[1] 종신보험(100,000 + 50,000)
↳ 주계약   ↳ 60세 만기 정기특약
[2] MMF(15,200)

❸ ❶에서 ❷를 차감하여 추가적인 생명보험 필요보장액을 구한다.
197,639,762 − 165,200 = 32,439,762
∴ 유동자산이 32,440천원 정도 부족하므로, 동 금액만큼 추가적인 보장이 필요하다.

2 ④

필요정보 Ⅰ. 고객정보, Ⅱ. 자산 세부내역_1. 금융자산, 3. 보장성보험(생명보험), Ⅳ. 은퇴 관련 정보, Ⅵ. 경제지표 가정

① [O] 진영훈씨가 오늘 교통사고로 사망할 경우 종신보험에서 지급받을 수 있는 보험금은 총 150,000천원이다.
종신보험(100,000 + 50,000)
↳ 주계약   ↳ 60세 만기 정기특약

② [O] 이정애씨가 오늘 암으로 진단받고 사망할 경우 가입한 생명보험에서 지급받을 수 있는 보험금은 총 30,000천원이다.

③ [O] 암보험의 책임개시일은 보험가입 첫 날로부터 그 날을 포함하여 90일이 지난 날의 다음날에 시작되는 것이 일반적이다.

④ [X] 이정애씨가 오늘 암으로 진단받고 사망할 경우 진영훈씨 사망 시까지 가사대체비용에 대해 342,361천원만큼의 추가적인 보장니즈가 있다.

	필요자금		372,360,630[1]
−	준비자금	−	30,000[2]
=	추가적인 필요보장액	=	342,360,630

[1] PMT(B) 15,000, N 37, I/Y (5.5 − 3)/1.03, CPT PV = 372,360,630
[2] 암진단보험금(30,000)

⑤ [O] 종신보험의 수익자는 이정애씨로 지정되어 있기 때문에 사망보험금은 이정애씨가 수령하게 된다. 또한, 계약자는 이정애씨로 지정되어 있지만 진영훈씨의 급여에서 보험료가 납부되었으므로 실질적인 보험료 납부자는 진영훈씨가 되며 따라서 사망보험금은 상속세 과세대상이 된다.

3 ③

필요정보 Ⅱ. 자산 세부내역_3. 보장성보험(주택화재보험)

① [O] 주택화재보험은 분실이나 도난손해에 대해서 보험금을 지급하지 않는다.

② [O] 건물의 재산손해액에 대한 보험금은 37,500천원이 지급된다.
50,000 × 120,000/(200,000 × 80%) = 37,500

③ [X] 잔존물제거비용에 대한 보험금은 5,000천원이 지급된다.
7,000 × 120,000/(200,000 × 80%)
= 5,250 → 5,000(재산손해액의 10% 한도)

④ [O] 기타협력비용은 비례보상하지 않고 실제 지출한 비용을 전액 보상한다.

⑤ [O] 진영훈씨가 주택화재보험으로부터 지급받을 수 있는 보험금은 총 44,500천원이다.
37,500 + 5,000 + 2,000 = 44,500

4 ③

이 유형은 보통 문제에서 주어진 정보로 푼다.

❶ 해약환급금과 동일한 금액을 수령하기 위한 연간 저축금액을 구한다.
FV 35,000, N 20, I/Y 7, CPT PMT(E) = 853.752

❷ 정기보험의 보험료와 저축금액의 합계를 구한다.
800 + 853.752 = 1,653.752

❸ ❷와 종신보험료의 보험료를 비교한다.
연간 종신보험의 보험료가 연간 정기보험 보험료와 연간 저축금액의 합계액보다 346천원(= 2,000 − 1,653.752) 더 많다.

5 ④

필요정보 Ⅰ. 고객정보, Ⅱ. 자산 세부내역_4. 국민연금 예상액, Ⅳ. 은퇴 관련 정보, Ⅵ. 경제지표 가정

❶ 현재시점, 은퇴시점, 사망시점을 기준으로 time table을 그려서 은퇴소득 부족분을 계산한다.

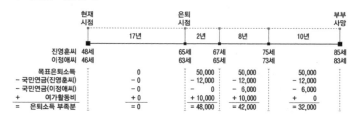

	현재시점		은퇴시점			부부사망
		17년		2년	8년	10년
진영훈씨	48세		65세	67세	75세	85세
이정애씨	46세		63세	65세	73세	83세
목표은퇴소득	0		50,000	50,000		50,000
− 국민연금(진영훈씨)	− 0		− 12,000	− 12,000		− 12,000
− 국민연금(이정애씨)	− 0		0	− 6,000		− 6,000
+ 여가활동비	+ 0		+ 10,000	+ 10,000		+ 0
= 은퇴소득 부족분	= 0		= 48,000	= 42,000		= 32,000

❷ 매 기간의 은퇴소득 부족분을 현재시점의 일시금으로 계산한다.
CF0 0, C01 0 (16), C02 48,000 (2), C03 42,000 (8),
C04 32,000 (10), I (5.5 − 3)/1.03, NPV CPT = 409,975.060

❸ 일시금을 투자수익률로 할증하여 은퇴시점가치로 환산한다. (총은퇴일시금)
409,975.060 × 1.055^17 = 1,018,706.908

6 ①

필요정보 Ⅰ. 고객정보, Ⅳ. 은퇴 관련 정보

❶ A안의 포트폴리오 기대수익률을 구한다.
(0.4 × 0.04) + (0.6 × 0.09) = 0.07

❷ A안의 포트폴리오 변동성을 구한다.
$\sqrt{(0.4^2 × 0.02^2) + (0.6^2 × 0.15^2) + 2 × 0.4 × 0.6 × 0.02 × 0.15 × (−0.2)}$
= 0.089

❸ 보기를 읽으며 O, X를 표시한다.

① [X] A안의 포트폴리오 표준편차는 8.9%이므로 위험허용범위(10%) 이내이다.

② [O] A안의 은퇴시점 평가액은 1,010,821천원으로 총은퇴일시금(1,000,000천원)을 충족한다.
PV 320,000, N 17, I/Y 7, CPT FV = 1,010,820.868
↳ A안의 포트폴리오 기대수익률

③ [O] B안의 은퇴시점 평가액은 1,617,430천원으로 총은퇴일시금(1,000,000천원)을 충족한다.
PV 320,000, N 17, I/Y 10, CPT FV = 1,617,430.491
↳ B안의 포트폴리오 기대수익률

④ [O] A안은 투자수익률 7%, 투자위험 8.9%이고, B안은 투자수익률 10%, 투자위험 12%이다. 따라서 B안은 A안보다 기대수익률과 투자위험이 모두 높다.

⑤ [O] 장기간에 걸친 은퇴저축의 속성상 개별 투자자산을 선택하여 분산투자하는 것보다는 자산군별 펀드 등 간접투자상품을 선택하여 분산투자효과를 최대화하는 것이 투자관리가 용이하여 바람직하다.

7 ④

필요정보 Ⅰ. 고객정보, Ⅳ. 은퇴 관련 정보

❶ 퇴직급여의 은퇴시점 세전평가금액을 구한다.

PV 350,000, N 5, I/Y 5.5, CPT FV = 457,436.002(STO1)

❷ 은퇴기간 중 수령할 세전연금액을 구한다.

PV 457,436.002(RCL1), N 10, I/Y 3, CPT PMT(B) = 52,063.548(STO2)

❸ 은퇴기간 중 수령할 세후연금액을 구한다.

1) 이연퇴직소득에서 연금액이 인출되는 기간과 운용수익이 인출되는 기간을 계산한다.
   - 이연퇴직소득 인출 기간
     350,000(이연퇴직소득) ÷ 52,063.548(RCL2) = 6.723년
   - 운용수익 인출 기간
     10 − 6.723 = 3.277년

2) 각 기간의 연간 연금소득세를 구한다.
   - 1 ∼ 6년차(65 ∼ 70세)
     $\underline{52,063.548}$ × 4.5% × $\underline{70\%}$ = 1,640.002(STO3)
     RCL2   연금수령연차 10차년도 이내
   - 7년차(71세)
     {350,000 − ($\underline{52,063.548}$ × 6)} × 4.5% × $\underline{70\%}$
                        RCL2   연금수령연차 10차년도 이내
     + [52,063.548 − {350,000 − ($\underline{52,063.548}$ × 6)}] × $\underline{4.4\%}$
       RCL2   RCL2   연금수령연령 70 ∼ 79세
     = 1,820.562(STO4)
   - 8 ∼ 10년차(72 ∼ 74세)
     $\underline{52,063.548}$ × $\underline{4.4\%}$ = 2,290.796(STO5)
       RCL2   연금수령연령 70 ∼ 79세

3) 각 기간의 연간 세후연금액을 구한다.
   - 1 ∼ 6년차(65 ∼ 70세)
     52,063.548(RCL2) − 1,640.002(RCL3) = 50,423.546
   - 7년차(71세)
     52,063.548(RCL2) − 1,820.562(RCL4) = 50,242.986
   - 8 ∼ 10년차(72 ∼ 74세)
     52,063.548(RCL2) − 2,290.796(RCL5) = 49,772.752

❹ 연간 세후연금액을 은퇴시점에서 일시금으로 계산한다.

CF0 50,423.546, C01 50,423.546 (5), C02 50,242.986 (1),
C03 49,772.752 (3), I 3, NPV CPT = 441,333.874

❺ 보기를 읽으며 O, X를 표시한다.

① [X] 투자성향이 동일 연령대의 평균과 비교하여 보수적인 성향이라면 투자목표시점을 은퇴시기보다 5 ∼ 10년 짧은 TDF를 선택하는 것이 바람직하기 때문에 'TDF2035주식혼합형–재간접형' 등이 적절하다.

② [X] DC형 퇴직연금 가입자가 퇴직 시 동일한 퇴직연금사업자에게 IRP를 설정하였다면 퇴직급여는 현금으로 이전 받거나 직전의 운용방법(상품 포트폴리오)을 그대로 이전 받을 수 있다.

③ [X] IRP는 소득세법에서 정한 부득이한 사유에 해당하는 경우에만 중도인출을 허용하기 때문에 이외의 사유로는 일부 해지가 불가능하며 IRP 계좌를 전액 해지하여야 한다.

④ [O] 퇴직 시 퇴직급여를 IRP로 이전 받아 연금으로 수령할 경우 절세할 수 있는 퇴직소득세는 약 4,725천원이다.
   1) 연금수령연차 1 ∼ 6년(65 ∼ 70세) 기간의 절세액
     {52,063.548(RCL2) × 6} × 4.5% × 30% = 4,217.147
   2) 연금수령연차 7년차(71세)의 절세액
     [350,000 − {52,063.548(RCL2) × 6}] × 4.5% × 30% = 507.853
   3) 총 절세액
     4,217.147 + 507.853 = 4,725

   참고 이연퇴직소득에서 연금액이 인출되는 기간이 10년 이내이므로 전 기간 이연퇴직소득세 경감비율이 30%가 적용된다. 따라서 다음과 같이 간단하게 계산할 수도 있다.
     350,000 × 4.5% × 30% = 4,725

⑤ [X] 퇴직 시 퇴직급여를 IRP로 이전 받아 연금으로 수령할 경우 은퇴시점에서 평가한 IRP의 세후 평가금액은 441,334천원이다.

8 ②

필요정보 Ⅰ. 고객정보

① [O] 진영훈씨가 기본공제대상자 중 장애인인 진은중씨에 대하여 공제받을 수 있는 인적공제액은 3,500천원이다.

   > 인적공제 = 기본공제 + 추가공제

   1) 기본공제 : 1,500
   2) 추가공제 : 2,000(장애인공제)
   3) 인적공제 = 1,500 + 2,000 = 3,500

② [X] 장애인을 피보험자 또는 수익자로 하는 장애인전용 보장성보험의 보험료를 납입하는 경우에는 연 1,000천원을 한도로 하여 해당 보험료의 15% 상당액을 보험료세액공제로 받을 수 있다. 따라서 진영훈씨가 납입한 진은중씨에 대한 장애인전용 보장성보험의 보험료에 대하여 보험료세액공제 150천원(= 1,000 × 15%)을 공제받을 수 있다.

③ [O] 장애인을 위하여 지출한 특수교육비는 한도 없이 전액 교육비세액공제 대상이다.

④ [O] 기본공제대상자인 자녀와 그 배우자가 모두 장애인인 경우에는 자녀와 배우자 모두 기본공제대상자가 될 수 있다.

⑤ [O] 장애인이 타인으로부터 금전, 유가증권, 부동산을 증여받아 증여세 과세표준 신고기한까지 일정 요건을 모두 갖춘 경우, 증여받은 재산가액에 대해 상증법상 평가가액 5억원을 한도로 증여세가 과세되지 않는다.

9 ④

필요정보 Ⅰ. 고객정보, Ⅲ. 부친 진승규씨의 자산현황 2. 부동산자산

① [X] 피상속인의 종합소득금액은 상속인의 종합소득금액과 합산하지 않고 별도로 구분하여 상속개시일이 속하는 달의 말일로부터 6개월 이내에 신고납부해야 한다. 따라서 진승규씨의 2024년 귀속 사업소득은 진영훈씨의 종합소득과 별도로 구별하여 2025년 1월 31일까지 확정신고하여야 한다.

② [X] 진승규씨는 재산세의 과세기준일(6월 1일) 이후에 사망했으므로 2024년 귀속 재산세는 진승규씨의 공과금으로 상속세 과세가액 계산 시 차감할 수 있다.

③ [X] 진영훈씨가 상속으로 취득하는 주택의 취득세(부가세 포함)는 30,020천원(= 950,000 × 3.16%)이다.

④ [O] 동거주택상속공제는 피상속인과 상속인(직계비속 및 사망이나 상속결격 사유로 대습상속인이 된 해당 직계비속의 배우자로 한정)이 상속개시일부터 소급하여 10년 이상 하나의 주택에서 동거해야 하며, 10년간 1세대를 구성하면서 대통령령으로 정하는 1세대 1주택에 해당해야 하고, 상속인은 상속개시일 현재 무주택자이거나 피상속인과 공동으로 주택을 보유해야 한다. 따라서 요건을 만족하는 상속인은 차남 진영수씨이다.

⑤ [X] 상속받은 부동산을 양도할 경우 양도소득세 세율 적용을 위한 기간 산정의 기산일은 피상속인의 취득시점을 기준으로 한다. 피상속인인 진승규씨의 상가 취득시기는 2012년 2월이므로 기본세율(6 ∼ 45%)을 적용하고, 상속개시일부터 1년 6개월이 경과하였으므로 장기보유특별공제는 적용받을 수 없다.

10 ④

필요정보 Ⅰ. 고객정보

① [O] 공동상속인 간 협의분할로 인해 상속인 중 일부의 유류분이 침해되었다 하더라도 유류분 반환을 청구할 수 없다.

② [O] 유류분반환청구는 '유류분권리자가 상속의 개시와 반환하여야 할 증여 또는 유증을 한 사실을 안 때'로부터 1년 내에 행사해야 한다.

③ [O] 유언장의 내용에 저촉되는 행동을 생전에 실행한 경우 해당 유언은 철회한 것으로 본다.

④ [X] 비밀증서에 의한 유언이 그 방식에 흠결이 있더라도 유언자가 증서의 전문과 연월일, 주소, 성명을 자서하고 날인함으로써 그 증서가 자필증서의 방식에 적합한 때에는 자필증서에 의한 유언으로서 유효한 유언이다.

⑤ [O] 상속지분보다 적은 재산을 가져가는 상속인과 많은 재산을 가져가는 상속인 간에 상속지분의 인수는 상증법상 증여로 보지 않는다.

11 ①

(필요정보) Ⅰ. 고객정보, Ⅲ. 동거가족의 금융자산 현황

❶ 김석준씨와 그의 동거가족 중 기본공제대상자에 해당하는 자 및 추가공제 대상을 확인한다. (○ : 충족, × : 미충족)

구분	기본공제대상자 요건		추가공제
	나이 요건	소득 요건	
김석준(본인)	제한 없음	제한 없음	–
안수미(배우자)	제한 없음	○	–
김영호(장남)	×	○	–
김영은(차녀, 장애인)	제한 없음	○	장애인공제
김창규(부친)	○	○	경로우대공제
정영자(모친, 계모)	○	○	경로우대공제
박현옥(친모)	○	○	경로우대공제

[참고] 김영주씨(장녀)는 이정훈씨의 배우자로서 이정훈씨 소유 주택에 거주하고 있기 때문에 김석준씨의 동거가족으로 보지 아니한다.

❷ 보기를 읽으며 ○, ×를 표시한다.
① [○] 김석준씨의 추가공제액은 장애인공제 2,000천원(차녀)과 경로우대공제 3,000천원(부친, 계모, 친모)의 합계액인 5,000천원이다.
② [×] 김석준씨는 기본공제대상인 자녀가 1명(차녀, 김영은) 있으므로, 자녀세액공제 15만원을 공제받을 수 있다.
③ [×] 김석준씨는 근로소득이 없는 개인사업자이므로 해당 과세기간에 지출한 김영은씨의 대학교 등록금에 대하여 교육비세액공제를 받을 수 없다.
④ [×] 김석준씨는 근로소득이 없는 개인사업자이므로 해당 과세기간에 납입한 국민건강보험료 등에 대하여 보험료공제를 받을 수 없다.
⑤ [×] 직계존속이 재혼한 경우로서 그 배우자(계부, 계모)가 나이 요건과 소득 요건을 충족한 기본공제대상자에 해당하는 경우에는 기본공제 및 추가공제를 받을 수 있다.

12 ⑤

(필요정보) Ⅱ. 자산 세부내역_1. 금융자산

❶ 종합소득세 결정세액을 계산한다.
1) 금융소득금액의 계산
  • 금융소득 총수입금액

이자소득		15,000[1]
+ 배당소득	+	35,000[2]
= 금융소득 총수입금액	=	50,000

  [1] 정기예금의 이자 15,000
  [2] 집합투자증권의 배당 3,000 + 비상장주식의 현금배당 12,000 + 상장주식의 현금배당 20,000
  • 귀속법인세(Gross-up 금액)
    = Min[(50,000 − 20,000), (12,000 + 20,000)] × 10% = 3,000
  • 금융소득금액 = 50,000 + 3,000 = 53,000
2) 종합소득 과세표준의 계산

사업소득금액		100,000
+ 금융소득금액	+	53,000
= 종합소득금액	=	153,000
− 종합소득공제	−	15,000
= 종합소득 과세표준	=	138,000

3) 종합소득 산출세액의 계산

> 종합소득 산출세액 = Max[㉠ 종합과세방식, ㉡ 분리과세방식]
> ㉠ (종합소득 과세표준 − 2천만원) × 기본세율 + 2천만원 × 14%
> ㉡ (종합소득 과세표준 − 금융소득금액) × 기본세율 + 금융소득 총수입금액 × 14%

종합소득 산출세액 = Max[28,660(㉠), 21,640(㉡)] = 28,660
㉠ (138,000 − 20,000) × 35% − 15,440 + 20,000 × 14% = 28,660
㉡ (138,000 − 53,000) × 24% − 5,760 + 50,000 × 14% = 21,640

4) 배당세액공제의 계산

> 배당세액공제 = Min[㉠ 귀속법인세, ㉡ 공제한도]
> ㉠ 귀속법인세(Gross-up 금액)
> ㉡ 종합소득 산출세액 − 분리과세방식 산출세액

배당세액공제 = Min[3,000(㉠), 7,020(㉡)] = 3,000
㉠ 3,000
㉡ 28,660 − 21,640 = 7,020

5) 종합소득 결정세액의 계산

> 종합소득 결정세액 = 종합소득 산출세액 − 배당세액공제

종합소득 결정세액 = 28,660 − 3,000 = 25,660

❷ 보기를 읽으며 ○, ×를 표시한다.
① [×] 김석준씨의 2024년 귀속 배당소득금액에 합산되는 Gross-up 금액은 3,000천원이다.
② [×] 종합과세되는 배당소득금액은 38,000천원이다.
  배당소득금액 = 배당소득 + Gross-up 금액
    = 35,000 + 3,000 = 38,000
③ [×] 종합과세되는 금융소득금액인 53,000천원 중에서 종합소득세 기본세율이 적용되는 금액은 20,000천원의 초과액에 해당하는 33,000천원이다.
④ [×] 종합소득 산출세액은 28,660천원이다.
⑤ [○] 배당세액공제액은 3,000천원이다.

13 ②

(필요정보) Ⅰ. 고객정보, Ⅱ. 자산 세부내역_1. 금융자산, 2. 부동산자산

① [○] 예금, 저금 또는 적금은 평가기준일 현재 예입총액과 같은 날 현재 이미 지난 미수이자 상당액을 합친 금액에서 원천징수세액 상당금액을 뺀 가액으로 평가한다.
② [×] 중소기업은 20%의 최대주주 할증평가가 적용되지 않는다.
③ [○] 비상장주식의 증여재산가액의 평가는 원칙적으로 1주당 순손익가치에 3/5, 1주당 순자산가치에 2/5의 가중치를 두나, 김석준씨가 보유하고 있는 비상장주식은 부동산과다보유법인의 주식이므로 1주당 순손익가치에 2/5, 1주당 순자산가치에 3/5의 가중치를 두어 평가한다.
④ [○] 김석준씨가 아파트 A를 850,000천원에 배우자 안수미씨에게 양도하면 50,000천원을 증여재산가액으로 본다.

과세기준	증여재산가액
(시가 − 대가) 차액이 시가의 30% 이상 또는 3억원 이상	(시가 − 대가) − Min[시가 × 30%, 3억원]

  1) 시가와 대가의 차액이 3억원 이상이므로 안수미씨의 저가양수는 증여세 과세기준에 해당한다.
    (1,200,000 − 850,000) > 300,000
  2) 증여재산가액은 50,000천원이다.
    (1,200,000 − 850,000) − Min[1,200,000 × 30%, 3억원] = 50,000
⑤ [○] 상장주식은 평가기준일 전 2개월 및 이후 2개월간 거래소 최종시세가액의 평균액으로 평가한다.

14 ②

이 유형은 보통 문제에서 주어진 정보로 푼다.

❶ 펀드의 최종기준가와 최초기준가를 이용하여 총수익률을 계산한다.

> 총수익률 = (최종기준가/최초기준가) − 1

총수익률 = (1,194/1,020) − 1 = 약 17.06%

❷ 총수익률을 이용하여 연간 산술평균수익률과 기하평균수익률을 계산한다.

> • 산술평균수익률 = 총수익률/N
> • 기하평균수익률 = (1 + 총수익률)$^{1/N}$ − 1

  1) 산술평균수익률 = 0.1706/3 = 약 5.69%
  2) 기하평균수익률 = (1 + 0.1706)$^{1/3}$ − 1 = 약 5.39%

15 ①

이 유형은 보통 문제에서 주어진 정보로 푼다.

❶ 각 자본(부채, 보통주, 우선주)의 비중을 확인한다.

1) 부채비중 : 50%
2) 보통주비중 : 30%
3) 우선주비중 : 20%

❷ 각 자본(부채, 보통주, 우선주)의 비용을 계산한다.

- 부채비용 = 세전부채비용 × (1 − 법인세율)
- 보통주비용(k) = R_f + $β$ × (R_m − R_f)
- 우선주비용 = 우선주배당금/우선주주가

· R_f : 무위험이자율   · R_m : 시장수익률   · (R_m − R_f) : 시장 위험프리미엄

참고 부채비용은 세후부채비용, 보통주비용은 CAPM식에 의해 구해진 요구수익률, 우선주비용은 우선주 배당수익률이다.

1) 세후부채비용 = 8% × (1 − 0.19) = 6.48%

~ 만약 세전부채비용이 급부료 주어졌을 경우에는 이자금액을 발생금액으로 나누어 주란다.

2) 보통주비용(k) = 3% + 8% = 11%

~ 주식의 리스크 프리미엄 = β × (R_m − R_f)

3) 우선주비용 = 우선주 배당수익률 = 996/12,450 = 8%

❸ 각 자본의 비중과 비용을 아래의 공식에 대입하여 가중평균자본비용(WACC)을 계산한다.

가중평균자본비용(WACC)
= (부채비중 × 세후부채비용) + (보통주비중 × 보통주비용)
  + (우선주비중 × 우선주비용)

가중평균자본비용(WACC) = (0.5 × 6.48%) + (0.3 × 11%) + (0.2 × 8%)
= 8.14%

16 ⑤

이 유형은 보통 문제에서 주어진 정보로 푼다.

❶ 다요인모형에 의한 수익률을 계산하는 공식은 아래와 같다.

- 다요인모형에 의한 수익률 = E_i + M + $ε$

  ~ 예상하지 못한 수익률

- 개별 변수의 예상하지 못한 변화로 인한 영향
  = (실제수치 − 예상수치) × 민감도
- 시장 전체가 영향을 받는 여러 변수에 의한 수익률 변화(M)
  = Σ{(실제수치 − 예상수치) × 민감도}

· E_i : 예측이 가능한 기대수익률
· M : 시장 전체가 영향을 받는 여러 변수에 의한 수익률 변화
· $ε_i$: 자산의 고유한 특성으로 인한 예상하지 못한 변화율

❷ 보기를 읽으며 O, X를 표시한다.

① [O] 변수 1(개별 변수)의 예상하지 못한 변화로 인한 주식수익률에 대한 영향은 −0.4%이다.
(4% − 5%) × 0.4 = −0.4%

② [O] 변수 3(개별 변수)의 예상하지 못한 변화로 인한 주식수익률에 대한 영향은 2.0%이다.
(2% − 4%) × (−1.0) = 2.0%

③ [O] 변수 1, 2, 3의 예상하지 못한 변화(M)로 인한 영향은 3.1%이다.

변수 1의 예상하지 못한 변화로 인한 영향	−0.4[1]
+ 변수 2의 예상하지 못한 변화로 인한 영향	+ 1.5[2]
+ 변수 3의 예상하지 못한 변화로 인한 영향	+ 2.0[3]
= 시장 전체가 영향을 받는 여러 변수에 의한 수익률 변화(M)	3.1

[1] (4% − 5%) × 0.4
[2] (7% − 6%) × 1.5
[3] (2% − 4%) × (−1.0)

④ [O] 다요인모형에 의한 이 주식의 수익률은 12.1%이다.
8% + 3.1% + 1% = 12.1%

⑤ [X] 시장의 여러 경제적 변수에 의한 예상하지 못한 수익률의 변화(M)는 체계적 위험이므로 분산투자로 제거할 수 없다. 반면에 자산의 고유한 특성으로 인한 예상하지 못한 변화율($ε_i$)은 비체계적 위험이므로 분산투자로 제거할 수 있다.

17 ④

이 유형은 보통 문제에서 주어진 정보로 푼다.

❶ 수정듀레이션과 볼록성에 의한 채권가격 변동률을 계산한다.

채권가격 변동률 = {−듀레이션/(1 + 변화 전 유통수익률)} × Δr
                    ~ 수정듀레이션
+ (0.5 × 볼록성 × Δr²)

채권가격 변동률 = {−2.7862/(1 + 0.078/4)} × (−0.015)
+ {0.5 × 7.3407 × (−0.015)²}
= 0.0418(STO1)

참고 3개월마다 이자를 지급하기 때문에 변화 전 유통수익률(7.8%)을 연간 이자지급 횟수인 4로 나누어 주어야 한다.

❷ 채권가격 변동률을 이용하여 금리 하락(채권가격 상승)으로 인한 새로운 채권가격을 계산한다.

새로운 채권가격 = 현재 채권가격 × (1 + 채권가격 변화율)

새로운 채권가격 = 10,230 × {1 + 0.0418(RCL1)} = 10,657

18 ③

필요정보 II. 자산 세부내역 2. 부동산자산

❶ 아파트 A의 양도소득 산출세액을 계산한다.

1세대 1주택의 비과세 요건을 갖춘 고가주택의 양도 시 12억원을 초과하는 금액에 대해서만 과세한다.

양도가액		300,000[1]
− 취득가액	−	100,000[2]
= 양도차익	=	200,000
− 장기보유특별공제	−	128,000[3]
= 양도소득금액	=	72,000
− 양도소득 기본공제	−	2,500
= 양도소득 과세표준	=	69,500
× 세율	×	24% − 5,760
= 양도소득 산출세액	=	10,920

[1] 1,500,000 × (15억 − 12억)/15억
[2] 500,000 × (15억 − 12억)/15억
[3] 1,000,000 × 64% × (15억 − 12억)/15억
(8년 이상 9년 미만 보유 및 거주 장기보유특별공제율 : 64%)

❷ 보기를 읽으며 O, X를 표시한다.

① [X] 과세대상 양도차익은 200,000천원이다.
② [X] 공제 가능한 장기보유특별공제액은 128,000천원이다.
③ [O] 양도소득금액은 72,000천원이다.
④ [X] 양도소득 과세표준은 69,500천원이다.
⑤ [X] 양도소득 산출세액은 10,920천원이다.

19 ④

이 유형은 보통 문제에서 주어진 정보로 푼다.

❶ 거래사례비교법에 따른 부동산의 비준가치 공식은 다음과 같다.

비준가치 = 단위당 거래사례 가격 × 단위면적 × 사정보정치
× 시점수정치 × 지역요인 격차율 × 개별요인 격차율

❷ 공식에 대입하여 부동산 가치를 구한다.

단위당 거래사례 가격		8,130
× 단위면적	×	138
× 사정보정치	×	0.8
× 시점수정치	×	0.97
× 지역요인 격차율	×	1.00
× 개별요인 격차율(외부요인)	×	110/100
× 개별요인 격차율(건물요인)	×	105/100
× 개별요인 격차율(기타요인)	×	95/100
= 부동산가치	=	955,293,764

20 ②

❶ Cash on Cash rate를 구하는 공식은 다음과 같다.

> • Cash on Cash rate = 세전현금수익/자기자본투자액
> • 자기자본투자액 = 총투자금액 − 대출금 − 임대보증금 × (1 − 공실률)

❷ 상가 A의 자기자본투자액을 구한다.

총투자금액	420,000[1]
− 대출금	− 100,000
− 임대보증금 × (1 − 공실률)	− 97,000[2]
= 자기자본투자액	= 223,000

[1] 상가의 취득가액(400,000) × 1.05
[2] 100,000 × (1 − 0.03)

❸ 상가 A의 세전현금수익을 구한다.

가능총수익	24,000[1]
− 공실률 ×	0.97[2]
− 영업경비	− 0
− 대출이자	− 5,400[3]
= 세전현금수익	17,880

[1] 2,000 × 12개월
[2] 1 − 0.03
[3] 100,000 × 0.054

❹ Cash on Cash rate를 구한다.
17,880/223,000 = 0.0802(8.02%)

▪ **종합사례**

21 ②

가. [O] 재무상태표상의 순자산은 425,618천원이다.
　1) 현재까지 상환하고 남은 주택담보대출 잔액을 구한다.
　　PV 150,000, N 17 × 12, I/Y 5.5/12, CPT PMT(E) = 1,133,414
　　[2ND AMORT] P1 1, P2 41, BAL = 129,937,289
　2) 순자산금액을 구한다.

> **순자산 = 총자산 − 총부채**

순자산 = 557,225 − (1,670 + 129,937,289) = 425,617,711
　　　　　　　　　　↳유동부채　↳비유동부채

나. [O] 총부채부담율은 23.62%로 가이드라인인 40%를 넘지 않아 양호한 수준으로 평가할 수 있다.

> **총부채부담율 = 총부채 ÷ 총자산**

총부채부담율 = (1,670 + 129,937,289) ÷ 557,225 = 23.62%

다. [X] 최병철씨 가계의 주거관련부채상환비율은 19.42%로 가이드라인인 28%를 초과하지 않는다.

> **주거관련부채상환비율 = 주거관련부채상환액 ÷ 월 총수입**

주거관련부채상환비율 = 1,133 ÷ (70,000/12) = 19.42%

라. [X] 주거관련부채부담율은 23.32%로 가이드라인인 30%를 초과하지 않는다.

> **주거관련부채부담율 = 주거관련부채 ÷ 총자산**

주거관련부채부담율 = 129,937 ÷ 557,225 = 23.32%

마. [O] 빌라 A는 주거용 부동산에 해당하지만 고객이 거주할 경우 사용자산으로 분류한다.

22 ②

❶ 거치기간 종료 후 납입한 원금상환액과 이자상환액을 구한다.
　PV 150,000, N 17 × 12, I/Y 5.5/12, CPT PMT(E) = 1,133,414
　[2ND AMORT] P1 1, P2 41
　↓ BAL = 129,937,289 (대출잔액)
　↓ PRN = 20,062,711 (원금상환액)
　↓ INT = 26,407,253 (이자상환액)

---

❷ 거치기간 3년 동안 납입한 이자상환액을 구한다.
150,000 × 0.055/12 × 36 = 24,750
　↳월이자상환액

❸ 현재까지 납입한 주택담보대출 원금상환액과 이자상환액 총액을 구한다.
　1) 원금상환액 총액 = 20,062,711
　2) 이자상환액 총액 = 26,407,253 + 24,750 = 51,157,253

23 ⑤

❶ 현재시점에서 필요한 유학자금 일시금(유로)을 구한다.
　CF0 0, C01 0 (2), C02 12,000 (4), I (6 − 4)/1.04,
　NPV CPT = 44,066.986유로(STO1)

❷ 현재시점에서 부족한 유학자금을 구한다.
　1) 원화 기준으로 현재시점에서 필요한 유학자금 일시금을 구한다.
　　44,066.986유로 × 1,300원 = 57,287,082천원
　2) 현재시점에서 부족한 유학자금 일시금을 구한다.
　　57,287,082천원 − 24,335천원 = 32,952,082천원(STO2)

❸ 보기를 읽으며 O, X를 표시한다.
① [X] 현재시점에서 부족한 유학자금 일시금은 32,952천원이다.
② [X] 원/유로 환율이 1,400원으로 상승한다면 입학시점에서 필요한 유학자금 일시금은 73,478천원이다.
　1) 현재시점에서 필요한 일시금을 투자수익률로 할증하여 입학시점의 일시금을 구한다.
　　44,066.986유로(RCL1) × 1.06³ = 52,484.486유로
　2) 원/유로 환율 1,400원을 적용하여 원화기준 일시금을 구한다.
　　52,484.486유로 × 1,400원 = 73,478,280천원
③ [X] 원/유로 환율이 1,200원으로 하락한다면 현재시점에서 필요한 유학자금 일시금은 52,880천원이다.
　　44,066.986유로(RCL1) × 1,200원 = 52,880.384천원
④ [X] 지금부터 매월 초 정액으로 995천원을 저축하면 유학자금을 마련할 수 있다.
　1) 이율전환(연이율 → 월이율)을 한다.
　　PV −100, FV 106, N 12, CPT I/Y = 0.487(STO7)
　2) 매월 초 저축액을 구한다.
　　PV 32,952.082(RCL2), N 3 × 12, I/Y 0.487(RCL7),
　　CPT PMT(B) = 995.250
⑤ [O] 지금부터 매년 말 물가상승률만큼 증액하여 저축한다면 첫해 말에는 12,094천원을 저축해야 유학자금을 마련할 수 있다.
　　PV 32,952.082(RCL2), N 3, I/Y (6 − 2)/1.02,
　　CPT PMT(E) = 11,856.563
　　→ 11,856.563 × 1.02 = 12,093.694

24 ①

이 유형은 보통 문제에서 주어진 정보로 푼다.

❶ 포트폴리오의 기대수익률을 구한다.

> $E(R_P) = W_A \times E(R_A) + W_B \times E(R_B) + W_C \times E(R_C)$

$E(R_P)$ = (0.3 × 0.12) + (0.2 × 0.075) + (0.5 × 0.082) = 9.2%

❷ 포트폴리오의 표준편차를 구한다.

> 포트폴리오의 표준편차(σ_P)
> $= \{(W_A \times \sigma_A)^2 + (W_B \times \sigma_B)^2 + (W_C \times \sigma_C)^2$
> 　$+ 2 \times W_A \times W_B \times \sigma_A \times \sigma_B \times \rho_{AB}$
> 　$+ 2 \times W_B \times W_C \times \sigma_B \times \sigma_C \times \rho_{BC}$
> 　$+ 2 \times W_A \times W_C \times \sigma_A \times \sigma_C \times \rho_{AC}\}^{1/2}$
> • W_i : 자산 i의 투자비중　　• σ_i : 자산 i의 표준편차
> • ρ_i : 자산 간 상관계수

σ_P = {(0.3 × 0.1)² + (0.2 × 0.03)² + (0.5 × 0.06)²
　　+ 2 × 0.3 × 0.2 × 0.1 × 0.03 × 0.2
　　+ 2 × 0.2 × 0.5 × 0.03 × 0.06 × (−0.1)
　　+ 2 × 0.3 × 0.5 × 0.1 × 0.06 × 0.35}¹ᐟ²
= 5.00%

❸ 포트폴리오 기대수익률과 표준편차를 이용하여 수익률 14.2% 이상 달성 확률을 계산한다.

> 정규분포곡선을 따르는 수익률의 확률
> • 실현수익률이 기대수익률 ±1σ 범위 내에 있을 확률은 68.27%이다.
> • 실현수익률이 기대수익률 ±2σ 범위 내에 있을 확률은 95.45%이다.
> • 실현수익률이 기대수익률 ±3σ 범위 내에 있을 확률은 99.73%이다.

1) 실현수익률이 <u>4.2 ~ 14.2%</u> 범위 내에 있을 확률은 68.27%이다.
   기대수익률 ± σ(= 9.2% ± (1 × 5.00%))
2) 실현수익률이 4.2% 이하이거나 14.2% 이상일 확률은 31.73%이다.
   100% − 68.27% = 31.73%
3) 실현수익률이 14.2% 이상일 확률은 15.865%이다.
   31.73% ÷ <u>2</u> = 15.865%
   수익률이 정규분포를 따른다고 가정했으므로 4.2% 이하일 확률과 14.2% 이상일 확률은 동일함

25 ②

(필요정보) I. 고객정보, III. 경제지표 가정, IV. 재무제표, V. 투자 관련 정보, VII. 보험 관련 정보_1. 생명보험

❶ 유동자산을 구한다.

> 유동자산 = 일반사망보험금 + 목적 없는 자산 − 부채잔액 − 사후정리비

유동자산 = 일반사망보험금(200,000) + 목적 없는 자산(8,305 + 6,582)
            정기예금   MMF 정기예금
            − 부채잔액(100,000) = 114,887

❷ 가장이 사망했을 때 부족한 생활비(부양비)를 구한다.

> 부족한 생활비 = 현재가계지출 − 가장관련비용 − 배우자소득 − 국민연금

부족한 생활비 = 현재가계지출(60,000) − 가장관련비용(20,000)
              − 배우자소득(0) = 40,000

(참고) 해당 문제는 국민연금의 유족연금은 고려하지 않는다.

❸ 유동자산(❶)으로 유가족의 가계지출(❷)을 유지할 수 있는 기간(N)을 구한다.
PV 114,887, PMT(B) −40,000, I/Y (5 − 2)/1.02, CPT N = 2.954(년)
(참고) PV와 PMT의 부호를 (+), (−)로 입력해야 N을 구할 수 있다.

26 ③

(필요정보) VII. 보험 관련 정보_4. 주택화재보험

❶ 화재보험의 보험금 지급방법을 확인한다.
대상 물건이 주택건물이므로 부보비율 조건부 실손보상조항(Coinsurance)이 적용된다.
(참고) • coin 적용 : 주택, 일반물건(점포)
       • coin 미적용 : 공장, 일반물건(재고자산)

❷ 잔존물제거비용에 대한 보험금과 가입금액 한도를 감안하여 지급받을 수 있는 보험금을 계산한다.

재산손해액		28,125[1]
+ 잔존물제거비용	+	3,000[2]
= 합계	=	31,125[3]
+ 손해방지비용	+	1,875[4]
+ 기타협력비용	+	2,000[5]
= 총보험금	=	35,000

[1] 30,000 × 180,000/(240,000 × 80%)
[2] 3,750 ← 재산손해액의 10%(= 3,000) 한도
[3] 보험가입금액 한도 이내
[4] 2,000 × 180,000/(240,000 × 80%)
[5] 전액보상

❸ 보기를 읽으며 O, X를 표시한다.
① [X] 화재로 인한 재산손해액에 대한 지급보험금은 28,125천원이다.
② [X] 화재로 인한 잔존물제거비용에 대한 지급보험금을 계산하면 3,750원이나, 재산손해액의 10% 한도로 보상해야 하므로 지급보험금은 3,000천원이 된다.
③ [O] 화재로 인한 손해방지비용에 대한 지급보험금은 1,875천원이다.
④ [X] 화재로 인한 기타협력비용에 대한 지급보험금은 전액보상 하므로 2,000천원이 된다.
⑤ [X] 최병철씨가 주택화재보험으로부터 지급받을 수 있는 총 지급보험금은 35,000천원이다.

27 ①

(필요정보) X. 부친의 상속 관련 정보_3. 부친의 유언장

① [O] 구수증서에 의한 유언의 경우 특별한 사정이 없는 한 급박한 사유가 종료된 날로부터 7일 이내에 법원에 검인을 신청해야 하며, 해당 기간 내에 검인을 받았다면 유언자 사후에는 별도의 검인이 필요하지 않다.
② [X] 만 19세 미만의 미성년자는 증인결격자이므로, 부모의 동의를 얻었다고 하더라도 증인이 될 수 없다.
③ [X] 제3자가 미리 작성한 서면에 따라 증인이 유언자에게 질문을 하고 유언자가 동작이나 간략한 답변으로 긍정하는 방식으로 한 구수증서 유언은 무효이다.
④ [X] 유언은 유언자가 사망한 때부터 그 효력이 발생한다.
⑤ [X] 구수증서유언은 다른 방식(자필증서, 녹음, 비밀증서, 공정증서)에 의한 유언을 할 수 없는 경우에만 인정된다.

28 ⑤

(필요정보) I. 고객정보, X. 부친의 상속 관련 정보

❶ 특별수익자는 아래 공식을 적용하여 구체적 상속분을 구한다.

> 특별수익자의 구체적 상속분
> = (현존상속재산 + 생전증여재산) × 법정상속분율 − 특별수익(유증, 생전증여)

❷ 상속재산(= 현존상속재산 + 생전증여재산)의 가액을 구한다.
1) 현존상속재산
   700,000(아파트 B) + 550,000(상가 C) + 800,000(토지 D) + 100,000(현금) + 100,000(주식 E) = 2,250,000
2) 생전증여재산
   400,000(현금) + 500,000(토지) = 900,000
3) 상속재산의 가액
   2,250,000 + 900,000 = 3,150,000

❸ 상속인별로 ❶의 공식을 적용하여 상속분을 구한다.
1) 박혜정 상속분 : (3,150,000 × 3/7) − 400,000(생전증여) = 950,000
2) 최병철 상속분 : (3,150,000 × 2/7) − 550,000(유증) = 350,000
3) 최희연 상속분 : (3,150,000 × 2/7) − 500,000(생전증여) = 400,000

29 ③

(필요정보) I. 고객정보, X. 부친의 상속 관련 정보

❶ 최성곤씨의 총상속재산가액을 구한다.
700,000(아파트 B) + 550,000(상가 C) + 800,000(토지 D) + 100,000(현금) + 100,000(주식 E) = 2,250,000

❷ 상속재산차감금액을 구한다.
200,000(임대보증금) + 10,000(장례비) = 210,000
일반장례비 5,000 + 봉안시설 사용비 5,000

❸ 상속공제액을 구한다.
1) 금융재산공제액을 구한다.
   2천만원 초과 ~ 1억원 이하의 금융재산공제액 : 2천만원
   (참고) 현금은 금융재산으로 보지 않는다.
2) 총상속공제액을 구한다.
   500,000(일괄공제) + 20,000(금융재산공제) = 520,000

❹ 상속세 산출세액을 구한다.

총상속재산가액		2,250,000
+ 상속재산 가산금액	+	500,000 사전증여재산[1]
− 상속재산 차감금액	−	210,000
= 상속세 과세가액	=	2,540,000
− 상속공제	−	520,000
= 종합소득 과세표준	=	2,020,000
× 세율	×	40% − 160,000 과세표준 10억 초과 ~ 30억 이하
= 상속세 산출세액	=	648,000

[1] 10년 이내 피상속인(최성곤)이 상속인(최희연)에게 증여한 재산가액(증여시점가액)

30 ③

필요정보 Ⅰ. 고객정보, Ⅹ. 부친의 상속 관련 정보_1. 부친의 상속재산, 2. 부친의 생전증여 현황

①[X] 상속개시 전 1년 이내에 순인출한 금액이 2억원 미만이므로 추정상속재산으로 보지 않는다.

　참고 현금화한 기간이 상속개시일 전 1년 이내에 2억원 이상이거나 2년 이내에 5억원 이상인 경우 용도를 밝히지 못하는 일정 금액을 추정상속재산으로 본다.

②[X] 상가 C를 보충적 평가방법에 의해 평가한 경우 550,000천원이다.

> 임대차계약이 체결된 상가의 보충적 평가가액 = Max[㉠, ㉡]
> ㉠ 보충적 평가방법
> • 국세청장 지정지역 : 상가의 m²당 가액 × (전용면적 + 공용면적)
> • 지정지역 아닌 경우 : 토지의 개별공시지가 + 건물의 기준시가
> ㉡ 1년간 임대료/12% + 임대보증금

보충적 평가가액 = Max[400,000(㉠), 550,000(㉡)] = 550,000
㉠ 기준시가 = 400,000
㉡ {(3,500 × 12) ÷ 12%} + 200,000 = 550,000

③[O] 사업개시 후 3년 미만인 법인의 비상장주식은 순자산가치로만 평가한다.

④[X] 평가기준일 전후 2개월간 공표된 매일의 거래소 최종시세가액의 평균액으로 평가한다.

⑤[X] 피상속인이 상속인에게 상속개시일 전 10년 이내에 증여한 재산가액을 가산하므로 박혜정에게 증여한 재산은 가산하지 않는다.

31 ④

필요정보 Ⅰ. 고객정보

①[X] 일괄공제 선택 시, 기초공제 2억원은 적용되지 않고 일괄공제 5억원만 적용받을 수 있다.

②[X] 배우자는 연로자공제 대상이 아니다.

③[X] 상속포기자가 분할협의에 참여하더라도 나머지 상속인들 간 협의에 영향을 미치지 않는다면 그 협의는 유효하다.

④[O] 채무초과 상태인 상속인이 본인의 상속분을 포기했다면, 채권자는 취소권 행사를 통해 채무자의 구체적 상속분에 미달하는 부분만큼 상속재산 분할협의를 취소할 수 있다.

⑤[X] 동거주택상속공제는 피상속인과 직계비속인 상속인이 상속개시일부터 소급하여 10년 이상 하나의 주택에서 동거한 경우에 가능하다.

32 ⑤

필요정보 Ⅹ. 부친의 상속 관련 정보_1. 부친의 상속재산(부동산자산)

❶ 매각 예상금액을 구한다.
550,000 × (1 + 0.04)⁵ = 669,159,096(STO1)
└ 현재의 적정평가액

❷ 상가의 순영업소득을 구한다.

가능총수익	42,000¹⁾
− 공실률	− 2,100²⁾
= 유효총수익	39,900
− 영업경비	− 9,600³⁾
= 순영업소득	30,300

1) 3,500 × 12
2) (3,500 × 12) × 0.05
3) 800 × 12
└ 일반관리비(월)

❸ 세후투자수익률을 할인율로 적용하여 5년 후 해당 상가의 수익가치를 구한다.

$$\frac{30,300}{(1+0.05)} + \frac{30,300}{(1+0.05)^2} + \frac{30,300}{(1+0.05)^3} + \frac{30,300}{(1+0.05)^4}$$

$$+ \frac{30,300 + 669,159,096(RCL1)}{(1+0.05)^5} = 655,486,805$$

33 ③

필요정보 Ⅹ. 부친의 상속 관련 정보_1. 부친의 상속재산(부동산자산)

❶ 리모델링을 함으로써 얻을 수 있는 추가임대료를 구한다.
1) 리모델링으로 받을 수 있는 임대료 : 3,500/0.7 = 5,000
2) 상가 C의 리모델링 전후 임대료의 차액(추가임대료) : 1,500

　참고 시장임대료보다 약 30% 낮은 임대료를 받고 있으므로 리모델링으로 정상적인 시장임대료를 받게 될 경우 5,000천원을 받을 수 있다.

❷ 추가임대료의 현재가치를 구한다.
PMT(E) 1,500, N 5 × 12, I/Y 6/12, CPT PV = 77,588,341

❸ 리모델링 후 증대되는 순수익을 구한다.
77,588,341 − 100,000 = −22,411,659
└ 리모델링 비용

34 ⑤

이 유형은 보통 문제에서 주어진 정보로 푼다.

❶ 요구수익률(k)과 잠재성장률(g)을 계산한다.

> • 요구수익률(k) = Rf + β × (Rm − Rf)
> • 잠재성장률(g) = ROE × 내부유보율 = ROE × (1 − 배당성향)
> · Rf : 무위험이자율　　· Rm : 시장수익률　　· (Rm − Rf) : 위험프리미엄

　참고 내부유보율 = (1 − 배당성향) = (1 − 주당배당금/주당순이익)
1) 요구수익률(k) = 4% + 1.3 × 5% = 10.5%
2) 잠재성장률(g) = 10% × (1 − 1,000/4,000) = 7.5%

❷ 정률성장배당할인모형을 이용하여 적정주가를 계산한다.

> 적정주가 = D₁/(k − g) = D₀ × (1 + g)/(k − g) (단, k > g)
> • D₀ : 금년도(당기) 배당금　　• D₁ : 내년도(차기) 배당금

적정주가 = (1,000 × 1.075)/(0.105 − 0.075) = 35,833,333

　참고 문제에 주어진 배당금이 당기 배당금(D₀)인지 차기 배당금(D₁)인지를 주의해야 한다.

35 ④

필요정보 Ⅰ. 고객정보, Ⅲ. 경제지표 가정, Ⅶ. 은퇴자금 관련 정보

❶ 조기노령연금을 받는 경우에 현재시점, 은퇴시점, 사망시점을 기준으로 time table을 그린 후, 은퇴소득 부족분을 계산한다.

	현재시점	김화정씨 은퇴시점	최병철씨 은퇴시점	최병철씨 사망	김화정씨 사망
	45세	60세	65세	80세	85세
		15년	5년	15년	5년
목표은퇴소득	0	25,000	50,000	20,000	
− 국민연금(최병철씨)	0	0	− 10,000	0	
− 국민연금(김화정씨)	0	− 8,400	− 8,400	0	
− 국민연금(유족연금)	0	0	0	− 1,800	
= 은퇴소득 부족분	= 0	= 16,600	= 31,600	= 9,800	

❷ 조기노령연금을 받는 경우, 총은퇴일시금을 계산한다.
CF0 16,600, C01 16,600 (4), C02 31,600 (15), C03 9,800 (5),
I (5 − 2)/1.02, NPV CPT = 441,680,956
→ 441,680,956 × 1.02¹⁵ = 594,444,415(STO1)
└ 현재매월가치로 금액

❸ (일반)노령연금을 받는 경우에 현재시점, 은퇴시점, 사망시점을 기준으로 time table을 그린 후, 은퇴소득 부족분을 계산한다.

	현재시점	김화정씨 은퇴시점	최병철씨 은퇴시점	최병철씨 사망	김화정씨 사망
	45세	60세	65세	80세	85세
		15년	5년	15년	5년
목표은퇴소득	0	25,000	50,000	20,000	
− 국민연금(최병철씨)	0	0	− 10,000	0	
− 국민연금(김화정씨)	0	0	− 12,000	− 12,000	
− 국민연금(유족연금)	0	0	0	− 1,800	
= 은퇴소득 부족분	= 0	= 25,000	= 28,000	= 6,200	

❹ (일반)노령연금을 받는 경우, 총은퇴일시금을 계산한다.
CF0 25,000, C01 25,000 (4), C02 28,000 (15), C03 6,200 (5),
I (5 − 2)/1.02, NPV CPT = 433,392,865
→ 433,392,865 × 1.02¹⁵ = 583,289,736(STO2)
└ 현재매월가치로 금액

❺ 조기노령연금을 받는 경우(❷)와 (일반)노령연금을 받는 경우(❹)의 총은퇴일시금 차이액을 계산한다.
594,444,415(RCL1) − 583,289,736(RCL2) = 11,154,679

36 ④

필요정보 Ⅰ. 고객정보, Ⅲ. 경제지표 가정, Ⅴ. 투자 관련 정보, Ⅷ. 은퇴자금 관련 정보

❶ 은퇴시점에서의 변액연금보험의 평가액을 계산한다.
  1) 이율전환(연이율 → 월이율)을 한다.
     PV −100, FV 103, N 12, CPT I/Y = 0.247(STO7)
  2) 은퇴시점에서의 변액연금보험의 평가액을 계산한다.
     PMT(E) 500, N 20 × 12, I/Y 0.247(RCL7),
     CPT FV = 163,427.222(STO3)

❷ 은퇴시점에서 부족한 은퇴일시금을 구한다.
  594,444.415(RCL1) − 163,427.222(RCL3) = 431,017.193

❸ 부족한 은퇴일시금을 현재가치로 환산한다.
  FV 431,017.193, N 15, I/Y 7, CPT PV = 156,220.466(STO4)

❹ 보기를 읽으며 O, X를 표시한다.
  ① [X] 지금부터 매년 초 정액으로 저축한다면 매년 20,787천원을 저축해야
         한다.
     PV 156,220.466(RCL4), N 10, I/Y 7, CPT PMT(B) = 20,787.177
  ② [X] 지금부터 매월 말 정액으로 저축한다면 매월 1,797천원을 저축해야
         한다.
     1) 이율전환(연이율 → 월이율)을 한다.
        PV −100, FV 107, N 12, CPT I/Y = 0.565(STO8)
     2) 매월 말 저축액을 구한다.
        PV 156,220.466(RCL4), N 10 × 12, I/Y 0.565(RCL8),
        CPT PMT(E) = 1,796.587
  ③ [X] 지금부터 은퇴시점까지 매년 초 물가상승률만큼 증액하여 저축한다
         면 첫해 저축액은 19,194천원이다.
     PV 156,220.466(RCL4), N 10, I/Y (7 − 2)/1.02,
     CPT PMT(B) = 19,194.165
  ④ [O] 지금부터 은퇴시점까지 매년 말 물가상승률만큼 증액하여 저축한다
         면 첫해 저축액은 20,538천원이다.
     PV 156,220.466(RCL4), N 10, I/Y (7 − 2)/1.02,
     CPT PMT(E) = 20,135.056
     → 20,135.056 × 1.02 = 20,537.757
  ⑤ [X] 적립식 주식형펀드 12,813천원을 은퇴자금으로 충당할 경우 지금부터
         매년 초 19,082천원을 정액으로 저축해야 한다.
     PV 156,220.466(RCL4) − 12,813, N 10, I/Y 7,
     CPT PMT(B) = 19,082.240

37 ④

이 유형은 보통 문제에서 주어진 정보로 푼다.
① [X] 주택의 공시가격 등이 12억원 이하이어야 신청할 수 있다.
   참고 다주택자인 경우에도 부부 소유주택의 공시지가를 합산한 가격이 12억
       원 이하이면 신청할 수 있다.
② [X] 부부 중 한 명이 근저당설정일 기준으로 만 55세 이상이 되면 신청할
       수 있다.
③ [X] 주택연금은 종신형 또는 확정형으로 연금수령이 가능하다.
④ [O] 주택처분금액이 연금수급총액에 미달하더라도 그 부족분에 대해 상속인
       에게 별도로 청구하지 않는다.
⑤ [X] 신탁방식의 경우 주택소유권자가 신탁등기를 하면 가입자가 사망하더라
       도 남은 배우자는 소유권 이전 없이 자동으로 승계하게 된다.

38 ①

필요정보 Ⅰ. 고객정보, Ⅵ. 부동산 관련 정보, Ⅹ. 부친의 상속 관련 정보_3. 부친의 유언장

① [O] 건물분에는 종합부동산세가 과세되지 않으므로 상가지분의 일부를 김화
       정씨에게 증여하더라도 최병철씨의 세대는 상가의 건물분에 대한 종합부
       동산세를 절세할 수 없다.
② [X] 주택에 대한 재산세는 물건별로 과세하므로 지분이 분산되어도 절세효과
       가 없다.
③ [X] 취득세는 물건별로 과세하므로 지분이 분산되어도 절세효과가 없다.
④ [X] 상가의 부속토지(별도합산과세 대상 토지)에 대한 재산세는 개인별 합산
       하여 과세하므로 공동소유로 지분이 분산되어 절세효과가 있다.
⑤ [X] 주택에 대한 종합부동산세는 공시가격이 9억원(1세대 1주택자의 경우 12억원)을
       초과하는 경우에 과세한다. 빌라 A는 공시가격이 3억 6천만원으로 종합
       부동산세가 과세되지 않아 지분이 분산되어도 부동산 절세효과가 없다.

39 ②

필요정보 Ⅰ. 고객정보, Ⅶ. 보험 관련 정보

① [O] 장애인전용 보장성보험의 보험료세액공제는 납입보험료 1,000천원을 한도로
       15%의 특별세액공제를 받을 수 있으므로 122.4천원의 특별세액공제를 받
       을 수 있다.
       장애인전용 보장성보험 특별세액공제 = (68 × 12) × 15% = 122.4
② [X] 보험금의 증여시기는 보험료의 납부일이나 보험금 수령일이 아닌 보험사
       고가 발생한 때 또는 만기보험금 지급일이 증여시기이다.
③ [O] 최병철씨가 총납입보험료 중 70%를 부담하였으므로 김화정씨에 대한 상
       속재산가액은 140,000천원(= 200,000 × 70%)이다.
④ [O] 보험료를 납입한 자가 피보험자의 사망으로 수령하는 보험금은 상속세
       과세대상이 아니다.
⑤ [O] 계약의 위약 또는 해약으로 인하여 받는 위약금과 배상금은 기타소득으로
       과세하나, 정신적·육체적·물질적 피해로 인한 손해배상금은 비열거소득
       으로 과세하지 않는다.

40 ①

이 유형은 보통 문제에서 주어진 정보로 푼다.

펀드 이익의 합계는 2,200천원이나 상장주식 매매이익 2,000천원은 과세대상인
집합투자기구로부터의 이익에 포함되지 아니하므로 배당소득은 200천원이다.

정답

1교시

재무설계 원론

1 ⑤	2 ③	3 ④	4 ①	5 ①	6 ④	7 ④	8 ③	9 ④	10 ③
11 ③	12 ④	13 ③	14 ②	15 ①					

재무설계사 직업윤리

16 ②	17 ④	18 ①	19 ③	20 ②

위험관리와 보험설계

21 ③	22 ②	23 ①	24 ②	25 ④	26 ①	27 ④	28 ⑤	29 ①	30 ⑤
31 ①	32 ④	33 ②	34 ③	35 ②	36 ③	37 ③	38 ①	39 ④	40 ⑤
41 ③	42 ⑤	43 ⑤	44 ②	45 ①					

은퇴설계

46 ③	47 ③	48 ②	49 ⑤	50 ⑤	51 ③	52 ④	53 ③	54 ②	55 ③
56 ③	57 ①	58 ②	59 ⑤	60 ③	61 ②	62 ②	63 ③	64 ④	65 ④
66 ④	67 ③	68 ②	69 ④	70 ④					

부동산설계

71 ④	72 ③	73 ③	74 ②	75 ①	76 ⑤	77 ①	78 ②	79 ⑤	80 ②
81 ③	82 ①	83 ⑤	84 ③	85 ②	86 ②	87 ②	88 ①	89 ⑤	90 ⑤

2교시

투자설계

1 ①	2 ②	3 ②	4 ④	5 ①	6 ④	7 ⑤	8 ④	9 ③	10 ⑤
11 ④	12 ②	13 ③	14 ①	15 ②	16 ⑤	17 ③	18 ③	19 ⑤	20 ④
21 ④	22 ③	23 ④	24 ①	25 ④	26 ①	27 ③	28 ④		

세금설계

29 ⑤	30 ④	31 ②	32 ③	33 ④	34 ①	35 ②	36 ④	37 ③	38 ②
39 ⑤	40 ③	41 ④	42 ②	43 ③	44 ③	45 ②	46 ④	47 ②	48 ③
49 ②	50 ⑤	51 ⑤	52 ②	53 ②	54 ③	55 ⑤			

상속설계

56 ②	57 ①	58 ③	59 ④	60 ⑤	61 ②	62 ④	63 ④	64 ②	65 ⑤
66 ③	67 ⑤	68 ③	69 ①	70 ②	71 ③	72 ①	73 ②	74 ③	75 ④
76 ④	77 ④	78 ①	79 ⑤	80 ⑤					

㉮ 기본서 : 한국FPSB에서 발간한 기본서 페이지를 표기하였습니다.

㉯ 요약집 : 해커스금융 CFP 합격지원반, 환급반, 핵심요약강의 수강생에게 제공되는 〈해커스 CFP 핵심요약집〉 페이지를 표기하였습니다.

▪ 재무설계 원론

1 ⑤   ㉮ p.32~36 ㉯ p.22

A. 규제초점이론
B. 계획된 행동이론
C. 계획된 행동이론
D. 교환이론
E. 소비자선택이론

2 ③   ㉮ p.29~30 ㉯ p.21

Salary-Only → Fee-Only

3 ④   ㉮ p.79~84 ㉯ p.36, p.38

금리가 상승하면 원화 가치가 상승하면서 외화표시 수출품 가격을 상승시켜 우리나라 수출품에 대한 해외수요가 감소하고, 국내 수출업자의 수입이 감소할 수 있다.

4 ①   ㉮ p.122, p.131 ㉯ p.42~46

1) 5년 후 필요자금을 마련하기 위한 현재 일시금저축액
FV 70,000, N 5, I/Y (6 - 4)/1.04, CPT PV = 63,640.768(STO1)
2) 이율전환(연복리 → 월복리)
PV -100, FV 106, N 12, CPT I/Y = 0.487(STO7)
3) 매월 말 적립해야 할 금액
PV 63,640.768(RCL1), N 5 × 12, I/Y 0.487(RCL7),
CPT PMT(E) = 1,225.656

5 ①   ㉮ p.136~137 ㉯ p.42~46

1) (A안) 매월 말 원리금균등분할상환 방식
PV 200,000, N 10 × 12, I/Y 6/12, CPT PMT(E) = 2,220.410
[2ND AMORT] P1 1, P2 120, INT = 66,449.205
2) (B안) 만기일시상환 방식
200,000 × 0.06 × 10 = 120,000
3) A안과 B안의 이자납입액 비교
120,000 - 66,449.205 = 53,550.795
∴ A안이 B안보다 53,551천원 적다.

6 ④   ㉮ p.141~142 ㉯ p.47

세후투자수익률(CF 방식)
CF0 0, C01 -30,000 (7), C02 0 (2), C03 300,000 × 1.02^{10} (1),
IRR CPT = 9.393

7 ④   ㉮ p.141~142 ㉯ p.47

내부수익률(CF 방식)
CF0 -1,000,000, C01 20,000 (2), C02 25,000 (1), C03 30,000 (1),
C04 30,000 + 1,400,000 (1), IRR CPT = 9.116
∴ '내부수익률(9.12%) > 요구수익률(8.5%)'이므로 투자안을 채택한다.

8 ③   ㉮ p.152~154, p.160~161, p.209~210, p.225 ㉯ p.49~51, p.60, p.62

① 1단계 → 2단계
② 2단계 → 1단계
④ 4단계 → 5단계
⑤ 5단계 → 4단계

9 ④   ㉮ p.148, p.155, p.172, p.223, p.225, p.230 ㉯ p.48~63

'다 - 나 - 라 - 가 - 바 - 마'의 순이다.

10 ③   ㉮ p.152, p.201, p.206 ㉯ p.49, p.59~60

'가, 나, 라'는 재무설계 제안서에 포함되는 내용이다.
'다, 마'는 업무수행계약서에 포함되는 내용이다.

11 ③   ㉮ p.255~257 ㉯ p.69

1) 규제 강화 전 LTV와 DTI를 기준으로 한 주택담보대출 한도액을 각각 계산하여 더 작은 값을 구한다.
• LTV에 따른 최대 대출금액
1,200,000 × 70% = 840,000
• DTI에 따른 최대 대출금액
PMT(E) 60,000/12, N 20 × 12, I/Y 5/12, CPT PV = 757,626.565
└ 100,000 × 60%
∴ Min[840,000, 757,626.565] = 757,626.565(STO1)
2) 규제 강화 후 LTV와 DTI를 기준으로 한 주택담보대출 한도액을 각각 계산하여 더 작은 값을 구한다.
• LTV에 따른 최대 대출금액
1,200,000 × 60% = 720,000
• DTI에 따른 최대 대출금액
PMT(E) 50,000/12, N 20 × 12, I/Y 5/12, CPT PV = 631,355.471
└ 100,000 × 50%
∴ Min[720,000, 631,355.471] = 631,355.471(STO2)
3) 1)에서 2)를 차감하여 규제 강화 전후의 대출 한도액을 비교한다.
757,626.565(RCL1) - 631,355.471(RCL2) = 126,271.094

12 ④   ㉮ p.239, p.242, p.256 ㉯ p.65~66, p.69

① [O] 이해강씨의 주택담보대출 잔액은 101,450천원이다.
PV 200,000, N 10 × 12, I/Y 6/12, CPT PMT(E) = 2,220.410
[2ND AMORT] P1 1, P2 68, BAL = 101,449.972
② [O] 원금균등할상환방식은 원리금균등분할상환방식보다 총 이자부담액이 적다.
③ [O] 주택의 담보가치가 5억원이라면, 대출을 받을 당시 LTV 한도는 최소 40% 이상이었음을 짐작할 수 있다.
LTV = 주택담보대출금액/담보가치 × 100
= 200,000/500,000 × 100
= 40%
④ [X] 주거관련부채는 9.9% 수준으로 가이드라인보다 낮아 양호한 편이다.
주거관련부채부담율 = 주거관련부채/총자산
= 101,450/1,020,000 = 9.9%
⑤ [O] 총부채부담율은 11% 수준으로 가이드라인보다 낮아 양호한 편이다.
총부채부담율 = 총부채/총자산
= (5,000 + 101,450 + 6,550)/1,020,000 = 11.1%

13 ③   ㉮ p.251~258 ㉯ p.68~70

'나, 라, 마'는 적절한 설명이다.
가. 전세보증금 상환보증 → 전세보증금 반환보증
다. DTI → LTV

14 ②   ㉮ p.267~274 ㉯ p.72~73

'가, 라, 바'는 적절한 설명이다.
나. 자기과신 → 기준점 효과
다. 현재의 작은 보상보다는 미래의 더 큰 보상을 선택하여 자기통제가 실현될 수 있게 해야 한다.
마. 심적회계 오류 → 대표성 오류

15 ① [기] p.293 ~ 295 [요] p.77

장애인 특별부양신탁의 신탁재산은 금전, 유가증권, 부동산 모두 가능하다.

▪ 재무설계사 직업윤리

16 ② [기] p.10 ~ 12 [요] p.84 ~ 85

A. 진단의무
B. 충실의무
C. 고지의무
D. 갱신유지의무
E. 자문의무

17 ④ [기] p.14 ~ 17 [요] p.86 ~ 87

A. 능력개발의 원칙
B. 근면성의 원칙
C. 객관성의 원칙
D. 성실성의 원칙
E. 공정성의 원칙

18 ① [기] p.34 ~ 39 [요] p.94 ~ 95

② 업무수행내용 4-3 재무설계 제안서의 제시에 해당하는 내용이다.
③ 업무수행내용 3-2 고객의 목표, 니즈 및 우선순위의 평가에 해당하는 내용이다.
④ 업무수행내용 4-1 재무설계 대안의 파악 및 평가에 해당하는 내용이다.
⑤ 업무수행내용 6-2 고객상황의 모니터링 및 재평가에 해당하는 내용이다.

19 ③ [기] p.43 ~ 45 [요] p.96

'가, 나, 라'는 적절한 설명이다.
다. 없다. → 있다.
마. CFP® 자격상표를 도메인 이름과 이메일 주소의 일부로 사용하여서는 아니 된다. 반면 인터넷의 개별 웹사이트에 CFP® 자격표장을 사용하는 경우에는 쉽게 판별할 수 있는 적절한 위치에 태그라인을 표시하는 것을 원칙으로 한다.

20 ② [기] p.72, p.75, p.81, p.83 ~ 84 [요] p.99 ~ 103

변호사법 제109조의 벌칙규정은 변호사가 아니면서 금품이나 향응 및 기타 이익을 받거나 받을 것을 약속하고 변호사의 직무를 수행하는 경우에만 적용되는 것이므로, 무보수로 법률상담 등의 변호사의 직무에 속하는 업무를 제공하는 경우에는 처벌의 대상이 되지 않는 것으로 해석되고 있다.

▪ 위험관리와 보험설계

21 ③ [기] p.12 ~ 13 [요] p.109

가. 위험전가
나. 손실예방
다. 위험회피
라. 손실감소

22 ② [기] p.30 ~ 32 [요] p.114 ~ 115

① 태풍으로 인해 지붕이 소실되었을 경우 지붕을 구입하는 비용은 직접손해가 된다.
③ 재조달가액은 해당 재화를 시장에서 다시 구입하는 데 소요되는 비용을 의미하므로 태풍으로 인해 파손된 지붕을 재조달가액방식으로 평가한다면 지급보험금은 3,000만원이 된다.
④ 태풍으로 인해 파손된 지붕을 현재가액방식으로 평가한다면 지급보험금은 2,000만원(= 3,000 − 3,000 × 10/30)이 된다.
⑤ 재조달가액방식으로 보상할 경우 중고물건이 새 물건으로 교환되는 효과가 나타나므로 이득금지원칙에 어긋나지만, 현실에서는 중고 지붕이 아닌 새 지붕을 구입해서 교체해야 하므로 재조달가액방식으로 보상하는 것이 합리적이다.

23 ① [기] p.23 ~ 28 [요] p.112 ~ 113

'가, 다, 라'는 적절한 설명이다.
나. 할인율이 높을수록 → 할인율이 낮을수록
마. 생애가치법은 국민연금의 유족연금과 같은 다른 수입원을 고려하지 않는다.

24 ② [기] p.38 ~ 42, p.218 [요] p.118 ~ 120, p.177

'다, 라'는 적절한 설명이다.
가. '공작물 등의 점유자·소유자의 배상책임'에 해당한다.
나. A 또는 B가 특수불법행위에 의한 배상책임(공작물 등의 점유자·소유자의 배상책임)을 지게 된다. 1차로 A(점유자)가 책임을 지며, A가 손해의 방지에 필요한 주의를 다하여 면책되는 경우 2차로 B(소유자)가 책임을 진다.
마. A.M.A.방식 → 맥브라이드방식

25 ④ [기] p.50 [요] p.122

1) 보험료 조정

보험료 조정 = (실제손해율 − 예상손해율)/예상손해율 × 신뢰도 계수

(0.4 − 0.35)/0.35 × 0.32 = 0.0457(약 4.57%)

2) 경험요율 적용 시 다음해 보험료
45,000 × (1 + 0.0457) = 47,057원

26 ① [기] p.58 ~ 63 [요] p.125 ~ 128

'가, 나'는 적절한 설명이다.
다. RBC 제도 ↔ K-ICS 제도
라. 보험회사의 지급여력비율이 0% 미만일 경우 경영개선명령에 해당하는 적기시정조치를 취해야 하며, 경영개선명령의 조치내용으로는 주식소각, 영업양도, 외부관리인 선임 등이 있다. 영업의 일부정지는 경영개선요구의 조치내용에 해당한다.
마. 경영개선요구 → 경영개선권고

27 ④ [기] p.75 ~ 80 [요] p.133 ~ 135

3개월 → 1개월

28 ⑤ [기] p.90 ~ 91 [요] p.138

피보험자의 전 생애에 걸쳐 보장을 제공하기를 희망하는 경우 정기보험보다는 종신보험이 적절하다.

29 ① [기] p.84 ~ 93 [요] p.136 ~ 139

정기보험은 최초 보험가입 시 가장 낮은 보험료로 사망보장을 받을 수 있으나 이는 피보험자의 보장기간 내내 가장 낮은 보험료를 의미하는 것은 아니다.

30 ⑤ [기] p.94 [요] p.139 ~ 140

선사망자보험의 보험회사 → 후사망자보험의 보험회사

31 ①

㉮ p.96~99 ⓼ p.140~141

'가, 나, 다'는 적절한 설명이다.

라. 유니버설종신보험은 연차보고서에 현재의 해약환급금을 표시하고 있으므로 고객이 이를 보고 해약환급금을 다른 용도로 활용할 가능성을 초래한다.

마. 증가형 사망급부는 순보장금액의 변동이 없고, 연령증가에 따라 위험보험료가 증가된다.

32 ④

㉮ p.105 ⓼ p.144

보험회사 파산 시 특별계정에 별도로 적립된 변액종신보험의 계약자적립액은 일반 계정에 있는 타 상품의 계약자적립액에 비해 안정적이다.

33 ②

㉮ p.114~118 ⓼ p.147~148

보장받을 수 없다. → 보장받을 수 있다.

34 ③

㉮ p.125 ⓼ p.150

납입최고기간이 끝나는 날까지 보험료를 납입하지 않을 경우 납입최고기간이 끝나는 날의 다음날(납입최고기간이 끝나는 날이 영업일이 아닌 때에는 그 다음날)에 계약이 해지된다는 내용을 보험계약자에게 서면으로 통보해야 한다.

35 ②

㉮ p.143~146, p.153 ⓼ p.156~157, p.160

① 상해보험의 특징 중 외래성은 보험사고의 원인이 신체의 외부로부터 작용하는 것을 의미하며, 신체의 내부적 원인에 기인한 것은 제외되는 개념이다.

③ 암보험에서 보험나이 15세 미만 피보험자의 암에 대한 보장개시일은 보험계약일로 한다.

④ 국내여행자보험은 국외 거주자가 여행을 목적으로 국내의 공항이나 부두에 도착하여 여행을 마치고 출국을 위해 항공기나 선박에 탑승하기 직전까지 발생한 사고에 대해 보상한다.

⑤ 단체상해보험은 개인보험에 비해 보험료 수준이 낮고, 가입 시 건강진단을 받거나 불확실성을 보완하기 위한 다른 보증서류를 제출하지 않아도 되기 때문에 피보험자에게 유리하다.

36 ③

㉮ p.163~170 ⓼ p.162~164

'가, 라, 마'는 적절한 설명이다.

나. 3개월 이내 → 6개월 이내

다. 3만원 → 2만원

37 ③

㉮ p.194, p.196, p.200~203, p.206 ⓼ p.171~174

① 일반화재보험에서는 폭발과 파열의 손해에 대해서는 담보하지 않으나, 주택화재보험에서는 폭발과 파열의 손해에 대해 담보하고 있다.

② 재조달가액 ↔ 현재가액

④ 재조달가액담보 특별약관에서 보험가입금액이 재조달가액의 80% 미만인 경우 '재조달가액기준의 손해액 × 보험가입금액/재조달가액'으로 계산된다.

⑤ 11층 이상, 높이가 35m 초과인 고층건물에 대해서 건물층수에 따라 고층건물할증이 적용되므로 해당 건물은 고층건물할증이 적용되지 않는다.

38 ①

㉮ p.197~198 ⓼ p.171~172

❶ 화재보험의 보험금 지급방법을 확인한다.
  1) 대상 물건이 공장 건물이므로 부보비율 조건부 실손보상조항(Coinsurance)이 적용되지 않는다.
  [참고] • coin 적용 : 주택, 일반물건(점포)
         • coin 미적용 : 공장, 일반물건(재고자산)
  2) 일부보험이므로 비례보상 한다.

❷ 잔존물제거비용에 대한 보험금과 가입금액 한도를 감안하여 지급받을 수 있는 보험금을 계산한다.

재산손해액		80,000[1]
+ 잔존물제거비용	+	12,000[2]
= 합계	=	92,000[3]
+ 손해방지비용	+	3,000[4]
+ 기타협력비용	+	0
= 총보험금	=	95,000

[1] 120,000 × (200,000/300,000)

[2] 30,000 × (200,000/300,000) = ~~20,000~~ ← 재산손해액의 10%(= 12,000) 한도

[3] 보험가입금액 한도 이내

[4] 4,500 × (200,000/300,000)

39 ④

㉮ p.238~240, p.245, p.249~250 ⓼ p.183~186

① 최대 2,000만원 → 최대 5,000만원

② 5,000만원 → 4,500만원

③ 후유장해보험금의 상실수익액은 사망보험금 지급기준과 동일하나, 생활비를 공제하지 않는다는 차이가 있다.

⑤ 보험가액 → 보험가입금액

40 ⑤

㉮ p.235~244 ⓼ p.182~185

수리비용의 15% → 수리비용의 20%

41 ③

㉮ p.256~260 ⓼ p.188~189

① 장기손해보험은 보험기간을 장기간으로 정함으로써 계약 갱신의 번거로움을 피하고 해마다 갱신하는 데 소요되는 비용도 절감할 수 있다.

② 장기손해보험의 순보험료는 위험보험료와 저축보험료로 구성되어 있다.

④ 장기화재보험은 일반화재보험과 다르게 보험계약대출이 가능하다.

⑤ 생명보험 ↔ 일반손해보험

42 ⑤

㉮ p.265~266 ⓼ p.190

교통사고처리지원금을 지급하는 다수계약이 체결되어 있는 경우 각 계약의 보상책임액에 따라 각 계약의 비례분담액을 보상책임액으로 지급한다.
  1) A보험회사의 비례분담액
     3,000 × 4,000/(4,000 + 2,000) = 2,000만원
  2) B보험회사의 비례분담액
     3,000 × 2,000/(4,000 + 2,000) = 1,000만원

43 ⑤

㉮ p.276~281 ⓼ p.192~193

자녀 양육 시 필요자금을 추정할 때 배우자의 예상 월수입이 희망 월수입보다 많을 경우 초과하는 금액은 기재하지 않고 '0'으로 기재한 후 다음 단계로 넘어가는 것이 일반적이다.

44 ②

㉮ p.308~309, p.315~317 ⓼ p.190~191, p.196

보험기간은 보험회사가 보험사고를 보장하는 기간이며, 보험계약기간은 보험계약이 성립해서 소멸할 때까지의 기간이다.

45 ①

㉮ p.303 ⓼ p.195

가. 추정최대손실

나. 최대가능손실

다. 일반손실

라. 재조달가액

46 ③

㉮ p.16 ~ 21 ㉯ p.203 ~ 204

'가, 나, 마'는 적절한 설명이다.

다. 전망이론에서는 개인마다 자신이 정한 준거점이 있어서 이익과 손해를 서로 다르게 평가하므로, 작년 100만원의 수익을 올린 A는 올해 수익 75만원에 대해서는 손실로 인식을 하고, 작년 50만원 수익을 올린 B는 수익 75만원에 대해 이득을 보았다고 느낀다.

[참고] 기대효용이론에서는 이익과 손해의 판단 준거점이 0이므로, 작년에 100만원과 50만원의 수익을 올린 두 사람이 올해는 동일하게 75만원의 수익을 얻었다면, 올해 두 사람이 느끼는 만족감은 동일하다고 본다.

라. 절대소득가설에서는 소득이 증가할수록 현재소비를 증가시키는 정도는 점차 감소되고(한계소비성향) 저축증가율이 더 커지게 된다.

47 ③

㉮ p.50, p.60 ~ 61, p. 89 ㉯ p.210, p.220

❶ 개인연금을 구한다.

1) 이율전환(연복리 → 월복리)
PV –100, FV 102, N 12, CPT I/Y = 0.165(STO7)

2) 월 소득액
PV 300,000, N 25 × 12, I/Y 0.165(RCL7), CPT PMT(B) = 1,266.829

❷ 국민연금(조기노령연금)을 구한다.
1,000 × 70% = 700

❸ 소득대체율을 구한다.
(1,266.829 + 700)/3,000 = 0.656

❹ 보기를 읽으며 O, X를 표시한다.

① [X] 김소연씨는 은퇴소득대체율(66%)보다 목표소득대체율(75%)이 더 크다.

② [X] 김소연씨는 은퇴 후 예상소득이 은퇴 후 희망소득보다 낮다.
1) 은퇴 후 예상소득
1,266.829 + 700 = 1,966.829
2) 목표소득대체율에 따른 은퇴 후 희망소득
은퇴 후 희망소득 = 목표소득대체율 × 은퇴 전 소득
= 0.75 × 3,000
= 2,250

③ [O] 은퇴소득대체율에서 목표소득대체율을 차감한 값이 (–)인 경우 은퇴 후 희망 생활수준을 낮추거나 추가저축을 통해 은퇴소득대체율을 높여야 한다.

④ [X] 은퇴 후 예상소득을 희망소득으로 나누어 은퇴준비 수준을 평가하는 경우 은퇴 전 소득 정보 없이 은퇴준비 수준을 평가할 수 있다.

⑤ [X] 목표소득대체율은 '은퇴 후 희망소득/은퇴 전 소득'이므로, 은퇴 후 희망소득은 은퇴 전 소득 월 3,000천원에서 목표소득대체율 75%를 곱한 금액인 월 2,250천원이다.

48 ②

㉮ p.75 ~ 77 ㉯ p.215

공적이전소득이란 각종 법령의 규정에 의해 정기적으로 지급되는 각종 수당, 연금 등을 의미한다. 다만, 일시금 및 소급지급금으로 받는 금품은 금융재산으로 산정한다.

[참고] 민간 연금보험, 연금저축 등 일시금으로 수령하는 경우에도 금융재산으로 산정한다.

49 ⑤

㉮ p.79 ㉯ p.216

❶ 부부감액을 적용한 기초연금액의 부부합산액을 구한다.
(400,000 × 0.8) + (200,000 × 0.8) = 320,000 + 160,000
= 480,000

❷ 선정기준액과 소득인정액의 차액을 구한다.
3,408,000 - 2,988,000 = 420,000

❸ ❶, ❷ 중 작은 금액으로 해당 가구의 기초연금 급여액을 결정한다.
기초연금 급여액 = Min[480,000, 420,000] = 420,000

❹ 개인별로 기초연금액 비율에 따라 비례하여 배분한다.

1) A의 기초연금 급여액
420,000 × 320,000/480,000 = 280,000

2) B의 기초연금 급여액
420,000 × 160,000/480,000 = 140,000

50 ⑤

㉮ p.250 ~ 252 ㉯ p.264

❶ 투자기간 종료 시점의 포트폴리오 평가액을 구한다.

1) 이율전환(연이율 → 월이율)을 한다.
PV –100, FV 106, N 12, CPT I/Y = 0.487

2) 포트폴리오 종가를 구한다.
PMT(E) –2,000, N 15 × 12, I/Y 0.487, CPT FV = 573,823.805(STO1)

❷ 은퇴저축 포트폴리오의 자산군별 종가계수를 구한다.

1) 채권형펀드의 종가계수
• 이율전환(연이율 → 월이율)을 한다.
PV –100, FV 105, N 12, CPT I/Y = 0.407
• 종가계수를 구한다.
PMT(E) –1, N 15 × 12, I/Y 0.407, CPT FV = 264.825(STO2)

2) 주식혼합형펀드의 종가계수
• 이율전환(연이율 → 월이율)을 한다.
PV –100, FV 107, N 12, CPT I/Y = 0.565
• 종가계수를 구한다.
PMT(E) –1, N 15 × 12, I/Y 0.565, CPT FV = 311.105(STO3)

❸ 주식혼합형펀드 투자비중을 구한다.

주식형자산의 투자 비중 = 포트폴리오 종가 – {채권형자산 종가계수 × 저축(투자)액} / (주식형자산 종가계수 – 채권형자산 종가계수) × 저축(투자)액

[573,823.805(RCL1) – {264.825(RCL2) × 2,000}] ÷ [{311.105(RCL3) – 264.825(RCL2)} × 2,000] = 0.4773

❹ 채권형펀드 투자비중을 구한다.

채권형자산의 투자 비중 = 1 – 주식형자산의 투자 비중

1 – 0.4773 = 0.5227

51 ③

㉮ p.81 ~ 82 ㉯ p.217

임의(계속)가입자의 경우 6개월 이상 계속 연금보험료를 체납하면 최종 납부마감일의 다음날에 자격이 상실된다.

52 ④

㉮ p.320 ~ 321 ㉯ p.276

① 부부 중 한 명이라도 만 55세 이상인 경우 가입이 가능하다.
② 다주택자이더라도 부부 소유주택의 공시지가를 합산한 가격이 12억원 이하이면 가입이 가능하다.
③ 저당권방식 → 신탁방식
⑤ 청구한다. → 청구하지 않는다.

53 ③

㉮ p.85 ~ 86, p.107 ~ 108 ㉯ p.219, p.228

출산크레딧의 경우 추가로 산입되는 가입기간의 기준소득월액은 A값을 적용하며, 군복무크레딧의 경우에는 A값의 50%로 적용한다.

54 ②

㉮ p.81, p.103, p.106, p.109 ㉯ p.217, p.226 ~ 228

'가, 라, 마'는 적절한 설명이다.

나. 국민연금 적용사업장에 근무하는 18세 미만의 근로자도 사업장가입자로 적용하나, 본인의 희망에 의해 사업장가입자가 되지 않을 수 있다.

다. 75% ↔ 25%

55 ③

㉮ p.102, p.108 ~ 111 ㉯ p.226, p.228 ~ 229

CF0 0, C01 0 (4), C02 10,000 × {1 + (0.006 × 60)} (25),
I (3 – 2)/1.02, NPV CPT = 288,750.841

56 ③

㉮ p.94 ~ 96, p.98 ㉯ p.222 ~ 224

장애연금 수급권자가 해당 연금의 지급사유와 같은 사유로 근로기준법, 산업재해보상보험법, 선원법, 어선원 및 어선재해보상보험법에 의한 장애보상을 받을 수 있는 경우에는 그 장애연금액의 1/2에 해당하는 금액을 지급 받게 된다.

57 ①

㉮ p.86, p.90~91, p.93, p.96 ㉭ p.219~221, p.226

'다, 라, 마'는 적절한 설명이다.
가. 장애등급 4급인 경우에는 부양가족연금액 없이 기본연금액의 225%를 일시
　　보상한다.
나. 1년 만기 → 3년 만기

58 ②

㉮ p.89~90 ㉭ p.220

❶ 노령연금 일시금 평가액을 구한다.
　PMT(B) 8,000, N 25, I/Y (3 − 2)/1.02, CPT PV = 178,344.451
❷ 조기노령연금 일시금 평가액을 구한다.
　PMT(B) 8,000 × 70%, N 30, I/Y (3 − 2)/1.02,
　CPT PV = 146,358.969(60세 시점)
　→ PV 146,358.969, N 5, I/Y 3,
　　CPT FV = 169,670.158(65세 시점으로 환산)
　참고 '연금수급개시연령 − 5년'부터 수령하므로 기본연금액의 70%가 지급된다.
❸ 노령연금액과 조기노령연금액의 일시금 평가액을 비교한다.
　노령연금 일시금(178,344.451) − 조기노령연금 일시금(169,670.158)
　= 8,674.293

59 ⑤

㉮ p.125~127, p.135, p.146~147, p.153 ㉭ p.234~235, p.237, p.242, p.244

① 배우자의 명의 → 본인 명의
② 확정기여형 퇴직연금에 대한 설명이다.
③ 원칙적으로 근로자의 추가납입과 중도인출이 불가능하며, 중도인출의 경우
　　근퇴법에 정한 인출 사유에 해당하는 경우에만 가능하다.
④ 30% → 10%

60 ③

㉮ p.135~137, p.172, p.174 ㉭ p.237, p.250~251

'가, 나, 다'는 적절한 설명이다.
라. 확정급여형 퇴직연금에 대한 설명이다.
마. 경영평가성과급을 DC형 퇴직연금계좌에 납입하고 운용하다 55세 이후에 연
　　금으로 수령하면 근로소득세가 아닌 저율의 연금소득세가 과세되어 절세효
　　과를 얻을 수 있다.

61 ②

㉮ p.186 ㉭ p.253

'가, 라, 마'는 적절한 설명이다.
나. 보증옵션에 따른 추가비용이 발생한다.
다. 연금수급개시 후 해약이 불가능하다.

62 ②

㉮ p.209~211 ㉭ p.259

최저인출보증 옵션 → 최저수입보증 옵션

63 ③

㉮ p.91, p.95, p.128, p.177 ㉭ p.220, p.223, p.235, p.251

'다, 라'는 적절한 설명이다.
가. 연금계좌에서 소득세법상 연금으로 수령하기 위해서는 가입자가 55세 이후,
　　연금계좌 가입일로부터 5년이 경과된 후 연금수령한도 이내에서 인출해야
　　하나, 이연퇴직소득이 있는 경우에는 가입일로부터 5년의 경과규정을 적용
　　하지 않는다.
나. 국민연금 가입자뿐만 아니라 배우자 본인도 연금수급개시연령에 도달해야
　　분할연금이 지급된다. 따라서 1963년생인 황민현씨가 먼저 연금수급개시연령
　　인 63세에 도달하였더라도 류희진씨는 1965년생이므로 류희진씨 나이 64세에
　　도달해야 분할연금을 지급받을 수 있다.

64 ④

㉮ p.194, p.197, p.199~200 ㉭ p.255~256

① 종합자산관리계좌(ISA) 만기금은 연금저축계좌 납입한도를 적용하지 않고 연
　　금저축에 납입할 수 있다.
② 예금자보호 대상이 아니며 투자위험을 가입자가 부담하여 투자성과가 나쁠
　　경우에는 원금손실이 발생할 수 있다.
③ 연금저축신탁은 예금자보호 대상이 된다.
⑤ 종신연금을 수령 중인 연금저축계좌는 상품의 특성상 계좌이체가 불가능하다.

65 ④

㉮ p.197 ㉭ p.256

구분	총급여액	연금저축 납입액		세액공제 신청 금액	세액공제율	세액공제액
		펀드	보험			
A	40,000	3,000	2,000	5,000	16.5%	825
B	50,000	6,000	3,000	6,000	16.5%	990
C	150,000	−	8,000	6,000	13.2%	792

• A : 연금저축 납입액이 총 5,000천원으로 한도(6,000천원) 이내 이기 때문에 전
　액 세액공제 신청이 가능하다. 또한 총급여액이 55,000천원 이하이므로
　16.5%의 세액공제율이 적용되어 연금계좌 세액공제가 825천원 가능하다.
　(3,000 + 2,000) × 16.5% = 825
• B : 연금저축 납입액이 총 9,000천원으로 한도(6,000천원)를 초과하므로 최대
　납입액 한도인 6,000천원 세액공제 신청이 가능하다. 또한 총급여액이
　55,000천원 이하이므로 16.5%의 세액공제율이 적용되어 연금계좌 세액공
　제가 990천원 가능하다.
　6,000 × 16.5% = 990
• C : 연금저축 납입액이 총 8,000천원으로 한도(6,000천원)를 초과하므로 최대
　납입액 한도인 6,000천원 세액공제 신청이 가능하다. 또한 총급여액이
　55,000천원 초과이므로 13.2%의 세액공제율이 적용되어 연금계좌 세액공제
　가 792천원 가능하다.
　6,000 × 13.2% = 792

66 ④

㉮ p.128~130, p.197~198 ㉭ p.235, p.256

1) 연금수령한도

$$\text{연금수령한도} = \frac{\text{연금계좌 평가금액}}{11 - \text{연금수령연차}} \times 120\%$$

　연금수령한도 = 53,000/(11 − 5) × 120%
　　　　　　　　 = 10,600
2) 인출순서에 따른 인출액 6,000천원의 소득원천과 과세내용
　　　 3,000　세액공제 받지 않은 납입금액(원금) → 비과세
　+　 3,000　세액공제 받은 납입금액(원금) → 연금소득세 과세
　=　 6,000　인출액
3) 원천징수금액(연금소득세)
　3,000 × 5% = 150

67 ③

㉮ p.128~130, p.197~198 ㉭ p.235, p.256

① 연금수령의 경우 세액공제 받지 않은 가입자 부담분(원금)을 재원으로 하는
　　인출액에 대해서는 소득세가 과세되지 않는다.
② 연금외수령의 경우 세액공제 받은 가입자 부담분(원금)을 재원으로 하는 인
　　출액에 대해서 기타소득세가 과세된다.
④ 연금수령의 경우 퇴직연금계좌 적립금 운용수익은 연금소득으로 보아 연금
　　소득세가 과세되며, 연금외수령의 경우 기타소득으로 보아 기타소득세가 과세
　　된다.
⑤ 연금 실제 수령연차 11년차부터는 연금수령 시 이연퇴직소득을 재원으로 하
　　는 인출액의 경우 이연퇴직소득세의 60%를 원천징수 한다.
　참고 이연퇴직소득을 연금외수령하는 경우 이연퇴직소득세 100%가 과세된다.

68 ②

㉮ p.111, p.198~199, p.206, p.214 ㉭ p.231, p.271~273

종신연금은 생명보험회사의 연금저축보험에서만 가능하며, 손해보험회사의 확정
기간연금의 경우 최장 기간은 25년이다.

69 ④

㉮ p.156~157 ㉭ p.245

'가, 나, 마'는 적절한 설명이다.
다. 투자운용전문가 그룹이 설계하고 운용하며, 가입자는 본인의 은퇴예상시기와
　　위험수용성향을 반영한 TDF를 선택하기만 하면 된다.
라. 적격TDF는 투자위험을 낮춘 운용방법으로 분류되어 가입자는 퇴직연금 적
　　립금의 전부를 TDF로 운용할 수 있다.

70 ④

㉮ p.356~357 ㉭ p.279

3차적 관계 → 2차적 관계

71 ④
② p.19~22 ③ p.289

상승 → 하락

72 ③
② p.9~10, p.16~17, p.27~29 ③ p.286, p.288, p.291

'가, 다, 라'는 적절한 설명이다.
나. 희소성 → 이질성(개별성)
마. 크면 클수록 → 작으면 작을수록

73 ③
② p.35~38 ③ p.293

① 정부가 취득세를 부과할 경우 주택의 수요에 영향을 미치게 되며, 주택의 공급
   에는 영향이 없다.
② 상승 ↔ 하락
④ 주택의 수요 → 주택의 공급
⑤ 탄력성이 높은 쪽이 → 탄력성이 낮은 쪽이

74 ②
② p.46~58 ③ p.295~298

국토종합계획과 도종합계획은 모두 20년의 계획기간을 단위로 수립한다.

75 ①
② p.72~74 ③ p.302

계약금은 매매계약의 요소가 아니므로 계약금의 지급이 없어도 매매계약은 유
효하게 성립될 수 있다.

76 ⑤
② p.79~81 ③ p.304

임차인이 자신의 사업을 경영하기 위한 시설개수비용 또는 부착한 물건의 비용
을 지출한 경우는 유익비로 인정되지 않으므로 임대인에게 해당 비용을 청구할
수 없다.
[참고] 유익비는 임차인이 임차물의 객관적 가치를 증가시키기 위해 투입한 비용
      이어야 한다.

77 ①
② p.88, p.110~116 ③ p.305, p.309~311

'가, 나'는 적절한 설명이다.
다. 매수인 우위시장 → 매도인 우위시장
라. 대상물건의 임대료 → 임대사례의 임대료
마. 유효총수익 → 가능총수익

78 ②
② p.89~91 ③ p.306

인근지역과 유사지역은 제외된다. → 인근지역과 유사지역을 포함한다.

79 ⑤
② p.114~116 ③ p.311

1) 순영업소득을 구한다.

가능총수익		100,000
− 공실률	×	0.97[1]
= 유효총수익	=	97,000
− 영업경비	−	48,000[2]
= 순영업소득	=	49,000

   [1] 1 − 0.03
   [2] 4,000 × 12

2) 수익가액(수익가치)을 구한다.

수익가액 = 순영업소득/자본환원율

   49,000/0.05 = 980,000

80 ②
② p.127~128 ③ p.315

CF0 −300,000, C01 20,000 (1), C02 40,000 (1),
C03 50,000 + 300,000 (1), I 4, IRR CPT = 11.8475(11.85%)

81 ③
② p.124~127, p.160~163 ③ p.314~315, p.322~323

① 공실의 위험이 거의 없고 사람들이 선호하는 업무지역에 위치한 부동산은
   안정적이기 때문에 위험프리미엄이 낮아 이런 경우에는 요구수익률을 낮게
   잡아야 한다.
② 투자안이 2개 이상일 경우 내부수익률이 요구수익률보다 큰지 확인한 후 그
   중에서 내부수익률이 가장 높은 투자안을 선택해야 한다.
④ 세전 또는 세후현금흐름을 대상으로 → 한 기간의 순영업소득을 대상으로
⑤ 대상부동산의 자기자본수익률이 연 7%, 대출수익률이 연 5%, 대출비율이
   60%일 경우 종합수익률은 5.8%이다.
   종합수익률 = (0.4 × 0.07) + (0.6 × 0.05) = 0.058(5.8%)

82 ①
② p.140 ③ p.316, p.322

1) 전체 총투자수익률을 구한다.
   2억원/25억원 = 0.08(8%)
2) 자기자본수익률을 구한다.
   8% + (8% − 4%) × (15/10) = 0.14(14%)

83 ⑤
② p.154 ③ p.320

1) 투자가치를 구한다.
   투자가치 = (300,000/1.08) + {330,000/(1.08)^2} + {360,000/(1.08)^3}
            + {380,000/(1.08)^4} + {400,000/(1.08)^5}
          = 1,398,023,818
   [참고] 대상부동산에 대한 투자가치는 매년 현금흐름을 요구수익률로 할인한
         값이 된다.
2) 투자의사를 결정한다.
   투자가치는 1,398,024천원, 매수가격이 1,500,000천원이므로 투자할 경우
   101,976천원(= 1,500,000 − 1,398,024)의 손실이 발생한다. 따라서 대상부동
   산에 투자하지 않는다.

84 ③
② p.148~149 ③ p.319

1) 유지혜씨의 상가 C 구매에 따른 연 대출원리금상환액
   PV 500,000, N 20 × 12, I/Y 3.5/12, CPT PMT(E) = 2,899.799
   → 2,899.799 × 12 = 34,797.583
2) 부채감당률(DCR) = 순영업소득/대출원리금상환액
                   = 52,200/34,797.583 = 1.5

85 ②
② p.148 ③ p.318

원리금균등분할상환 방식은 초기 상환 부담이 비교적 적지만 전체 상환액이 원
금균등분할상환 방식보다 많을 수 있다.

86 ②
② p.186~188 ③ p.329

'다, 마'는 적절한 설명이다.
가. 4주 전까지 → 2주 전까지
나. 5% → 10%
라. 30일 → 7일

87 ②
② p.179~180 ③ p.327

말소기준권리는 D의 가압류가 된다. → 말소기준권리는 C의 근저당권이 된다.

88 ①　　　　　　　　　　　　㉑ p.149, p.201, p.210 ⑧ p.319, p.331, p.333

가. 토지의 처분 유형
나. 사업비용 자금조달주체
다. 사업주
라. DTI

89 ⑤　　　　　　　　　　　㉑ p.224 ~ 225, p.253 ~ 255 ⑧ p.336, p.339

오피스텔은 전용면적에 비하여 분양면적이 크기 때문에 관리비가 비싸다.

90 ⑤　　　　　　　　　　　　　　㉑ p.229 ~ 230 ⑧ p.336

① 임현주씨가 최초로 대출받았을 때 매월 상환해야 하는 원리금상환액은
　 1,980천원이다.
　 PV 300,000, N 20 × 12, I/Y 5/12, CPT PMT(E) = 1,979.867
② 2024년 9월 1일까지 대출금을 상환한 회차는 48회차(4년)이다.
③ 2024년 9월 1일에 남아있는 대출금의 잔액은 261,306천원이다.
　 PV 300,000, N 20 × 12, I/Y 5/12, CPT PMT(E) = 1,979.867
　 [2ND CLR TVM]을 누르지 않은 상태에서
　 N 48, CPT FV = 261,306.173(STO1)
④ 신규 대출 후 잔여대출기간을 기준으로 연 3%의 주택담보대출 이율로 재대
　 출 하였을 때 매월 말 상환해야 하는 원리금상환액은 1,715천원이다.
　 PV 261,306.173(RCL1), N 192, I/Y 3/12, CPT PMT(E) = 1,715.301
⑤ 기존의 매월 발생하는 대출원리금상환액보다 매월 약 265천원(= 1,980 −
　 1,715)씩 절약할 수 있다.

㉮ 기본서 : 한국FPSB에서 발간한 기본서 페이지를 표기하였습니다.
㉯ 요약집 : 해커스금융 CFP 합격지원반, 환급반, 핵심요약강의 수강생에게 제공되는 〈해커스 CFP 핵심요약집〉 페이지를 표기하였습니다.

- **투자설계**

1 ①
㉮ p.33 ~ 34, p.41 ~ 43 ㉯ p.350 ~ 352

재정정책 → 통화정책

2 ②
㉮ p.27 ~ 28 ㉯ p.348

실물경기변동이론은 기술혁신으로 인한 충격이 경기변동을 초래한다고 본다.

3 ②
㉮ p.13, p.22 ~ 23, p.43 ~ 44 ㉯ p.344, p.347, p.352

① 1,125원/$ → 889원/$
구매력평가설에 의한 환율 = 4,000원/4.5$ = 889원/$
③ 물가지수가 상승하면 해당 국가의 화폐구매력이 감소하여 타 국가보다 통화가치가 하락한다.
④ 상승 → 하락
⑤ 국내금리의 하락 → 국내금리의 상승

4 ④
㉮ p.50 ~ 51 ㉯ p.354 ~ 355

A증권과 B증권의 상관계수 = $\sigma_{AB}/(\sigma_A \times \sigma_B)$
= 0.0003/(0.03 × 0.02)
= 0.5
①, ② 두 증권의 수익률이 모두 정규분포를 따른다고 가정할 때, 평균에 표준편차의 1배를 더하고 뺀 수익률 구간의 확률은 68.27%, 평균에 표준편차의 3배를 더하고 뺀 수익률 구간이 99.73%이기에, A증권의 평균수익률은 10%이고 표준편차는 3%이며, B증권의 평균수익률은 12%, 표준편차는 2%가 된다.
③ A증권의 수익률이 4 ~ 16%일 확률은 95.45%이므로, 4% 미만이 될 확률은 2.275%[= (100% − 95.45%)/2]가 된다.
⑤ 공분산의 값이 양수이기에 두 증권의 수익률은 같은 방향으로 움직인다.

5 ①
㉮ p.47, p.50 ~ 53, p.58 ㉯ p.354 ~ 356

개별 자산들의 수익률은 대부분 완전히 독립적으로 움직이는 것이 아니라, 상황에 따라서 같은 방향으로 또는 다른 방향으로 움직인다.

6 ④
㉮ p.97 ~ 98 ㉯ p.365

종목선택능력을 측정하는 것은 젠센척도로, 총위험 한 단위당 어느 정도의 보상을 받았는가를 나타내는 위험보상률을 측정하는 것은 샤프척도로 평가하는 것이 적절하다.

- 젠센척도 = 펀드의 실현수익률 − 펀드의 요구수익률
- 샤프척도 = (펀드의 실현수익률 − 무위험이자율)/펀드의 표준편차

펀드	젠센척도	샤프척도
A	8% − {3% + 0.75 × (10% − 3%)} = −0.25%	(8% − 3%)/10% = 0.5
B	10% − {3% + 0.80 × (10% − 3%)} = 1.4%	(10% − 3%)/15% = 0.47
C	12% − {3% + 1.00 × (10% − 3%)} = 2%	(12% − 3%)/16% = 0.56
D	14% − {3% + 1.20 × (10% − 3%)} = 2.6%	(14% − 3%)/23% = 0.48
E	16% − {3% + 1.50 × (10% − 3%)} = 2.5%	(16% − 3%)/25% = 0.52

∴ 종목선택능력은 펀드 D가, 총위험 한 단위당 위험보상률은 펀드 C가 가장 우수하다.

7 ⑤
㉮ p.91 ~ 93, p.95 ~ 96 ㉯ p.364

CAPM이론과 마찬가지로 APT이론에서도 잘 분산된 포트폴리오에서는 비체계적 위험인 특정 자산의 고유한 특성으로 인한 수익률 변화(ε)를 제거할 수 있다고 본다.

8 ④
㉮ p.88 ~ 89 ㉯ p.363

1) 2023년도 요구수익률은 9%(= 270억원/3,000억원)이며, 2023년도 신사업의 시장수익률과 베타를 통해 계산한 무위험이자수익률은 3%이다.
무위험이자수익률 + 1.2 × (8% − 무위험이자수익률) = 9%
→ 2023년도 무위험이자수익률 = 3%
2) 2024년도 무위험이자수익률은 2023년도 무위험이자수익률보다 1%p 상승한 4%이므로, 2024년도 요구수익률은 8.8%이고 2024년도 신사업의 이익은 440억원이다.
2024년도 요구수익률 = 4% + 1.2 × (8% − 4%) = 8.8%
∴ 2024년도 신사업의 이익 = 5,000억원 × 8.8% = 440억원

9 ③
㉮ p.79, p.85, p.88 ㉯ p.361 ~ 363

'나, 다, 마'는 적절한 설명이다.
가, 라. 증권시장선(SML)에 대한 설명이다.

10 ⑤
㉮ p.75 ㉯ p.360

증권특성선의 기울기가 1보다 작은 값을 가지는 증권을 방어적이라고 부르며, 방어적인 증권은 전체 주식시장이 상승국면일 때 시장지표가 상승하는 만큼은 올라가지 않으나 하강국면일 때는 시장지표가 하락하는 만큼 내려가지 않는다.

11 ④
㉮ p.116 ~ 119 ㉯ p.370

파생결합증권의 위험등급은 시장위험등급과 신용위험등급 중 높은 위험등급을 기준으로 산정하므로 3등급이다.

12 ②
㉮ p.109 ~ 110 ㉯ p.367

- 1일 VaR = 포트폴리오의 표준편차 × 누적확률에 해당하는 표준정규분포의 Z값
- t기간(일) VaR = 1일 VaR × $\sqrt{t}$

1) 95% 신뢰 수준의 25일 VaR = (1.25% × 1.65) × $\sqrt{25}$ = 0.103
2) 투자액의 VaR = 50억원 × 0.103 = 약 5.15억원

13 ③
㉮ p.181 ~ 182 ㉯ p.386 ~ 387

1) 듀레이션 = 84,951.96/9,502.63 = 8.94

t	CF_t	$CF_t/(1 + r)^t$	$\{t \times (t + 1) \times CF_t\}/(1 + r)^{t+2}$
1	800	800/(1 + 0.1)^1 = 727.27	(2 × 800)/(1 + 0.1)^3 = 1,202.10
2	800	800/(1 + 0.1)^2 = 661.16	(6 × 800)/(1 + 0.1)^4 = 3,278.46
3	10,800	10,800/(1 + 0.1)^3 = 8,114.20	(12 × 10,800)/(1 + 0.1)^5 = 80,471.40
합계	−	9,502.63	84,951.96

2) 수정듀레이션 = 8.94/(1 + 7%) = 8.36
3) 채권수익률 2%p 하락 시 듀레이션과 볼록성에 의한 채권가격 변동률
= {−8.36 × (−0.02)} + {0.5 × 16.28 × (−0.02)^2} = 약 17.05%
4) 채권가격 상승분 = 9,500 × 17.05% = 1,619.75
5) 채권수익률 5%일 때 채권가격 = 9,500 + 1,619.75 = 약 11,120원

14 ①

[기] p.132 ~ 133, p.138, p.190 ~ 191 [요] p.375, p.390 ~ 391

> 요구수익률 = 실질무위험수익률 + 인플레이션보상률 + 위험보상률
> = 명목무위험수익률 + 위험보상률

특정한 자산에 투자함에 따라 발생하는 미래 현금흐름을 현재가치로 계산할 때 필요한 할인율이 그 자산 투자의 요구수익률이 된다.
따라서 요구수익률이 높아질수록 미래 현금흐름의 가치의 할인율이 높아지므로 해당 자산의 현재가치는 낮게 평가받는다.

15 ②

[기] p.168 ~ 169 [요] p.383

> • 세전 매매금액 = 액면금액 − 할인이자
> • 할인이자 = 매매액면 × 매매할인율 × d/365

1) 매매일 이후 만기까지 잔존일수(d)
[2ND DATE] DT1 6.2322, DT2 4.2023, DBD CPT = 301
2) 할인이자 = 100,000,000원 × 0.045 × 301/365
= 3,710,958원(원 미만 절사)
3) 세전 매매금액 = 100,000,000원 − 3,710,958원 = 96,289,042원

16 ⑤

[기] p.148 ~ 150 [요] p.377 ~ 378

> • 적정 PER = 배당성향/(k − g)
> • 적정 주가 = 내년도 주당순이익(EPS_1) × 적정 PER
> = 금년도 주당순이익(EPS_0) × (1 + g) × PER

1) 적정 PER = 0.4/(0.2 − 0.1) = 4배
2) 적정 주가 = 1,000원 × (1 + 0.1) × 4 = 4,400원

17 ③

[기] p.173 ~ 174 [요] p.385

① 산술평균 → 기하평균
② 위험회피형 → 위험중립형
④ 힉스가 제시한 유동성선호이론 → 시장분할이론
⑤ 시장분할이론 → 유동성선호이론

18 ③

[기] p.177 [요] p.386

가. 할인채의 듀레이션은 이자율과 관계없이 만기와 일치하기 때문에 듀레이션은 5년이 된다.
나. 이표채의 듀레이션은 표면만기보다 짧기에, 듀레이션은 7년 미만이 된다.
다. 영구채의 듀레이션은 만기와 관계없이 채권수익률에 의해 결정되기 때문에 듀레이션은 26년[= (1 + 4%)/4%]이 된다.

19 ⑤

[기] p.187 ~ 191 [요] p.389 ~ 391

매출액증가율(20%)이 순이익증가율(25%)보다 낮게 나타난다.
• 매출액증가율 = (360,000/300,000 − 1) × 100 = 20%
• 순이익증가율 = (100,000/80,000 − 1) × 100 = 25%
① 건축물의 감가상각비는 판매비와 관리비에 포함된다.
② 당좌비율은 재고자산을 제외한 유동자산에서 유동부채를 나눈 값인 333.125%이다.
③ 비유동장기적합률은 비유동자산과 비유동부채, 자기자본을 고려해 구할 수 있으며 그 값은 1.63%[= 7,000/(140,000 + 290,000) × 100]이다.
④ EBITDA → EBIT

20 ④

[기] p.144 ~ 146 [요] p.376 ~ 377

> • 가중평균자본비용(WACC)
> = 세전부채비용 × (1 − 법인세율) × {부채의 시장가치/(부채의 시장가치 + 자기자본의 시장가치)} + 자기자본비용 × {자기자본의 시장가치 ÷ (부채의 시장가치 + 자기자본의 시장가치)}
> • 잉여현금흐름 잔존가치(CV_n)
> = n+1 시점의 잉여현금흐름/(가중평균자본비용 − 잉여현금흐름의 성장률)

1) 가중평균자본비용(WACC) = {6% × (1 − 0.19) × 1/3} + {4.5% × 2/3}
= 4.62%
2) 잉여현금흐름 잔존가치 = 100억원/(4.62% − 2.5%) = 약 4,717억원

21 ④

[기] p.215, p.217, p.220 [요] p.399 ~ 401

가. 롤링효과(적극적 투자전략)
나. 바벨형 만기전략(방어적 투자전략)
다. 채권면역전략(방어적 투자전략)

22 ③

[기] p.209 ~ 210 [요] p.397

완전복제법 → 층화추출법

23 ④

[기] p.242 ~ 243, p.245 [요] p.406 ~ 407

고정금리부채권에 투자하는 자가 향후 금리상승을 예상할 경우 고정금리를 지급하고 변동금리를 수령하는 스왑페이포지션을 취해 금리상승위험을 헤지할 것이다.

24 ①

[기] p.226 [요] p.402

이론선물가격(F) = 391.78 × (1 + 0.032 × 90/365) − 1.5 = 393.37

25 ④

[기] p.276 ~ 277 [요] p.415

150만원의 손실을 두 번 본 경우의 가치는 약 −150만원이다.
V(−150) × 2 = −2.25 × $150^{0.7}$ × 2 = −150.133

26 ①

[기] p.265, p.267, p.271 ~ 272 [요] p.411 ~ 413

'가, 라'는 자산배분전략에 대한 적절한 설명이다.
나. 밸런스자산배분전략은 위험자산 비중을 일정하게 유지하더라도 시장 상황에 따라 노출되는 위험이 변동하는 단점이 있다.
다. 경험법칙 관점 ↔ 이론적 정합성
마. 전술적 자산배분전략은 단기 시장전망이 잘못되어 성과가 저조할 경우 실제 수익률은 전략적 자산배분 수익률보다 현저히 낮아질 수 있다.
바. 전략적 자산배분은 그 효과가 일정 수준 과대평가될 수 있지만, 대부분의 전문가들은 전략적 자산배분이 투자수익률에 영향을 미치는 가장 큰 요인인 것에 동의한다.

27 ③

[기] p.293 ~ 296 [요] p.419 ~ 420

핵심포트폴리오 → 위성포트폴리오

28 ④

[기] p.329 ~ 331 [요] p.432 ~ 433

수탁기관 → 자산보유자

▪ 세금설계

29 ⑤

[기] p.24 ~ 25, p.28 [요] p.445 ~ 446

① 과세표준과 세액에 관하여 경정이 있을 것을 미리 알고 과세표준수정신고서를 제출한 경우에는 과소신고가산세를 감면받을 수 없다.
② 2년 → 6개월
③ 납세고지서에 따른 납부기한의 다음 날부터 납부일까지의 기간이 5년을 초과하는 경우에는 그 기간을 5년으로 한다.
④ 30일 → 3개월

30 ④

[기] p.30 [요] p.447

• 사기나 그 밖의 부정한 행위로 소득세를 포탈한 경우에 해당하므로, 제척기간은 10년을 적용한다.
• 송민성의 2024년 귀속 사업소득에 대한 소득세의 부과제척기간 기산일은 과세표준 신고기한의 다음 날인 2025년 6월 1일이다.

31 ②

[기] p.71 ~ 72 [요] p.462

성실신고확인서를 제출하는 경우에는 특별세액공제인 의료비·교육비세액공제와 월세세액공제를 적용받을 수 있으나, 보험료세액공제는 적용받을 수 없다.

32 ③

[기] p.66 ~ 68 [요] p.461 ~ 462

① 비주거용 건물임대업 또한 부동산임대사업소득에 해당한다.
② 시가 → 기준시가
④ 총수입금액에 산입한다. → 총수입금액에 산입하지 아니한다.
⑤ 60㎡ → 40㎡

33 ④

[기] p.55, p.60 ~ 64, p.69 ~ 70 [요] p.456, p.458 ~ 460, p.462

'나, 라, 마'는 적절한 설명이다.
가. 해당 과세기간에 주택임대에 따른 총수입금액의 합계액이 20,000천원 이하인 자의 주택임대소득은 분리과세와 종합과세 중 유리한 방법을 선택하여 신고납부할 수 있다.
다. 소득금액의 추계신고 시 이월결손금공제가 불가능하다.

34 ①

[기] p.74 [요] p.463

종업원의 사망·상해 또는 질병을 보험금 지급사유로 하고 종업원을 피보험자와 수익자로 하는 순수보장성보험의 보험료 중 연 700천원 이하의 금액은 복리후생비로 본다. 따라서 회사에서 500천원의 보험료를 납입하는 경우 강희연씨의 근로소득은 0원이며, 회사에서 1,000천원의 보험료를 납입하는 경우 강희연씨의 근로소득은 300천원이 된다.

35 ②

[기] p.48, p.62, p.88, p.271 [요] p.453, p.459, p.468, p.522

'가, 라'는 적절한 설명이다.
나. 거주자의 소득세 납세지는 거주자의 주소지이므로, 김유준씨의 양도소득세 납세지는 서울특별시 성동구이다.
다. 건강보험료 등 특별소득공제는 근로소득이 있는 거주자만 적용받을 수 있다.

36 ④

[기] p.74 ~ 75, p.78 ~ 81 [요] p.463 ~ 465

일시적 강연료에 대한 원천징수세액은 400천원이다.
기타소득의 원천징수세액 = {5,000 − (5,000 × 0.6)} × 0.2 = 400
① 근로소득금액은 총급여액에서 근로소득공제액을 차감하여 계산한다.
근로소득금액 = 60,000 − {12,000 + (60,000 − 45,000) × 0.05}
= 47,250
② 근로소득만 있는 경우에는 연말정산으로 종합소득세의 신고가 마무리되어 확정신고를 따로 할 필요가 없지만, 근로소득 외의 다른 소득이 있는 경우에는 다른 종합소득과 합산하여 종합소득세를 신고·납부해야 하므로 기타소득의 종합소득 여부에 따라 근로소득의 확정신고 여부가 결정된다.
③ 기타소득금액은 총수입금액에서 필요경비를 차감하여 계산하며, 일시적 강연료의 경우 총수입금액의 60%를 필요경비로 인정한다.
기타소득금액 = 5,000 − (5,000 × 0.6) = 2,000
⑤ 기타소득금액이 2,000천원으로 3,000천원 이하이기 때문에 분리과세를 선택할 수 있다.

37 ③

[기] p.75, p.127 [요] p.463, p.480

① 말일까지 → 10일까지
② 근로소득만 있는 자는 연말정산을 통하여 종합소득세 신고가 마무리되므로 확정신고를 할 필요가 없다.
④ 종합소득으로 → 근로소득으로
⑤ 1년 → 3개월

38 ②

[기] p.84 ~ 89 [요] p.466 ~ 468

종합소득공제액 = 인적공제 + 연금보험료공제 + 특별소득공제[1] [1] 김석주는 근로소득이 없는 자이므로 특별소득공제를 적용하지 아니한다.

1) 인적공제 = 기본공제(6,000) + 추가공제(2,000) = 8,000
• 기본공제 = 1,500 × 4명(본인, 배우자, 아들, 딸)[2] = 6,000
[2] 기본공제대상자인 위탁아동은 해당 과세기간 동안 6개월 이상 직접 양육한 20세 미만의 아동으로서 연간 소득금액이 100만원 이하인 경우를 말한다. 따라서 3개월간 양육한 위탁아동은 기본공제대상자에 해당하지 않는다.
• 추가공제 = 2,000(장애인공제)
2) 연금보험료공제 = 4,000(국민연금보험료 납입액)
3) 종합소득공제액 = 8,000 + 4,000 + 0 = 12,000

39 ⑤

[기] p.91 ~ 95 [요] p.469 ~ 470

500만원 → 400만원

40 ③

[기] p.97 ~ 99, p.102, p.104 [요] p.482 ~ 474

기본공제대상자를 위하여 지급한 의료비로서 총급여액에 0.03을 곱하여 계산한 금액을 초과하는 금액을 의료비세액공제 대상액으로 한다.
• 총급여액의 0.03 : 5천만원 × 0.03 = 150만원
• 초과금액 : 200만원 − 150만원 = 50만원
① 첫째 15만원, 둘째 20만원, 2명을 초과하는 인원에 대해서는 1명당 연 30만원을 공제한다. 따라서 자녀가 3명 이상이 있는 경우 연 35만원과 2명을 초과하는 자녀 1명당 연 30만원을 공제한다.
② 배우자 또는 부양가족 명의로 계약하더라도 근로자 본인이 실제로 납부한 경우에는 보험료세액공제가 가능하다.
④ 연 12만원 → 연 13만원
⑤ 과세기간 중에 입사한 경우에는 원칙적으로 근로제공기간 동안에 지출한 비용만 특별소득공제 및 특별세액공제가 가능하므로, 2024년 7월 1일 이후에 지출한 공제대상 보험료·의료비·교육비에 대하여만 특별세액공제를 받을 수 있다.

41 ④

[기] p.107 ~ 108, p.110 ~ 112 [요] p.475 ~ 476

본인이 지출한 기부금뿐만 아니라 기본공제대상자인 배우자와 직계비속(다른 거주자의 기본공제를 받는 경우 제외)이 지출한 기부금에 대해서도 필요경비의 산입 또는 기부금세액공제를 적용받을 수 있다.

42 ②

[기] p.131 ~ 134 [요] p.482 ~ 483

비거주자의 과세대상은 열거되어 있으며, 소득세법에서 명시하지 않은 소득은 과세하지 않는다.

43 ③

[기] p.157 ~ 158 [요] p.489

급여로 받는 것보다 퇴직금으로 받는 것이 세부담 측면에서 유리하다.

44 ③

[기] p.169 ~ 170, p.173, p.178, p.181 [요] p.493 ~ 496

① 재화가 인도되는 때 → 대가의 각 부분을 받기로 한 때
② 역무의 제공이 완료되는 때 → 예정신고기간 또는 과세기간의 종료일
④ 법인사업자는 의무적으로 예정신고 및 납부를 해야 하지만, 개인사업자로서 전기에 비해 공급가액·납부세액이 1/3에 미달하거나 조기 환급을 받을 수 있는 자(간이과세자 제외)는 예정신고 및 납부를 할 수 있다. 즉, 예정신고 및 납부에 대해서 법인사업자는 의무사항이지만, 일정한 개인사업자는 선택사항이다.
⑤ 일반과세자 ↔ 간이과세자

45 ②

㉮ p.217～218 ⑧ p.507

1) 소득의 구분 및 금융소득 총수입금액의 계산

이자소득 총수입금액	10,000[1]
+ 배당소득 총수입금액	
Gross-up 제외	+ 15,000[2]
Gross-up 대상	+ 30,000[3]
= 금융소득 총수입금액	= 55,000

[1] 정기예금이자 10,000
[2] 외국법인 현금배당 15,000
[3] 이익잉여금 무상주배당(3,000) + 자기주식처분이익 무상주배당(12,000) + 상장법인 현금배당(15,000)

2) Gross-up 금액 = Min[35,000(㉠), 30,000(㉡)] × 10% = 3,000
㉠ 금융소득 종합과세 기준금액 초과액 = 55,000 − 20,000 = 35,000
㉡ Gross-up 대상 배당소득 = 30,000

46 ④

㉮ p.214～218 ⑧ p.506～507

❶ 금융소득금액을 계산한다.
1) 금융소득 총수입금액의 계산

이자소득	20,000[1]
+ 배당소득	+ 3,500[2]
= 금융소득 총수입금액	23,500

[1] 정기예금의 이자소득 20,000
[2] 집합투자기구이익 1,000 + 비상장법인 A의 현금배당 1,000 + 상장법인 B의 무상주배당 1,500
[참고] 세금우대종합저축의 이자는 조세특례제한법에 따라 분리과세된다.

2) Gross-up 금액의 계산
Min[(23,500 − 20,000), (1,000 + 1,500)] × 10% = 250
3) 금융소득금액의 계산
23,500 + 250 = 23,750

❷ 종합소득 과세표준을 계산한다.

사업소득금액	80,000
+ 금융소득금액	+ 23,750
= 종합소득금액	= 103,750
− 종합소득공제	= 5,000
= 종합소득 과세표준	= 98,750

❸ 종합소득 결정세액을 계산한다.
1) 종합소득 산출세액의 계산

> 종합소득 산출세액 = Max[㉠ 종합과세방식, ㉡ 분리과세방식]
> ㉠ (종합소득 과세표준 − 2천만원) × 기본세율 + 2천만원 × 14%
> ㉡ (종합소득 과세표준 − 금융소득금액) × 기본세율 + 금융소득 총수입금액 × 14%

종합소득 산출세액 = Max[15,940(㉠), 15,530(㉡)] = 15,940
㉠ (98,750 − 20,000) × 24% − 5,760 + 20,000 × 14% = 15,940
㉡ (98,750 − 23,750) × 24% − 5,760 + 23,500 × 14% = 15,530

2) 배당세액공제의 계산

> 배당세액공제 = Min[㉠ 귀속법인세, ㉡ 공제한도]
> ㉠ 귀속법인세(Gross-up 금액)
> ㉡ 종합소득 산출세액 − 분리과세방식 산출세액

배당세액공제 = Min[250(㉠), 416(㉡)] = 250
㉠ 250
㉡ 15,940 − 15,530 = 410

[참고] 금융소득종합과세 기준금액 구성액 산출순서

> • 이자소득
> • 본래 Gross-up 대상이 아닌 배당소득
> • 본래 Gross-up 대상인 배당소득

3) 종합소득 결정세액의 계산

> 종합소득 결정세액 = 종합소득 산출세액 − 배당세액공제

종합소득 결정세액 = 15,940 − 250 = 15,690

47 ②

㉮ p.203～205 ⑧ p.503～504

'가, 나'는 적절한 설명이다.
다. 양도소득세 예정신고기한은 양도일이 속하는 반기의 말일부터 2개월 이내이므로, 2025년 2월 말일까지이다.
라. 비상장주식은 대주주와 소액주주에 관계없이 과세하므로, 이하민씨가 ㈜유니콘의 소액주주였더라도 자녀 이지은씨에게 직접양도한 주식에 대해 양도소득세가 과세된다.
마. 주식에 대한 양도소득세도 자진납부할 세액의 10% 상당액을 지방소득세로 납부해야 한다.

48 ③

㉮ p.235, p.241～242 ⑧ p.513～514

① 부동산 취득시점에는 고급오락장이 없었지만 취득 후 5년 이내에 고급오락장이 설치되는 경우 취득세가 중과되며, 임대한 상가에 임차인이 고급오락장을 설치하여도 상가 소유자인 김진호씨가 취득세 납세의무자로서 추가 취득세를 납부해야 한다.
② 고급오락장이 설치되는 경우 건물에 대한 시가표준액도 증가하기 때문에 재산세 과세표준도 증가하게 되므로 재산세에 대한 추가부담 세금을 고려해야 한다.
④ 고급오락장용 토지는 (고율)분리과세대상 토지에 해당하며, 세율은 과세표준액의 4%를 적용한다.
⑤ 건축물의 재산세는 단일세율로 과세되며, 고급오락장용 건축물의 경우 과세표준액의 4%를 세율로 적용한다.

49 ②

㉮ p.246, p.249～250 ⑧ p.515～516

배우자와 공동으로 1주택을 소유하고 있다면 부부 중 1인이 1주택을 소유한 것으로 보아 종합부동산세 과세한다.

50 ⑤

㉮ p.265～270 ⑧ p.520～522

	〈건물 B(등기)〉	〈토지(미등기)〉
양도차익	28,000	56,000
− 장기보유특별공제	− 6,160	− 0
= (공제 전)양도소득금액	= 21,840	= 56,000
− 건물 A 양도차손 공제(1차)	− 21,840	
− 건물 A 양도차손 공제(2차)		− 20,160
= (공제 후)양도소득금액	= 0	= 35,840
− 양도소득 기본공제		− 0
= 양도소득 과세표준		= 35,840
× 세율		× 70%
= 양도소득 산출세액		= 25,088

51 ⑤

㉮ p.288～291 ⑧ p.526～527

일반과세자가 사업을 폐업한 이후에 폐업 당시 남아있던 임대부동산을 양도하는 경우에는 부가가치세법상 과세거래로 보지 않는다.

52 ②

㉮ p.306～308 ⑧ p.531

① 상속으로 취득한 부동산의 세율 적용 시 보유기간 기산일은 피상속인이 취득한 날로 한다.
③ 증여자 양도의제 규정 ↔ 배우자 등 이월과세 규정
④ 사망으로 인하여 배우자와의 혼인관계가 소멸된 경우에는 이월과세 규정을 적용하지 아니한다.
⑤ 배우자 등 이월과세 → 증여자 양도의제

53 ②

㉮ p.329～334 ⑧ p.536～537

근로자퇴직급여 보장법에 따른 중간정산 또는 중도인출은 현실적인 퇴직으로 보아 퇴직소득세가 과세된다.

54 ③   ㉑ p.325 ⓐ p.535

종신계약에 따라 받는 연금소득의 경우 80세 미만이면 원천징수세율 4%를 적용하고, 80세 이상이면 3%를 적용한다.

[참고] 종신계약이 아닌 경우에는 연금소득자의 나이에 따라 다음의 세율을 적용한다.

55 ~ 69세	70 ~ 79세	80세 이상
5%	4%	3%

55 ⑤   ㉑ p.334 ~ 339 ⓐ p.536 ~ 537

① 법인의 임원인 거주자가 정관에 의한 퇴직금 한도보다 더 많은 금액을 퇴직금으로 한꺼번에 수령하였다면 한도 이내의 금액은 퇴직소득세로, 한도를 초과한 금액은 근로소득세로 과세한다.

② 정관에 의한 퇴직금 한도가 없는 법인의 임원인 거주자가 수령한 퇴직금은 '퇴직 전 1년간 총급여 × 10% × 근속연수' 이내의 금액은 퇴직소득세로, '퇴직 전 1년간 총급여 × 10% × 근속연수' 초과분은 근로소득세로 과세한다.

③ 근속연수가 5년 이하인 거주자가 수령한 퇴직금은 '근속연수 × 100만원'의 근속연수공제액을 적용해 퇴직소득세를 계산한다.

④ 퇴직소득세 → 기타소득세

■ **상속설계**

---

56 ②   ㉑ p.13 ~ 17 ⓐ p.545

상속인 ↔ 피상속인

57 ①   ㉑ p.24 ~ 25, p.28, p.45, p.50 ⓐ p.547 ~ 548, p.551, p.553

정신적 제약으로 사무처리 능력이 지속적으로 결여된 경우는 성년후견에 해당하며, 임의후견신탁은 사무처리 능력이 있으나 추후 정신적 제약으로 인한 만약의 사태를 대비하고자 하는 임의후견과 신탁이 결합된 계약이다.

58 ③   ㉑ p.47 ~ 49, p.70 ⓐ p.552, p.558

① 재산의 이전을 내용으로 하는 유증은 법정상속분보다 우선한다.

② 유증 ↔ 증여

④ 사인증여 계약은 상대방의 승낙이 필요한 계약이다. 이 경우 상대방의 승낙이 있었다고 보기 힘들기 때문에 사인증여 요건을 충족하지 못한다.

⑤ 유언의 효력이 발생한 이후 수증자가 부담한 의무를 이행하지 않을 경우에 유언집행자는 법원에 유언의 취소를 청구할 수 있다.

59 ④   ㉑ p.53 ~ 60 ⓐ p.553 ~ 555

충족한다. → 충족하지 못한다.

60 ⑤   ㉑ p.57 ~ 59 ⓐ p.553 ~ 555

① 유언자의 의사에 따라 공증인이 대신 기명날인 한 것으로 볼 수 있는 경우 유언은 효력이 있다.

② 유언자와 2명 이상의 증인이 봉서의 표지에 각자 서명 또는 기명날인해야 한다.

③ 7일 → 5일

④ 비밀증서에 의한 유언은 자필증서에 의한 유언과 달리 유언의 취지를 타인이 필기해도 유효하다.

61 ②   ㉑ p.79 ~ 80, p.84, p.88 ~ 89 ⓐ p.560 ~ 562

사실혼 상대 배우자의 사망 시 국민연금, 산업재해보험금 등을 수령하는 것은 상속인으로서 발생하는 상속권이 아니라 유족 자격이 인정되어 받는 것이며, 상속인은 법정 배우자만이 될 수 있다.

62 ④   ㉑ p.80 ~ 81 ⓐ p.560

① 상속개시 후에 결격사유가 발생하면 일단 유효하게 개시된 상속도 상속개시 시로 소급하여 무효가 되기 때문에 상속결격자에 해당한다.

② 동순위 상속권자를 고의로 살해한 자는 상속결격자에 해당한다.

③ 고의로 직계존속, 피상속인과 그 배우자 또는 상속의 선순위나 동순위에 있는 사람을 살해하거나 살해하려고 한 자는 상속결격자에 해당하지만, 고의가 아닌 우연으로 피상속인을 살해한 경우는 상속인이 될 수 있다.

⑤ 고의로 상속의 동순위에 있는 사람을 살해한 것이 아니므로 배우자는 상속인이 될 수 있고, 따라서 시어머니와 함께 동순위 상속권자에 해당한다.

63 ④   ㉑ p.95 ~ 96 ⓐ p.563 ~ 564

'다, 라, 마'는 민법상 상속재산에 해당한다.

가. 피상속인이 피보험자, 수익자는 만기까지 자신이 생존하면 본인, 사망하면 상속인이라고 지정한 경우 생명보험금청구권은 상속인의 고유재산이다.

나. 부양청구권은 피상속인의 일신전속적 채권으로 상속되지 않는다.

바. 피보험자인 피상속인이 보험수익자의 지정권을 행사하기 전 사망하여 상속인이 보험수익자가 되는 경우 상해보험청구권은 상속인의 고유재산이다.

64 ②   ㉑ p.80 ~ 81, p.101 ⓐ p.560, p.565

• A의 상속인 : B, C, D

 고의성이 없이 상해를 가하여 사망에 이르게 한 행위는 상속결격 사유가 아니다.

• 사망한 E의 대습상속인이 없으므로 상속분은 다른 상속인들에게 각각의 상속분 비율로 귀속된다.

 ∴ B : 63억원 × 3/7 = 27억원

 C : 63억원 × 2/7 = 18억원

 D : 63억원 × 2/7 = 18억원

 F, G : 상속인이 아니므로 구체적 상속분이 없다.

65 ⑤   ㉑ p.107 ~ 110 ⓐ p.566

기여분은 유류분과 서로 관계가 없으므로 기여분으로 인하여 유류분에 부족이 발생했더라도 기여분에 대하여 반환을 청구할 수 없다.

66 ③   ㉑ p.49, p.79 ⓐ p.552, p.560

① 태아가 살아서 태어난다면 유증은 유효하므로 Y가 출생한 후 Y의 명의로 상가를 등기할 수 있다.

② 태아는 유증을 받을 수 있는 수증능력이 인정되므로 태아가 살아서 태어난다면 미성년자인 Y를 대리하여 B가 토지를 유증받아 Y의 명의로 등기할 수 있다.

④ 태아는 살아서 태어나지 못했다면 상속인이 되지 않지만 외국인은 상속능력이 인정되므로, B가 A의 상속재산의 3/5, X가 2/5를 상속받는다.

⑤ 태아가 살아서 태어나지 못하면 태아의 상속은 없던 것이 되고, B가 A의 상속재산의 3/5, X가 2/5를 상속받게 된다.

67 ⑤   ㉑ p.94, p.124 ~ 125 ⓐ p.563, p.571

① 상속분할 전에 상속재산을 처분할 때에는 상속인 전원의 동의가 필요하다.

② 보존행위는 공유지분 중 각자의 지분에 기하여 단독으로 할 수 있다.

③ 미성년자의 특별대리인을 선임하지 않고서 한 상속재산분할협의는 무효이다.

④ 상속재산분할의 조정은 상속재산분할협의가 없거나 이루어지지 않은 경우에 상속재산분할심판을 청구하기 전에 실시한다.

68 ③   ㉑ p.127, p.129 ⓐ p.571

• A 사망으로 인한 C의 구체적 상속분

 = (400,000 − 200,000 + 50,000) × 3/5 − 50,000 = 100,000

• B 사망으로 인한 C의 구체적 상속분

 = (200,000 + 10,000) × 2/7 × 3/5 = 36,000

• A와 B의 동시사망으로 인한 C의 구체적 상속분의 합계

 = 100,000 + 36,000 = 136,000

69 ①

[기] p.141 [요] p.575

유류분청구금액 = 유류분액 − 그 상속인의 특별수익액 − 그 상속인의 순상속액

1) 유류분액 = (80,000 + 520,000) × 2/5 × 1/3 = 80,000
   ← 유류분 산정의 기초재산 ← 직계존속
2) 모친의 특별수익액 = 0
3) 모친의 순상속액 = 80,000 × 2/5 = 32,000
   ← A씨 사망 당시 상속재산

∴ 유류분 부족액 = 80,000 − 0 − 32,000 = 48,000

70 ②

[기] p.134 ~ 137, p.144 [요] p.573 ~ 575

상속을 포기한 자는 유류분권리자가 될 수 없고, 유류분반환청구권도 가지지 않는다.

71 ③

[기] p.152 ~ 154 [요] p.576 ~ 577

가. 실종선고일
나. 9개월
다. 10년

72 ①

[기] p.166 ~ 169 [요] p.581 ~ 582

추정상속재산가액 = (재산처분 등으로 얻은 금액 − 용도입증금액) − Min[재산처분액 등의 20%, 2억원]

1) 재산처분·순인출 및 채무부담으로 얻은 금액이 재산종류별로 상속개시일 전 1년(2년) 이내 각각 2억원(5억원) 이상인 경우에 상속재산으로 가산한다.
2) 부동산은 상속개시일로부터 2년 이내에 재산처분이 5억원을 넘지 않으므로 상속재산에 포함되지 않는다.
3) 상속개시일로부터 1년 이내에 2억원 이상의 채무부담은 추정상속재산에 포함된다.

재산 종류	재산처분 등으로 얻은 금액 (+)	용도 입증액 (−)	차감금액 (−)	추정 상속재산 (=)
채무	2억원	1억원	Min[2억원×20%, 2억원]	60,000천원
예금	6억원	3억원	Min[6억원×20%, 2억원]	180,000천원

4) 추정상속재산가액 = 60,000천원 + 180,000천원 = 240,000천원

73 ②

[기] p.205 [요] p.594

수증자가 증여재산(금전 제외)을 증여세 과세표준 신고기한(6월 30일)으로부터 3개월 이내(9월 30일)에 반환한 경우 증여세를 부과하지 않는다.

74 ③

[기] p.216 [요] p.597

금번 증여일로부터 10년 이내에 동일인(배우자 포함)으로부터 증여받은 내역
• 2017년 4월 1일에 어머니로부터 토지 수증 : 1억원
• 2023년 2월 5일에 아버지로부터 주식 수증 : 5억원

[참고] 증여재산합산과세되는 재산의 가액은 기(旣)증여 시점의 평가가액으로 한다.

∴ 증여재산가산금액 = 1억원 + 5억원 = 6억원

75 ④

[기] p.231 [요] p.601

• 저가양수 또는 고가양도에 따라 이익을 받은 자가 증여세를 납부하며, 시가보다 저가에 재산을 양도받은 을이 증여세 납부의무자이다.
• 증여재산가액 = 대가와 시가의 차액 − Min[시가 × 30%, 3억원]
  = (12억원 − 6억원) − Min[12억원 × 30%, 3억원]
  = 6억원 − 3억원 = 300,000천원

∴ 을은 증여재산가액 300,000천원에 대해 증여세를 납부할 의무가 있다.

76 ④

[기] p.242 ~ 243 [요] p.602

갑이 을에게 양도한 당시의 가액 → 을이 X에게 양도한 당시의 가액

77 ④

[기] p.254 ~ 256, p.270 [요] p.605, p.607 ~ 608

평가기준일 현재 한국거래소 최종시세가액
→ 평가기준일 전후 각 2개월간의 거래소 최종시세가액의 평균액

78 ①

[기] p.258, p.263 ~ 264 [요] p.606

② 일반적으로 비상장주식 1주당 가액은 '{(1주당 순자산가치 × 2) + (1주당 순손익가치 × 3)} ÷ 5'로 계산한다.
③ 2 : 5 → 2 : 3
④ 순자산가치 → 순손익가치
   순자산가치 = 법인의 순자산가액/평가기준일 현재의 발행주식수
⑤ 중소기업법상 중소기업의 경우에는 주식평가 시 할증하지 않는다.

79 ⑤

[기] p.285 [요] p.611

'마 − 바 − 다 − 나 − 라 − 가 − 사'의 순이다.
가. [6단계] 경영자 은퇴계획의 수립
나. [4단계] 지분승계 및 재산분배 계획 수립
다. [3단계] 후계자 교육프로그램의 수립과 실행
라. [5단계] 경영승계 계획 수립
마. [1단계] 가업 회사의 현황 파악
바. [2단계] 가업승계 관계자들에 대한 대응방안 수립
사. [7단계] 모니터링과 조정

80 ⑤

[기] p.165, p.343 [요] p.581, p.625

① 피상속인 사망으로 받는 보험금 중 피상속인이 보험료를 부담한 것은 간주상속재산으로서 상속재산가액에 포함되며, 금융재산상속공제 대상이 된다.
② 보험수익자를 상속인인 자로 지정한 경우 이는 상속인의 고유재산으로 보기 때문에 민법상 상속재산에 해당하지 않는다.
③ 계약자 본인이 보험료를 납부하고, 보험사고 발생 시 본인이 수익자가 되므로 증여나 상속에 해당되지 않아서 상속세가 부과되지 않는다.
④ 사망보험금 40% → 사망보험금 60%

정답

3교시

단일사례

1 ①	2 ④	3 ③	4 ④	5 ④	6 ③	7 ③	8 ②	9 ④	10 ③
11 ①	12 ②	13 ②	14 ③	15 ⑤	16 ④	17 ④	18 ④	19 ④	20 ②
21 ⑤	22 ③	23 ③	24 ②	25 ③	26 ②	27 ②	28 ⑤	29 ④	30 ③

복합사례 I (원론 · 부동산 · 은퇴 · 세금)

31 ③	32 ③	33 ③	34 ③	35 ①	36 ③	37 ⑤	38 ④	39 ③	40 ⑤

4교시

복합사례 II (보험 · 투자 · 세금 · 상속)

1 ③	2 ①	3 ③	4 ③	5 ④	6 ④	7 ⑤	8 ④	9 ①	10 ①

복합사례 III (투자 · 부동산 · 세금 · 상속)

11 ②	12 ③	13 ①	14 ⑤	15 ①	16 ③	17 ⑤	18 ③	19 ⑤	20 ②

종합사례

21 ③	22 ④	23 ④	24 ⑤	25 ⑤	26 ⑤	27 ③	28 ②	29 ①	30 ②
31 ④	32 ④	33 ④	34 ②	35 ①	36 ③	37 ②	38 ②	39 ③	40 ①

· 단일사례

1 ①

❶ 5년 전 시점의 매년 말 저축액을 구한다.
  1) 5년 전 시점의 필요자금을 구한다.
    CF0 0, C01 0 (15), C02 18,000 (6), I (7 − 6)/1.06,
    NPV CPT = 90,790.041
  2) 5년 전 시점의 부족자금(= 필요자금 − 준비자금)을 구한다.
    90,790.041 − 10,000 = 80,790.041
  3) 5년 전 시점의 부족자금(PV)을 마련하기 위한 매년 말 정액저축액(PMT)을 구한다.
    PV 80,790.041, N 16, I/Y 7, CPT PMT(E) = 8,552.244(STO1)

❷ 현재시점의 매년 말 저축액을 구한다.
  1) 현재시점의 준비자금을 구한다.
    PMT(E) 8,552.244, PV 10,000, N 5, I/Y 7, CPT FV = 63,207.239
  2) 변경된 상황에서 현재시점의 필요자금을 구한다.
    CF0 0, C01 0 (10), C02 18,000 × 1.06^6 (6), I (5 − 7)/1.07,
    NPV CPT = 186,553.758
  3) 현재시점의 부족자금(= 필요자금 − 준비자금)을 구한다.
    186,553.758 − 63,207.239 = 123,346.519
  4) 현재시점의 부족자금(PV)을 마련하기 위한 새로운 매년 말 정액저축액(PMT)을 구한다.
    PV 123,346.519, N 11, I/Y 5, CPT PMT(E) = 14,849.551(STO2)

❸ 현재시점에서 매년 말 추가되는 저축액(❷ − ❶)을 구한다.
  14,849.551(RCL2) − 8,552.244(RCL1) = 6,297.307

2 ④

❶ 기존대출의 매월 원리금상환액과 대출잔액을 구한다.
  1) 매월 원리금상환액을 구한다.
    PV 200,000, N 10 × 12, I/Y 6/12, PMT(E) = 2,220.410(STO1)
  2) 대출잔액을 구한다.
    [2ND AMORT] P1 1, P2 3 × 12, BAL = 151,993.823(STO2)

❷ 남은 대출기간 동안 부담하게 될 기존대출의 이자비용을 구한다.
  [방법1]
  1) 총이자비용을 구한다.
    2,220.410(RCL1) × 10 × 12 − 200,000 = 66,449.205(STO3)
  2) 지금까지 상환한 이자비용을 구한다.
    2,220.410(RCL1) × 3 × 12 − {200,000 − 151,993.823(RCL2)}
    = 31,928.584(STO4)
  3) 남은 대출기간 동안의 이자비용을 구한다.
    66,449.205(RCL3) − 31,928.584(RCL4) = 34,520.621(STO5)
  [방법2]
  [2ND AMORT] P1 37, P2 120, INT = 34,520.621(STO5)

❸ 남은 대출기간 동안 부담하게 될 신규대출의 이자비용을 구한다.
  151,993.823(RCL2) × 0.05 × 7 = 53,197.838

❹ 남은 대출기간 동안 부담하게 될 이자비용의 차이를 구한다.
  53,197.838 − 34,520.621(RCL5) = 18,677.217

3 ③

❶ 임대료와 상가 매각대금으로 인한 현금유입의 미래가치를 구한다.
  1) 임대료의 미래가치를 구한다.
    PMT(E) 80,000/1.05, N 5, I (8 − 5)/1.05, CPT PV = 350,357.904
    → 350,357.904 × 1.08^5 = 514,790.705(STO1)
  2) 상가 매각대금의 미래가치를 구한다.
    700,000 × 1.03^5 = 811,491.852(STO2)
  3) 각 미래가치의 합계를 구한다.
    514,790.705(RCL1) + 811,491.852(RCL2) = 1,326,282.557

❷ 수정내부수익률(MIRR)을 구한다.
  PV −700,000, FV 1,326,282.557, N 5, CPT I/Y = 13.634

4 ④

① [O] 김승호씨가 지난해 상환한 이자액은 2,905천원이다.
  PV 100,000, N 20 × 12, I/Y 7/12, CPT PMT(E) = 775.299(STO1)
  [2ND AMORT] P1 1, P2 5, INT = 2,905.403
② [O] 현재시점에서 주택담보대출금 미상환 잔액은 96,580천원이며, 조기상환 수수료는 1,449천원이다.
  [2ND AMORT] P1 1, P2 17, BAL = 96,579.758
  → 96,579.758 × 1.5% = 1,448.696
③ [O] 고정금리 적용이 종료되는 시점의 미상환 대출잔액은 86,257천원이다.
  [2ND AMORT] P1 1, P2 60, BAL = 86,256.625
④ [X] 변동금리가 적용되는 시점에서 남은 미상환 잔액을 연 8.05% 월복리, 매월 말 원리금균등분할상환 조건으로 전환하는 경우 매월 말 원리금상환액은 827천원이다.
  PV 86,256.625, N 15 × 12, I/Y 8.05/12, CPT PMT(E) = 826.805
⑤ [O] 변동금리가 적용되는 시점에서 변동금리가 9.0%로 상승하였다면, 고정금리 적용시보다 매월 말 원리금상환액은 100천원 증가한다.
  1) 변동금리가 적용되는 시점의 원리금상환액을 구한다.
    PV 86,256.625, N 15 × 12, I/Y 9/12, CPT PMT(E) = 874.872
  2) 변동금리 적용 전후의 원리금상환액을 비교한다.
    874.872 − 775.299(RCL1) = 99.573

5 ④

❶ 배우자와 막내의 나이를 기준으로 time table을 그려서 각 구간마다 부족한 생활비와 기간을 구한다.

❷ 부족한 총 생활비를 구한다.
  CF0 16,000, C01 16,000 (20), C02 10,000 (34), I (5 − 3.5)/1.035,
  NPV CPT = 492,275.707(STO1)

❸ 준비자금을 구한다.

> 준비자금 = 일반사망보험금 + 목적 없는 유동자산 − 대출잔액 − 사후정리자금

  준비자금 = 일반사망보험금(200,000) + 펀드(50,000)
    ＋ 정기예금(10,000) − 주택담보대출 잔액(80,000)
    − 사후정리자금(15,000) = 165,000(STO2)
  [참고] 생애가치법에서는 준비자금으로 일반사망보험금만 포함하는 반면, 니즈분석방법에서는 준비자금으로 일반사망보험뿐만 아니라 목적 없는 유동자산까지 포함한다.

❹ ❷에서 ❸을 차감하여 추가적인 생명보험 필요보장액을 구한다.
  492,275.707(RCL1) − 165,000(RCL2) = 327,275.707

6 ③

❶ 건물(아파트)의 보험가액을 구한다.

> • 건물의 보험가액(현재가액) = 재조달가액 − 감가상각액
> • 재조달가액 = 연면적 × 신축단가
> • 감가상각액 = 재조달가액 × 감가율 × 경과년수

  1) 재조달가액을 구한다.
    92.56㎡ × 627.30 = 58,062.888(STO1)
  2) 감가상각액을 구한다.
    58,062.888(RCL1) × 1% × 3년 = 1,741.887(STO2)
  3) 보험가액(현재가액)을 구한다.
    58,062.888(RCL1) − 1,741.887(RCL2) = 56,321.001(STO3)

❷ 가재도구의 보험가액을 구한다.

> 가재도구 보험가액 = (주택종류 × 가중치) + (주택규모 × 가중치)
> + (가족 수 × 가중치) + (월평균 수입 × 가중치)

가재도구 보험가액 = (10,324 × 11.80%) + (12,145 × 29.99%)
+ (11,326 × 19.81%) + (39,506 × 38.40%)
= 22,274.502(STO4)

❸ 보기를 읽으며 O, X를 표시한다.
① [X] A아파트의 재조달가액은 58,063천원이다.
② [X] A아파트의 감가상각액은 1,742천원이다.
③ [O] A아파트의 보험가액은 56,321천원이다.
④ [X] 가재도구의 보험가액은 22,275천원이다.
⑤ [X] A아파트와 가재도구의 보험가액을 합한 값은 약 78,596천원이다.
56,321.001(RCL3) + 22,274.502(RCL4) = 78,595.503

7 ③

❶ 각 보기의 연금지급방식에 따른 연금액의 현재가치를 구한다.
가. PMT(B) 50,000, N 20, I/Y 5, CPT PV = 654,266.043
나. PMT(B) 50,000, N 15, I/Y (5 − 4)/1.04,
CPT PV = 702,005.751
다. CF0 0, C01 45,000 (20), C02 30,000 (3), I 5,
NPV CPT = 591,590.372

❷ 연금액의 현재가치를 비교한다.
나(702,005.751) > 가(654,266.043) > 다(591,590.372)

8 ②

보수월액의 산정에 포함되는 보수를 제외한 직장가입자의 소득(보수외소득)이 연간 20,000천원을 초과하는 직장가입자는 소득월액보험료 부과대상이다.

> • 소득월액 = {(연간 보수외소득 − 20,000천원)/12} × 소득평가율
> • 소득월액보험료 = 소득월액 × 보험료율(7.09%)
> [참고] 소득평가율 : 이자·배당·사업·기타소득 100%, 근로·연금소득 50%

❶ 소득월액을 계산한다.
소득월액
= {(50,000 + 30,000 − 20,000)/12} × 소득평가율
= 5,000 × 소득평가율
= (5,000 × 5/8 × 100%) + (5,000 × 3/8 × 50%)
<small>사업소득 비중   소득평가율   근로소득 비중   소득평가율</small>
= 4,063

❷ 소득월액보험료를 계산한다.
소득월액보험료 = 4,063 × 7.09% = 288,067

❸ 직장가입자의 소득월액보험료는 직장가입자 본인이 전액 부담하므로, 이정규 씨가 전액(100%) 부담한다.

9 ④

❶ 각각 타사에 실손의료보험이 없는 것으로 간주하여 보험금을 산정한다.
1) A사의 보험금을 산정한다.
(1,600 × 80%) + (1,000 × 70%) = 1,980
<small>급여   비급여</small>
2) B사의 보험금을 산정한다.
(1,600 × 80%) + (1,000 × 70%) = 1,980
<small>급여   비급여</small>

❷ 확정보험금을 결정한다.
A사와 B사 모두 가입한 4세대 실손의료보험이며 계산방식이 동일하므로, 보험금은 각 계약의 보상대상 의료비 중 최고액인 1,980천원으로 확정된다.

❸ 각 보험사의 보험가입금액의 비율로 안분하여 지급보험금을 구한다.
1) A사의 지급보험금을 산정한다.
1,980 × 40,000/(20,000 + 40,000) = 1,320
2) B사의 지급보험금을 산정한다.
1,980 × 20,000/(20,000 + 40,000) = 660

10 ③

❶ 금액가중 수익률은 현금흐름과 재무계산기의 IRR을 이용하여 계산한다.
<small>재무계산기 입력 시 투자금은 (−)가, 투자 회수금은 (+)가 입력한다.</small>
CF0 −115,500, C01 −96,400[1] (1), C02 94,000[2] (1), C03 183,300[3] (1),
IRR CPT = 약 12.96%
[1] −100,800,000원 + (400원 × 11,000주)
[2] 84,000,000원 + (500원 × 20,000주)
[3] (13,500 + 600원) × 13,000주

❷ 총수익률을 이용하여 시간가중 기하평균수익률을 계산한다.

> • 총수익률 = {(1기 기준가 + 배당금)/0기 기준가
> × (2기 기준가 + 배당금)/1기 기준가
> × (3기 기준가 + 배당금)/2기 기준가} − 1
> • 기하평균수익률 = (1 + 총수익률)$^{1/N}$ − 1

1) 총수익률 = [{(11,200 + 400)/10,500} × {(12,000 + 500)/11,200}
× {(13,500 + 600)/12,000}] − 1 = 약 0.449
2) 기하평균수익률 = (1 + 0.449)$^{1/3}$ − 1 = 약 13.16%

11 ①

❶ 요구수익률(k)과 잠재성장률(g)을 계산한다.

> • 요구수익률(k) = R_f + β × (R_m − R_f)
> • 잠재성장률(g) = ROE × 내부유보율 = ROE × (1 − 배당성향)
>
> · R_f : 무위험이자율
> · R_m : 시장수익률
> · (R_m − R_f) : 시장 위험프리미엄

1) 요구수익률(k) = 3% + 1.2 × 9% = 13.8%
2) 잠재성장률(g) = 10% × (1 − 0.4) = 6%
<small>배당성향 = 주당배당/주당순이익 = 1,200/3,000</small>

❷ 아래 공식을 이용하여 적정 주가, 적정 PER을 계산한다.

> • 적정 주가 = D_0 × (1 + g)/(k − g) = D_1/(k − g) (단, k > g)
> • 적정 PER = 배당성향/(k − g) = 적정 주가/EPS_1
>
> · D_1 : 내년도 배당금(= D_0 × (1 + g))
> · EPS_1 : 내년도 주당순이익(= EPS_0 × (1 + g))

1) K자동차의 적정 주가는 약 15,385원이다.
1,200/(0.138 − 0.06) = 약 15,385
<small>배당금이 곱해진 (상기연도 배당금)의 연도(차기, 내년도, 추정)인지에 주의해야 한다.</small>
2) K자동차의 적정 PER은 5.130이다.
0.4/(0.138 − 0.06) = 15,385/3,000 = 5.13

12 ②

❶ 수정듀레이션과 볼록성에 의한 채권가격 변화율을 계산한다.

> 채권가격 변화율 = {− 듀레이션/(1 + 변화 전 유통수익률)} × Δr
> <small>수정듀레이션</small>
> + (0.5 × 볼록성 × Δr^2)

채권가격 변화율 = {−2.8256/(1 + 0.062/4)} × 0.015
+ (0.5 × 7.0235 × 0.015²) = −0.041(STO1)

[참고] 3개월마다 이자를 지급하기 때문에 변화 전 유통수익률(6.2%)을 연간 이자지급 횟수인 4로 나누어 주어야 한다.

❷ 채권가격 변화율을 이용하여 금리 상승(채권가격 하락)으로 인한 새로운 채권가격을 계산한다.

> 새로운 채권가격 = 현재 채권가격 × (1 + 채권가격 변화율)

새로운 채권가격 = 10,030 × {1 + (−0.041)(RCL1)} = 9,619

13 ②

❶ 공식에 필요한 정보를 대입하여 이론선물가격을 계산한다.

> 이론선물가격
> = KOSPI200 × (1 + CD금리 × d/365) − 기간 중 배당액지수
> = KOSPI200 × (1 + CD금리 × d/365) − 기간 중 배당수익률)

이론선물가격 = 200 × (1 + 0.032 × 82/365 − 0.002) = 201.038

참고 이론선물가격을 구할 때에는 배당이 금액으로 주어졌는지, 수익률로 주어졌는지에 따라 공식을 다르게 적용한다.

❷ 이론선물가격과 실제선물가격을 비교해 실제선물가격의 고평가·저평가 여부를 판단한 후, 실행할 차익거래의 종류를 결정한다.

> - 이론선물가격 < 실제선물가격 → 고평가
>   → 선물매도 + 현물매수(매수차익거래)
> - 이론선물가격 > 실제선물가격 → 저평가
>   → 선물매수 + 현물매도(매도차익거래)

이론선물가격(201.038) < 실제선물가격(202.50) → 고평가
→ 선물매도 + 현물매수(매수차익거래)

❸ 선물거래를 위해 필요한 계약의 수를 계산하고 이를 이용하여 차익거래 손익을 계산한다.

> - 계약의 수 = 포트폴리오 금액 × β/(KOSPI200현물지수 × 250천원)
> - 차익거래 손익 = (실제선물가격과 이론선물가격의 차이) × 계약의 수 × 250천원

1) 계약의 수 = 1,200,000/(200 × 250) = 24
   참고 이 문제에서는 β가 주어지지 않았으므로 고려하지 않는다.
2) 차익거래 손익 = (202.50 − 201.038) × 24 × 250 = 약 8,772 이익

14 ③

❶ 필요한 정보를 공식에 대입하여 펀드의 위험조정 성과지표를 계산한다.

> - 젠센척도 = 실현수익률 − 요구수익률(k)
> - 샤프척도 = (실현수익률 − 무위험이자율)/표준편차
> - 트레이너척도 = (실현수익률 − 무위험이자율)/베타
> - 정보비율 = (실현수익률 − 벤치마크 수익률)/추적오차(Tracking error)

참고 젠센척도, 샤프척도, 트레이너척도, 정보비율의 값이 클수록 성과가 우수하다.

구분	A펀드	B펀드	특징
젠센 척도	16% − 16.2% = −0.2% 3% + 1.1 × (15% − 3%)	10% − 9.3% = 0.7% 3% + 0.7 × (12% − 3%)	증권선택능력만을 평가하는 방법으로 자산배분능력이나 고객자산관리의 효율성 등을 거시적으로 평가할 수 없다.
샤프 척도	(16% − 3%)/18% = 0.722	(10% − 3%)/8% = 0.875	총위험 한 단위당 실현된 초과수익률을 나타낸다.
트레이너 척도	(0.16 − 0.03)/1.1 = 0.118	(0.1 − 0.03)/0.7 = 0.100	체계적 위험 한 단위당 실현된 초과수익률을 나타낸다.
정보 비율	(16% − 15%)/1.4% = 0.714	(10% − 12%)/2% = −1.0	절대적 위험수준인 표준편차를 사용하는 샤프척도의 문제점을 극복하기 위해 사용되는 지표이다.

❷ 보기를 읽으며 O, X를 표시한다.

① [O] 펀드매니저의 종목선택능력은 B펀드가 우수하다. (−0.2% < 0.7%)
② [O] 수익률의 변동성이 큰 펀드는 수익률의 표준편차가 큰 A펀드이다.
③ [X] 총위험 대비 성과가 우수한 펀드는 샤프척도가 큰 B펀드이다.
④ [O] 트레이너척도가 큰 A펀드가 체계적 위험 대비 성과가 더 우수하다.
⑤ [O] A펀드의 정보비율(0.714)이 B펀드의 정보비율(−1.0)보다 높으므로 정보비율로 평가할 때 A펀드의 성과가 더 우수하다.

15 ⑤

원가방식을 적용하더라도 토지는 재조달원가가 없으므로 거래사례비교법으로 가치를 평가한 후 원가법으로 평가한 건물가치와 합산하여 부동산가치를 구한다.

❶ 토지가치는 비준가치(비교방식으로 구한 토지가치) 공식에 대입하여 구한다.

> 비준가치 = 단위당 거래사례 가격 × 단위면적 × 사정보정
 × 시점수정치 × 지역요인 격차율 × 개별요인 격차율
> 참고 보정치는 '대상/사례'로 구한다.

단위당 거래사례 가격		5,000
× 단위면적	×	250
× 사정보정	×	100/110[1]
× 시점수정치	×	0.8[2]
× 지역요인 격차율	×	1
× 개별요인 격차율	×	93.5/100[3]
= 토지가치	=	850,000

[1] 사례토지가 시세보다 10% 높게 거래되었으므로 사례에 10을 더한다.
[2] 1년 전 대비 지가가 20% 하락하였다.
[3] 사례토지가 경사지에 위치하여 대상토지가 10% 우세하므로 대상에 10을 더하고, 접근성에서 대상토지가 15% 열세하므로 대상에서 15를 뺀 후, 각 요인 비교치를 서로 곱한다.
→ 110/100 × 85/100

❷ 건물가치는 건물의 원가법 공식에 대입하여 구한다.

> - 건물의 원가가치 = 재조달원가 − 감가누계액
> - 재조달원가 = 현재시점 m²당 재조달원가 × 건물연면적
> - 감가누계액 = 매년감가액 × 경과연수
> - 매년감가액 = (재조달원가 − 잔존가치) ÷ 내용연수
>   = {재조달원가 × (1 − 잔가율)} ÷ 내용연수

재조달원가		640,000[1]
− 감가누계액	−	192,000[2]
= 건물가치	=	448,000

[1] 2,000 × (120 + 100 + 100)m²
[2] (640,000 × 0.9) × (10 + 5)/45

❸ 토지가치와 건물가치를 합산하여 부동산가치를 구한다.

850,000 + 448,000 = 1,298,000

16 ④

❶ 보유기간 중 세전현금수익을 구한다.

	〈1년차〉	〈2년차〉	〈3년차〉
순영업소득[1]	100,000	110,000	121,000
− 대출원리금[2]	− 50,631	− 50,631	− 50,631
= 세전현금수익	= 49,369	= 59,369	= 70,369

[1] 매년 10%씩 증가
[2] PV 500,000, N 15 × 12, I/Y 6/12,
   CPT PMT(E) = 4,219.284 → 4,219.284 × 12 = 50,631.410

❷ 보유기간 말 세전현금수익을 구한다.

매도가격		1,663,750[1]
− 매도경비	−	0
= 순매도가격	=	1,663,750
− 미상환 대출잔액 (3년차 말)		432,370[2]
− 보증금		0
= 세전현금수익	=	1,231,380

[1] (121,000 × 1.1)/0.08
[2] [대출원리금을 구한 상태에서] N 3 × 12, CPT FV = 432,370.059

❸ 보유기간 동안 발생하는 현금흐름(❶, ❷)을 이용하여 자기자본가치를 구한다.

CF0 0, C01 49,369 (1), C02 59,369 (1), C03 70,369 + 1,231,380 (1),
I 12, NPV CPT = 1,017,967.293

❹ A부동산가치를 구한다.

> 부동산가치 = 자기자본가치 + 타인자본가치(대출금 + 보증금)

1,017,967.293 + (500,000 + 0) = 1,517,967.293

17 ④

❶ 상가 A와 상가 B의 NPV, IRR을 구한다.

1) 상가 A의 NPV, IRR

CF0 −1,000,000, C01 60,000 (4), C02 60,000 + 1,120,315 (1), I 10,
NPV CPT = 76,925,322, IRR CPT = 8.0489

2) 상가 B의 NPV, IRR

CF0 −700,000, C01 50,000 (4), C02 50,000 + 880,783 (1), I 10,
NPV CPT = 36,436,284, IRR CPT = 11.2677

❷ 상가 A와 상가 B의 PI를 구한다.

1) PI는 다음 공식을 통해 계산한다.

> PI(수익성 지수) = 현금유입의 현가/현금유출의 현가

2) 상가 A의 PI

FV 1,120,315, PMT(E) 60,000, N 5, I/Y 10, CPT PV = 923,074.678
∴ PI = 923,074.678/1,000,000 = 0.923

3) 상가 B의 PI

FV 880,783, PMT(E) 50,000, N 5, I/Y 10, CPT PV = 736,436.284
∴ PI = 736,436.284/700,000 = 1.052

❸ 보기를 읽으며 O, X를 표시한다.

① [X] 상가 A의 NPV는 약 76,925천원이고, 상가 B의 NPV는 약 36,436천원
으로 NPV를 기준으로 판단할 때 상가 A에 투자하는 것이 더 유리
하다.

② [X] 상가 A에 투자할 경우 IRR은 약 8.05%이다.

③ [X] 상가 B에 투자할 경우 IRR은 약 11.27%이다.

④ [O] 상가 A의 PI는 약 0.920이고, 상가 B의 PI는 약 1.05로 PI를 기준으로
판단할 때 상가 B에 투자하는 것이 더 유리하다.

⑤ [X] 상가 A의 PI는 약 0.920이고, 상가 B의 PI는 약 1.05로 PI을 기준으로
판단할 때 PI > 1보다 큰 상가 B에 투자하는 것이 더 유리하다.

18 ④

❶ 매입 및 신축비용을 구한다.

$\underline{800,000}$ + $\underline{150,000}$ + $\underline{2,000,000}$ + $\underline{70,000}$ = 3,020,000
　　매입가격　　철거비용　　신축비용　　간접부대비용

❷ 순영업소득을 구한다.

가능총수익		226,000[1)
− 공실률	−	11,300[2)
= 유효총수익	=	214,700
− 운영경비	−	21,470[3)
= 순영업소득	=	193,230

[1) (400 × 12 × 20) + (130,000 × 0.05 × 20)
[2) 226,000 × 0.05
[3) 214,700 × 0.1

❸ 다세대주택의 수익가치를 구한다.

193,230/0.08 = 2,415,375

❹ 보기를 읽으며 O, X를 표시한다.

① [X] 신축할 다세대주택의 가능총수익은 226,000천원이다.

② [X] 신축할 다세대주택의 공실 및 대손충당금은 11,300천원이다.

③ [X] 신축할 다세대주택의 유효총수익은 214,700천원이다.

④ [O] 신축할 다세대주택의 순영업소득은 193,230천원이다.

⑤ [X] 신축할 다세대주택의 수익가치는 2,415,375천원으로 매입 및 신축비용
(3,020,000천원)보다 작기 때문에 경제적 타당성이 없다.

19 ④

**❶ 현재시점, 은퇴시점, 사망시점을 기준으로 time table을 그려 연간 은퇴소
득 부족분을 계산한다.**

**❷ 은퇴 첫해 은퇴소득 부족금액에 은퇴소득 인출률을 적용해 총은퇴일시금을
구한다.**

1) 은퇴시점 물가기준으로 평가한 첫해 은퇴소득 부족금액을 계산한다.

24,000 × 1.02[25] = 39,374.544

2) 은퇴소득 인출률을 적용해 총은퇴일시금을 계산한다.

39,374.544 ÷ 0.04 = 984,363.597

**❸ 총은퇴일시금에서 은퇴자산을 차감하여 추가적으로 필요한 은퇴일시금을
구한다.**

984,363.597 − 500,000 = 484,363.597(STO1)

**❹ 추가적으로 필요한 은퇴일시금 마련을 위해 올해부터 저축할 경우와 5년
후부터 저축할 경우를 각각 계산하고 차이를 구한다.**

1) 올해부터 저축할 경우 첫해 저축액을 구한다.

PV 484,363.597(RCL1)/1.06[25], N 15, I/Y (6 − 2)/1.02,
CPT PMT(E) = 10,094.809
→ 10,094.809 × 1.02 = 10,296.706(STO2)

2) 5년 후부터 저축할 경우 첫해 저축액을 구한다.

PV 484,363.597(RCL1)/1.06[20], N 15, I/Y (6 − 2)/1.02,
CPT PMT(E) = 13,509.132
→ 13,509.132 × 1.02 = 13,779.315(STO3)

3) 첫해 저축액의 차액을 구한다.

13,779.315(RCL3) − 10,296.706(RCL2) = 3,482.609

20 ②

❶ 2투자기간 초(1투자기간 말) 투자금액을 계산한다.

1) 이율전환(연이율 → 월이율)을 한다.

PV −100, FV 104, N 12, CPT I/Y = 0.327(STO7)

2) 2투자기간 초 투자금액을 구한다.

FV 500,000, PMT(E) −500, N 10 × 12, I/Y 0.327(RCL7),
CPT PV = −288,230.829

❷ 1투자기간의 첫해 저축액을 계산한다.

PV 288,230.829/1.06[15], N 15, I/Y (6 − 5)/1.05,
CPT PMT(B) = 8,560.774(STO1)

❸ 저축 첫해의 매월 저축액을 계산한다.

1) 이율전환(연이율 → 월이율)을 한다.

PV −100, FV 106, N 12, CPT I/Y = 0.487(STO8)

2) 저축 첫해 매월 저축액(정액)을 계산한다.

PV 8,560.774(RCL1), N 12, I/Y 0.487(RCL8),
CPT PMT(E) = 736.170

21 ⑤

① [X] 수급개시연령부터 5년 동안은 소득 수준에 따라 감액된 금액이 지급되
지만, 그 이후에는 소득액에 상관없이 전액 지급된다. 한규찬씨는 1956년
생이므로 연금수급개시연령이 61세이다. 따라서 현재 나이 68세에는 소득
이 있더라도 노령연금액이 전액 지급된다.

② [X] 분할연금청구권은 지급사유발생일로부터 5년이 경과한 때 소멸한다.

③ [X] 김문정씨는 1963년생이므로 연금수급개시연령인 63세에 도달해야 분할
연금이 지급된다.

④ [X] 유족연금은 사망자에 의하여 생계를 유지하고 있던 가족 중 배우자, 자
녀, 부모, 손자녀, 조부모 중 최우선 순위자에게 유족연금을 지급한다.
따라서 한규찬씨가 실질적으로 부양하고 있는 부인 김문정씨가 최우선
순위자가 되어 단독으로 유족연금을 수령한다.

⑤ [O] 배우자인 유족연금 수급권자가 재혼하는 경우 그 수급권은 소멸하게 된다.

22 ③

❶ 은퇴기간 중 연간 은퇴소득 부족분을 계산한다.

35,000 − 12,000 = 23,000

❷ 연간 은퇴소득 부족분을 통해 총은퇴일시금을 구한다.

PMT(B) 23,000, N 25, I/Y 4, CPT PV = 373,680.152
　　　　　　　　　　물가상승률이 예상되므로

❸ 현재 준비된 은퇴자산을 차감하여 추가로 필요한 은퇴일시금을 계산한다.

373,680.152 − 200,000 = 173,680.152(STO1)
　　　　　　　　　　　별도자금의 연도에 투자할 금액

❹ 연금보험 및 국민연금에서 확보 가능한 연간 은퇴소득을 구한다.

1) 연금보험에서 확보하는 연간 은퇴소득을 구한다.

PV 200,000, N 25, I/Y 3, CPT PMT(B) = 11,151.043

2) 연금보험과 국민연금에서 확보 가능한 연간 총 은퇴소득을 구한다.

11,151.043 + 12,000 = 23,151.043

❺ 연금보험 및 국민연금으로 충당되지 않는 연간 은퇴소득을 구한다.

35,000 − 23,151.043 = 11,848.957(STO2)

❻ 은퇴자산의 세후투자수익률을 충족하기 위한 추가적인 은퇴자산(분할지급식 펀드)의 수익률을 구한다.

PV 173,680,152(RCL1), PMT(B) −11,848,957(RCL2), N 25,
CPT I/Y = 5.106

23 ③

❶ 금융소득 총수입금액을 계산한다.

이자소득	12,000[1]	
+ 배당소득	+ 36,000[2]	
= 금융소득 총수입금액	= 48,000	

[1] 정기예금이자 10,000 + 채권의 보유기간 이자상당액 2,000
[2] 투자신탁이익 5,000 + 무상주배당(자기주식소각이익 2년 이내 자본전입분) 8,000 + 비상장내국법인의 현금배당 20,000 + 외국법인의 현금배당 3,000

❷ Gross-up 금액을 계산한다.

Gross-up 금액 = Min[(48,000 − 20,000), 20,000] × 10% = 2,000
참고 Gross-up 대상 배당소득은 비상장내국법인 20,000천원이다.

❸ 금융소득금액을 계산한다.

금융소득금액 = 48,000(**❶**) + 2,000(**❷**) = 50,000

24 ②

❶ 신봉식씨의 사업소득금액을 계산한다.

당기순이익	220,000	
− 익금불산입	− 8,000	
+ 손금불산입	+ 10,000	
= 공동사업소득금액	= 222,000	
× 지분율	× 60%	
= 신봉식씨의 사업소득금액	= 133,200	

❷ 종합소득 과세표준을 계산한다.

사업소득금액	133,200	
+ 근로소득금액	+ 32,000	
= 종합소득금액	= 165,200	
− 종합소득공제	− 8,000	
= 종합소득 과세표준	= 157,200	

참고 정기예금이자는 20,000천원 미만이므로 이자소득세 원천징수로 종결한다. (분리과세)

25 ③

1과세기간 중 2회 이상 양도한 경우, 이미 신고한 양도소득금액과 합산하여 제2회 양도 자산의 양도소득금액과 합산하여 예정신고 산출세액을 계산한다.

❶ 상가 A의 양도 시 양도차손을 계산한다.

양도가액	1,200,000	
− 취득가액	− 1,300,000	
− 기타필요경비	− 5,000	
= 양도차익(차손)	= −105,000	

❷ 상가 B의 양도 시 양도소득 산출세액을 계산한다.

양도가액	1,800,000	
− 취득가액	− 800,000	
− 필요경비	− 8,000	
= 양도차익	= 992,000	
− 장기보유특별공제	− 297,600[1]	
= 양도소득금액	= 694,400	
− 상가 A의 양도차손	− 105,000	
= 양도소득합계	= 589,400	
− 양도소득 기본공제	− 2,500	
= 양도소득 과세표준	= 586,900	
× 세율	× 42% − 35,940	
= 양도소득 산출세액	= 210,558	

[1] 992,000 × 30%(15년 이상 보유)

26 ②

❶ 주식 등의 양도소득세에 대한 특징을 이해한다.

1) 장기보유특별공제를 적용하지 않으므로, 양도차익과 양도소득금액은 항상 동일하다.
2) 주식 등에 대한 양도소득세 세율은 부동산 등의 양도소득세 세율과 달리 다음과 같이 적용한다.

구분		세율
중소기업주식	소액주주	10%
	대주주	20%[1]
중소기업 외의 주식	소액주주 보유기간 관계없음	20%
	대주주 1년 이상 보유	20%[1]
	대주주 1년 미만 보유	30%

[1] 양도소득 과세표준 3억원 초과분은 25%

❷ 민진연씨의 보유주식 양도에 따른 양도소득세 산출세액을 계산한다.

양도가액	500,000	
− 취득가액	− 400,000	
− 기타필요경비	− 1,600	
= 양도차익(= 양도소득금액)	= 98,400	
− 양도소득 기본공제	− 2,500	
= 양도소득 과세표준	= 95,900	
× 세율	× 10%	
= 양도소득세 산출세액	= 9,590	

❸ 주식 양도소득세의 예정신고기한을 확인한다.

1) 주식 등의 양도소득세 예정신고기한은 양도일이 속하는 반기의 말일부터 2개월 이내이다.
2) 민진연씨는 중소기업의 주식을 2024년 8월 20일에 양도하였으므로, 그 양도일이 속하는 반기의 말일인 2024년 12월 31일로부터 2개월이 되는 2025년 2월 28일까지 양도소득세 예정신고 및 납부를 하여야 한다.

27 ②

❶ 최진호씨의 상속재산에 대한 상속분을 구한다.

제1순위 상속인인 최지연씨가 본인과 동시에 사망하였으므로 제2순위 상속인인 최석만씨와 배우자 박숙희씨가 공동상속을 받는다.

	부친 최석만	아내 박숙희
상속재산	120,000	120,000
× 법정상속분율	× 2/5	× 3/5
= 구체적 상속분	= 48,000	72,000

❷ 최지연씨의 상속재산에 대한 상속분을 구한다.

미혼인 최지연씨의 상속재산 60,000천원은 직계존속인 박숙희씨가 단독으로 상속을 받는다.

❸ **❶**과 **❷**를 더하여 최석만씨와 박숙희씨의 구체적 상속분을 구한다.

	부친 최석만	아내 박숙희
최진호씨의 상속재산에 대한 상속분	48,000	72,000
+ 최지연씨의 상속재산에 대한 상속분	+ 0	+ 60,000
= 구체적 상속분	= 48,000	= 132,000

28 ⑤

❶ 유류분 산정 기초재산을 구한다.

유류분 산정 기초재산 = 상속개시 시의 상속재산 + 증여재산 − 채무액

1) 최부자씨가 사망 전 아들 최행복씨(상속인)에게 증여한 300,000천원은 유류분 산정 기초재산에 포함된다.
2) 최부자씨와 내연녀 쌍방이 상속인의 유류분이 침해된다는 사실을 알면서도 증여한 900,000천원은 상속개시 1년 전의 증여이더라도 유류분 산정 기초재산에 포함된다.
3) 최부자씨가 사망 전 1년 이내에 동생 최영자씨(비상속인)에게 증여한 300,000천원은 유류분 산정 기초재산에 포함된다.
4) 유류분 산정 기초재산
= 600,000 + 300,000 + 900,000 + 300,000 − 300,000
　　상속재산　 최행복 증여　 내연녀 증여　 최영자 증여　 채무
= 1,800,000

❷ 각 상속인들의 유류분 금액을 구한다.

	아내 나자린	아들 최행복
유류분 산정 기초재산	1,800,000	1,800,000
× 법정상속분율	× 3/5 ×	2/5
× 유류분 비율	× 1/2 ×	1/2
= 유류분 금액	= 540,000 =	360,000

29 ④

❶ 이정훈씨의 채무가 다음의 추정상속재산 요건 중 하나 이상에 해당하는지 확인한다.

> • 상속개시일 전 1년 이내에 처분·순인출한 금액 또는 부담한 채무가 2억원 이상이어야 한다.
> • 상속개시일 전 2년 이내에 처분·순인출한 금액 또는 부담한 채무가 5억원 이상이어야 한다.

1) 상속개시일로부터 3년 전에 차입한 1억원의 채무는 추정상속재산에 해당하지 않는다.
2) 상속개시 6개월 전에 차입한 3억원의 채무는 상속개시일 전 1년 이내에 포함되고 채무 부담액이 2억원 이상이므로 요건을 충족한다.

❷ 공식에 대입하여 추정상속재산가액을 구한다.

> 추정상속재산가액
> = (재산처분·순인출 또는 채무부담으로 얻은 금액 – 용도가 입증된 금액)
> – Min[재산처분 등으로 얻은 금액 × 20%, 2억원]

추정상속재산가액
= (300,000천원 – 0) – Min[300,000천원 × 20%, 2억원]
　　　↳ 부담한 채무　　　　　　↳ 부담한 채무
= 240,000천원

❸ 순금융재산에 해당되는 재산을 찾는다.
1) 예금, 사망보험금(단, 사망보험금은 피상속인이 납부한 비율의 보험금만 포함됨)은 순금융재산에 포함한다.
2) 금융기관 채무금액은 금융재산에서 차감한다.

❹ 금융재산상속공제액을 구한다.
1) 순금융재산가액 = 예금(1,200,000) + 사망보험금(300,000)
　　　　　　　　　　 – 금융기관 채무금액(400,000)
　　　　　　　　　 = 1,100,000
2) 순금융재산가액이 10억원을 초과하므로 금융재산상속공제액은 200,000천원이다.

30 ③

❶ 합산되는 증여재산가산금액을 찾는다.
1) 해당 증여일로부터 10년 이내에 할아버지와 동일인(증여자가 직계존속인 경우 그 직계존속의 배우자 포함)이 증여한 재산은 증여재산가산금액에 포함된다.
2) 2014년 8월 1일 할아버지가 증여한 주택 2억원은 과세가액에 포함된다.
　참고　증여재산가산금액 합산 시 기증여 당시 증여재산평가액을 증여세 과세가액에 가산한다.
3) 2013년 7월 1일 할머니가 증여한 예금 1억원은 금번 증여일로부터 10년 이내에 증여한 재산이 아니므로 과세가액에 포함되지 않는다.

❷ 증여재산공제액을 구한다.
1) 2013년 할머니에게 증여받을 때 증여재산공제를 한도액(3,000만원)까지 적용 받았고, 2014년 할아버지에게 증여받을 때 증여재산공제를 상향된 한도액만큼(2,000만원) 적용 받았다.
2014년 어머니에게 증여받을 때는 할머니의 증여로부터 10년이 경과하지 않았으므로 증여재산공제를 받지 못했다.
　참고　2013년 12월 31일까지 직계존속으로부터 받은 증여의 증여재산공제액 한도는 3,000만원, 2014년 1월 1일부터는 5,000만원이다.
2) 금번 증여로부터 10년 이내인 2014년 8월 1일에 2,000만원의 공제를 받았기 때문에 금번 증여 시에는 직계존속에 대한 3,000만원의 증여재산공제가 가능하다.
3) 증여세 계산 시 공제받는 증여재산공제액을 구한다.
금번 증여재산공제액 3,000만원 + 합산되는 증여재산공제액 2,000만원
= 5,000만원

❸ 증여세 과세흐름에 의해 증여세 산출세액을 계산한다.

증여재산가액		500,000
+ 증여재산가산금액	+	200,000[1]
= 과세가액	=	700,000
– 증여재산공제	–	50,000[2]
= 과세표준	=	650,000
× 세율	×	30% – 60,000[3]
= 산출세액	=	135,000

[1] 2014년 8월 1일 할아버지에게 증여받은 2억원
[2] 직계존속으로부터 받은 증여의 증여재산공제 5,000만원
[3] 과세표준 5억원 초과 10억원 이하

▪ **복합사례 Ⅰ** (원론·부동산·은퇴·세금)

31 ③

（필요정보）Ⅰ. 고객정보_2. 주거상황

❶ 매월 말 원리금상환액을 구한다.
PV 100,000, N 15 × 12, I/Y 5.8/12, CPT PMT(E) = 833,090

❷ 2023년 12월 말 주택담보대출 잔액을 구한다.
[2ND AMORT] P1 1, P2 52, BAL = 79,379,292

❸ 2024년 동안 상환하게 될 이자상환액을 구한다.
[2ND AMORT] P1 53, P2 64, INT = 4,458,298

32 ③

（필요정보）Ⅰ. 고객정보_2. 주거상황

❶ 현재 대출조건으로 매월 말 상환해야 하는 원리금을 구한다.
PV 100,000, N 15 × 12, I/Y 5.8/12, CPT PMT(E) = 833,090(STO1)

❷ 현재시점의 대출 잔액을 구한다.
[방법1] [2ND CLR TVM]을 누르지 않은 상태에서
　　　　 N 52, CPT FV = 79,379,292
[방법2] [2ND AMORT] P1 1, P2 52, BAL = 79,379,292

❸ 대환대출 조건으로 현재시점의 대출 잔액을 상환하기 위한 원리금상환액을 구한다.
PV 79,379,292, N (15 × 12) – 52, I/Y 4/12,
CPT PMT(E) = 762,847(STO2)

❹ 대출 조건 변경으로 줄어드는 원리금상환액을 구한다.
833,090(RCL1) – 762,847(RCL2) = 70,243

33 ③

（필요정보）Ⅰ. 고객정보, Ⅱ. 자산 세부내역_1. 금융자산, Ⅲ. 고객 재무목표_1. 재무관리 관련,
Ⅳ. 경제지표 가정

가. [O] 현재시점의 대학교육 필요자금은 약 54,612천원이다.
CF0 0, C01 0 (9), C02 20,000 (4), I (7 – 3.5)/1.035,
NPV CPT = 54,612,334(STO1)
나. [O] 현재시점의 결혼 부족자금은 13,069천원이다.
1) 현재시점의 결혼 필요자금을 구한다.
FV 50,000, N 23, I/Y (7 – 3.5)/1.035, CPT PV = 23,268,649
2) 현재시점의 결혼 부족자금(= 필요자금 – 준비자금)을 구한다.
23,268,649 – 10,200 = 13,068,649(STO2)
　　　　　　　↳ 주식펀드의 평가금액

다. [O] 올해 말 4,848천원으로 시작해서 매년 물가상승률만큼 저축액을 늘려 10년간 저축하면 대학교육 부족자금을 마련할 수 있다.
　　1) 현재시점의 교육 부족자금(= 필요자금 - 준비자금)을 구한다.
　　　　54,612,334(RCL1) - 15,420 = 39,192,334
　　　　　　　　　　　　　　↖ 청기예금의 평가금액
　　2) 부족자금을 마련하기 위한 첫해 말 저축액을 구한다.
　　　　PV 39,192,334, N 10, I/Y (7 - 3.5)/1.035,
　　　　CPT PMT(E) = 4,684,469
　　　　→ 4,684,469 × 1.035 = 4,848,426
라. [X] 결혼자금을 마련하기 위해서는 매월 말 200천원씩 6년 10개월 동안 저축해야 한다.
　　1) 이율전환(연이율 → 월이율)을 한다.
　　　　PV -100, FV 107, N 12, CPT I/Y = 0.565(STO7)
　　2) 결혼 부족자금을 마련하기 위해 현재의 월 저축액을 유지해야 하는 기간을 구한다.
　　　　PV 13,068,649(RCL2), PMT(E) -200, I/Y 0.565(RCL7),
　　　　CPT N = 81.795(6년 10개월)

34 ③

필요정보 Ⅰ. 고객정보, Ⅱ. 자산 세부내역_1. 금융자산, Ⅳ. 경제지표 가정

① [X] 10년 뒤 부부가 사망한다고 가정할 경우 현재시점의 필요자금은 404,348천원이다.
　　CF0 0, C01 0 (9), C02 24,000 (44), I (7 - 3.5)/1.035,
　　NPV CPT = 404,347.898
② [X] 20년 뒤 부부가 사망한다고 가정할 경우 현재시점의 부족자금은 212,694천원이다.
　　1) 현재시점의 필요자금을 구한다.
　　　　CF0 0, C01 0 (19), C02 24,000 (34), I (7 - 3.5)/1.035,
　　　　NPV CPT = 255,493.684
　　2) 현재시점의 부족자금(= 필요자금 - 준비자금)을 구한다.
　　　　255,493.684 - 42,800 = 212,693.684(STO1)
　　　　　　　　　　　　↖ 채권펀드의 평가금액
③ [O] 20년 뒤 부부가 사망한다고 가정할 경우 지금부터 사망하기 전까지 매월 초 1,613천원씩 투자하면 필요한 자금을 마련할 수 있다.
　　1) 이율전환(연이율 → 월이율)을 한다.
　　　　PV -100, FV 107, N 12, CPT I/Y = 0.565(STO7)
　　2) 부족자금을 마련하기 위한 매월 초 저축액을 구한다.
　　　　PV 212,693.684(RCL1), N 20 × 12, I/Y 0.565(RCL7),
　　　　CPT PMT(B) = 1,612.554
④ [X] 일정요건을 갖춘 장애인 특별부양신탁을 이용하게 되면 5억원 한도 내에서 증여세 과세가액에 산입하지 않아 증여세를 절세할 수 있다.
⑤ [X] 재산을 증여받은 장애인이 신탁을 해지하거나 원금의 일부를 인출하면 해당 금액에 대해 증여세가 부과되지만, 본인의 의료비와 특수교육비를 위한 원금의 인출에 대해서는 증여세가 부과되지 않는다.

35 ①

필요정보 Ⅲ. 고객 재무목표_2. 부동산설계 관련

❶ Cash on Cash rate를 구하는 공식은 다음과 같다.

- Cash on Cash rate = 세전현금수익/자기자본투자액
- 자기자본투자액 = 총투자금액 - 대출금 - 임대보증금 × (1 - 공실률)

❷ 자기자본투자액을 구한다.

총투자금액(부대비용 포함)		535,000[1]
- 대출금	-	200,000
- 보증금 × (1 - 공실률)	-	95,000[2]
= 자기자본투자액	=	240,000

[1] 500,000 × 1.07
[2] 100,000 × (1 - 0.05)

❸ 세전현금수익을 구한다.

가능총수익		33,600[1]
- 공실률	×	0.95[2]
= 유효총수익	=	31,920
- 영업경비	-	0
= 순영업소득	=	31,920
- 대출이자	-	10,400[3]
= 세전현금수익	=	21,520

[1] 2,800 × 12
[2] 1 - 0.05
[3] 200,000 × 0.052

❹ Cash on Cash rate를 구한다.
　21,520/240,000 = 0.08967(8.97%)

36 ③

이 유형은 보통 문제에서 주어진 정보로 푼다.
① [X] 채무자의 특정 재산에 대한 경매는 임의경매이다.
② [X] 김준구씨가 아파트 경매절차에 참여할 시 기일입찰표를 작성해야 하며, 입찰가격을 잘못 기재하였을 경우에는 수정이 불가능하므로 수정을 요하는 때에는 새 용지를 사용해야 한다.
③ [O] 국세징수법에 의한 압류재산 공매 시 모든 부동산의 명도책임은 매수인에게 있다.
④ [X] 매각허가 또는 불허가 결정에 의해 손해를 입은 이해관계인은 즉시항고를 할 수 있으며, 즉시항고는 원결정을 고지한 날로부터 7일 이내에 제기해야 한다.
⑤ [X] 최고가매수신고인에게 국한된 사유로 매각이 불허가된 경우 차순위매수신고인이 있다면 차순위매수신고인에게 매각을 허가한다.

37 ⑤

필요정보 Ⅰ. 고객정보, Ⅱ. 자산 세부내역_1. 금융자산, 3. 공적연금,
Ⅲ. 고객 재무목표_3. 은퇴설계 관련

① [X] 공적연금의 경우 연금 지급 시 연금소득 간이세액표에 따라 연금소득세를 원천징수한다.
　　참고 공적연금 이외의 연금소득은 연령 또는 연금 유형에 따라 3.3 ~ 5.5%(지방소득세 포함)의 소득세를 원천징수한다.
② [X] 국민연금 노령연금은 수급개시연령에 도달하여 노령연금을 받는 동안 소득이 있는 업무에 종사하여 월평균소득금액이 A값을 초과하는 경우에 소득 수준에 따라 감액된 금액으로 지급된다.
　　참고 수급개시연령부터 5년 동안은 소득 수준에 따라 감액된 금액이 지급되며, 5년 이후에는 소득액에 상관없이 전액 지급된다.
③ [X] 연금저축펀드에 지금부터 은퇴시점까지 27년간 계속 납입하는 경우 은퇴시점에서의 연금적립금 (세전)평가액은 407,148천원이 예상된다.
　　1) 이율전환(연이율 → 월이율)을 한다.
　　　　PV -100, FV 105, N 12, CPT I/Y = 0.407(STO7)
　　2) 은퇴시점 연금적립금 (세전)평가액을 구한다.
　　　　PV -19,200, PMT(E) -500, N 27 × 12, I/Y 0.407(RCL7),
　　　　CPT FV = 407,147.908
④ [X] 세액공제 받지 않은 납입액을 원천으로 연금수령하는 경우에는 과세제외된다.
⑤ [O] 연금계좌에서 이연퇴직소득을 원천으로 연금수령하는 경우 금액에 관계없이 무조건 분리과세한다.

38 ④

필요정보 Ⅰ. 고객정보, Ⅲ. 고객 재무목표_3. 은퇴설계 관련, Ⅳ. 경제지표 가정

❶ 확정기여(DC)형 퇴직연금의 퇴직 시 퇴직급여 세전평가액을 구한다.

확정기여형의 퇴직시점 세전평가금액 = 기말급 증액저축의 FV값

PMT(E) 6,760/1.04, N 17, I/Y (5 − 4)/1.04, CPT PV = 101,492,927

$\qquad$ ↳ (78,000 × 1.04)/12

→ (50,000 + 101,492,927) × 1.05^{17} = 347,224,564

❷ 퇴직소득세를 구한다.

퇴직소득금액		347,224,564
− 근속연수공제	−	61,000[1]
=	=	286,224,564
÷ 근속연수	÷	27
=		10,600,910
× 12	×	12
= 환산급여	=	127,210,917
− 환산급여공제	−	73,944,913[2]
= 퇴직소득 과세표준	=	53,266,004
× 세율	×	24% − 5,760[3]
= 환산 전 산출세액	=	7,023,841
÷ 12	÷	12
=		585,320
× 근속연수	×	27
= 퇴직소득 산출세액	=	15,803,642

[1] 근속연수 대비 소득공제(20년 초과)
   40,000 + 3,000 × (27년 − 20년)

[2] 환산급여 대비 소득공제(1억원 초과 3억원 이하)
   61,700 + (127,210,917 − 100,000) × 45%

[3] 6 ∼ 45%의 8단계 초과누진세율

39 ③

필요정보 Ⅰ. 고객정보, Ⅲ. 고객 재무목표_3. 은퇴설계 관련, Ⅳ. 경제지표 가정

① [O] 지금부터 15년간 매월 말 714천원씩 저축하면 부족한 은퇴자금을 마련할 수 있다.
   1) 이율전환(연이율 → 월이율)을 한다.
      PV −100, FV 107, N 12, CPT I/Y = 0.565(STO7)
   2) PV 500,000/1.07^{27}, N 15 × 12, I/Y 0.565(RCL7),
      CPT PMT(E) = 713,605

② [O] 지금부터 20년간 매월 말 614천원씩 저축하면 부족한 은퇴자금을 마련할 수 있다.
      PV 500,000/1.07^{27}, N 20 × 12, I/Y 0.565(RCL7),
      CPT PMT(E) = 613,503

③ [X] 부족한 은퇴자금 마련을 위해 5년 후부터 은퇴 전까지 저축할 경우 매월 말 저축금액은 824천원이다.
      PV 500,000/1.07^{22}, N 22 × 12, I/Y 0.565(RCL7),
      CPT PMT(E) = 824,123
      참고 정액저축으로 은퇴시점까지 저축하는 경우 FV값에서 바로 계산할 수 있다.
      FV 500,000, N 22 × 12, I/Y 0.565(RCL7),
      CPT PMT(E) = 824,123

④ [O] 올해 말부터 7,170천원을 시작으로 15년간 매년 말 물가상승률만큼 증액하여 저축하게 되면 부족한 은퇴자금을 마련할 수 있다.
      PV 500,000/1.07^{27}, N 15, I/Y (7 − 3.5)/1.035,
      CPT PMT(E) = 6,927,718
      → 6,927,718 × 1.035 = 7,170,188

⑤ [O] 지금부터 15년간 매년 초 임금상승률만큼 증액하여 매월 말에 저축할 경우 올해 매월 562천원을 저축하면 부족한 은퇴자금을 마련할 수 있다.
   1) 저축 첫해의 연간 저축액을 구한다.
      PV 500,000/1.07^{27}, N 15, I/Y (7 − 4)/1.04,
      CPT PMT(B) = 6,496,759
   2) 매월 저축액을 구한다.
      PV 6,496,759, N 12, I/Y 0.565(RCL7), CPT PMT(E) = 561,500

40 ⑤

필요정보 Ⅰ. 고객정보, Ⅲ. 고객 재무목표_3. 은퇴설계 관련, Ⅳ. 경제지표 가정

❶ 은퇴생활비에서 국민연금을 차감하여 연간 은퇴소득 부족분을 계산한다.
   34,000 − 12,000 = 22,000(현재물가기준)
   → 22,000 × 1.035^{27} = 55,694,476(STO1)

❷ 은퇴시점에서 생활비계정에 배분할 금액을 구한다.
   55,694,476(RCL1) + {55,694,476(RCL1) × 1.035} = 113,338,259
   $\qquad$ ↳ 1차년도 생활비 $\qquad$ ↳ 2차년도 생활비

❸ 은퇴시점에서 저축계정에 배분할 금액을 구한다. (투자금액 기준)
   PMT(B) {55,694,476(RCL1) × 1.035^2}/1.03, N 3, I/Y (3 − 3.5)/1.035,
   $\qquad$ ↳ 1년 후 저축계정에서 $\qquad$ ↳ 저축계정 수익률
   $\quad$ 생활비계정으로 이전할 금액
   CPT PV = 174,615,734(STO2)
   참고 인출금액 기준으로 계산하면 다음과 같이 계산할 수 있다.
   PMT(E) (55,694,476 × 1.035^2)/1.035, N 3, I/Y (3 − 3.5)/1.035,
   CPT PV = 174,615,734

❹ 보기를 읽으며 O, X를 표시한다.
   ① [X] 국민연금 수급액을 고려했을 때 은퇴시점의 첫해 부족소득액은 55,694천원이다.
   ② [X] 은퇴시점에 생활비계정에 배분할 금액은 113,338천원이다.
   ③ [X] 은퇴시점에 저축계정에 배분할 금액은 174,616천원이다.
   ④ [X] 65세 말에 저축계정에서 생활비계정으로 이체해야 할 금액은 3차년도 생활비로 59,661천원이다.
      55,694,476(RCL1) × 1.035^2 = 59,661,315
   ⑤ [O] 65세 말에 투자계정에서 저축계정으로 이체해야 할 금액은 60,534천원이다.
      1) 65세 말에 생활비계정으로 이체한 후 남은 저축계정의 잔액을 구한다.
         {174,615,734(RCL2) × 1.03} − {55,694,476(RCL1) × 1.035^2}
         $\qquad$ ↳ 65세 말 저축계정 잔액(이체 전)
         = 120,192,891(STO3)
      2) 66세 시점에 저축계정에 가지고 있어야 할 금액을 구한다.
         PMT(B) {55,694,476(RCL1) × 1.035^3}/1.03, N 3,
         $\qquad$ ↳ 2년 후 저축계정에서 $\qquad$ ↳ 저축계정 수익률
         $\quad$ 생활비계정으로 이전할 금액
         I/Y (3 − 3.5)/1.035, CPT PV = 180,727,285
      3) 66세 시점에 투자계정에서 저축계정으로 이체할 금액을 구한다.
         180,727,285 − 120,192,891(RCL3) = 60,534,394

▪ **복합사례 II** (보험·투자·세금·상속)

1 ③

필요정보 Ⅱ. 자산 세부내역_1. 금융자산, 2. 보장성보험(생명보험)

❶ 필요자금(= 부채 + 사후정리비용)을 구한다.

부채	2,850[1]
+ 사후정리비용	+ 55,000[2]
= 필요자금	= 57,850

[1] 신용카드 잔액
[2] 20,000 + 10,000 + 20,000 + 5,000

❷ 준비된 유동자산(= 일반사망보험금 + 목적 없는 유동자산)을 구한다.

일반사망보험금	244,600[1]
+ 목적 없는 유동자산	+ 39,022[2]
= 준비된 유동자산	= 283,622

[1] 종신보험(100,000 + 100,000) + 연금보험(20,000 + 24,600)

주계약 60세 만기 사망전후금 재해특약금
정기특약

[2] CMA(16,200) + 정기예금(10,322) + 적립식 펀드(12,500)

❸ ❶에서 ❷를 차감하여 추가적인 생명보험 필요보장액을 구한다.
57,850 − 283,622 = −225,772
∴ 준비된 유동자산이 필요자금을 225,772천원 정도 초과하기 때문에 추가적인 보장이 필요 없다.

2 ①

필요정보 Ⅰ. 고객정보, Ⅴ. 경제지표 가정

❶ 배우자와 막내의 나이를 기준으로 time table을 그려서 막내 독립 시까지 필요한 자금과 기간을 구한다.

❷ 부족한 총 생활비(생명보험 필요보장액)를 구한다.
PMT(B) 10,000, N 18, I/Y (5 − 3)/1.03, CPT PV = 153,617,047

3 ③

이 유형은 보통 문제에서 주어진 정보로 푼다.

❶ 화재보험의 보험금 지급방법을 확인한다.
1) 대상 물건이 공장건물이므로 부보비율 조건부 실손보상조항(Coinsurance)이 적용되지 않는다.
참고 • coin 적용 : 주택, 일반물건(점포)
• coin 미적용 : 공장, 일반물건(재고자산), 임차자배상특약
2) 실손보상 특별약관에 가입한 경우에는 보험가액에 가입비율(60%)을 곱하여 지급되는 보험금을 계산한다.

❷ 실손보상 특별약관에 가입한 경우와 가입하지 않은 경우 지급되는 보험금을 각각 구하여 비교한다.
1) 실손보상 특별약관에 가입한 경우

재산손해액	250,000[1]
+ 기타협력비용	+ 30,000[2]
= 총보험금	= 280,000

[1] 400,000 × 300,000/(800,000 × 60%)
[2] 전액보상

2) 실손보상 특별약관에 가입하지 않은 경우

재산손해액	150,000[1]
+ 기타협력비용	+ 30,000[2]
= 총보험금	= 180,000

[1] 400,000 × 300,000/800,000
[2] 전액보상

3) 실손보상 특별약관에 가입한 경우와 가입하지 않은 경우 지급되는 보험금의 차이는 100,000천원(= 280,000 − 180,000)이다.

4 ③

이 유형은 보통 문제에서 주어진 정보로 푼다.
자동차보험의 사망보험금 계산문제는 장례비, 위자료, 상실수익액을 모두 더하여 최종 보험금을 산정하며, 사망자의 과실비율이 있을 경우 이를 상계하여 최종 보험금을 산정한다.

❶ 장례비를 구한다.
소득, 연령, 기·미혼 여부, 자녀의 수에 관계없이 5,000천원을 지급한다.

❷ 위자료를 구한다.

• 65세 이상 → 50,000천원
• 65세 미만 → 80,000천원

윤상현씨의 나이는 65세 미만에 해당하므로 위자료로 80,000천원을 지급한다.

❸ 상실수익액을 구한다.
1) 취업가능월수(정년까지 월수)를 구한다.

취업가능월수(정년까지 월수) = (출생연월일 + 정년) − 사고연월일

(1981년 5월 25일 + 65세) − 2024년 7월 31일 = 261개월(월미만 절사)

2) 월평균 현실소득액에서 사망자의 생활비(1/3)를 공제하여 상실수익액을 구한다.
월평균 현실소득액 × 2/3 × 취업가능월수에 해당하는 호프만계수
= 6,600 × 2/3 × 176.3719
= 776,036.360

❹ '❶, ❷, ❸'을 모두 더한 후 과실비율(20%)을 적용하여 최종 보험금을 구한다.
(5,000 + 80,000 + 776,036.360) × (1 − 0.2) = 688,829.088

5 ④

필요정보 Ⅲ. 부친 윤인구씨의 자산 현황 및 생전증여 정보_2. 부동산자산, 4. 부친의 생전증여 내역

❶ 증여세 납세의무자인 윤상현씨의 증여세 과세표준을 계산한다.

증여재산가액	750,000
+ 증여재산가산액	+ 200,000[1]
− 채무인수액	− 300,000
= 증여세과세가액	= 650,000
− 증여공제	− 50,000[2]
= 증여세 과세표준	= 600,000

[1] 상가 B의 증여일 현재 10년 이내인 2016년 4월 1일에 윤상현씨에게 증여한 예금
[2] 2016년 4월 1일 증여한 예금에 대한 증여공제 30,000천원과 2024년 8월 중에 증여한 상가 B에 대한 증여공제 20,000천원의 합계액

❷ 상속세 및 증여세법상 시가로 증여하는 경우, 양도소득세 납세의무자인 윤인구씨의 양도소득 과세표준을 계산한다.
1) 양도차익의 계산

양도차익 = 양도가액 − 취득가액 − 기타필요경비

• 양도가액 = 증여 시 시가 × $\dfrac{채무액}{증여가액}$

• 취득가액 = 취득 시 실지거래가액 × $\dfrac{채무액}{증여가액}$

• 기타필요경비 = 취득 당시 부대비용 × $\dfrac{채무액}{증여가액}$

• 양도가액 = 750,000 × 300,000/750,000 = 300,000
• 취득가액 = 420,000 × 300,000/750,000 = 168,000
• 기타필요경비 = 30,000 × 300,000/750,000 = 12,000
∴ 양도차익 = 300,000 − 168,000 − 12,000 = 120,000

2) 양도소득 과세표준의 계산

양도차익	120,000
− 장기보유특별공제	− 24,000[1]
= 양도소득금액	= 96,000
− 양도소득 기본공제	− 2,500
= 양도소득 과세표준	= 93,500

[1] 120,000 × 20%(10년 이상 11년 미만 보유)

❸ 보기를 읽으며 O, X를 표시한다.
① [O] 부담부증여 시 증여세 납세의무자는 상가 B의 수증자인 윤상현씨이다.
② [O] 부담부증여 시 양도소득세 납세의무자는 상가 B의 양도자인 윤인구씨이다.
③ [O] 증여세 과세표준은 600,000천원이다.
④ [X] 양도소득세 과세대상 양도차익은 120,000천원이다.
⑤ [O] 양도소득 과세표준은 93,500천원이다.

6 ④

이 유형은 보통 문제에서 주어진 정보를 푼다.

① [O] 취득세는 취득세 과세대상 재산의 취득 행위에 부과되는 세금이므로, 부친으로부터 상가 B를 공동으로 증여받더라도 상가 B를 사실상 취득한 자가 부담해야 할 취득세 합계액은 동일하다.
② [O] 현행 상속세 및 증여세법상 증여세는 유산취득세 과세방식을 채택하고 있기 때문에 부친으로부터 상가 B를 배우자와 공동으로 증여받으면 수증자의 증여재산가액이 분산됨에 따라 증여세를 절세할 수 있다.
③ [O] 주택에 대한 재산세는 물건별로 개별 과세하기 때문에 주택을 공동소유로 하더라도 재산세는 감소하지 않는다.
④ [X] 상가의 토지(별도합산과세대상 토지)에 대한 재산세는 시·군·구에 소재하는 토지에 대하여 유형별로 개인별 합산 후 초과누진세율을 적용하여 과세하기 때문에 명의 분산을 통하여 상가의 토지분 재산세를 절세할 수 있다.
⑤ [O] 재산세의 과세기준일은 매년 6월 1일이므로 과세기준일 이전에 윤은혜씨에게 증여할 경우에 2024년 귀속 아파트의 재산세는 과세기준일 현재 사실상 소유자인 윤은혜씨가 재산세를 납부해야 한다.

참고 명의분산 시 절세효과가 없는 세금과 있는 세금

명의분산 시 절세효과가 없는 세금	명의분산 시 절세효과가 있는 세금
• 주택에 대한 재산세 • 건축물(상가 건물 등)에 대한 재산세 • 분리과세대상 토지의 재산세 • 취득세	• 종합합산과세대상 토지의 재산세 예 나대지 등 비사업용 토지 • 별도합산과세대상 토지의 재산세 예 상가의 토지 등 사업용 토지 • 종합부동산세 • 종합소득세, 양도소득세, 증여세

7 ⑤

필요정보 I. 고객정보, III. 부친 윤인구씨의 자산 현황 및 생전증여 정보

① [O] 보험료를 납부한 계약자와 피보험자가 윤인구씨이므로 사망보험금은 상속세 과세가액에 산입된다.
② [O] 채무부담액 중 입증하지 못한 금액이 Min[재산처분 등으로 얻은 금액 × 20%, 2억원]보다 작으면 상속세 과세가액에 산입하지 않으므로 사용용도를 4억원(= 5억원 − 1억원) 이상 입증해야 한다.
③ [O] 가산되는 사전증여재산가액은 500,000천원이다.
사전증여재산은 상속개시일로부터 10년(5년) 이내 피상속인이 상속인(비상속인)에게 증여한 재산을 증여 당시 가액으로 상속재산에 가산한다. 부인 김미자씨와 손자 윤영우씨에 대한 증여는 각각 10년과 5년이 경과하여 가산하지 않으며, 아들 윤상현씨와 윤동현씨에 대한 증여는 10년이 경과하지 않았으므로 증여 당시 가액 500,000천원(= 200,000 + 300,000)을 상속재산에 가산한다.
④ [O] 윤인구씨가 재산세 납세의무 성립일 6월 1일에 생존해 있었으므로 상속세 과세가액 계산 시 공과금으로 차감한다.
⑤ [X] 윤은혜씨는 윤인구씨와 동거하지 않았으므로 동거주택상속공제는 받을 수 없다.

8 ④

이 유형은 보통 문제에서 주어진 정보를 푼다.

❶ 기장하는 경우와 추계하는 경우, 각각의 간주임대료를 계산한다.
1) 기장하는 경우의 간주임대료 계산

간주임대료 = (임대보증금 적수 − 건설비상당액 적수) × 1/365 × 정기예금이자율 − 보증금에서 발생한 금융수익

(200,000 − 100,000) × 3.5% − 5,000 = ~~1,500~~ → 0
2) 추계하는 경우의 간주임대료 계산

간주임대료 = 보증금의 적수 × 1/365 × 정기예금이자율

200,000 × 3.5% = 7,000

❷ 부동산임대업에서 발생한 사업소득의 총수입금액(= 임대료 + 관리비 + 간주임대료)을 계산한다.

	〈기장할 경우〉	〈추계할 경우〉
임대료[1]	42,000	42,000
+ 관리비[2]	+ 7,200	+ 7,200
+ 간주임대료	+ 0	+ 7,000
= 총수입금액	= 49,200	= 56,200

[1] (2,000 + 1,500) × 12
[2] (300 + 300) × 12

❸ 추계할 경우와 기장할 경우의 부동산임대사업소득 총수입금액의 차이를 계산한다.
추계할 경우의 총수입금액(56,200) − 기장할 경우의 총수입금액(49,200) = 7,000

9 ①

이 유형은 보통 문제에서 주어진 정보로 푼다.

❶ 포트폴리오의 기대수익률을 계산한다.

포트폴리오의 기대수익률($E(R_P)$)
= w_A × 채권수익률 + w_B × 주식수익률 + w_C × 무위험자산수익률

· w_i : 각 자산의 투자비중

$(0.5 × 5\%) + (0.4 × 10\%) + (0.1 × 2\%) = 6.7\%$

❷ 포트폴리오의 표준편차를 계산한다.

포트폴리오의 표준편차(σ_P)
= $\{(w_A × \sigma_A)^2 + (w_B × \sigma_B)^2 + (w_C × \sigma_C)^2$
$+ 2 × w_A × w_B × \sigma_A × \sigma_B × \rho_{AB}$
$+ 2 × w_B × w_C × \sigma_B × \sigma_C × \rho_{BC}$
$+ 2 × w_A × w_C × \sigma_A × \sigma_C × \rho_{AC}\}^{1/2}$

· w_i : 각 자산의 투자비중   · σ_i : 각 자산의 표준편차   · ρ : 상관계수

$\sqrt{(0.5 × 4\%)^2 + (0.4 × 15\%)^2 + 2 × 0.5 × 0.4 × 4\% × 15\% × 0.2}$ = 6.69%

참고 무위험자산수익률의 표준편차와 다른 자산과의 상관계수는 0이다.

❸ 포트폴리오의 기대수익률과 표준편차를 이용하여 1년 후 68.27%의 신뢰구간에서 달성 가능한 기대수익률의 범위를 계산한다.

정규분포곡선을 따르는 수익률의 확률
• 실현수익률이 기대수익률 ±1σ 범위 내에 있을 확률은 68.27%이다.
• 실현수익률이 기대수익률 ±2σ 범위 내에 있을 확률은 95.45%이다.
• 실현수익률이 기대수익률 ±3σ 범위 내에 있을 확률은 99.73%이다.

1년 후 68.27%의 신뢰구간에서 달성 가능한 기대수익률(실현수익률)의 범위는 0.01 ~ 13.39%이다.
↳ 기대수익률 ± 1σ = 6.7% ± (1 × 6.69%)

10 ①

이 유형은 보통 문제에서 주어진 정보로 푼다.

❶ 윤상현씨와 김은수씨의 손익분기점을 구한다.
1) 윤상현씨의 손익분기점은 220pt[1] 이상이거나 160pt[2] 이하인 경우다.
[1] 200pt + (10pt + 10pt) = 220pt
[2] 180pt − (10pt + 10pt) = 160pt
2) 김은수씨의 손익분기점은 217pt[1] 이상이거나 163pt[2] 이하인 경우다.
[1] 190pt + (12pt + 15pt) = 217pt
[2] 190pt − (12pt + 15pt) = 163pt

❷ 윤상현씨와 김은수씨의 수익 발생 여부를 파악한다.
윤상현씨와 김은수씨가 채택한 전략은 만기가격(220pt)이 수익실현구간에 속하므로 수익이 발생한다.

❸ 윤상현씨와 김은수씨가 채택한 전략의 만기 시 수익을 계산한다.
1) 윤상현: (220pt − 220pt) × 250 × 5계약 = 0
2) 김은수: (220pt − 217pt) × 250 × 10계약 = 7,500

❹ 윤상현씨와 김은수씨가 채택하고자 하는 전략은 모두 만기 시 수익이 8,000천원 이상이 되지 않으므로 채택할 거래는 없다.

11 ②

필요정보 I. 고객정보

❶ 최진열씨와 그의 동거가족 중 기본공제대상자에 해당하는 자 및 추가공제 대상을 확인한다. (O : 충족, X : 미충족)

구분	기본공제대상자 요건		추가공제
	나이 요건	소득 요건	
최진열(본인)	제한 없음	제한 없음	-
이금희(배우자)	제한 없음	O	-
최민영(장녀)	X	O	
최민수(차남, 장애인)	제한 없음	O	장애인공제
김애숙(모친)	O	O	경로우대공제

참고 최민혁(장남)와 최진경씨(누나)는 결혼 후 분가하여 본인 또는 그 배우자의 소유 주택에서 거주하고 있기 때문에 최진열씨의 동거가족으로 보지 아니한다.

❷ 보기를 읽으며 O, X를 표시한다.

① [X] 최진열씨가 공제받을 수 있는 인적공제액은 9,000천원이다.

> 인적공제 = 기본공제 + 추가공제

1) 기본공제 = 1,500 × 4명(본인, 배우자, 차남, 모친)
     = 6,000
2) 추가공제 = 경로우대공제(1,000) + 장애인공제(2,000)
     = 3,000
3) 인적공제 = 6,000 + 3,000 = 9,000

② [O] 최진열씨는 근로소득이 없는 개인사업자이므로 해당 과세기간에 신용카드로 결제한 본인의 의료비에 대하여 신용카드 등 사용금액에 대한 소득공제 및 의료비세액공제를 받을 수 없다.

③ [X] 최진열씨는 세법상 성실사업자 또는 성실신고확인대상자에 해당하지 않으므로 특별소득공제를 받을 수 없고 표준세액공제 7만원을 받을 수 있다.

④ [X] 연금계좌세액공제는 종합소득이 있는 거주자가 연 600(900)만원을 한도로 연금계좌에 납입한 금액의 12%(15%) 상당액을 공제받을 수 있는 것을 말한다. 따라서 사업소득이 있는 최진열씨는 연금계좌에 납입한 금액에 대해서 연금계좌세액공제를 받을 수 있다.

⑤ [X] 최진열씨가 종합소득세로 납부할 세액이 42,000천원인 경우에 분납 가능한 세액은 납부할 세액의 1/2 상당액인 21,000천원 이내이며, 분납기한은 2024년 귀속 종합소득 과세표준에 대한 확정신고기한 경과 후 2개월 이내인 2025년 7월 31일까지이다.

12 ③

필요정보 II. 자산 세부내역_1. 금융자산

① [O] 적립식펀드(뮤추얼펀드)에서 발생하는 배당소득은 Gross-up 대상 배당소득에 해당하지 않는다.

② [O] 2024년 귀속 배당소득에 가산될 귀속법인세(Gross-up)는 3,200천원이다.

1) 금융소득 총수입금액을 계산한다.

 이자소득   17,700[1]
 + 배당소득 + 35,000[2]
 = 금융소득 총수입금액 = 52,700

 [1] 정기예금이자 16,000 + 기타예금의 이자 1,700
 [2] 과세대상 펀드투자 이익 3,000 + 상장주식의 현금배당 12,000
   + 비상장주식의 현금배당 20,000
 참고 세금우대종합저축의 이자는 무조건 분리과세대상이다.

2) Gross-up 금액을 계산한다.
Gross-up 금액 = Min[(52,700 − 20,000), (12,000 + 20,000)] × 10%
     = 3,200

3) 금융소득금액을 계산한다.
금융소득금액 = 52,700 + 3,200 = 55,900

③ [X] 2024년 귀속 종합소득금액에 합산될 금융소득금액은 이자소득금액(17,700천원)과 배당소득금액(38,200천원)의 합계액인 55,900천원이다.

④ [O] 과세대상 집합투자기구 중 하나인 주식형펀드는 상장주식 등의 매매차손익이나 평가차손익에 대해 과세대상에서 제외하고 있기 때문에 투자원본에 대한 손실이 발생하는 경우에도 과세될 수 있다.

⑤ [O] 장외에서 거래하는 상장주식의 양도에 대해서는 소액주주 여부에 관계없이 양도소득세가 과세될 수 있다.

13 ①

이 유형은 보통 문제에서 주어진 정보로 푼다.

① [X] 별도합산과세대상 토지에 해당하는 상가 토지분의 재산세는 시·군·구 내 유형별로 합산과세하고 3단계 초과누진세율 구조로 되어 있기 때문에 다른 시·군·구의 상가를 취득하면 토지분 재산세를 절감할 수 있다. 하지만, 건축물에 대해서는 물건별로 단일세율을 적용하기 때문에 다른 시·군·구의 상가를 취득하더라도 건물분 재산세를 절감할 수 없다.

② [O] 상가 구입 시 부담해야 할 취득세와 부가가치세의 합계액은 63,580천원으로 다음과 같이 산정한다.

 1) 부가가치세 = 부가가치세 과세표준(300,000) × 부가가치세 세율(10%)
      = 30,000
 2) 취득세 = 취득세 과세표준(700,000) × 취득세 세율(4.6%)
     = 32,200
 3) 취득세와 부가가치세 합계액 = 32,200 + 30,000 = 62,200

③ [O] 상가 취득 후 5년 이내에 고급오락장을 설치하는 경우 취득세가 중과되며, 건물에 대한 시가표준액도 증가하기 때문에 재산세 과세표준도 증가하게 된다.

④ [O] 테마상가는 소액으로도 투자가 가능하다는 장점이 있으나, 앵커 테넌트의 집객 능력에 의존도가 크다.

⑤ [O] 아파트단지 상가는 주택법을 적용받기 때문에 다른 상가들에 비해 상대적으로 법적 제약이 많고, 주된 동선에서 벗어나 있는 상가는 접근이 어려워 수요가 제한적이므로 공실의 가능성이 높다.

14 ⑤

이 유형은 보통 문제에서 주어진 정보로 푼다.

❶ 주식 등에 대한 양도소득세의 특징을 이해한다.

1) 장기보유특별공제를 적용하지 않으므로, 양도차익과 양도소득금액은 항상 동일하다.
2) 주식 등에 대한 양도소득세 세율은 부동산 등의 양도소득세 세율과 달리 다음과 같이 적용한다.

구분			세율
중소기업주식	소액주주		10%
	대주주		20%[1]
중소기업 외의 주식	소액주주	보유기간 관계없음	20%
	대주주	1년 이상 보유	20%[1]
		1년 미만 보유	30%

[1] 양도소득 과세표준 3억원 초과분은 25%

3) 주식 등의 양도소득세 예정신고기한은 양도일이 속하는 반기의 말일로부터 2개월 이내이다.

❷ 최진열씨가 보유한 비상장주식의 양도에 따른 양도소득 산출세액을 구한다.

양도가액		250,000
− 취득가액	−	120,000
− 기타필요경비	−	1,200
= 양도차익(= 양도소득금액)	=	128,800
− 양도소득 기본공제	−	2,500
= 양도소득 과세표준	=	126,300
× 세율	×	20%[1]
= 양도소득 산출세액	=	25,260

[1] 대기업의 소액주주가 보유한 주식의 양도소득세 세율

❸ 최진열씨가 납부해야 할 주식 양도소득세의 예정신고기한을 판단한다.

주식 양도소득세의 양도소득세 예정신고기한은 양도일이 속하는 반기의 말일인 2024년 6월 30일로부터 2개월 이내이므로, 2024년 8월 31일이다.

15 ①

Ⅰ. 고객정보, Ⅱ. 자산 세부내역_2. 부동산자산, Ⅲ. 최진열씨의 증여 내역

❶ 상가 C의 증여재산가액을 구한다.

> 시가가 없는 임대차계약이 체결된 부동산의 보충적 평가가액 = Max[㉠, ㉡]
> ㉠ 기준시가
> ㉡ 1년간 임대료/12% + 임대보증금

증여재산가액 = Max[550,000(㉠), 520,000(㉡)] = 550,000
㉠ 기준시가 = 550,000
㉡ (4,200 × 12)/12% + 100,000 = 520,000

❷ 증여일로부터 10년 이내에 최민혁씨가 증여받은 재산이 있는지 확인한다.

1) 최민혁씨는 최진열씨 외에 다른 사람에게 증여받은 적이 없고 2016년 6월 1일(당시 미성년자 아님)에 최진열씨에게 상가를 증여받았다.
2) 상가의 증여일 당시 증여재산가액인 400,000천원을 이번 증여에 합산과세한다.
3) 동일인 합산과세로 이전 증여의 증여재산공제액인 50,000천원은 금번 증여에서 공제해 줄 수 있다.
4) 이전 증여 시 산출세액은 금번 증여세 산출세액에서 기납부세액으로 공제한다.

❸ 증여세 과세흐름에 의해 납부할 증여세액을 구한다.

증여재산가액		550,000
+ 증여재산가산금액	+	400,000[1]
− 증여재산차감금액	−	100,000[2]
= 과세가액	=	850,000
− 증여재산공제	−	50,000[3]
= 과세표준	=	800,000
× 세율	×	30% − 60,000[4]
= 산출세액	=	180,000
− 기납부세액공제	−	100,000
− 신고세액공제	−	2,400[5]
= 납부할 증여세액	=	77,600

[1] 2016년 6월 1일에 아버지 최진열씨에게 증여받은 재산
[2] 상가 C 임대보증금
[3] 2016년 6월 1일의 증여재산공제액(50,000) + 추가공제액은 없음(직계존속에 대한 증여재산공제액 한도 초과)
[4] 과세표준 5억원 초과 10억원 이하
[5] (180,000 − 100,000) × 3%
   └ 산출세액 └ 기납부세액

16 ③

Ⅰ. 고객정보

① [X] 이혼한 배우자가 상속인이 될 수 없는 것은 맞으나, 대습상속은 피대습자의 배우자와 직계비속만 가능하다. 따라서 최진열씨의 전 배우자 박은자씨는 최진열씨의 상속인이 될 수 없고, 최민영씨의 직계존속으로서 대습상속인 또한 될 수 없다.
② [X] 상속재산의 협의분할 시 상속인 중 1인이 나머지 상속인들의 동의를 순차적으로 받는 방식으로 분할하는 것은 가능하지만, 최민수씨는 최진열씨의 상속인이 아니다.
③ [O] 녹음유언은 1명 이상의 증인이 있으면 유효하고, 적법하게 작성된 유언은 검인 여부에 상관없이 유언자 사망 시 바로 효력이 발생한다.
④ [X] 상속인이 수익자인 피상속인의 사망보험금은 상속재산이 아닌 상속인의 고유재산이므로 상속인이 사망보험금을 수령 후 상속포기 신고를 하더라도 단순승인을 한 것으로 의제하지 않고 상속포기의 효력이 발생한다.
⑤ [X] 후순위 상속인인 김애숙씨는 선순위 상속인이 상속포기를 하여 본인이 상속인이 되었음을 안 날로부터 3개월 내 상속포기를 하면 피상속인 사망 이후 3개월이 경과했더라도 유효하다.

17 ⑤

Ⅱ. 자산 세부내역, Ⅲ. 최진열씨의 증여 내역

상속세 과세흐름에 문제의 정보를 대입하여 상속세 과세가액을 계산한다.

총상속재산가액	4,690,000		본래의 상속재산	4,150,000[1]
			간주상속재산	300,000[2]
			추정상속재산	240,000[3]
+ 상속재산가산금액	+	550,000	사전증여재산	550,000[4]
− 상속재산차감금액	−	305,000	채무	300,000[5]
			장례비용	5,000[6]
= 과세가액	=	4,935,000		

[1] 부동산(2,950,000) + 금융자산(1,200,000)
[2] 피상속인이 납부한 생명보험의 사망보험금 300,000
[3] 상속개시일로부터 1년 이내 3억원 토지 처분
  (300,000 − 0) − Min[300,000 × 20%, 200,000] = 240,000
[4] 10년(5년) 내 상속인(비상속인)에게 한 증여 : 최민혁(400,000) + 최민영(150,000)
[5] 상가 B의 임대보증금(200,000) + 상가 C의 임대보증금(100,000)
[6] 장례비용 증빙이 없으면 500만원 공제 가능

18 ③

Ⅰ. 고객정보, Ⅲ. 최진열씨의 증여 내역

① [O] 기여분은 상속인만 가질 수 있으며, 모친 김애숙씨는 상속인이 아니므로 기여분을 주장할 수 없다.
② [O] 기여분은 상속재산에서 유증을 공제한 금액을 초과할 수 없다.
③ [X] 상속인이 받은 증여는 기간과 상관없이 특별수익으로 보아 상속분을 계산할 때 상속재산에 가산한다.
④ [O] 상속인 최민혁씨가 받은 증여는 기간과 상관없이 특별수익으로 보아 상속분을 계산할 때 상속개시 당시 가액으로 상속재산에 가산한다.
⑤ [O] 자필증서에 의한 유언은 유언자가 유언서에 전문, 연월일, 주소, 성명을 자서하고 날인하여야 한다.

19 ⑤

이 유형은 보통 문제에서 주어진 정보로 푼다.

❶ 정률성장배당할인모형을 이용하여 적정주가를 구하는 공식은 아래와 같다.

> 적정주가 = 내년도 배당금/(k − g) = 금년도 배당금 × (1 + g)/(k − g)
> · k : 요구수익률(= R_f + β × (R_m − R_f))
> · g : 잠재성장률(= ROE × 내부유보율) (단, k > g)

❷ 보기를 읽으며 O, X를 표시한다.

① [X] A전자의 내년도 예상되는 1주당 배당금은 1,200원이다.
  내년도 1주당 예상 배당금
  = (내년도 당기순이익/총발행주식수) × 배당성향
       └ 내년도 주당순이익(EPS)
  = (600,000,000/300,000) × 60% = 1,200
② [X] A전자 주식은 베타가 1보다 큰 1.2이므로 공격적인 주식이다.
  β = (σ/$σ_m$) × $ρ_{im}$ = (18%/12%) × 0.8 = 1.2
③ [X] A전자 주주들의 요구수익률은 11.4%이다.
  요구수익률(k) = R_f + β × (R_m − R_f)
               └ 주식시장의 위험프리미엄
  = 3% + 1.2 × 7% = 11.4%
④ [X] A전자의 이익성장률(g)은 4%이다.
  이익성장률(g) = ROE × (1 − 배당성향)
                      └ 내부유보율
  = 10% × (1 − 0.6) = 4%
⑤ [O] A전자의 현재주가(18,000원)는 적정주가(약 16,216원)보다 높으므로(고평가) 매수하지 않는다.
  적정주가 = 내년도 1주당 예상 배당금/(k − g)
  = 1,200/(0.114 − 0.04) = 약 16,216

20 ②

이 유형은 보통 문제에서 주어진 정보로 푼다.

❶ 펀드의 위험조정 성과평가와 관련된 공식은 아래와 같다.

- 젠센척도 = 실현수익률 − 요구수익률(k)
- 트레이너척도 = (실현수익률 − 무위험이자율)/베타
- 샤프척도 = (실현수익률 − 무위험이자율)/표준편차
- 정보비율 = (실현수익률 − 벤치마크 수익률)/추적오차(Tracking error)

참고 젠센척도, 트레이너척도, 샤프척도, 정보비율의 값이 클수록 성과가 우수하다.

❷ 보기를 읽으며 O, X를 표시한다.

① [O] 펀드의 요구수익률(k)은 16.56%이다.

요구수익률(k) = $R_f + \beta \times (R_m - R_f)$
= 3% + 1.2 × (14.3% − 3%) = 16.56%

② [X] 종목선택능력은 젠센척도로 평가하는데, 펀드의 젠센척도가 (−)로 나타났으므로 종목선택능력이 부진하다.

젠센척도 = 15.3% − 16.56% = −1.26%

③ [O] 펀드의 트레이너척도는 0.103으로 나타난다.

트레이너척도 = (0.153 − 0.03)/1.2 = 0.103

④ [O] 펀드의 샤프척도는 1.118로 나타난다.

샤프척도 = (0.153 − 0.03)/0.11 = 1.118

펀드의 표준편차 = $\sqrt{0.0121}$ = 0.11

⑤ [O] 펀드의 정보비율은 0.4로 나타난다.

정보비율 = (15.3% − 14.3%)/2.5% = 0.4

• 종합사례

21 ③

필요정보 Ⅰ. 고객정보_3. 주거상황, Ⅳ. 재무제표, Ⅵ. 정우림씨의 부동산자산 현황

① [X] 재무상태표상 적립식 주식형펀드 평가액은 27,599천원이다.

1,108.4/1,000 × 24,900 = 27,599,160
12/31 기준가격   보유좌수

② [X] 재무상태표상 순자산 금액은 1,775,438천원이다.

1) 현재시점의 총자산을 구한다.
- 금융자산 총액 = 34,800 + 5,000 + 18,200 + 68,530
  + 27,599 + 55,400
  = 209,529
- 총자산 = 금융자산 총액 + 부동산자산 총액 + 사용자산 총액
  + 기타자산 총액
  = 209,529 + 1,400,000 + 915,000 + 24,300
  상가 A의 적정시세
  = 2,548,829(STO1)

2) 현재시점의 총부채를 구한다.
- 주택담보대출 잔액을 구한다.
  PV 200,000, PMT(E) − 1,666, N 15 × 12, CPT I/Y = 0.483
  주택담보대출 매월 원리금상환액
  [2ND CLR TVM]을 누르지 않은 상태에서
  N 35, CPT FV = 173,391.007
- 총부채를 구한다.
  173,391 + 600,000 = 773,391(STO2)

3) 순자산을 구한다.
  2,548,829(RCL1) − 773,391(RCL2) = 1,775,438

③ [O] 정우림씨의 가계 순현금흐름이 (+)이므로 추가저축 여력은 자녀 양육비 등에 투자할 수 있는 옵션이 될 수 있다.

1) 대출이자 항목의 금액을 구한다.
- 상가 A의 담보대출 월 이자상환액 = 400,000 × 6% ÷ 12 = 2,000
- 대출이자 = 2,000 + 830 = 2,830
  주택담보대출 월 이자상환액

2) 저축 여력 및 추가저축 여력을 구한다.
- 저축 여력 = 11,000 − 6,300 − (415 + 2,830) = 1,455
- 추가저축 여력 = 1,455 − 836 = 619

④ [X] 주거관련부채상환비율은 약 10%로 재무건전성에 긍정적인 영향을 미친다.

주거관련부채상환비율 = 주거관련부채상환액 ÷ 월 총수입

주거관련부채상환비율 = 1,666 ÷ (195,000/12) = 10.252%

---

⑤ [X] 총부채부담율은 약 30%로 가이드라인인 40%에 비해 낮은 편이다.

총부채부담율 = 총부채 ÷ 총자산

총부채부담율 = 773,391(RCL2) ÷ 2,548,829(RCL1) = 30.343%

---

22 ④

필요정보 Ⅲ. 경제지표 가정, Ⅳ. 재무제표_2. 월간 현금흐름표

① [X] 3년 후 투자시점의 아파트 X의 가격은 546,364천원이다.

PV 500,000, N 3, I/Y 3, CPT FV = 546,363,500(STO1)

② [X] 가용 금융자산을 전부 아파트 구입자금으로 사용할 경우 대출 외에 필요한 부동산자금 부족액은 305,455천원이다.

1) 금융자산의 3년 후 가치를 구한다.
PV 120,000, N 3, I/Y 5.5, CPT FV = 140,908.965(STO2)

2) 대출 외에 필요한 부동산자금 부족액을 구한다.
546,363.5(RCL1) − 140,908.965(RCL2) − 100,000 = 305,454.535

③ [X] 3년 후 투자시점까지 매월 말 7,839천원씩 추가로 저축하면 필요한 구입자금을 마련할 수 있다.

1) 이율전환(연이율 → 월이율)을 한다.
PV −100, FV 105.5, N 12, CPT I/Y = 0.447(STO7)

2) 월 추가저축액을 구한다.
FV 305,454.535, N 3 × 12, I/Y 0.447(RCL7), CPT PMT(E) = 7,839.130

④ [O] 정우림씨 가계의 월 저축 여력(619천원)은 매월 추가저축액 7,839천원보다 적으므로 정우림씨의 투자플랜은 기각되어야 한다.

⑤ [X] 아파트 X의 담보대출가능액이 2억원으로 상승한다고 해도 정우림씨의 투자플랜은 기각되어야 한다.

1) 담보대출가능액이 2억원으로 상승 시 부동산자금부족액을 구한다.
546,363.5(RCL1) − 140,908.965(RCL2) − 200,000 = 205,454.535

2) 월 추가저축액을 구한다.
FV 205,454.535, N 3 × 12, I/Y 0.447(RCL7), CPT PMT(E) = 5,272.748
∴ 정우림씨 가계의 월 저축 여력(619천원)은 매월 추가저축액 5,273천원보다 적으므로 정우림씨의 부동산투자플랜은 기각되어야 한다.

---

23 ④

이 유형은 보통 문제에서 주어진 정보로 푼다.

❶ 총수익률을 이용하여 산술평균수익률과 기하평균수익률을 구한다.

- 산술평균수익률 = 총수익률/N
- 기하평균수익률 = $(1 + 총수익률)^{1/N} - 1$

1) 산술평균수익률 = 38.7%/3 = 12.90%
2) 기하평균수익률 = $(1 + 0.387)^{1/3} - 1$ = 11.52%

❷ 월간 수익률의 표준편차를 이용하여 연간 수익률의 표준편차를 구한다.

연간 수익률의 표준편차 = 월간 수익률의 표준편차 × $\sqrt{12}$

연간 수익률의 표준편차 = 1.2% × $\sqrt{12}$ = 4.16%

---

24 ⑤

이 유형은 보통 문제에서 주어진 정보로 푼다.

❶ 펀드의 위험조정 성과평가와 관련된 공식은 아래와 같다.

- 젠센척도 = 실현수익률 − 요구수익률(k)
- 트레이너척도 = (실현수익률 − 무위험이자율)/베타
- 샤프척도 = (실현수익률 − 무위험이자율)/표준편차
- 정보비율 = (실현수익률 − 벤치마크 수익률)/추적오차(Tracking error)

참고 젠센척도, 트레이너척도, 샤프척도, 정보비율의 값이 클수록 성과가 우수하다.

❷ 필요한 정보를 공식에 대입하여 펀드의 위험조정 성과지표를 계산한 후 결과 값을 해석한다.

구분		계산	특징
①	젠센척도	13.5% − 15.6% = −2.1% ↳ 3% + 1.4 × (12% − 3%)	증권선택 능력만을 평가하는 방법으로 자산배분 능력이나 고객자산관리의 효율성 등을 거시적으로 평가할 수 없다.
②			
③	트레이너 척도	(0.135 − 0.03)/1.4 = 0.075	체계적 위험 한 단위당 실현된 초과수익률을 나타낸다.
④	샤프척도	(13.5% − 3%)/9.2% = 1.141	총위험 한 단위당 실현된 초과수익률을 나타낸다.
⑤	정보비율	(13.5% − 12%)/3.5% = 0.429	절대적 위험수준인 표준편차를 사용하는 샤프척도의 문제점을 극복하기 위해 사용되는 지표이다.

25 ⑤

필요정보 Ⅰ. 고객정보, Ⅲ. 경제지표 가정, Ⅳ. 재무제표_1. 재무상태표, Ⅴ. 투자 관련 정보, Ⅺ. 자녀교육 및 결혼비용 정보

① [O] 두 자녀의 대학교육 부족자금의 현재가치는 208,297천원이다.
1) 두 자녀의 대학교육 필요자금의 현재가치를 구한다.
[방법1]
- 정선호씨의 대학교육 필요자금의 현재가치를 구한다.
CF0 0, C01 0 (1), C02 25,000 (6), I (8 − 4)/1.04,
NPV CPT = 126,834,116
- 정선영씨의 대학교육 필요자금의 현재가치를 구한다.
CF0 0, C01 0 (5), C02 25,000 (6), I (8 − 4)/1.04,
NPV CPT = 109,062,242
- 두 자녀의 대학교육 필요자금의 현재가치를 구한다.
126,834,116 + 109,062,242 = 235,896,358
[방법2]
CF0 0, C01 0 (1), C02 25,000 (4), C03 50,000 (2),
C04 25,000 (4), I (8 − 4)/1.04, NPV CPT = 235,896,358
2) 두 자녀의 대학교육 필요자금의 현재가치에서 준비자금을 차감한다.
235,896,358(필요자금) − 27,599,160(준비자금) = 208,297,198
↳ 적립식 주식펀드

② [O] 기말저축액이 기시저축액보다 60천원 더 많다.
1) 이율전환(연이율 → 월이율)을 한다.
PV −100, FV 108, N 12, CPT I/Y = 0.643(STO7)
2) 매월 초 저축액을 구한다.
PV 208,297,198, N 2 × 12, I/Y 0.643(RCL7),
CPT PMT(B) = 9,334,163
3) 매월 말 저축액을 구한다.
PV 208,297,198, N 2 × 12, I/Y 0.643(RCL7),
CPT PMT(E) = 9,394,220
4) 기시저축액과 기말저축액을 비교한다.
9,394,220 − 9,334,163 = 60,056

③ [O] 두 자녀의 결혼부족자금의 현재가치는 43,269천원이다.
1) 두 자녀의 결혼필요자금의 현재가치를 구한다.
[방법1]
- 정선호씨의 결혼필요자금의 현재가치를 구한다.
FV 100,000, N 13, I/Y (8 − 3)/1.03, CPT PV = 53,997,680
- 정선영씨의 결혼필요자금의 현재가치를 구한다.
FV 100,000, N 17, I/Y (8 − 3)/1.03, CPT PV = 44,671,340
- 두 자녀의 결혼필요자금의 현재가치를 구한다.
53,997,680 + 44,671,340 = 98,669,020
[방법2]
CF0 0, C01 0 (12), C02 100,000 (1), C03 0 (3), C04 100,000 (1),
I (8 − 3)/1.03, NPV CPT = 98,669,020

2) 두 자녀의 결혼필요자금의 현재가치에서 준비자금을 차감한다.
98,669,020(필요자금) − 55,400(준비자금) = 43,269,020
↳ 거치식 주식펀드

④ [O] 지금부터 정선호씨의 결혼시점까지 매년 말 5,474천원씩 정액저축하면 두 자녀의 결혼필요자금을 모두 마련할 수 있다.
PV 43,269,020, N 13, I/Y 8, CPT PMT(E) = 5,474,474

⑤ [X] 올해 말 4,703천원을 시작으로 매년 말 물가상승률만큼 증액하여 정선호씨의 결혼시점까지 저축하면 두 자녀의 결혼필요자금을 모두 마련할 수 있다.
PV 43,269,020, N 13, I/Y (8 − 3)/1.03, CPT PMT(E) = 4,565,939
→ 4,565,939 × 1.03 = 4,702,917

26 ⑤

이 유형은 보통 문제에서 주어진 정보로 푼다.

❶ 각 주식의 요구수익률과 기대수익률을 구한다.

- 요구수익률(k) = R_t + β × (R_m − R_t)
- 기대수익률(E(R)) = (주가상승분 + 배당금)/현재주가

· R_t : 무위험이자율 · R_m : 시장수익률 · (R_m − R_t) : 시장 위험프리미엄

주식	요구수익률(k)	기대수익률(E(R))
A	3% + 0.8 × (10% − 3%) = 8.6%	(1,000 + 1,500)/21,000 = 11.90%
B	3% + 1.2 × (10% − 3%) = 11.4%	(1,000 + 500)/16,000 = 9.38%
C	3% + 1.4 × (10% − 3%) = 12.8%	(4,000 + 1,200)/32,000 = 16.25%

❷ 계산한 요구수익률과 기대수익률을 비교하여 각 주식의 고평가/저평가 여부를 판단한다.

- 요구수익률 < 기대수익률 → 저평가(매수), 증권시장선보다 위쪽에 위치
- 요구수익률 > 기대수익률 → 고평가(매도), 증권시장선보다 아래쪽에 위치

주식	요구수익률(k)과 기대수익률(E(R))의 비교	고평가/저평가 판단
A	8.6% < 11.90%	저평가(매수)
B	11.4% > 9.38%	고평가(매도)
C	12.8% < 16.25%	저평가(매수)

27 ③

필요정보 Ⅰ. 고객정보, Ⅹ. 모친 김진희씨의 사망 당시 본인 명의의 재산 현황 및 사전증여 정보

- 분할대상 상속재산 = 피상속인 사망 당시 상속재산 + 특별수익 합계 − 기여분 합계
- 상속인별 구체적 상속분 = 분할대상 상속재산 × 상속인별 법정상속분율 − 상속인별 특별수익 + 상속인별 기여분

❶ 분할대상 상속재산을 구한다.
분할대상 상속재산 = (600,000 + 100,000 + 600,000)
+ (400,000 + 100,000) − 0
= 1,800,000

❷ 법정상속인별 구체적 상속분을 구한다.
1) 정현석 : 1,800,000 × 3/9 − 0 = 600,000
2) 정우림 : 1,800,000 × 2/9 − 0 = 400,000
3) 정민우 : 1,800,000 × 2/9 − 400,000(특별수익) = 0
4) 정소민 : 1,800,000 × 2/9 − 100,000(특별수익) = 300,000

28 ②

이 유형은 보통 문제에서 주어진 정보로 푼다.

① [X] 상속개시 후 멸실되어 상속재산분할 당시 상속재산을 구성하지 않게 된 재산은 상속재산분할의 대상이 되지 않으나, 그 대가로 보험금을 받은 경우 그 보험금은 상속재산분할의 대상이 될 수 있다.

② [O] 분할협의는 공동상속인 전원이 동의하여야 하며, 반드시 법정상속분에 따라 분할할 필요는 없고 상속인들 일부가 상속재산을 포기할 수도 있다.

③ [X] 상속인에게 증여한 상속재산은 상속 시기와 상관없이 상속재산분할 시 상속재산에 가산한다.

④ [X] 상속재산의 분할은 상속이 개시된 때에 소급하여 그 효력이 생기고, 각 상속인들이 분할에 의해 취득한 재산은 상속개시 시에 피상속인으로부터 직접 승계된 것으로 본다.

⑤ [X] 상증법상 협의분할에 의하여 상속지분보다 적은 재산을 가져가는 상속인과 많은 재산을 가져가는 상속인 간에 증여 관계가 성립하지 않는다.

29 ①

(필요정보) X. 모친 김진희씨의 사망 당시 본인 명의의 재산 현황 및 사전증여 정보

상속세 과세흐름에 의해 문제의 정보를 대입하여 상속세 과세가액을 계산한다.

	총상속재산가액	1,600,000	본래의 상속재산	1,300,000[1]
			간주상속재산	300,000[2]
+	상속재산가산금액	+ 100,000	사전증여재산	100,000[3]
−	상속재산차감금액	− 260,000	채무	250,000[4]
			장례비용	10,000[5]
=	과세가액	= 1,440,000		

[1] 상가 B(600,000) + ㈜삼한 주식(100,000) + 주식 C(600,000)
[2] 피상속인이 납부한 종신보험 D의 보험금 300,000
[3] 상속개시일 전 10년 이내 상속인(정소민)에게 증여한 재산 100,000
[4] 상가 B 임대보증금 채무 250,000
[5] 증빙된 장례비용 10,000

30 ②

(필요정보) I. 고객정보

① [X] 상속세 납부세액이 5천만원이라면 분납세액의 한도는 '납부할 세액 × 50%'이므로 2,500만원을 한도로 분할납부 가능하며, 분납기한은 신고기한으로부터 2개월이므로 2024년 9월 30일까지 분할납부 가능하다.

② [O] 상속세 납부세액이 상속재산가액 중 금융재산가액(상속재산에 가산하는 증여재산의 가액은 포함하지 않음)을 초과해야 물납을 허용한다.

③ [X] 상속세 납부세액이 2천만원을 초과하는 경우 연부연납이 가능하다.

④ [X] 상속세 신고 시 연부연납을 허가받은 경우에는 분납을 적용하지 않는다.

⑤ [X] 상속세 과세표준 신고기한은 원칙적으로 상속개시일이 속하는 달의 말일부터 6개월 이내이므로 김진희씨 사망(2024년 1월 1일)에 따른 과세표준 신고기한은 2024년 7월 31일이다.

31 ④

(필요정보) VI. 정우림씨의 부동산자산 현황,
X. 모친 김진희씨의 사망 당시 본인 명의의 재산 현황 및 사전증여 정보

❶ 상가 A의 순영업소득(NOI)을 구한다.

	가능총수익		106,000[1]
−	공실률	×	0.90[2]
=	유효총수익	=	95,400
−	영업경비	×	0.95[3]
=	순영업소득	=	90,630

[1] (8,000 × 12) + (200,000 × 0.05)
[2] 1 − 0.1
[3] 1 − 0.05

❷ 상가 B의 순영업소득(NOI)을 구한다.

	가능총수익		36,500[1]
−	공실률	×	0.90[2]
=	유효총수익	=	32,850
−	영업경비	×	0.95[3]
=	순영업소득	=	31,207.5

[1] (2,000 × 12) + (250,000 × 0.05)
[2] 1 − 0.1
[3] 1 − 0.05

❸ 다음의 직접환원법 공식을 적용하여 상가 A, B의 종합환원율을 구한다.

종합환원율(R) = 순영업소득/부동산 가치

1) 상가 A의 종합환원율 : 90,630/1,400,000 = 6.47%
2) 상가 B의 종합환원율 : 31,207.5/600,000 = 5.20%

32 ④

(필요정보) VI. 정우림씨의 부동산자산 현황

❶ LTV에 의한 대출금액을 구한다.

대출금액 = 부동산가치 × LTV

대출금액 = 1,400,000 × 0.5 = 700,000

❷ DCR에 의한 대출금액을 구한다.

DCR(부채감당률) = 순영업소득/연간 원리금상환액

1) 연간 원리금상환액을 구한다.
   (8,000 × 12)/연간 원리금상환액 ≥ 1.6
   → 연간 원리금상환액 ≤ 60,000
2) DCR에 의한 대출금액을 구한다.
   PMT(E) 60,000/12, N 15 × 12, I/Y 6/12, CPT PV = 592,517.573

❸ 다음을 만족하는 최대 대출가능금액을 구한다.

최대 대출가능금액 = Min[LTV적용 대출금, DCR적용 대출금]

최대 대출가능금액 = Min[700,000(❶), 592,517.573(❷)]
= 592,517.573
∴ LTV와 DCR이 적용된 금액 모두 충족하는 범위인 592,518천원이 최대 대출가능금액이다.

33 ④

(필요정보) VI. 정우림씨의 부동산자산 현황

❶ 연 임대료를 구한다.
8,000 × 12 = 96,000

❷ 기장에 의한 간주임대료를 구한다.

간주임대료 = (임대보증금 적수 − 건설비상당액 적수) × 1/365 × 정기예금이자율 − 보증금에서 발생한 금융수익

(200,000 × 365 − 100,000 × 365) × 1/365 × 3.5% − 500 = 3,000

❸ 총수입금액을 구한다.

총수입금액 = 연 임대료 + 관리비 + 간주임대료
참고) 해당 문제에서 관리비는 실비정산방식에 의하므로 임대인이 관리비로 인해 얻는 수익은 '0'이다.

96,000 + 0 + 3,000 = 99,000

34 ②

이 유형은 보통 문제에서 주어진 정보로 푼다.

가. [O] 변액유니버설 종신보험은 계약자적립액이 충분할 경우 이자부담 없이 중도인출이 가능하다.

나. [X] 투자상황이 악화되었을 시점에 사망하더라도 사망보험금에 대한 최저보증이 보험가입금액이므로 보험가입금액보다 적어지지는 않는다.

다. [X] 보험료 의무납입기간만 지나면 그 이후부터는 자유로운 보험료 납입이 가능하다.

라. [O] 계약을 중도에 해지할 경우 계약자가 수령하는 해약환급금이 본인이 납입한 보험료보다 적을 수 있어 원금손실이 발생할 수 있다.

마. [O] 변액유니버설 종신보험은 가장이 경제활동기간에 불의의 사고 또는 질병으로 조기사망 하거나 장해로 인해 경제력을 상실하게 될 때를 대비하여 보장자산을 마련해 줄 수 있다.

35 ①

필요정보 IX. 부친 정현석씨가 대표이사로 있는 ㈜삼한 관련 정보

❶ 증여세 과세표준을 구한다.

증여세 과세가액	1,400,000
− 증여재산공제	− 1,000,000
= 과세표준	= 400,000

참고 기업승계에 대한 증여세 과세특례 규정상 증여재산공제액은 1,000,000천 원이다.

❷ 증여세 산출세액을 구한다.

과세표준	400,000
× 세율	× 10%
= 산출세액	= 40,000

참고 기업승계에 대한 증여세 과세특례 규정상 증여세 세율은 다음과 같다.

증여세 과세표준	세율
120억원 이하	10%
120억원 초과	20% − 12억원

36 ③

필요정보 IX. 부친 정현석씨가 대표이사로 있는 ㈜삼한 관련 정보

①[X] ㈜삼한 법인은 중소기업이며, 정현석씨는 대주주이므로 양도소득세 세율은 20%이다. 단, 과세표준 3억원 초과분에 대하여는 25%의 세율을 적용한다.

②[X] 양도소득세 예정신고납부기한은 양도일이 속하는 반기의 말일부터 2개월 이내이다.

③[O] 비상장주식은 대주주나 소액주주에 관계없이 주식양도차익에 대하여 과세한다.

④[X] 양도받은 주식에 대한 양도소득 산출세액은 양도차익 2억원에서 기본공제 250만원을 차감한 과세표준에 세율을 곱해 계산한다.
주식의 양도소득 산출세액 = (200,000 − 2,500) × 20% = 39,500

⑤[X] 주식의 양도차익은 주식의 양도가액에서 공증비용 및 인지대를 차감한 후의 금액이다.

37 ②

이 유형은 보통 문제에서 주어진 정보로 푼다.

①[O] 일반적인 경우 퇴직소득에 대한 총수입금액의 수입시기는 퇴직을 한 날로 한다.

②[X] 임원의 경우 정관에서 정한 퇴직급여지급규정 이내에 퇴직금을 지급한 경우 해당 퇴직금은 손금으로 인정한다.

③[O] 임원의 경우 법인이 정관에서 정한 퇴직급여지급규정을 초과하여 퇴직금을 지급한 경우 초과분에 대하여 상여로 보아 소득세를 과세한다.

④[O] 법인의 정관에 임원퇴직금 관련 규정이 없는 경우 '퇴직일로부터 소급하여 1년간의 총급여액 × 10% × 근속연수'에 해당하는 금액을 한도로 손금에 산입한다.

⑤[O] 사용인(근로자)이 당해 법인으로 취임하면서 퇴직금을 지급받은 경우 현실적인 퇴직으로 보아 한도 내 금액은 손금으로 인정한다.

38 ②

필요정보 I. 고객정보, III. 경제지표 가정, IV. 재무제표_2. 월간 현금흐름표
VII. 생명보험 관련 정보

❶ 배우자와 막내의 나이를 기준은 time table을 그려서 각 구간마다 부족한 생활비와 기간을 구한다.

❷ 유족생활비의 현재시점 일시금을 구한다.
CF0 48,740, C01 48,740 (13), C02 33,100 (28), I (5.5 − 3)/1.03,
NPV CPT = 1,074,898.771(STO1)

❸ 현재 주택담보대출 잔액을 구한다.
PV 200,000, PMT(E) −1,666, N 15 × 12, CPT I/Y = 0.483
↳ 매년 주택담보대출 매월 상환금
[2ND CLR TVM]을 하지 않은 상태에서
N 35, CPT FV = 173,391.007(STO2)

❹ 필요자금의 현재시점 일시금을 구한다.
1,074,898.771(RCL1) + 173,391.007(RCL2) = 1,248,289.778

❺ 추가적인 생명보험 필요보장액을 구한다.
1,248,289.778 − 500,000(종신보험 사망보험금) = 748,289.778
↳ 추가계약(200,000) + 60세 만기 정기특약(300,000)

39 ③

필요정보 VII. 생명보험 관련 정보

가. [X] 정우림씨가 오늘 교통사고로 사망할 경우 종신보험에서 지급되는 사망보험금은 700,000천원이다.

나. [X] 암보험의 피보험자는 이영애씨이므로 정우림씨가 일반암으로 진단받고 사망할 경우 지급되는 사망보험금은 없다.

다. [O] 이영애씨가 오늘 교통사고로 사망할 경우 CI보험에서 지급되는 사망보험금은 100,000천원이다.

라. [O] 이영애씨가 오늘 일반사망할 경우 가입된 보험에서 지급되는 총 사망보험금은 50,000천원이다.

마. [O] 정우림씨가 오늘 교통사고로 사망할 경우 가입된 보험에서 지급되는 총 사망보험금은 700,000천원이다.

40 ①

이 유형은 보통 문제에서 주어진 정보로 푼다.

자동차보험의 후유장해보험금 계산문제는 장례비를 제외한 위자료, 상실수익액만을 더하여 최종 보험금을 산정하며, 사망 시와 달리 피해자의 생활비를 공제하지 않는다.

❶ 위자료를 구한다.

• 노동능력상실률 45% 이상 50% 미만인 자 : 4,000천원
• 노동능력상실률 35% 이상 45% 미만인 자 : 2,400천원
• 노동능력상실률 27% 이상 35% 미만인 자 : 2,000천원

정우림씨의 노동능력상실률은 30%이므로 위자료로 2,000천원을 지급한다.

❷ 상실수익액을 구한다.
1) 취업가능월수(정년까지 월수)를 구한다.

취업가능월수(정년까지 월수) = (출생연월일 + 정년) − 사고연월일

(1969년 4월 18일 + 65세) − 2024년 3월 25일 = 120개월(월미만 절사)
2) 상실수익액을 구한다.
월평균 현실소득액 × 노동능력상실률 × 취업가능월수에 해당하는 호프만계수
= 6,500 × 30% × 97.1451
= 189,432.945

❸ 위자료와 상실수익액을 모두 더한 후 과실비율(10%)을 적용하여 최종 보험금을 구한다.
(2,000 + 189,432.945) × (1 − 0.1) = 172,289.651

해커스금융 | fn.Hackers.com

CFP 교재 인강 · 시크릿 학습플랜 · 하루 1시간 이론완성 노트 · 핵심용어집

* <핵심용어집>은 CFP 합격지원반 수강 시, <시크릿 학습플랜>, <하루 1시간 이론완성노트>는
CFP 정규 강의 수강 시 무료 제공

금융자격증 1위* 해커스금융
무료 바로 채점&성적 분석 서비스

* [금융자격증 1위] 주간동아 선정 2022 올해의 교육 브랜드 파워 온·오프라인 금융자격증 부문 1위

한 눈에 보는 서비스 사용법

Step 1.

교재에 있는 모의고사를 풀고
바로 채점 서비스 확인!

Step 2.

[교재명 입력]란에
해당 교재명 입력!

Step 3.

교재 내 표시한 정답
바로 채점 서비스에 입력!

Step 4.

채점 후 나의 석차, 점수,
성적분석 결과 확인!

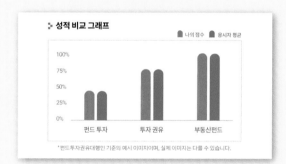

실시간 성적 분석 결과 확인

개인별 맞춤형 학습진단

**실력 최종 점검 후
탄탄하게 마무리**

합격의 기준, 해커스금융 fn.Hackers.com

바로 이용하기 ▶

해커스금융 수석/차석 합격생이 말하는
AFPK/CFP 합격의 비결!
해커스금융과 함께해야 **합격이 쉬워집니다!**

농협은행 취업성공

김○신
AFPK 수석
CFP 차석

"비전공자 체대생 해커스와 AFPK 수석합격부터 CFP 차석합격까지"

저의 합격 비결은 해커스에서 제공하는 모든 콘텐츠를 최대한 활용하려고 했던 점입니다.
첫 번째는 AFPK, CFP 시크릿 학습플랜을 통해 대략 하루에 어느 정도를 해야 할지 계획을 세웠습니다.
두 번째는 해커스 핵심 요약집으로 빈출 문제나 개념에 대해 더 명확하게 이해할 수 있었습니다.
세 번째는 외출할 때 항상 해커스에서 주는 부가물들을 챙겨 다녔습니다.
이렇게 해커스에서 제공하는 콘텐츠들을 최대한 활용하였더니 실제 시험에서도
도움이 많이 되었습니다.

* 제82회 AFPK 수석, 제42회 CFP 차석

문과계열 수석합격

김○승
AFPK 수석

"해커스인강으로 AFPK 수석합격"

핵심문제집의 난이도가 실제 시험의 난이도와 비슷하다고 느꼈습니다.
핵심문제집은 중요도가 잘 나눠져 있어 중요한 문제를 더 집중해서 볼 수 있었고,
문제에 대한 해설도 자세히 나와있어 모르는 문제를 해결하는 데도 큰 지장이 없었습니다.
해커스 핵심요약집을 여러 번 회독하고 핵심문제집과 해커스 모의고사,
해커스에서 제공해주는 고난이도 모의고사를 여러 번 풀어보면 도움이 많이 될 것 같습니다.

* 제84회 AFPK 수석

취준생 3달 차석합격

김○영
CFP 차석

"비전공자도 CFP 합격하는 해커스 강의"

강의와 커리큘럼의 질이 높았습니다.
모든 교수님들의 훌륭한 강의와 해커스에서 만들어 놓은 커리큘럼 덕분에 방대한
양의 인터넷강의를 끝까지 집중하여 수강할 수 있었습니다. 또, 교수님들과
1:1 면담 시스템을 많이 활용하여 궁금증을 빠른 시간 내에 해결할 수 있었습니다.

* 제39회 CFP 차석

더 많은 합격수기가 궁금하다면? ▶